协和医学院系列规划教材
医院领导力及管理系列教材

医院管理与卫生政策研究方法

（供卫生管理、医疗管理专业使用）

主　编　董四平　陶红兵
副主编　李跃平　黎　浩　张治国
编　者　（以姓氏笔画为序）
王碧艳（广西中医药大学公共卫生与管理学院）
文　进（四川大学华西医院）
庄建民（厦门医学院附属海沧医院）
孙　刚（南方医科大学卫生管理学院）
李跃平（福建医科大学卫生健康研究院）
李蓉梅（四川大学华西医院）
张文斌（华中科技大学同济医学院医药卫生管理学院）
张明吉（上海交通大学公共卫生学院）
张治国（华中科技大学同济医学院医药卫生管理学院）
陈　晶（华中科技大学同济医学院医药卫生管理学院）
胡广宇（中国医学科学院医学信息研究所）
胡德英（华中科技大学同济医学院附属协和医院）
姚　强（武汉大学政治与公共管理学院）
郭淑岩（国家卫生健康委医院管理研究所）
陶红兵（华中科技大学同济医学院医药卫生管理学院）
董四平（国家卫生健康委医院管理研究所）
韩　辉（山东大学齐鲁医院）
韩优莉（首都医科大学公共卫生学院）
黎　浩（武汉大学公共卫生学院）

中国协和医科大学出版社
北　京

内容简介

本教材是“医院领导力及管理系列教材”之一，主要内容包括医院管理和卫生政策常见研究方法，包括研究方案设计、资料数据收集与整理、定性研究与定量研究理论及方法、研究报告和论文撰写，以及常见统计软件的应用等。本教材内容在保证思想性和科学性的基础上，强调实用性与先进性，注重吸收医院管理与卫生政策研究发展的新知识、新技术、新方法，重视培养学生创新、获取信息及终身学习的能力。本教材主要供卫生管理、医疗管理专业教学使用，也可供临床及相关专业人员参考使用。

图书在版编目（CIP）数据

医院管理与卫生政策研究方法 / 董四平，陶红兵主编. — 北京：中国协和医科大学出版社，2022.7

（医院领导力及管理系列教材）

ISBN 978-7-5679-1930-3

Ⅰ. ①医… Ⅱ. ①董… ②陶… Ⅲ. ①医院—管理—研究方法—教材 ②卫生工作—政策科学—研究方法—教材 Ⅳ. ①R197.32 ②R-01

中国版本图书馆CIP数据核字（2022）第112484号

医院领导力及管理系列教材

医院管理与卫生政策研究方法

主　　编： 董四平　陶红兵
责任编辑： 魏亚萌
封面设计： 许晓晨
责任校对： 张　麓
责任印制： 张　岱

出版发行： 中国协和医科大学出版社
（北京市东城区东单三条9号　邮编100730　电话010-65260431）
网　　址： www.pumcp.com
经　　销： 新华书店总店北京发行所
印　　刷： 三河市龙大印装有限公司

开　　本： 787mm×1092mm　1/16
印　　张： 21.75
字　　数： 410千字
版　　次： 2022年7月第1版
印　　次： 2022年7月第1次印刷
定　　价： 99.00元

ISBN 978-7-5679-1930-3

医院领导力及管理系列教材

建设指导委员会

Introduction

出版说明

随着我国医药卫生体制改革的深入，卫生事业对医院的要求在不断提高。医疗管理工作是医院建立正常医疗秩序、提高医疗服务质量的重要保证。医院的管理系统非常复杂，发展极其迅速，且面临不断深化的改革要求，这对医疗管理人才提出了更高的要求。目前，我国医院的管理干部，大部分为医务人员转型而来，虽具有精深的专业知识，但仍缺乏系统、全面的管理知识。随着公立医院整体进入转型发展期，我国亟须培养高素质的职业化卫生管理及医疗管理人才队伍。

教材作为承载知识的重要载体，对于培养高素质人才发挥着重要作用。党的十八大以来，党中央高度重视和关心教材建设。在我国高等教育体系中，教材建设是提高高校教学水平、丰富教学内容以及促进教学方法改革的基础性工作；是发展高等教育，培养综合型人才、创新型人才的基础。

为适应卫生管理及医疗管理的新要求，培养适应新时代卫生管理及医疗管理的相关人才，中国协和医科大学出版社深入贯彻《关于推动公立医院高质量发展的意见》《关于建立现代医院管理制度的指导意见》及《关于加强公立医院运营管理的指导意见》等文件精神，在中国医学科学院北京协和医学院的支持下，开创性地组织了本套医院领导力及管理系列教材的编写工作。编委会集结了二百余名业内知名专家、学者、教授及一线教学老师，在鲜可借鉴同专业方向教材编写经验的情况下，对医疗管理理论、方法、人才培养机制等进行探索研究，悉心编撰。

本套教材涵盖卫生管理、医疗管理专业课程共计17门，定位清晰、特色鲜明，具有如下特点：

一、建设成体系的卫生管理、医疗管理专业教材，引领学科发展步伐

本套教材作为成体系的卫生管理、医疗管理专业教材，充分研究论证相关专业方向人才素质要求、学科体系构成、课程体系设计和教材体系规划，代表了卫生管理、医疗管理学科的发展方向。

二、引入国际最新理念和方法，与时俱进

教材紧密结合卫生管理及医疗管理专业培养目标、高等医学教育教学改革的需要和卫生管理及医疗管理专业人才的需求，引入国际最新医院管理理念及方法，内容与时俱进、开拓创新。

三、融入经典管理案例，突出实践性教学

教材内容对接医疗管理职业标准和岗位要求，将国际最新案例融入其中，重视培养学生理论联系实际、实践操作和独立思考的能力。

四、纸数融合，使学习更便捷更轻松

教材采用纸数融合形式出版，即在纸质教材内容之上，配套数字化资源，通过图片、动画、视频、课件等多种媒体形式将内容进行呈现，以优化教学内容，丰富教学资源。读者可以直接扫描书中二维码，阅读与教材内容相关联的课程资源，从而丰富学习体验，使学习更加便捷。

希望本套教材的出版，能够推进高质量卫生管理及医疗管理专业人才的培养，促进我国卫生管理、医疗管理学科或领域的教材建设与教育发展，为引领我国医疗卫生机构管理走向科学化、规范化、标准化与现代化作出积极贡献。

Preface
前　言

医院管理和卫生政策研究是卫生事业管理研究的重要领域。一方面，医院是最复杂的组织之一，卓越的医院管理必须以患者为中心开展深入的管理科学研究；另一方面，卫生政策是公共政策的重要组成部分，加强卫生政策研究对于促进和实施健康中国战略具有重大意义。鉴于目前国内系统介绍医院管理和卫生政策研究方法的教材或著作较少，我们组织编写了本教材。

本教材内容的安排遵循一般科学研究的逻辑过程展开，共分十章：第一章对医院管理研究和卫生政策研究进行了概述，介绍了研究方法体系、研究道德与伦理；第二章详细论述了如何进行研究选题、方案设计、课题申报和研究计划书撰写；第三、第四章分别介绍了研究资料的收集方法和整理方法；第五、第六、第七章分别系统阐述了定性研究方法、定量研究方法、常用综合评价方法；第八章专门介绍了医院绩效评价专题研究方法及应用；第九章论述了卫生政策专题研究方法及应用；第十章系统介绍了研究报告、政策简报和学术论文撰写的撰写规范、方法和技巧。

本教材具备以下三方面的特点：一是系统性，全面介绍了医院管理和卫生政策研究方法的基本理论和具体方法；二是新颖性，在借鉴一般管理学研究基本理论和方法的基础上，阐述了医院管理实践和卫生政策研究过程中的新思路和新方法；三是实用性，通过大量的案例和举例，较好地示范了各种研究方法的具体应用。本教材可作为高等院校医院管理、卫生管理、公共事业管理、公共卫生与预防医学等相关专业的教科书，还可作为医院管理者、卫生健康行政管理者和相关领域研究者的工具书和参考书。

本教材的编写得到了北京协和医学院卫生健康管理政策学院以及编委所在的十余所高等院校和医疗机构的大力支持，在此表示衷心感谢！同时本教材的编写参阅了大量文献，一并对原著者表示敬意！

教材编写是一项具有挑战性的工作，尽管力臻完善，但难免存在疏漏与不足之处，恳请相关专家和广大读者批评指正，以便进一步修订完善！

编 者

2022年5月

Contents

目　录

第一章　概　　论

学习目标

1. 掌握　医院管理研究的基本要素和流程。
2. 熟悉　卫生政策研究的步骤。
3. 了解　研究方法体系、研究道德与伦理。

第一节　医院管理研究概述

医院管理（hospital management）是按照医院工作的客观规律，运用管理理论和方法，对人、财、物、信息、时间、空间、流程等要素进行管理，履行计划、组织、协调、控制等职能，以取得最佳综合绩效的管理活动过程。狭义的医院管理聚焦患者诊断、治疗和康复等业务的临床效果和组织效率；广义的医院管理关注患者全生命周期的健康管理。

医院是最复杂的组织之一。卓越的医院管理必须以患者为中心，在医疗质量、运营效率、成本控制、战略管理、可持续发展等方面开展深入的管理科学研究。管理科学是一门研究管理理论、方法和实践活动的科学，应用科学方法来解决管理问题，以帮助管理者更好地进行决策。开展医院管理研究，是助推我国构建现代医院管理制度的重要举措。

医院管理研究是研究医院管理客观规律及其应用的科研活动，其目的是从医院管理实践中，提炼出指导医疗服务提供者进行组织管理活动的科学管理理论。从医院管理实践中提炼管理理论，需要针对医院管理活动，采取科学的研究方法，通过问卷调查、访谈、观察或实验等手段获取资料和数据，然后采取定性和定量分析方法对获取的资料和数据进行科学分析，通过建模、计算、归纳和演绎等手段描述医院管理现象，对管理结果（如临床结局）进行预测，阐明管理现象（如某临床干预措施和医疗质量）之间的因果关系，进而解释管理现象，为医院如何对其活动进行管理提出科学理论指导。

从全球范围来看，医院管理类研究持续增长。用“quality”“efficiency”“safety”或“cost”四个Mesh主题词，与hospital组合，截至2020年12月31日，在Pubmed数据库里检索出的英文文献数量按年度分布如图1-1所示。相关文献数量随时间（年度）的显著增长，提示医院管理研究正被越来越多的研究者和管理者所重视。

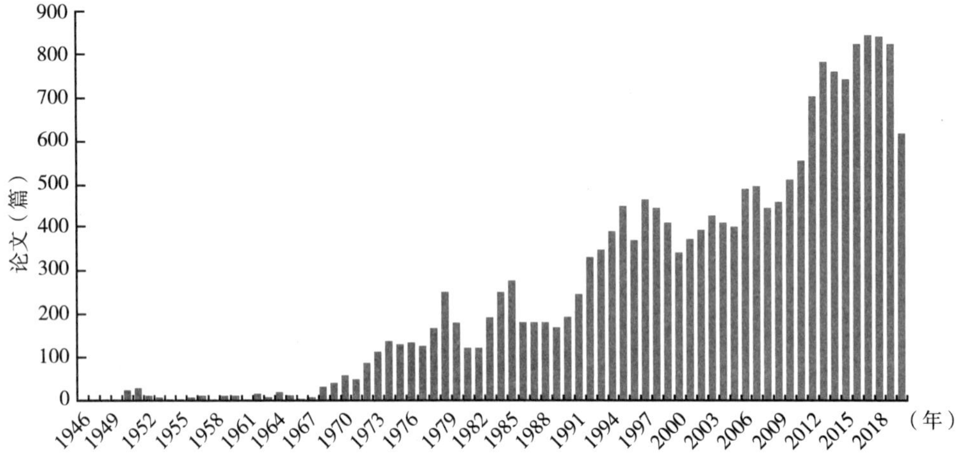

图1-1　医院管理类英文文献年度分布（1946—2020年）

一、医院管理研究的内容、目的与特征

（一）医院管理研究的内容

医院是一个多功能、多结构、多信息的复杂系统，对应的医院管理研究内容是多维度、多层次的。

一方面，从系统论角度来看，医院管理从本质上属于系统管理，其范围包括医院内系统管理与医院外系统管理两部分。医院内系统管理包含了人、财、物、信息、医疗、科研、教学等内容；医院外系统管理涉及社会服务、医联体建设、市场竞争、监督治理、纠纷仲裁等因素。与此同时，医院工作还有许多特征，如医疗技术与人文关怀的交织、医疗服务提供公平与效率的权衡、临床科室设置的系统性与相对独立性、临床医疗活动的紧急性与连续性、临床结果产出的高风险和不确定性等。这些特征既是医院管理的范围，也是医院管理研究的内容。

另一方面，还可以从多元角度来看医院管理研究。从医疗服务利益相关者角度来看，医院管理研究内容包括医疗服务提供者、患者、医疗保险机构、政府监管部门等；从管理层次角度看，医院管理研究内容包括医院管理宏观政策研究、中观医院或科室层面管理研究，以及微观个体层面管理研究；从职能业务范围角度看，医院管理研究内容包括医疗管理、教学管理、科研管理、战略管理、人力资源管理、质量管理、药事管理、文化管理、品牌管理、学科建设管理、运营管理、信息管理、器械管理、后勤管理、客户管理等。

（二）医院管理研究的目的

医院管理研究有五类基本目的：探索管理现象、描述管理现象、解释管理现象、对管理结果进行预测、优化管理决策。以下对五类研究目的分别进行介绍。

1. 探索管理现象 在医院管理研究中，有时为了在正式调研之前帮助研究者将问题定义得更加准确，帮助确定相关研究路线或获取更多相关资料，往往需要进行探索性研究。探索性研究的基本目的是提供一些资料以帮助研究者对所要研究的问题有一个初步印象和感性认识，为日后的深入研究提供基础和方向。

探索性研究的主要特点：研究过程具有很大的灵活性，也没有结构化程序；原始数据一般是定性的，信息的描述也不够精确；样本量一般较小，也缺乏代表性；调研结果也只是试验性、暂时性的，或者仅作为进一步研究的开始。医疗服务研究中的预试验（pilot study）就是一种探索性研究。探索性研究可采用二手资料分析、专家访谈、案例分析、深度访谈等方式。

2. 描述管理现象 属于实证主义（positivist）的描述性研究。实证主义起源于奥古斯特·孔德（Auguste Comte）的“实证哲学”和爱米尔·涂尔干（Emile Durkheim）的“社会学方法的原则”。自20世纪60年代以来，实证性研究逐步成为现代管理科学的主流研究方法。实证性研究的重点是研究现象本身“是什么”的问题，通过揭示客观现象的内在构成因素及内在逻辑，归纳概括客观现象的本质及运行规律。

医院管理研究首先是做好科学的现状和趋势描述。管理研究描述主要包括对相关事件或关注的管理要素的时间、空间和人群间状况进行详细的分析。通过描述，通常可以发现管理应该重点关注的时间段、部门或人群，也可以提出管理现象之间因果关联的假设。例如，对某医院医疗不良事件进行描述，从时间维度看，可以分析近5年、每年1~12月、每周周一到周日、每天24小时分布和变化情况；从空间维度看，可以分析不同科室之间差异；从人群维度看，可以分析不同性别、职称、年龄、学历的医师所诊疗患者的不良事件发生差异，也可以从患者本身疾病特征和个体特征等因素进行分析。通过描述性管理研究分析，可确立医院管理实践的重点。

3. 解释管理现象 解释性研究对于医院管理研究有着非常重要的意义。解释主义主张，研究者应深入现实情景去体验并通过科学化的研究手段和语言去解释现实世界。医疗服务中的质量、安全、效率和成本等方面，很多时候需要从不同利益相关者角度去观察和了解。解释性研究的主要目的是回答“为什么”的问题。解释性研究方法的基本特点是要构造一个模型或提出一套理论，用于解释已发生的现象（通常是大量发生的现象）。如果现象能够很好地被解释，即可推断所构造的模型或提出的理论是正确的。

解释医院管理现象是对管理现象为什么会发生进行解释。解释的前提是探明引起特定管理现象发生的原因。例如，为了分析员工为什么会离职，除了薪酬原因之外，还可能存在的原因包括员工自身特征、外部环境吸引力和医院发展前景等。研究者不但需要对这些因素是否是员工离职的原因进行分析，还需要分析这些因素之间交互作用是否会引起员工离职。如果明确了引起员工离职的原因和不同原因之间的交互作用，就可以对员工离职行为进行某种程度的解释。又如，研究者想研究什么因素影响了医疗质量和安全。根据文献回顾，研究者发现医患沟通、医疗制度、医护人员配置和医院感染管理可能影响医疗质量和安全，进一步可通过实证研究，探索上述几方面因素是否会对医疗质量和安全产生影响以及影响的程度。

4. 预测管理结果 预测性研究是在描述性研究和解释性研究的基础上，以获取的事件发展规律为基础，进一步预测该事件未来的发展态势，回答“将怎样”的问题。预测管理结果是根据现有管理状态、管理策略和外部环境等因素，对管理活动的未来表现作出推断。预测常常需要建立一系列变量之间的因果关系，然后根据变量之间的因果关系对结果变量未来的大小、数量和出现概率进行推断。例如，利用多重线性回归，得到某类疾病住院费用主要受疾病严重程度、年龄和住院天数的影响，随后便可利用这三个变量对该类疾病住院患者的花费进行预测。

5. 管理决策支持 决策性研究是为了实现特定的目标，要从若干可能的方案中通过决策分析技术确定最佳方案的一种研究，该类研究回答“最佳方案是什么”的问题。根据对未来状态的把握程度不同，决策分为确定型决策、风险型决策、不确定型决策。

上述五类医院管理研究目的在医院管理研究和实践中经常交织在一起。由于影响管理事件发生的因素众多，解释管理现象之间的关系往往需要从众多可能影响因素中找出真正具有因果关系的影响因素。当现有变量无法对发生的管理事件进行解释时，就需要在后续研究中探索新的解释变量及其因果关系。如果明确了变量之间的因果关系，可以根据自变量对因变量进行预测。当然，无论是预测还是解释，首先都需要对管理现状进行描述。

（三）医院管理研究的特征

1. 多学科融合性 是指医院管理研究以医疗基本规律为基础，除采用统计学、管理学等相关医院管理研究方法外，还不断吸收应用经济学、流行病学、系统科学、数学、心理学、运筹学等相关学科的理论和方法。这些方法的应用极大丰富了医院管理研究方法的内容。

2. 定量分析与定性分析相结合　随着数学和计算机技术的不断发展，人们在研究复杂管理问题时逐步开始应用数学模型进行定量分析，这在一定程度上促进了管理理论和方法的精确化和科学化。但由于许多管理问题极其复杂，难以用精确的数学模型加以定量化描述，此时采用定性研究可能是较好的选择。为了实现科学管理与人文管理的有效融合，提升医院管理的科学化程度，定量分析与定性分析相结合是管理科学研究方法的主要特征之一。

3. 理论与实践结合　“工欲善其事，必先利其器”。就理论联系实际而言，“器”就是科学理论，“利其器”就是不断加强理论学习。长期以来，我国医院管理在一定程度上缺乏职业化管理人才，大多数医院更倾向于经验管理，这常常导致局部的成功很难放大或推广到其他地区。究其根本原因，在于相关医院管理者缺乏理论的学习和素养，“知其然而不知其所以然”。与此同时，理论联系实际要吃透两头，一头是科学理论，一头是医院管理实践，二者不可偏废。

二、医院管理研究的基本要素

医院管理研究和相关学术活动，以学术论文、学位论文或研究报告等形式反映研究成果，犹如修建楼房离不开基石、梁、柱、砌块、楼板等基本构件一样，医院管理研究需要一些基本要素，主要包括变量、假设、模型、推理、分类等。

（一）变量

变量（variable）表示所研究问题的某种特征，是具有可测性的概念。在管理科学研究的基本要素中，变量处于中心地位，后续的假设、模型、推理和分类等要素都是以变量为出发点，表述变量之间的相互关系。

1. 变量分类　根据变量之间的相互关系，变量可分为自变量、因变量和中介变量。自变量是指影响或决定因变量的变量，是因变量发生变化的前提和原因。在变量分析中，自变量的属性值将不受其他变量的影响而独立给定。因变量是指由其他变量引起变化或决定的变量，它对自变量的变化作出响应。一个变量在某种情况下是自变量，而在另一种情况下可以是因变量。中介变量也称控制变量，是指用来调节自变量对因变量影响程度的变量。中介变量往往与自变量同时存在并对因变量产生影响。在变量分析中，中介变量作为一种状态或条件存在，其属性不发生变化。

2. 变量值　是指所关注变量（可量化特征）的具体数值。变量值反映了所关注特征的状态。如对于变量“项目成熟度”，其相应的变量值可以是不成熟、比较成熟、成熟等。

3.变量之间的相互关系 可分为相关和不相关。相关关系可分为线性相关和非线性相关。在相关关系中，最重要的是因果关系，这种因果关系又可分为一因一果、一因多果、多因一果、多因多果、互为因果等类型。

医院管理研究本质上就是要研究所关注变量之间的关系和变化规律，以及根据这些关系或规律获得实现管理目标的对策、措施、途径和方法。例如，研究“护患比”（在一定时期内护理人员与所照护的患者人数之比）对患者健康结局的影响及其程度。

（二）假设

假设（hypothesis）是根据经验事实和科学理论，对所研究问题的规律或原因作出的一种推测性论断和假定性解释，是要在研究之前提出并需要通过科学设计和分析来检验的。检验结果可能支持假设，也可能不支持假设，但这样的研究都是有意义的。无论是证实还是证伪，对于管理理论或实践都是有贡献的。假设对于管理科学研究十分重要，假设意味着有新设想，有了假设才可能有新发现。假设的提出和验证是研究工作的主线。通过假设，可以指导研究方向，并有利于进行研究设计，同时，假设还可提供一个结果讨论框架。

确定管理研究问题之后，需要提出研究假设。假设是有逻辑的推测、有理由的猜测、有根据的推理。它给正在研究或调查的问题提供了一种可能的解释。一旦某个假设被越来越多的研究所证实，那么这个假设就可能演变成理论。此外，研究工作必须预设某些关键性假设，管理理论与实践是建立在一系列基本假设基础之上的，如假设医疗差错与劳动负荷有关。总之，假设驱动倡导研究者打破既有观念的束缚，挣破旧有思想的牢笼，对未解决的问题提出新的假设，即“大胆假设”。

假设有两个主要来源：一是在实证研究之前，对问题的某种感悟而产生猜想（假设）；二是在实践中，基于对实际问题的某种感觉而产生猜想，或基于经验概括而产生猜想。假设通常表现为变量之间的关系，包括变量之间“如何”关联以及“为什么”关联等。

好的研究假设应具备以下条件：①理论基础。任何假设都是现有理论的扩展和延续，或者研究假设本身就是一种新的理论。②假设要尽可能清晰和具体地表述变量之间的关系。假设的清晰表述又有赖于变量的清晰界定。③假设必须是可以验证的。如果假设无法验证，无法用观测、试验的事实来证实或证伪，这种研究将无法进行下去，也就意味着这样的假设没有研究价值。

（三）模型

模型（model）是指研究者经过思维抽象后，对所研究的系统、过程、事物或概念进行必要的简化，并用适当的变形形式或规则把其主要特征描述出来所呈现的结果。医院管理研究中，常见的模型有如下几种：①数学模型（mathematical model）。数学模型是用数学语言描述现实系统行为和特征的一种模型，不仅可以定量描述系统各变量之间的相互关系，而且便于应用计算机进行分析。医院管理运筹学中的多数模型均属于数学模型，如线性规划模型、动态规划模型、库存模型、排队模型等。②仿真模型（simulation model）。仿真模型是指通过电子计算机运行所表达的程序模型。采用适当的仿真语言或程序，数学模型一般可转化为仿真模型。当要研究不同管理措施或设计变量对系统的影响，或者系统受到某些扰动后可能产生的影响时，最好基于系统本身进行实证研究，但往往会由于费用巨大、时间过长、系统不稳定等原因而无法付诸实施。这时，建立仿真模型进行模拟实验就成为分析问题的重要方法。例如发生群体性灾害事件时，医院应急预案管理就可利用仿真模型进行模拟实验。

（四）推理

推理（reasoning）是指由一个或几个已知的判断或前提，推导出一个结论的过程。从逻辑学角度而言，推理涉及一组结构化命题：前提和结论。通过推理得到的是结论，而为此结论提供证据和理由的是前提。从控制论角度而言，前提和结论应分别称为输入和输出。推理可分为归纳推理和演绎推理两类。

（五）分类

分类（classification）是指将事物按照种类、等级或性质分别进行归类，使事物更具有规律性。分类不仅是科学研究的主要内容之一，而且是深化研究的一种重要途径。开展研究可以从不同视角（perspective）或不同层次（level）看问题。从新的视角或层次看问题，可能会有新的发现。研究视角选定后，即可将研究对象按层次进行划分，逐层进行深入研究，从而使研究工作不断细化和深化。

三、医院管理研究的流程

与一般管理研究相似，医院管理研究流程包含下述八个不同的阶段。

（一）问题产生阶段

科学研究起源于问题，医院管理研究亦如此。医院管理实践中存在各种问题，如医疗质量问题、患者满意度问题、市场竞争问题等。管理研究问题通常不适合太宽泛，应尽可能聚焦。若面临的问题太复杂，需要将问题分解为不同的子问题。比较好的医院管理研究思路是“小题大做”。

科学研究问题的来源可以多种多样。管理研究问题可以来自于对管理现象的观察，例如，在诊疗服务过程中，同一病种有的病例费用低且疗效好，有的病例费用高且疗效差，医院管理研究人员在好奇心的驱使下往往会思考为什么会出现这样的情况。科学问题也可以来自于文献的报道。在医院管理研究过程中，不应该轻易否认研究问题，应该对产生的研究问题进行充分论证，直到无法确认其具有研究价值时，才可以将产生的研究问题放弃。科学思想只留给有准备的头脑，保持好奇心和经常思考相关问题，才是产生研究思想的重要源泉。

（二）问题定义阶段

提出管理问题后，必须将实际管理问题转化为管理研究问题，以便制定可行的研究计划及查找相关的研究文献。通常一个具体的管理问题转化为研究问题时需要适当扩大范围，但应避免太宽泛、模糊和抽象的研究问题。如某医院院长想了解实施住院医师规范化培训项目对在某西部农村地区县级医院就诊的心血管疾病患者的医疗费用和质量的影响，若不转化为管理研究问题，则开展实证研究范围太局限，也很难查找出满足上述所有条件的文献，这是因为原始的管理问题太窄、太具体。此时可将该管理问题适度扩展转化为研究问题（如转化为：住院医师规范化培训对医疗费用和质量的影响）；同时应避免过度扩展（如转化为：住院医师规范化培训项目对医疗服务体系的影响），否则原始研究很难开展，也会检索出许多与具体管理问题不相关的文献。

定义管理研究问题，可参照PITOS原则，即明确阐述适用对象（participants）、干预措施（intervention）、时间框架（time frame）、结局指标（outcomes）及实施环境（setting）。但管理问题影响因素很多，在构建研究问题时经常不能也不必满足PITOS全部五个要素。构建管理类研究问题时通常可考虑管理措施、情景和关注的结局三要素：①关注或考虑的管理工具、技术或措施是什么？②上述管理工具、技术或措施在什么情景下可以应用？③关注的管理过程或结局是什么？定义管理研究问题，也是形成研究假设的阶段，如某管理干预措施与结局指标的关联性，通常是通过归纳或者演绎推理方式得出相关的研究假设。

需要注意的是：①每个研究目标陈述应聚焦于回答一个单独的问题。管理目标常涉及多个问题，此时应将相关问题分解为具体的单个研究问题。②研究问题应聚焦于客观指标而非基于价值观。如“哪个方案更佳？”属于价值取向决策问题，而“哪个方案更可能带来第一年获益？”则聚焦于客观结果。③某些问题应包含管理和环境信息。

（三）研究设计阶段

医院管理研究经过提出问题和定义问题之后，基于科学问题提出研究假设，接下来最重要的就是设计阶段，其目的是确保研究目标的顺利达成和管理问题的切实解决。

研究设计是对研究活动开展的全过程的设计，主要包括选择研究对象、明确研究变量、确定研究方法、制定质量控制方案和实施进度安排等内容，最后形成研究方案。研究设计的质量好坏常常决定了一项研究的成败。

（四）资料获取阶段

医院管理研究资料获取方式有观察法、调查法、实验法和二手资料收集等多种方式，信息技术的进步使得医院管理的许多数据也可通过医院信息系统自动获取。数据获取阶段需要注意是总体还是样本数据，若是样本数据，应尽量采取随机抽样方式以确保数据的科学性和代表性。数据获取过程还需要充分重视质量控制，包括不同的观察者或调查者对相关变量的理解，数据的完整性和逻辑性等。总之，数据获取阶段应聚焦变量测量的准确性。

（五）资料分析阶段

本阶段根据研究设计阶段确定的统计方法，通过对资料和数据的清洗和编码，采取统计描述和统计推断等方法进行分析。数据分析阶段除了采用传统的统计学方法之外，也常常采取计量经济学或卫生经济学的方法，如时间序列分析、成本效果分析等。

（六）结果解释阶段

在此阶段对研究结果进行解释，说明为什么研究结果是这样而不是那样，即说明与前人研究的异同之处，以及为什么会这样。这一阶段首先是从医院管理实际出发寻找符合真实世界逻辑的解释；其次是与国内外相关研究进行比较分析，解释相似性或差异性；最后还要对研究结果的真实性、有效性和可推广性进行评估。

（七）结果应用阶段

医院管理研究强调结果对管理实践的指导和改进。研究成果通过学术论文、专著或会议等形式进行公开发布后，可以进一步扩大其对管理实践的指导价值。不是所有的研究结果都能改变人们既有的认知，也并非所有的研究结果都可以应用。由于每所医院的资源、外部需求和战略目标不同，通常医院管理研究结果需要在权衡多个因素之后视情况而采用。

（八）后效评价阶段

医院管理研究结果，应该及时反馈，形成“问题–假设–求证–结果–反馈–新问题”这样循序而无止境的或螺旋式的持续更新过程。因此，在研究结果应用之后，还需要对应用效果进行持续观察和评估，达到持续改进的目的。再好的医院管理研究证据，都不能确保应用之后一定取得好的结果。研究结果应用过程尚需精心组织和实施，评价决策执行过程和结局。若效果不好，应总结原因；若效果较好，可总结经验。强调以患者为中心的临床客观结局为导向，这是未来医院管理研究的发展方向。

上述研究过程八个阶段的具体内容，本书将在后续章节进行详细阐述：第二章详述第一至第三阶段，第三、第四章详述第四阶段，第五至九章详述第五、第六阶段，第十章详述第七、第八阶段。

第二节　卫生政策研究概述

一、卫生政策

1．概念　卫生政策（health policy）属于公共政策的一个范畴，是以提高人民健康水平为目的，通过政府颁布的法令、条例、规定、计划、方案、措施和项目等形式，对社会卫生资源筹集、配置、利用和评价加以确定的系列总和。

卫生政策分析是政策分析者为了解决医疗卫生问题，采取各种分析方法对医疗卫生问题、政策目标、政策方案、政策执行和政策效果进行分析，以向政策机构和决策者提供有关政策信息和建议的过程。

2．特征　卫生政策既具有公共政策的特点，又具有卫生事业的独特特征，具体表现在以下几方面。

（1）卫生政策具有鲜明的政治性，又有一定的共同性：卫生政策同一般公共政策一样，代表着统治阶级的利益和意志，具有鲜明的政治性，对利益的分配带有很强的政治倾向。同时，由于卫生事业是全人类的共同事业，与人类健康有关的环境因素和生物因素是基本一致的，不少技术性卫生政策具有共同的特点。例如，国境口岸卫生监督政策，无论社会主义还是资本主义国家，其政治措施都有很多类似的地方。

（2）卫生政策既具有特定的部门性，又有广泛的社会性：一方面，我国大量的卫生政策都是党和政府或其他政治性组织授权或委托卫生部门研究制定的，大量卫生政策都是由卫生部门、卫生单位贯彻实施或组织实施的，因此，卫生政策具有特定的部门性。另一方面，随着医学模式的变化，过去局限于卫生部门和单位的小卫生观已被卫生工作社会化的大卫生观所取代，卫生政策又具备了广泛的社会性。必须依靠政府的力量，利用卫生政策手段来解决社会卫生问题，如公共卫生政策和初级卫生保健政策就是卫生政策社会性的典型例子。

（3）卫生政策既具有相应的强制性，又具有相对的劝导性：卫生政策作为统治阶级的意志体现，具有强制性的特点。它的客体对象必须执行和服从。有些类型的卫生政策，特别是法制型的卫生政策，是卫生政策定型化、条文化的一种形式，它具有严格的强制性，如重大传染病防治政策。但是，卫生政策由于其具有社会性，它涉及的对象多是群体对象，大量的卫生政策需要人们理解和接受，才有可能产生预期的效果。一些涉及面较广的卫生政策多是引导性政策，需要宣传发动、说服教育才能得以实施。因此，劝导性是卫生政策的又一特征，这一特征使健康教育成为一项非常重要的工作。

（4）卫生政策既具有很强的时效性，又具有相对稳定性：任何一项卫生政策都是作为一定条件下的现实政策而存在的，受到时间性和空间性的严格制约，一旦客观情况发生了变化，不符合新的现实情景，它就成为过时的政策。一般而言，不同时期应有不同的卫生政策。但是，卫生政策相对于一般政治性政策而言，又具有相对稳定的特点。例如，有很多卫生保健任务，不是短时期内所能完成的。

3. 基本要素

（1）政策主体（policy subject）：政策主体是指参与或影响政策全过程，对政策有直接或者间接决定作用的组织或个人。政策主体从不同角度可以划分成不同类型，从数量角度可划分为社会主体、集团主体和个人主体；从职能角度可划分为制定主体、执行主体、评估主体和监督主体；从权力角度可划分为决定主体和影响主体。政策主体的构成要素主要包括立法机构、行政决策机构、行政执行机构、司法机构、政治党派、利益集团和公民个人等。

（2）政策客体（policy object）：是政策所发生作用的对象，包括政策所要处理的社会问题和所发生功能作用的社会成员。政策客体包括事和人两种类型。卫生政策主要是为解决卫生领域内的社会问题而形成的政策。社会成员及其形成的利益团体往往所处的地位不同，导致社会分工不同，进而产生了不同的利益要求。因此，卫生政策方案的制定和执行必须注意其所调整的社会成员之间的利益关系。

（3）政策价值（policy value）：指政策主体通过政策作用于政策客体而实现其利益与意志，以及政策客体在政策作用下能够反映和体现政策的目标和效能。政策价值是政策基本要素的核心，是政策形式的内在基因，主要解决政策的功能问题，如政策要求、政策标准等问题。

（4）政策内容（policy contents）：是政策内部所包含的基本要素。包括政策主体、政策客体、政策价值、政策目标和具体内容规定、政策的原则、障碍与控制、政策方法、政策措施、手段和方法、政策的适用范围、政策评价与效益等。

（5）政策形式（policy form）：是政策的外部表现方式。一般而言，卫生政策是正式的书面文件或指导方针，体现了决策者对能够加强卫生体系、改善健康状况的某一行动的合法化。另外，也会根据实践经验不断完善，从而与当初下发的正式文件有所不同。因此，政策不仅可以是正式的书面表达，也可以是非正式、非书面的实际行动。

二、卫生政策研究的内容

本教材将卫生政策研究的范畴界定为：为实现卫生系统高效运行和保障人民健康的目的，卫生领域研究人员依据一定的政策理论与知识，运用适宜的方法和技术，协同卫生政策制定者制定和优化卫生政策的过程。卫生政策主要研究以下几方面内容。

1. 卫生政策与政策环境的关系 在现实生活中，无论是一项具体的卫生政策还是许多卫生政策组成的集合体，都离不开一定的环境。卫生政策环境包括经济资源环境、政治法治环境、社会文化环境和国际环境。

2. 卫生政策系统的主体与客体 卫生政策的主体是卫生政策在实际运行过程中的决策者、参议者和参与者等的统称；卫生政策的客体是卫生政策所作用的对象。要从卫生政策客体的实际出发制定实施政策，要认识和把握具体政策客体的特殊性。

3. 卫生政策的运行机制 关系到卫生政策的制定、实施、控制、评价和终止等政策运行规律。

4. 卫生政策的方法学研究 目前国内卫生政策研究尚缺少专门的研究方法，缺乏系统的对政策研究方法的研究。

三、卫生政策研究的步骤

卫生问题众多且复杂，涉及卫生系统内部各子系统，与社会、经济、文化、环境等各系统也存在密切联系。卫生政策研究中，政策的研究者和制定者需要针对不同阶段，根据卫生系统的特点，借助适宜的研究方法和工具，开展政策研究，具体研究步骤介绍如下。

（一）政策问题确立

政策问题确立是指运用公认的科学方法和遵循合理的逻辑步骤，确认特定领域或范围内的焦点问题和关键问题，同时，促使关键问题能够优先进入政策议程成为政策问题，主要内容如下。

1. 确认特定领域中存在的问题

（1）特定领域界定：是指对政策制定者的管辖范围进行界定，包括对其岗位和责任的地域、层次、职能和时限的界定。通过以下六方面的分析可实现对特定领域的精确界定：①政策制定者理论和现实两方面的基本职能。②基本职能与横向部门的交叉和重叠。③实施基本职能时需要协作与协调的部门。④政策制定者的层次和管辖地域。⑤确定所界定问题、收集和总结的文献范围以及年限。⑥确定各方论证的对象、范围和方法。在特定领域界定的基础上，需要对所界定的特定领域进行背景分析，认识所研究领域的运作规律。

（2）存在问题界定：从以下四方面界定存在的问题：①发现问题。全方位调查和分析特定领域内存在的问题，在系统分析的基础上找出存在的问题。②界定问题。对问题作出特定解释，通过详细描述问题，综合界定问题。③归类问题。将问题进行分类，形成有序的问题系统。④论证问题。通过专家咨询、座谈会等形式，组织相关专家对所界定问题进行充分的论证，确认被界定的问题。

2. 关键问题确认 基本做法：①明确问题的重要性，确定主次。②明确问题的严重性，确定广度和深度。③明确问题的可解决性，确定制约因素和前提条件。④通过综合评价和各方论证建立与确认问题的优先顺序。⑤依据优先顺序明确特定领域的关键问题和焦点问题。对关键问题的论证可运用的方法有意向调查、利益相关者分析、综合评价等。

3. 政策问题确认 基本做法：①明确最终决定者。可采用利益相关者分析、情景分析以及焦点组访谈等方法，明确利益集团的利益驱动、确定相关关键部门以及明确最终决定者。②开展针对性总结论证。回答“为什么应该解决这个问题”“这个问题是否目前有条件解决”“怎么解决这个问题”“能够多大限度地解决问题”“社会影响是积极还是消极”等，依据问题界定的结果进行总结和归纳。③运用专家咨询、焦点组访谈以及情景分析等方法，推荐进入政策议程的应对策略，以问题提出者的积极主动换取最终决定者的“主动介入”。

（二）政策方案研制

政策方案研制的主要内容如下。

1．政策问题根因分析 是针对特定的政策问题，运用公认的科学方法和逻辑步骤，明确其根源、影响因素以及政策问题与根源、影响因素、危害之间定性与定量的关系。基本的分析流程：①运用归纳和演绎方法明确政策问题的基础，包括检查确定政策问题确认环节所提供的信息是否完备，以及明确界定政策问题在社会系统中所属的子系统。②确定政策问题所在范围。③运用卫生系统宏观模型、层次分析和逻辑推理等方法，系统搜寻政策问题的影响因素。④确定政策问题根源，包括确定影响因素与政策问题的关系，以及确认根源、直接和间接影响因素。⑤运用归纳和演绎方法以及模型工具明确政策问题的形成机制。⑥定量论证问题根源，包括运用逻辑推理和定量模型表述问题形成机制；运用专题论证和研究、意向论证、专家咨询和文献论证等方式论证主要结论。

2．政策思路研制 操作过程：①运用规范分析法和补缺调研开展前期信息继承分析。②运用逻辑演绎、理论和模型研究开展标本兼治思路推论与模型建立。③运用逻辑演绎方法开展治本治标思路和优先序位推论。④运用文献归纳和各方论证开展思路模型论证。⑤定量模型研制和论证。

3．政策目标确定 政策目标是政策实施后期望达成的目的、要求和效果。主要的实施流程：①运用逻辑演绎和推导以及各方论证，建立包括总体目标和子目标的目标体系。②运用文献归纳以及各方论证实施目标量化。

4．政策方案设计 依据确定的政策目标设计政策方案是解决好政策问题的关键性步骤，是为了实现政策目标而进行的设计、谋划、拟定解决问题的计划、方法、路线、步骤、手段、措施等的活动过程。从实质上讲，政策方案的设计是在寻求解决政策问题的途径和方法。政策方案的内容是多方面的，概括地说，要回答以下几个相互关联的问题：做什么（What）？为什么要做（Why）？谁来做（Who）？什么时候做（When）？在何地做（Where）？怎样去做（How）？

政策方案设计可以分为两个阶段。一是政策框架设计，即在明确政策目标的基础上，寻求达成政策目标及其各子目标的方法措施，并对方法措施有机地组合，形成能够全面实现特定政策目标方案的过程。主要过程和方法：①搜寻方法与措施。②运用因果分析法、焦点组访谈以及意向调查明确所界定方法和措施的作用强度。③运用类比法、头脑风暴法和德尔菲法形成方案轮廓。二是政策方案细节设计，即围绕前述设计框架，从政策目标要求出发，确立方案实施的方法和措施，使用对象、运用期限和阶段，方案所需的各种条件和要求等，最终确立具体实施方案的过程。具体操作过程和方法：①运用逻辑推理和数据模拟论证政策资源。②运用专家咨询、逻辑推理和数据模拟论证，明确主要障碍。③总结归纳前期结果。④形式完善。

（三）政策方案可行性论证

政策方案可行性论证是指运用科学的方法，遵循科学步骤，在政策付诸实践之前，论证、评价与比较特定方案，择优选择和推荐最优方案的过程。可行性论证要回答的问题是这个政策方案在现实中是否能够付诸实施。一般来说，可行性论证包括经济可行性、政治可行性、技术可行性和文化可行性。政策方案可行性论证的操作步骤包括准备阶段、实施阶段和报告阶段。

1. 准备阶段 是为可行性论证的展开提供各项准备，其操作步骤如下：①运用逻辑方法、层次分析、意向调查、文献论证以及专家咨询等方法确定论证对象。②运用逻辑推理、因果分析以及专家咨询等方法制订论证计划。③运用预算、线性规划以及专家咨询等方法筹集与配置论证资源。

2. 实施阶段　是论证的具体展开过程，其操作步骤如下：①运用系统分析、文献评阅、预测分析等方法开展方案的可行性分析。②运用比较分析、预测分析以及归纳演绎等方法确认可行方案。③运用辩证思维、比较分析、综合归并、情景分析以及专家咨询等方法对可行性方案进行择优分析，主要内容为：明确可行性方案的基本优先顺序；分析建立方案择优的标准和指标值，以及明确可行方案中的优等方案。

3. 报告阶段　是形成可行性论证报告的过程，其操作步骤如下：①运用逻辑推理以及归因分析等方法撰写可行性论证报告。②运用焦点问题深入访谈以及专家咨询等方法确立优选方案。

（四）政策方案抉择

政策方案抉择就是在评估、论证各种政策方案的基础上进行比较，最后选择出最佳政策方案的过程。政策方案的可行性论证是选择方案的前提，抉择方案则是可行性论证的结果。科学的抉择必须遵守一定规则，所谓抉择方案的规则就是选定最终政策方案的程序和方法，这种程序和方法对最终的方案抉择有着很大影响。通常的抉择规则有如下几种：①全体一致同意规则，指全体参与抉择的成员必须完全一致地同意选择某个政策方案，才能通过。其中只要有一个人持不同意见，方案就不能通过，所以又称“一票否决原则”。②多数抉择规则，即少数服从多数，以多数票通过抉择方案的规则。这样可以最大限度地照顾少数人的利益。一种是“简单多数同意规则”，就是在对多项方案的表决中，哪一项方案得到的赞成票最多，哪一项方案就被抉择出来；另一种是“绝对多数”的规则，就是对选择某一方案的具体比例作出明确或规定，如必须达到2/3或3/4才能选择某一方案。③赞成投票原则，这种方法也被称为“同意表决法”，即先由群体成员对所有他认为可以接受的方案投赞成票，得票最多的备选方案即可中选。这种方法尽管简单，但它通过忽略各成员偏好次序的具体信息而获得了群体偏好次序的综合信息，因此，能够对群体意见作出敏感反应。④淘汰投票原则，与赞成投票原则相对应，这种方法也称作“否定表决法”，由参加投票的集体成员对他认为可以舍弃的政策方案投反对票，得票最多的方案就被淘汰。这样依次进行下去，直到最后一个得票最少的方案被选择出来。

（五）政策方案合法化

政策合法化不仅仅指最后选择的政策方案获得合法地位准予实施，而且还指具备特定条件的政策上升为法律的过程。我们应从广义的层面来理解政策合法化，它包括以下几方面含义：①一般情况下，政策方案是由政策制定部门最后抉择的比较满意的方案，包括党的政策，各级政府机关制定的政策、法规，还包括半官方的一些社群团体制定的政策。②政策合法化是特定的主体在法定权限范围内，把上面的政策给予合法性、赋予合法地位的活动过程。③政策合法化还必须遵循一定的程序。不同层次、不同内容的政策，其合法化的程序也有所区别。有权使政策合法化的主体必须依照宪法和法律规定的程序进行。④政策合法化的最后结果是使政策方案具备合法性和权威性，获得实施的效力，得到人们的认可和接受，从而减少政策执行中的阻力。⑤经过实践检验的成功、成熟的政策按照一定的法定程序上升为法律的过程。

（六）政策执行

政策执行是政策方案被采纳后，把政策规定的内容转变为现实的过程。目的在于实现政策目标，即运用公认科学的方法，遵循合理的逻辑步骤，将政策目标按照方案所规定的程度和范围加以实现。政策执行过程的基本步骤包括：明确政策内涵、分析政策执行的动力与阻力、制订执行计划、配置执行资源、控制政策实施。

（七）政策评价

政策执行后的效果如何也是研究者需要重视的环节。在这一阶段，研究人员需要按照一定的价值标准，运用合理的研究方法，排除政策执行过程中环境等政策因素的干扰，对政策带来的价值进行判断。具体的步骤主要包括：政策评价可行性分析、制订政策评价实施计划、实施政策评价计划、综合分析及完成政策评价报告。本教材在第九章中重点对政策效果评价方法进行专题介绍。

（八）确定政策去向

确定政策去向直接关系到政策目标的实现和政策解决问题的能力大小，以及整体政策价值的高低。政策的基本归宿有四种，包括政策延续、政策调整、政策法律化以及政策终结。确定政策去向是在政策的归宿中作出科学的选择。确定政策去向的基本步骤包括：信息准备、明确政策的基本去向、确定政策的去向。

第三节　研究方法体系简介

医院管理与卫生政策研究同一般社会科学研究方法一样，可分为三个层次：最高层次的方法论，中间层次的研究方式，基础层次的具体研究方法与技术。研究方法体系结构示意如图1-2所示。

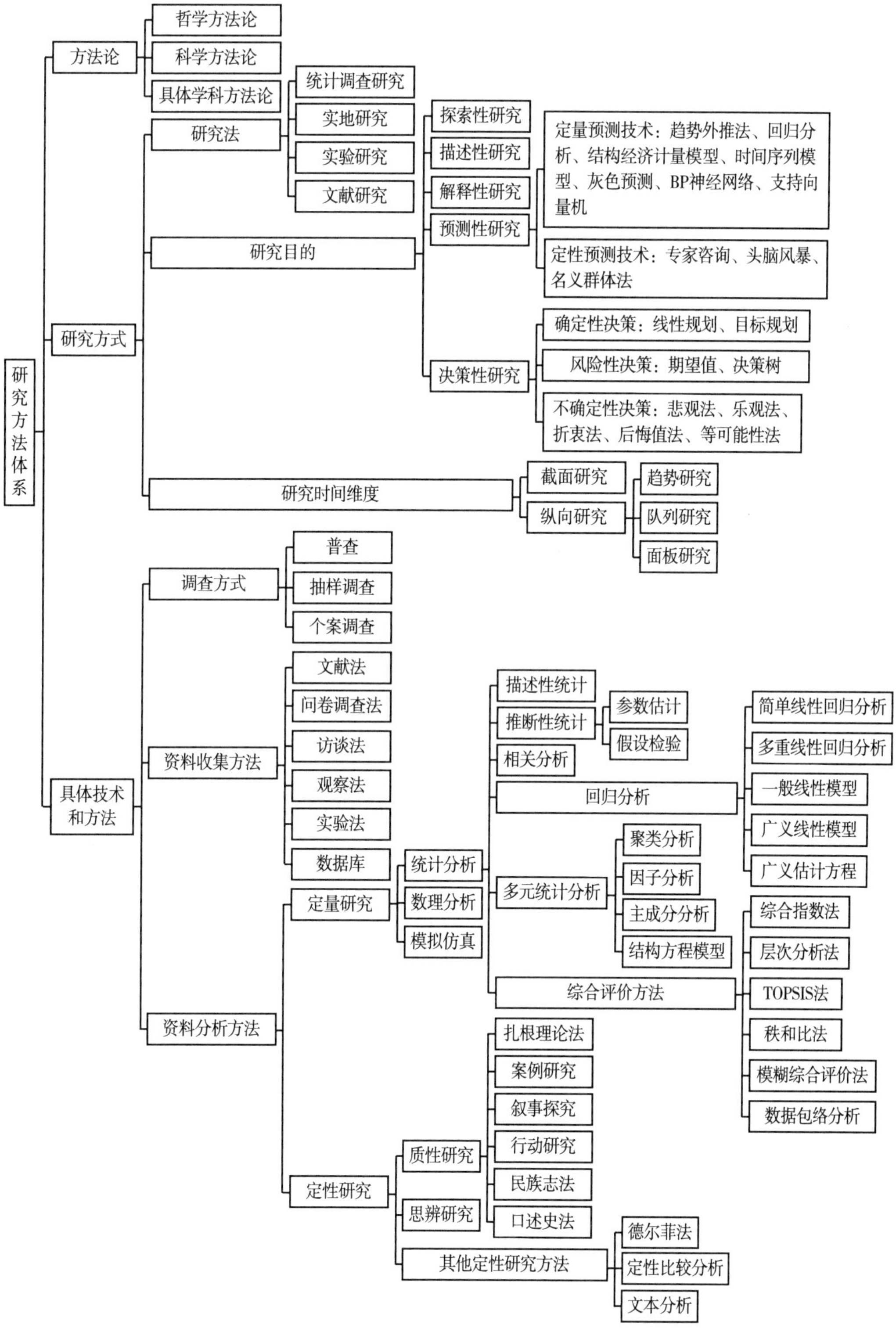
研究方法体系
方法论
哲学方法论
科学方法论
具体学科方法论
研究方式
研究法
统计调查研究
实地研究
实验研究
文献研究
研究目的
探索性研究
描述性研究
解释性研究
预测性研究
定量预测技术：趋势外推法、回归分析、结构经济计量模型、时间序列模型、灰色预测、BP神经网络、支持向量机
定性预测技术：专家咨询、头脑风暴、名义群体法
决策性研究
确定性决策：线性规划、目标规划
风险性决策：期望值、决策树
不确定性决策：悲观法、乐观法、折衷法、后悔值法、等可能性法
研究时间维度
截面研究
纵向研究
趋势研究
队列研究
面板研究
具体技术和方法
调查方式
普查
抽样调查
个案调查
资料收集方法
文献法
问卷调查法
访谈法
观察法
实验法
数据库
资料分析方法
定量研究
统计分析
数理分析
模拟仿真
描述性统计
推断性统计
参数估计
假设检验
相关分析
回归分析
简单线性回归分析
多重线性回归分析
一般线性模型
广义线性模型
广义估计方程
多元统计分析
聚类分析
因子分析
主成分分析
结构方程模型
综合评价方法
综合指数法
层次分析法
TOPSIS法
秩和比法
模糊综合评价法
数据包络分析
定性研究
质性研究
思辨研究
扎根理论法
案例研究
叙事探究
行动研究
民族志法
口述史法
其他定性研究方法
德尔菲法
定性比较分析
文本分析

图1-2 研究方法体系

一、科学研究的方法论

科学研究的方法论（methodology）是指导研究的一般思维方法或哲学方法，主要探讨研究的理论公式、基本假设、研究逻辑、研究原则、研究规则、研究程序等问题。医院管理研究方法论要探讨的主要问题包括：①管理科学能否像自然科学那样客观地认识管理现象？②是否存在客观的管理规律？③应采用何种方法来研究管理现象？④如何判断管理科学知识的真理性？⑤研究者的主观因素（如价值观、伦理观）对管理研究有什么影响？

方法论是与一定的哲学观点和学科理论相联系的。任何研究都要以一定的理论和方法作为指导，方法论提供了调查研究的理论指导。但方法论并非统一的。一方面，不同的理论学派有不同的方法论。例如，实证主义学派主张采用自然科学的实证方法解释客观的“管理事实”，并用精确的数量分析来发现管理现象之间的因果规律；而人文主义学派可能会否认社会规律的存在，它们主张用阐释或理解等主观方法来说明具体的管理事件。另一方面，不同的学科也有不同的方法论。

在管理研究中应遵循何种方法论，是一个实践问题，因为研究社会现象有各种可供选择的方法论、研究途径和判断标准，这就要对具体现象做具体分析。有些管理现象（如医院运营效率问题）是适于用自然科学的数量化方法分析的，而有些管理现象（如医院文化建设）可以用历史、哲学或人类学的方法加以研究。因此，在做具体研究时，研究者一般是根据研究课题的性质来选择更适于这一课题的方法论和学科理论作为指导，或者是根据自己在理论、方法论方面的专业特长来选择适当的研究课题。

美国著名科学哲学家托马斯·库恩（Thomas Kuhn）最早提出范式的概念和理论，并在《科学革命的结构》（*The Structure of Scientific Revolutions*, 1962）中将范式定义为一个共同体成员所共享的信仰、价值和技术等的集合。科学研究范式则是科学研究的理论基础和实践规范，是指某一学科的研究者群体所共同遵从的世界观和行为方式，包括该学科特有的观察角度、基本假设、概念体系和研究方式，代表研究者看待和解释世界的基本方式。

二、科学研究的方式

科学研究方式（research mode）是贯穿于整个科学研究过程的程序和操作方式，它表明研究的主要手段与步骤。研究方式表明研究者主要是通过何种手段和途径得出研究结论的。研究方式包括研究设计类型和研究法两个方面。

研究设计的类型可从多种角度来划分：从研究用途类别角度，研究方式可分为理论研究和应用研究；从研究对象范围角度，可分为宏观管理研究和微观管理研究；从研究性质角度，可分为描述性研究、解释性研究、探索性研究、预测性研究、决策性研究；从研究的时间维度上，可分为横剖研究和纵贯研究；从调查方式上，可分为普查、抽样调查和个案调查；从方法论角度考虑，可分为统计调查（定量研究为主）和实地研究（质性研究为主）。以下从不同的研究角度对研究方式进行详述。

（一）研究用途类别角度

理论研究与应用实践相对应，通过概括和抽象管理现实问题，探讨管理学科规律性内容，从理论上对管理行为、机理和现象等进行解释。例如，马斯洛的需要层次理论、战略管理研究中的波特五力模型等。应用研究是为了使实际工作做得更好而进行的研究，是为了解决实际工作中的问题而做的研究。应用研究常基于某种理论框架，针对明确问题开展基于改进实践效果的研究。例如，某医院利用结构（structure）–过程（process）–结果（outcome）理论开展医疗质量持续改进的研究。

（二）研究对象范围角度

宏观和微观管理研究是相对的概念。医院宏观管理研究包括宏观政策对医院组织行为和绩效的影响，区域层面社会经济环境因素对医院组织绩效的影响等。医院微观管理研究包括医院科室内部各部分功能及相互关系、医护个人和群体行为等。

（三）研究性质角度

描述性研究主要是揭示现状，回答“是什么”的问题；解释性研究主要是寻求某一现象或结果的原因，回答“为什么”的问题；探索性研究是在缺乏前人的相关研究信息和理论，或者既往研究缺乏明确的结论情况下开展的初步研究。

（四）研究方法角度

定性研究和定量研究并非是对立的，它们从不同维度去研究问题，而这些维度又经常是融合在一起的。定性研究是定量研究的基本前提，定量研究使定性研究更加科学、准确，可促使定性研究得到系统深入的结论。

三、具体研究的方法与技术

（一）资料收集方法

管理研究的主要资料来源有询问记录、观察记录、统计数据、文献资料等。与此相应的资料收集方法有文献法、观察法、访问法、实验法、问卷法和量表法等。其中，实验法和文献法是非调查方法，它们不是在实际的社会环境中收集资料，而是收集第二手资料或可控的实验数据。关于资料收集方法，本教材第三章将进行详细阐述。

（二）资料分析方法

管理研究资料可分为数据资料和文字资料两大类。分析数据资料的主要方法是统计方法、数理方法和模拟法；分析文字资料的一般方法是比较法和构造类型法。任何研究都离不开理论分析或定性分析，但具体采用哪些分析方法，是由研究对象和研究目标决定的。关于资料整理方法，本教材第四章将进行详细阐述。

（三）研究的具体技术

研究的具体技术包括问卷与观察表格的制作技术、调查指标的设计。观测仪器、录音录像设备、实验设备的使用、计算机技术、资料整理的方法与技术等。

总体而言，医院管理研究方法体系的三个层次是相互联系的，它们在研究中缺一不可。首先，方法论观点影响研究者对研究方式的选择，没有方法论的指导，研究结论只能停留在一般观察的水平。其次，不把握正确的研究方式，就无法系统地、有步骤地、有条理地进行研究，而一定的研究方式又规定了一套与其相应的具体方法和技术。最后，不会使用具体的方法技术，就无法收集到所需的资料或无法对资料进行整理和分析。一般来说，研究方法体系的三个层次是有机联系的，每一项研究都是在一定的方法论指导下采取一定的研究方式，并使用某些具体方法的过程，只有把这三个层次有机地联系在一起，才能保证研究科学有序地进行。

第四节　研究道德与伦理

伦理是指一定社会或领域的基本人际关系规范及其相应的道德原则，折射人们道德、信仰和价值标准。医院管理研究作为研究者追求真理、创造知识的重要科学活动，更要讲究道德和伦理。这也是所有从事学术研究工作者应该共同遵守的道德原则和价值标准，本节涉及的研究伦理问题也是学术道德问题。

一、学术道德

（一）客观诚信

在提出研究问题、数据采集、统计分析、结果报告等各个阶段，客观诚信都是最基本的伦理原则。具体而言至少包括以下几方面：研究问题要以事实为根据而非杜撰；

数据采集阶段要忠于数据原貌而非篡改；统计分析方法选择要恰当；结果报告不夸大学术、经济和社会价值。

（二）尊重知识产权

一方面，研究者首先需要注意保护自身的知识产权，因此对研究者自身的研究成果，应该及时以学术论文、论著或专利等形式加以保护；另一方面，研究者还必须尊重他人的知识产权，在引用别人成果时必须注明出处或征得作者同意。

（三）倡导合作共享

绝大多数重大研究成果，均是合作共享的结果。由于研究者个人及其组织自身的资源是有限的，因此为开展更高质量和更有代表性的医院管理研究，就需要研究者用合作的态度和开放的心态对待自己和他人的研究，需要有更高的格局来看待这一原则：一方面，要乐于公开和分享自己的学术成果，便于更好更快地传播；另一方面，要以开放和包容的心态接纳不同学术观点和来自学术同仁对自己研究的评价和批判。

（四）坚持学术平等

学术平等对推动学术繁荣尤为重要。学术平等是指无论研究者的年龄、性别、地区、教育程度等如何，在学术面前都应该受到相同的对待。无论是在学术争鸣、学术成果鉴定还是责任承担等方面都没有高低贵贱之分，始终贯彻平等的原则。

二、伦理原则

涉及人的健康相关研究的受试者保护工作从最初的临床干预试验向流行病学研究、健康相关数据研究、生物材料研究等诸多新领域拓展。目前认为，以人为对象的科学研究伦理原则为尊重、有利和不伤害、公正。

（一）尊重原则

尊重原则是指在科学研究中要尊重人的自主权、知情同意权和隐私保密权。人作为行为主体具有自主和自我决定的权利，涉及个人的问题必须由个人作出决定。尊重和保障受试者参加研究的自主决定权和知情权，严格履行知情同意程序，不允许使用欺骗、利诱、胁迫等手段使受试者同意参加研究，允许受试者在任何阶段无条件退出研究。

知情同意是涉及人类研究的道德和法律要求，是开展每项涉及人类作为研究对象的研究之前的必然要求。研究者应遵循伦理审查体系的监管要求、遵循利益冲突管理规定、依据专业标准进行研究设计、确定具备保护受试者所需的资源、以公平的方式招募受试者、获取知情同意、关注和回应受试者的诉求、按规范实施研究。在整个流程中，获取知情同意是极其重要的一环。

隐私权是自然人享有的对其个人的、与公共利益无关的个人信息、私人活动和私有领域进行支配的一种人格权。隐私的范围包括私人信息、私人活动和私人空间。例如，在医院管理研究中，保护患者隐私成为一个必须考虑且重点关注的问题。通常情况下，研究过程中涉及患者的姓名、证件号码、家庭住址等敏感信息均需要删除或脱敏。

（二）有利原则和不伤害原则

有利原则是指把受试者健康放在第一位并切实为受试者谋利益的伦理原则。为了满足有利原则，要求研究计划必须在很大程度上保证个体参与者或他们所在社区能从研究项目中获益。

不伤害原则指研究者将受试者潜在的身体、心理、经济、社会方面或其他方面的伤害降到最低，并确保风险和收益之间的平衡。不伤害原则要求以受试者为中心，坚决杜绝有意和责任伤害；防范无意但可知的伤害，把可控伤害降到最低程度。受试者受到研究相关损害时，应当得到及时、免费治疗，并依据法律法规及双方约定得到补偿或者赔偿。

（三）公正原则

公正原则旨在确保研究的收益和负担是相当的。公正地选择受试者以及收集的资料，合理地处理研究者与受试者的关系以及研究结果，入选与排除标准具有明确的科学依据。针对一般人群的研究不应将弱势群体选为研究源，因为这可能给弱势群体造成不公平的负担。与此同时，不应将未被充分调查的人群排除在研究之外，除非有非常可靠的理由说明为何需要排除。公正原则还涉及研究是否会给受试者带来不公正待遇，使受试者的生活和工作被干扰。在这种情况下，研究者需充分说明研究可能带来的后果，得到受试者知情同意后方可进行研究。

三、学术不端行为

国际上将严重违反科学诚信的行为称为学术不端行为（academic misconduct）。尽管尚无统一定义，但学术不端主要表现为以下两个特征：①违反学术界通用道德标准，或严重背离相关研究领域行为规范。②蓄意、明知故犯，如学者蓄意的一稿多投行为。但是学术不端不包括对事物或现象的不同解释或判断。研究中常见的学术不端行为如下。

（一）杜撰（fabrication）

杜撰通常表现为按照某种科学假说和理论演绎出的期望值而伪造观察或实验结果，如捏造、编造研究数据。其实质是对科学的不尊重，其危害程度可能是所有学术不端行为中最严重的。因为如果没有被发现，后人引用这些杜撰的数据或信息将给相关研究带来极大的混淆和资源的浪费。

（二）篡改（falsification）

学术研究中的篡改是采用虚构的手段按自己的期望随意改动、任意取舍原始数据或实验，从而到达使结果符合想要获得的研究结论和支持自己论点的目的。篡改数据违背了学术道德规范中的一个基本原则，即应该客观地记录和保存原始数据。篡改行为的主要表现形式为篡改数据和拼凑数据。

（三）剽窃（plagiarism）

剽窃是指未经允许将他人的思想、过程、结论或语句占为己有的行为。剽窃不仅包括对他人数据、作品字句或内容的直接使用，也包括对他人学术论著的思想、观点、结构和体系等因素作为自己论文的基本元素加以使用或发表的行为。

本章小结

本章首先对医院管理研究进行了概述：医院管理研究目的包括描述管理现象、解释管理现象、探索管理现象、优化管理决策、对管理结果进行预测；医院管理研究的基本要素主要包括变量、假设、模型、推理、分类等；研究流程包括问题产生、问题定义、研究设计、资料获取、资料分析、结果解释、结果应用、后效评价八个阶段。其次，对卫生政策研究进行了概述，描述了卫生政策的定义、特征、基本要素，介绍了卫生政策研究的基本内容，重点论述了卫生政策研究的八个步骤，即政策问题确立、政策方案研制、政策方案可行性论证、政策方案抉择、政策方案合法化、政策执行、政策评价和确定政策去向。再次，系统介绍了科学研究方法体系，即包括最高层次的方法论、中间层次的研究方式、基础层次的具体研究方法和技术。最后，介绍了研究道德和论理，包括学术道德、论理原则和学术不端行为三个方面。

（文　进　董四平　陶红兵）

第二章　研究选题、方案设计与课题申报

学习目标

1. 掌握　研究选题和研究方案设计的基本思路和基本要素。
2. 熟悉　研究计划书的主要内容。
3. 了解　课题申报的主要路径和注意事项。

科学研究的过程一般包括确定研究问题、设计研究方案、选择研究方法、收集资料和分析资料、形成研究结果等几个步骤。

第一节　研究选题

研究选题的确定是一项系统的、创造性的工作，是研究过程的第一步。医院管理和卫生政策研究首先要有明确的、相对稳定的研究方向。选题体现了科研人员及其科研团队的理论深度、科学逻辑思维和实践能力，同时有利于指导后续科研工作的开展。好的选题既要立地又要创新：立地是要结合医院管理和卫生健康事业管理中迫切需要解决的实际问题以及科研团队的实际工作能力来选题；创新是鉴于科学研究是对客观事物或客观世界不断开拓创新的过程，医院管理和卫生政策研究也要能够在理论上、方法上有所创新，对管理实践起到引领和指导作用。选择一个切实可行的研究问题是研究成功的基础，正确且富有前瞻性的选题本身就可以认为是一项科研成果。

一、研究选题的来源

科学问题来源于多个方面，包括在实践观察中发现有价值的问题；现有的理论或

方法不能满足社会的发展和需要或不能适应新的政策变革带来的问题；发现新的管理问题或社会现象同原有理论或观点矛盾；不同观点和学派之间有创新的争论；学科之间或交叉学科产生的新问题等。

医院管理和卫生政策研究具有较强的应用性，多数研究的选题来源于实践观察和政策需求。例如，第三方评估机构对医疗机构定期开展患者满意度调查，发现某医院出现患者满意度下降的情况，提示该院管理者需要深入分析满意度下降的程度及其原因；药价虚高、医疗服务价格不合理等现象需要研究医疗机构补偿机制存在的问题和发展方向；随着医药分开综合改革的推进，医院药事管理面临巨大挑战，如何调整医院药事管理的定位、完善药事服务成为亟待解决的问题；随着医保支付制度的改革，医院管理者意识到医保预付制带来的成本压力，预付制下医院内部运营管理、成本核算、绩效管理等都成为重要的研究问题。

对于缺乏实践工作经历的研究者，研究的选题往往来源于前人研究的启发。有些研究者在特定的研究领域（如医院的绩效管理），通过对以往文献的研究，发现现有研究存在的不足，在此基础上形成自己的研究选题。多数研究是实践观察和以往文献研究的结合，即基于实践中观察到的现象和文献中理论和实证研究的进展，针对难以解释和深入研究的领域形成自己的选题。

二、研究选题的基本原则

（一）重要性原则

重要性原则是指研究选题对解决当前重大问题或迫切需要解决的问题具有理论意义和应用价值的原则。研究选题是需要通过测量和分析来回答的科学问题，研究人员要回答所感兴趣的研究问题是否值得研究。开展医院管理和卫生政策研究，首先要考虑人口健康的需要、社会发展的需要、卫生健康事业发展的需要，同时还要兼顾科学理论和方法的发展要求，做到先进性与适用性相结合。医院管理和卫生政策类选题多来源于社会关注的热点、难点、趋势性或亟待解决的实际问题。选题中要充分考虑我国的卫生健康实践需求和特点，探索形成符合中国实际的理论以指导实践。

（二）科学性原则

科学性原则是衡量科研工作的首要标准，是指要运用科学的方法发现事物和现象的客观规律的原则。医院管理和卫生政策研究应根据医院管理学、卫生政策学及其相关学科（如管理学、经济学、公共卫生与预防医学、政治学、心理学等）的基本理论和方法，结合个人实践经验和体会以及前人发现的科学规律总结来确定选题。

（三）创新性原则

科学研究是创造性的活动，因此创新是科学研究的重要特点，是科研选题得以成立的基本条件和价值所在。科研工作本身是在前人经验的基础上不断创新和不断开拓的活动。无论是基础研究还是应用研究，都要求科研人员在先前的科研成果上作出创新。创新性是衡量科研成果大小的重要标准。

创新性体现在理论创新、方法创新、集成创新等。在形成选题的过程中要有批判性思维，敢于对前人已总结出来的经验和理论进行修改、补充、丰富和扩展。医院管理和卫生政策研究需要在管理学、经济学等基础学科理论和方法的基础上，充分考虑医疗卫生服务的特殊性，形成能够解决医药卫生领域实际问题的理论、方法和实践。如果仅仅是对管理学或经济学的理论或方法的简单移植，一般来说创新意义不大。

（四）可行性原则

可行性原则是指研究的选题或科学假设可以在现实可能的条件下进行研究和解决的原则。如果研究选题没有实现的可能，选题工作就失去了意义。因此，选题要从实际出发充分考虑完成选题的研究团队、研究对象以及保证研究顺利推进的现实条件。研究团队的可行性包括选题负责人和研究团队的研究水平、研究能力、研究积累等方面是否具备保证选题顺利实施的条件。研究对象可行性是指被调查对象或实验对象是否可获取。保证研究进展的现实条件主要指是否具备经费、时间、团队协作、承担单位支持等条件。在不能明确可行性的情况下，要先行开展探索性的研究，通过预调研、预试验、模型的初步构建、数据的预处理等验证该研究的可行性。有些暂不具备的条件可以通过一定的途径予以补充。

三、确定选题的步骤

对于新进入医院管理和卫生政策领域的研究者，确定选题的过程也是创造性思维训练的过程。需要首先确定研究的领域，进一步明确研究的主题，缩小研究的范围。科研选题确立的步骤一般如下：通过查阅文献、初步调查、专家咨询提出初步假设；通过可行性分析、专家评议、预试验或预调查对选题进行论证；通过选题论证后方可确立，研究生开展研究需要通过开题论证。

（一）确定研究领域

医院管理和卫生政策研究包含的内容非常丰富，单个科研人员或研究团队要结合自身条件（专业背景、工作经验、前期研究基础）和发展方向确定研究的领域。现阶段国家自然科学基金委员会管理科学部把卫生管理类研究分成健康管理与政策研究、医药管理与政策研究两大类，每一类又包含多个研究领域。

研究选题要有明确的目标和方向，要在国家宏观指导下围绕卫生健康领域发展的要求来确定主要研究方向。需要了解国家在某一时期科技发展和卫生健康事业发展的目标、方向和重点，在此基础上确定整体发展方向与国家发展目标一致的科研选题。同时，要符合所在学科领域科学发展的趋势，选择具有前瞻性、可持续性的研究领域。不同层次的科技部门和卫生健康行政部门也会结合国家和地方科技发展的政策方向，形成相关的课题申报指南或确定有限资助的领域，这也可以作为研究领域选择的重要依据。

（二）确定研究选题

一个问题是否值得研究需要通过反复推敲、论证确定，通常需通过文献研究、专家咨询、头脑风暴等方式，使研究问题聚焦、研究思路明确。

选题的形成，首先要根据初步研究设想，对相关课题的历史、现状及发展趋势进行文献研究，掌握前人对有关课题已经做了哪些工作、还存在什么问题、已取得了哪些成果、有什么经验教训等。根据文献研究和实际调研结果，运用科学概念和名词术语，对研究的现象进行正确表述、总结概括并提出所要研究的选题，明确需要解决的科学问题。提出问题本身就是一项研究，需要进行大量的、细致的、系统的调查研究。需要深入了解所提出问题的背景，综合分析作出科学合理的选题，寻找前人未解决的问题或他人研究的终点，最后确定科学研究的选题。其次，研究者要将科学问题与国家发展目标结合，明确课题的研究目标，如探索性研究和描述性研究应指出研究问题是什么，解释性研究应提出研究假设，预测性研究应指出数据来源、预测依据，决策性研究应指出决策依据。最后，要形成研究方案，即研究实施的路径。

（三）论证研究选题

在提出选题和形成初步研究方案后，还要对选题的可行性作分析，若有几个备选选题时，需进行相互比较，并经过同行专家的评议，筛选出最佳选题。选题的论证可以在研究选题形成的不同阶段进行。例如，对于探索性选题，可在初步形成研究问题时即邀请相关专家进行讨论，以判断选题的可行性，使研究者少走弯路；对于研究思路已基本明确的选题，可在方案形成后进行整体的论证。对选题的论证可以采用评审论证，也可采用同行专家评议和科研管理部门评估相结合的方式进行论证。

在选题论证时，一方面要考虑自身的研究方向和本课题组的实际情况；另一方面要有正确的理论方法指导。这样才能顺利凝练出选题并且申请到课题资助，为后续科学研究打下坚实的基础。

第二节 研究方案设计

研究方案设计需要对整个研究过程进行规划，制定研究的具体策略，确定研究的最佳途径，选择恰当的研究方法。它是指导研究者收集、分析和解释观察资料的程序，具体表现形式为研究计划书、课题申报书或研究生的开题报告。

一、研究方案设计的要素

形成科学的研究方案首先要明确研究目的、研究对象、研究时间维度、研究方法（采取定性或定量的形式）以及研究设计逻辑等基本要素。

（一）研究目的

研究的目的决定了研究方法的选择和研究实施的策略。最基本的研究目的为探索、描述和解释。对于医院管理和卫生政策研究，从应用的角度还包括预测和决策。预测和决策是在探索、描述和解释的基础上的实际应用，本部分重点介绍探索、描述和解释的研究目的。

1. 探索 当研究者面临的选题较新或者对选题比较陌生时，需要通过探索形成对这一问题的初步认识。探索性研究的目的是满足研究者的好奇心和进一步了解某事物或现象的欲望；或者探讨对于某个研究选题进行细致研究的可行性；同时也可以发掘后续研究需要使用的研究方法。当研究者需要开发新的研究领域或获取新的观点时，往往需要探索性研究。探索性研究虽然不能圆满地回答研究问题，但是为形成切实可行的后续研究提供了基础。

2. 描述 科学地描述事物或现象是理解事物客观发展规律的基础性研究。描述性研究是对研究现象和人群特征准确的报告和/或测量。回答是什么（what）、在哪里（where）、什么时候（when）、如何发生（how）的问题。通过研究对象的细分和对比呈现研究对象的特征和规律。例如，通过不同人群、区域、时间某种疾病患病率差异描述疾病流行的人群差异、区域差异和时间变化趋势；描述患者对医疗机构的满意度及其变化趋势；描述医疗机构绩效的现状及区域差异等。

3. 解释 解释性研究是发现和报告研究对象的不同方面之间的关系，阐明某个管理现象发生的原因，解释回答为什么（why）。例如，解释患者对医疗机构满意度下降的原因；解释医疗机构综合绩效水平不高或存在差异的原因等。解释性研究的目的是阐述变量关系和理论验证。例如，要解释医疗机构满意度下降的原因，可将医疗机构满意度作为因变量，将可能的影响因素包括医疗服务效率、医疗质量、费用水平等作为自变量，基于医院管理相关理论形成研究假设，通过采集实证数据，分析和验证理论假设。由于解释性研究需要论证因果关系，一般理论性较强、设计较复杂。

解释性研究包含个案式解释和通则式解释。个案式解释试图解释某个或有限数量的案例。例如，在某种疫情暴发初期，为探明疫情形成的原因和传播的途径，需针对最初的案例进行逐一分析，寻找有限数量案例之间的逻辑，以最快的速度解释案例发生的原因，为采取及时有效的干预奠定基础。在医药卫生领域，很多地方采取先行试点的方式推进某项或某一系列改革措施，在分析改革的效果时也往往需要采取个案式解释的模式。通则式解释是通过找到一些因素来解释给定现象产生的原因。例如，我国设有分级医疗服务体系，但是人们在就医时常放弃附近的基层医疗机构而选取较远三级医院就诊，这就需要找出影响这一现象（因变量）的因素（自变量）。结合以往研究和相关理论可假设一些因素是影响这一现象的原因，例如信息的缺乏、对基层机构不信任、医保报销政策等，之后进一步分析验证其因果关系。

解释性研究需探明因果关系。判定变量之间的因果关系有三个主要的标准：一是变量之间必须相关。例如，经过调查发现医保政策对于基层就医报销比例的差异与患者是否选择基层就医具有相关性，报销比例高的地区，基层就医的比例高。二是原因先于结果发生。例如，某地2019年基层就医报销比例从60%提高到90%后，2019年基层就医比例比2018年显著提高。三是该关系不能被第三个变量解释。如果报销比例不提高的地区依然出现基层就医比例显著提高，就说明可能还有其他原因影响患者基层就医，不能判定两者的因果关系。在解释性研究中研究方法的选择和研究方案的设计要充分考虑因果推断所需要的这三个标准。

（二）研究对象

研究对象是研究设计的重要元素，即明确研究什么或研究谁。研究对象决定了研究的观察单位和分析单位（units of analysis）。医院管理和卫生政策研究对象往往是个人或机构，但也有不同的形式。如在研究患者就医行为或医生医疗服务决策行为时，观察单位和分析单位就是个人；在研究家庭疾病经济负担时，观察和分析单位就是家庭；在研究医疗机构绩效时，观察和分析单位就是组织；在研究医疗纠纷的特征和原因时，每个医疗纠纷涉及的人员就构成了观察和分析单位。

研究对象的确定看似简单，但常会出现错误。常见的问题有区位谬误（ecological fallacy）和简化论（reductionism）。区位谬误指在只对群体进行观察的基础上，错误地得出个体层次上的结论。例如，一项研究发现甲城居民的平均期望寿命比乙城居民高，就据此认为在两个城市中各自随机抽取一个居民，甲城那位居民的寿命都会比乙城的那位高，便犯上了区位谬误。简化论是指用具体片面的归纳来解释所有事物，即“以偏概全”。例如，通过医生的能力来推断医院整体的服务能力，忽略了医院整体服务能力除依赖于医生能力外，还与服务要素组合、管理效率等因素有关。

（三）研究时间维度

基于时间维度，研究设计可分为截面（或横断面设计）研究和纵向研究。

1. 截面研究（cross-sectional study） 是对研究对象的特征在某一时点进行观察的研究设计。例如，全国卫生服务调查从1993年开始每5年开展一次，每一次调查就是一个截面研究设计，可以描述某个时点我国居民卫生服务需求和利用的情况。探索性和描述性研究通常是截面研究设计。解释性研究因需要考虑原因和结果之间的时间顺序，单次截面设计难以满足需要，但仍有些解释性研究可通过截面研究设计实现，当变量之间时间顺序清楚时，可以通过逻辑推论判定。例如，做生活方式与患病风险的研究时，在截面设计的调查中调查某种健康有害行为开始时间和持续时间，与患病时间结合起来分析，可以近似纵向研究对现象进行解释。

2. 纵向研究（longitudinal study） 是跨时点观察同一现象或研究对象特征的研究设计。多数解释性研究都属于纵向研究。典型的纵向研究有趋势研究、队列研究和面板研究。

（1）趋势研究：是对一般总体相关变量随时间变化而变化的研究。例如，可以利用卫生健康统计年鉴数据分析公立医院卫生资源、服务效率、服务质量随时间变化的趋势，或者在某一改革事件前后变化的趋势。对于医药卫生体制改革某项措施或某一系列措施效果评价的研究往往需要采取趋势设计，分析改革前后一段时间变化的趋势以判断改革的效果。某些变量由于存在本身的季节变化趋势，如医院门诊量，在设计时需要考虑如何消除季节变化带来的影响。

（2）队列研究：是对具有同一特征的队列随时间变化的研究。例如，20世纪90年代出生的人就构成了一个队列，可以比较这一队列人群患病和卫生服务利用随时间变化的趋势。在实际调查时，每个时点抽取的队列样本可以不完全相同，但都代表了同一队列。

（3）面板研究：也是观察研究对象变化的趋势，但是，每次观察的都是同一批研究对象。例如，某项研究调查了2010—2020年某地卫生资源状况和40所公立医院每年的绩效评估得分，这一设计就是面板研究设计，所有观察对象均获取了11年的观察变量的数据。

（四）研究方法定性与定量设计

根据研究中研究资料的数据化和非数据化特征可将研究分为定性与定量研究。在观察一家医院整体运营状况后，可以给出一个定性的判断：这所医院整体运营状况良好。如果可以通过绩效评分给这所医院的整体绩效打分，如满分100分，评分为95分，这样就把定性的评估定量化。定量化可使研究对象的特征更加明确，比较容易进行资料的对比分析并得出结论，而且可以通过统计分析构建模型。

定性和定量分析各有优势，应按照研究目标选择适用的分析方法。在医院管理和卫生政策研究中，常常会结合使用定性和定量的研究方法：描述性研究中既有定性描述也有定量的描述；解释性研究中，定性研究比较适用于个案式解释研究，定量研究更加适用于通则式解释。要了解定性和定量研究的常用方法，理解不同方法适用的研究类型，在实际应用时结合研究目标有所侧重。

（五）研究设计逻辑

归纳和演绎是两种研究设计的逻辑。归纳（induction）是从个别出发达到一般性，在研究中通过对事物的观察总结发现事物发展的规律，从而提出相应的理论。演绎（deduction）是从一般到个别，基于理论或逻辑提出研究假设，经过实证研究验证假设。两种逻辑路径是研究设计的基本思路，一项研究可以从归纳开始，也可以从演绎开始，两者的结合能够为研究者理解管理和社会现象提供更加有力的支撑。

一些经典的管理研究案例体现了归纳和演绎的逻辑。被称为“科学管理之父”的泰勒在对工厂工人日常工作状态的观察中发现了管理问题，通过实验方法形成了科学管理原理。从观察中提炼研究问题是归纳的过程，通过实验验证科学管理原理的过程是演绎的过程。经典的“霍桑实验”是基于生产效率理论设计“照明实验”来验证假设。研究者认为影响工人生产效率的是疲劳和单调感，因此提出研究假设：提高照明度有助于减少疲劳，提高生产率。在实验中难以验证照明度与生产率之间的因果推断，于是为解释这一现象引入定性访谈和观察的方法，并形成了新的“人际关系学说”。最初研究假设形成和实验设计是演绎的过程，后期通过观察和访谈形成新的学说是归纳的过程。

二、研究方案设计的过程

（一）明确研究问题和研究目标

研究设计从研究兴趣和初步的想法开始，逐步形成自己的研究问题。最初回答研究问题的路径可能并不清晰。这时候需要通过大量地阅读文献，了解该选题的研究进展，包括相关理论、概念、变量、方法等发展过程，逐步明确研究目的是解释性、描述性还是探索性，为形成具体的方案做准备。

从研究兴趣到明确的研究目的，并能够清楚地描述期望达到的研究目标，还需要明确界定研究中所有相关概念和变量的具体含义以及适用的范围。研究目的要根据所研究问题的潜在影响确定，包括对社会、经济、健康的影响，对政策决策、服务提供或个人健康行为的影响以及影响的人群等。一个研究目的可能需要几个具体的目标来形成，回答实现研究目的需要解决哪些具体问题，这是研究内容形成的基础。确定课题研究目标时，一方面要考虑课题本身的要求，另一方面要考虑课题组实际的工作条件与工作水平。

（二）分解研究内容

研究内容是达到研究目标要做的具体事项，依据研究目标展开，描述需要证明、检验、评价、确定或比较的内容。回答计划做什么、谁来做、研究对象是谁、如何做、希望获取什么结果等。一项研究的研究内容不能过多，要十分精练，围绕核心问题分点阐述。

不同的研究选题其研究内容会有所差异。通常的研究内容包括理论研究和实证研究，不同研究选题侧重点不同。如果以演绎为基本设计逻辑，需要形成理论假设并通过实证验证。首先，需要清晰明确地表述研究问题；其次，对所期望回答的因变量和自变量关系进行陈述，研究假设应该提示在什么条件下，假设可能是真实的；最后，明晰所有可能影响因变量的潜在干扰变量以及假设中所有变量操作化的定义。如果以归纳为基本逻辑，需要从现象入手通过开展现场研究归纳提炼形成理论。

（三）选择研究方法

研究方法要与研究目标和研究内容相对应。要寻找最适合的研究方法，以最优的路径实现研究目标。研究方法应该新颖，但不能脱离研究内容的需要。

医院管理和卫生政策研究的方法主要有问卷调查研究、实地研究、内容分析、二手数据分析、比较研究、评估研究、实验研究等。研究方法各有优劣，好的研究设计往往不是单一的方法，而是多种适宜研究方法的组合。研究者根据自身的研究目标选择相应的研究方法。

（四）细化实施方案

1. 确定数据的来源和测量方法　要明确研究数据的来源，是从个体收集新数据（原创研究），还是使用现有数据（二次研究），或是撰写文献综述。如果从个体收集新数据，就要明确变量测量的方法。例如，采用调查法时，调查问卷的设计要能够准确测量所需分析的变量。如果是基于现有数据，需要明确现有的数据源能否包含研究对象以及所要分析的变量。

2. 抽样方法 多数研究不能够对研究对象总体中的所有个体进行研究，可以通过抽取一定的样本、从样本中收集数据，从而对总体进行推论。如何从总体中抽取能够反映总体特征的样本是研究设计中需要解决的问题。

3. 资料收集和整理方法 抽样确定后就可以搜集实际资料。资料收集的方法也包括定量和定性两类。文献法、问卷调查、访谈法、观察法、实验法等都是医院管理和卫生政策研究中常用的资料收集方法。资料收集完毕应对资料进行适当的整理。

4. 资料分析方法 资料获取和整理完毕，需要根据资料类型进行处理和分析。选择适当分析方法，依据所获数据，验证研究假设，得出研究结论。

（五）可行性分析

初步研究方案形成后，还要论证其可行性。可行性应从理论、方法、条件等方面进行论述，包括选题的科学意义、立题依据、前期研究、申请者的研究背景、研究经历、申请者团队所具有的人员情况、研究现场的条件、研究仪器等。

总之，研究方案的主要任务是详细且明确地描述研究者想要探索的问题，确定探索研究问题的最佳路径。为了更清晰地表达研究的路径，还可以通过绘制研究技术路线的方式给出问题提出和解决的全貌。研究者可用文字、简单的线条或流程图的方式，将研究技术路线表述清楚。技术路线是以研究假设为核心，将研究内容、研究方法和研究步骤有机组合的逻辑结构。

三、研究方法的选择

医院管理与卫生政策研究方法根据研究目的不同可分为探索性研究、描述性研究、解释性研究、预测性研究和决策性研究，多数研究是同时兼有两种及以上的目的。下面主要介绍这几类研究的适用方法（表2-1）。

表2-1 不同目的研究类型适用方法

研究类型	抽样方法	研究设计	资料收集方法	资料分析方法
探索性研究	小样本	定性研究为主、观察研究、截面研究	观察、无结构访谈	定性分析
描述性研究	大样本	定量研究为主，观察研究、截面研究	问卷调查、结构式访谈	定量描述统计
解释性研究	中样本	定性和定量研究、纵向研究、实验研究	调查、实验等	相关分析、因果推断
预测性研究	—	定量研究为主	现有数据收集	预测模型
决策性研究	—	定性与定量研究	现有数据收集	决策分析模型

（一）探索性研究及其适用方法

探索性研究尝试形成对一些现象的初步的理解，多在正式的调研之前进行。探索性研究的目的是形成概念和初步印象，因此，在研究设计上相对简单、形式也相对自由。研究对象一般规模较小，抽样方法以非随机选取的方式，研究的方式包括观察性研究和无结构化访谈等，分析的方法可能是主观的、定性的。

（二）描述性研究及其适用方法

描述性研究的目的是描述总体状况和分布特征，其基本特征是内容广泛、规模大。研究对象多为大样本，抽样方法有简单随机抽样、按比例分层抽样等保证研究对象的代表性。研究的方式多采取问卷调查和结构化访谈的方式。分析方法为定量的描述统计为主，也包括历史常规资料分析、个案调查和随访研究。

（三）解释性研究及其适用方法

解释性研究的研究对象规模通常小于描述性研究，抽样方法以拟解释的问题确定；研究方式包括调查和实验等方法；分析方法包括相关性和因果分析等。一般的步骤是：首先形成研究假设，然后收集相关资料并进行分析，从而实现验证假设的目的。

（四）预测性研究及其适用方法

常用的预测方法有专家座谈法、德尔菲法、类推预测法、时间序列分析法等。

（五）决策性研究及其适用方法

确定型决策因决策环境是确定的，可用微分法求极大值和数学规划进行决策。风险型决策是决策者虽对客观情况不甚了解，但对将发生各事件的概率是已知的，一般采用期望值和决策树作为决策准则。不确定型决策是决策者对环境情况一无所知，决策者根据自己的主观倾向进行决策，主要有5种准则，分别是悲观决策准则、乐观决策准则、等可能性准则、最小机会损失决策准则和折衷主义准则。

第三节　调查与抽样设计

调查是指使用明确的概念、方法和程序，以有组织、有条理的方式，从总体的部分或所有单元中收集感兴趣的指标信息，并将这些信息综合编辑成有用形式（如调查报告、研究论文等）的所有活动。调查的目的在于科学地反映客观情况，为解决问题、制定政策或策略提供依据。因此，调查是医院管理与卫生政策研究的主要研究手段，对调查结果进行统计分析是研究的基础环节。

根据调查范围，调查分为全面调查与非全面调查。全面调查就是普查；非全面调查中，抽样调查是最重要的方法之一，也是医院管理和卫生政策研究中应用最多的方法。抽样调查按照一定的程序从研究对象的全体（总体）中抽取一部分（样本），用样本的特征推断总体特征。抽样调查在日常工作中广泛使用，例如《全国人口普查条例》中规定在两次人口普查之间进行全国1%人口抽样调查以估计全国人口总量。

根据抽样方法的不同，抽样可以分为概率抽样（probability sampling）和非概率抽样（nonprobability sampling）两类。

概率抽样是按照概率论和数理统计的原理从调查研究的总体中，根据随机原则来抽选样本，并从数量上对总体的某些特征作出估计推断，对推断中可能出现的误差可以从概率意义上加以控制，是选择大型和具有代表性样本的主要方式。当总体无法界定时，应选用非概率抽样。非概率抽样不遵循随机原则，是以研究者的主观判断、主观意愿或是否方便等因素来选择研究对象，不能估计抽样误差，所以无法对总体参数进行推断。本节主要阐述抽样相关内容。

一、抽样方案设计

在医院管理与政策类课题中，调查与抽样方案设计应包含抽样数量、数据的收集方法、样本判断、抽样方法及调查中误差控制等。

（一）明确调查目标和数据收集方法

明确调查的总体，形成抽样框。确定数据收集方法，包括邮寄调查、人员面访、电话访问、网络调查等。最常见的数据收集方式为调查问卷。在设计问卷时，需要考虑问卷的作用，明确问卷结构和问题类型及问卷的度量方法。

（二）确定抽样方案设计

确定抽样方法和样本量，其中样本量估算是抽样设计最重要的环节之一。影响样本量的因素有估计值要求的精度、研究经费可以支持的样本量、调查的时间要求、能够招募的调查人员数量等。若为多阶段抽样，还需明确各阶段的样本量配置。

（三）实施数据收集

数据收集是调查中收集每一个被抽中的单元个体数据的过程。为提高收集的数据质量，需要完成以下数据处理过程：①全面核查问卷数据。②对问卷上的回答进行编码。③将数据录入计算机。④详细审核、插补缺失数据。⑤对离群值（指收集的数据中出现与其他数据相差较远的个别数据）进行检测。对数据进行科学的统计分析后，形成统计表和统计图，最终完成调查报告。

二、概率抽样方法

当研究者希望准确地描述大规模总体时，就需要用到概率抽样。例如，研究全国居民卫生服务需求和利用的情况、医生对医疗机构的满意度、患者对不同级别医疗机构医疗服务的需求等。概率抽样的基本理念是从总体中抽取的样本要能够包含总体的各种差异性特征，样本要对总体具有代表性。概率抽样的一个基本原则是如果总体的每一个体被抽取为样本的概率相等，那么抽取的样本就具有对总体的代表性。以下介绍常用的概率抽样方法。

（一）简单随机抽样

简单随机抽样是最基本的抽样方法，从含N个研究对象的研究总体中，利用随机数字表等方法随机抽取n个研究对象，构成一个样本。

简单随机抽样简单易行，抽样框不需要其他辅助信息，理论成熟。缺点是样本分散，资料不易获取，调查成本较高。

（二）系统抽样

如果总体容量非常大，简单随机抽样非常烦琐，通常采用系统抽样的方法，即从总体中每隔若干个单位抽取一个单位。具体方法如下：先对研究总体中的N个研究对象编号排序，若需要调查的样本数为n，则抽样间隔$K=N/n$；然后将总体分成n组，每连续K个研究对象一组，用简单随机抽样方法在第一组抽中m号，则第二组直接抽取$m+K$号、第三组直接抽取$m+2K$号，以此类推……最后一组直接抽取$m+(n-1)K$号。

该抽样方法在现场人群中较易进行，但要求总体应均匀分布。若总体中各单位的分布有周期性趋势，抽样间隔正好是此周期的倍数时，则容易出现偏差。

（三）分层抽样

分层抽样能够提高代表性，同时减少可能的抽样误差。如果研究总体可以被分为同质的、互不重叠的若干子总体（层），分层抽样可以保证同质的子总体（层）会被抽取适当数量的样本。具体操作是先将总体按某特征分为若干层，然后再从每一层内进行独立地单纯随机抽样从而形成样本。分层抽样要求每一层内个体差异越小越好，层间差异越大越好。

分层抽样的优点在于使样本更具代表性，有利于组织管理和数据汇总，对不同层可以按照不同情况和条件采用不同的抽样方式，并且能大幅提高估计量的精度。例如，对医生工作满意度的调查，由于不同职称的医生对工作的评价可能存在异质性，可对职称分层、每类职称均抽取一定的样本。但是，分层抽样同样存在总体数量多导致抽到的个体分散使资料不易收集的问题。

（四）整群抽样

如果总体容量很大且非常分散，那么整群抽样就非常合适且能够节省抽样成本。例如，医生工作满意度调查中，医生分属于不同的医院和科室，在抽样时可将医院和科室作为医生集合的整群抽样单位进行抽样。具体操作为将总体的所有个案分为若干个有联系的基本单元组成的集合（群），抽样时以群为抽样单位。整群抽样又可以分为单个阶段整群抽样、两个阶段整群抽样和多个阶段整群抽样。

如果总体单元自然形成群，容易取得抽样框，抽样也更容易。当群内单元差异大，而不同群之间的差异小时，能够提高抽样效率。但当群内单元有趋同性，效率将大幅降低。

1. 多个阶段整群抽样　是指对两个以上连续的阶段抽取样本的方法，每阶段可采用不同的抽样方法，多用于大型调查。例如，2002年中国居民营养与健康状况调查中，先将我国分成6个不同经济类型地区，第一阶段在每一类地区随机抽取县（市、区）；第二阶段从抽到的样本县（市、区）中用系统抽样抽取乡（街道）；第三阶段从样本乡（街道）中整群随机抽取村（居委会）；第四阶段从样本村（居委会）整群随机抽取家庭。当群具有同质性时，多个阶段整群抽样的效率高于整群抽样。多个阶段整群抽样的样本分布比简单随机抽样集中，大幅提高抽样效率。但多个阶段整群抽样的缺点也很明显，即调查的组织复杂，每一阶段会产生一次抽样误差。

知识拓展

我国第六次卫生服务调查是全国性的抽样调查，抽样方法是多阶段分层整群随机抽样。调查样本覆盖全国31个省份，涉及156个县（市、区）、780个乡镇（街道）、1560个村（居委会）。调查共抽取156个样本县（市、区），每个样本县（市、区）随机抽取5个样本乡镇（街道），每个样本乡镇（街道）随机抽取2个样本村（居委会）。家庭健康调查抽样单位是户，在每个样本村（居委会）中随机抽取60户。样本住户抽取的方法如下。

（1）编制常住住户清单：摸底确定样本村（居委会）常住住户，将全部常住住户（包括非本地户口住户）按名单顺序编号。

（2）确定抽样间隔：国家样本点抽样间隔=样本村（居委会）常住住户数/60（四舍五入，取整数）。

（3）确定样本住户：①确定第一个应抽住户。随机抽一张人民币，取其末四位数，该数除以抽样间隔后的余数确定为*K*值（若余数为0，则*K*值=抽样间隔）。*K*值即为被抽中的第1个住户序号。②确定其余应抽住户。*K*值加抽样间隔为被抽中的第2个住户序号，*K*值加两个抽样间隔为第3个被抽住户序号，依此类推。

全国共抽取93 600户（约30万人口），调查对象为被抽中住户的实际成员。

（资料来源：国家卫生健康委统计信息中心.2018年全国第六次卫生服务统计调查报告［M］.北京：人民卫生出版社，2021.）

2. 概率比例抽样 也是一种成熟的整群抽样方法。在多个阶段整群抽样中，如果每个村（居委会）规模差异很大，则每个家庭被抽到的概率不同，这就需要采取概率比例抽样的方法。概率比例抽样（probability proportionate to size，PPS）即每个群被选取的概率与其大小成比例。也就是说，1000户家庭的村被抽中的概率是500户家庭的村被抽中的概率的2倍，这样可使每个家庭被抽中的概率相同。

抽样设计直接关系到调查准确度，在抽样设计中要遵循两大原则：一是随机抽取原则，二是实现最大抽样效率的原则。在满足上述两个原则的前提下，根据课题目标和内容，科学合理地设计调查及抽样方案。

三、非概率抽样方法

实际的研究中有时候很难获取调查的总体抽样框，无法进行概率抽样，这时候就需要采用非概率抽样的方法。以下介绍常用的非概率抽样方法。

（一）就近抽样

就近抽样也被称为“偶遇抽样”或“方便抽样”。例如，做门诊患者满意度调查时，难以获取门诊患者的抽样框，通常采取在就诊区拦截调查的方式。当调查是为了获取某一特定时间通过抽样地点患者的特征时，这种方法有其合理性，但是无法保证样本的代表性，因此，在利用这类调查数据进行推论时要谨慎。

（二）目标式抽样

有的调查根据研究目的和研究对象的特点来选择适当的样本。例如，对于探索性研究在调查问卷设计阶段，需要选择尽量多样化的调查对象对问卷的适用范围进行测试；对于医患纠纷现象的调查，需要选择发生医患纠纷的对象进行调查。这些研究都需要根据研究目的来搜寻调查样本。

（三）滚雪球抽样

在调查对象总体的成员难以找到时，可采用滚雪球抽样方法。先搜集目标群体少数成员的数据，然后再通过这些成员找出他们认识的其他成员，像滚雪球一样，越滚越大。例如，对艾滋病机会性感染医疗救助政策的研究，需要调查人类免疫缺陷病毒（艾滋病病毒）感染者和艾滋病患者对机会性感染医疗救助政策的需求，研究从某传染病医院志愿者开始调查，逐步增加调查对象。

（四）配额抽样

在不能做到概率抽样，又希望样本具有代表性时，可采取配额抽样的方法。配额抽样首先需要建立描述目标总体特征的基本信息，建立矩阵。例如，男性占多大比例，女性占多大比例；城镇居民占多大比例，乡村居民占多大比例等。矩阵中每一个格有了相应的比例后，研究者可根据研究目标从不同的格中选取样本收集数据，按照这些格相对于总体的比例，给予加权。如果所有样本要素都有相应的权重，那么样本可以合理地代表总体，但是配额抽样要求配额的框架十分精确。

非概率抽样可用于定量和定性研究，但在定性研究中应用更为广泛。研究者在进行研究方案设计时，要充分理解各种非概率抽样方法的局限性。

第四节　研究计划书撰写与项目申报

研究计划书是对研究课题设计的整体把握，一般包括研究背景、研究目的与意义、研究假设、研究目标与内容、研究方案与研究方法，以及预期研究成果等。通过研究计划书可以明确研究者的研究题目、理论以及如何研究与验证。在项目申报、论证和研究生开题时均需要提交研究计划书。在完成研究构思之后，首先要确定一个初步的课题名称（定稿前进一步修订）。课题名称是对课题核心内容最高度的概括，一般应体现课题研究对象、研究范畴和研究方法。课题名称的要求：准确、规范、新颖、简洁，常用陈述式句型表述。另外，在完成研究构思后可以先撰写一个研究计划书的摘要（定稿前进一步修订），为具体撰写研究计划书提供方向指引。摘要一般包括该领域的研究现状和存在的问题，本研究的研究目的、研究方法、研究结果、研究结论、研究意义与政策建议等。

一、研究计划书的内容

根据课题来源不同，研究计划书的侧重点也略有不同，但一般应包括以下几部分内容。

（一）立题依据

这部分要回答“为什么要进行该课题研究”的问题，即研究的重要性问题。研究者在立题依据中应阐述：为什么要选定这个课题，为什么这个课题值得研究，有什么充分的理由与根据，科学意义与学术价值是什么，对医院管理或卫生健康事业发展将会有何贡献等。申请者应提供选题的背景资料、研究意义、国内外研究现状，目前待解决的问题及主要的参考文献。

1. 研究背景 这部分常常以“问题的提出”“引言”的形式来表述。

（1）与本课题紧密相关的社会问题和政策背景等。

（2）国内外研究进展。

（3）当前相关领域在理论和实践中存在的问题。

2. 国内外研究进展 应在大量阅读同类研究文献的基础上，阐述该研究领域目前的研究现状、发展趋势以及目前尚待解决的问题。

从目前待解决的问题引出本研究的目的、研究内容和研究意义，阐明本研究的重要性和必要性，尤其要说明本研究的特色与创新之处。

3. 研究意义 课题研究意义的撰写是根据研究状况确定的，明确该研究中的新观点、新视角、新措施的价值。研究的意义应该说明所研究问题的重要性，通常包括理论意义和现实意义等。理论意义可以围绕该研究可解决哪些科学问题、有哪些科学创新和技术突破、对本领域有哪些推动作用等进行论述；现实意义可以围绕该研究可解决哪些重大实际问题、可产生哪些社会经济效益等进行论述。

4. 主要参考文献 除了经典的文献外，最好采用近3~5年的参考文献。

在本部分可根据实际情况决定是否需要对核心概念进行界定，核心概念的界定要求说明课题名称及关键词的定义、含义及特征。这种界定是暂时的，是课题组当前的认识和假设，随着研究的深入和实践思考，核心概念的内涵和范围可以不断调整。

（二）研究目标、研究内容、拟解决的关键问题

研究目标即本课题最终要达到的具体目的，要解决哪些具体问题。确定课题研究目标时，一方面要考虑课题本身的要求，另一方面要考虑课题组实际的工作条件与工作水平，如探索……问题、揭示……规律、阐明……机制等。研究目标不宜太多，要

明确精要，关键问题要突出，可以按主要研究目标和次要研究目标，或者总体研究目标和具体研究目标的形式呈现。但总体原则是一个项目不可能解决太多或所有的问题，研究目标必须聚焦，突出重点。

研究内容（做什么）是达到研究目标要做的具体事项，应依据研究目标展开，并且一个目标可能要通过几方面的研究内容来实现，不一定是一一对应的关系。研究内容应围绕研究目标抓住关键，即阐明本研究中拟解决的关键科学问题。关键科学问题应理解为研究内容中所涉及的科学问题中的关键点；研究内容也应当与选题和立题依据中学术上的创新保持一致性，其撰写要求层次清楚，详略得当。通常，研究内容包括技术路线、研究方法、创新性等。

拟解决的关键问题是指研究中需要重点解决的科学问题，或实现研究目标所存在的技术难点问题。

（三）拟采取的研究方案及可行性分析

针对该项目提出的研究方法、技术路线、整体方案是否合理、可行进行阐述。可按理论基础的成熟性（理论上可行）、研究目标在现有技术条件下的可实现性（技术上可行）、本单位现有硬件设备的支撑性（设备材料方面可行）、课题组成员的项目经验（知识技能方面可行）等方面阐述。

（四）特色与创新之处

特色一般可以从以下角度进行考虑：第一，研究方法或研究技术是否有特色；第二，项目本身是否具有特色，解决了前人没有解决或没有很好解决的问题。

创新之处可从理论创新、方法创新、技术创新等角度考虑。

（五）研究进度安排与预期研究结果

根据项目的研究期限以及拟开展的研究内容来设定项目研究的阶段。一般可分为准备阶段、实施阶段、分析阶段和成果撰写阶段。

预期研究进展和成果要明确。预期研究进展是各研究阶段的研究方案、阶段成果与时间进度的综合表述。研究成果包括成果内容、成果形式、成果数量三要素，通常应明确具体化，以研究报告、学术论文、专利等明确表述。

（六）研究基础与工作条件

这部分内容应写明以下方面：第一，与本项目有关的前期研究；第二，已具有的研究条件，有无缺乏的研究条件，若有，应写明拟解决的途径；第三，项目负责人和项目组成员的研究简历，正在承担的与本项目相关的科研项目情况和已完成的科研项目、已发表的论文著作、已获得的学术奖励等。

选题开始之前就应充分考虑申请者的工作基础，即应选择能发挥申请者学术优势的项目申报。申请者和主要参加者所做的与本项目有关的研究积累和已取得的工作成绩要尽可能详细描述。

另外，研究计划书可能需要包括以下内容：第一，基本信息，包括申请人信息、依托单位信息、项目基本信息、关键词、主要研究领域；第二，项目组主要成员；第三，经费申请表，在计划中应明确经费的支出条目、金额、计算依据，在分预算的基础上，写明总的申请金额；第四，申请者单位以及合作单位审查意见；第五，规定的其他材料。

二、项目基金申报流程

医院管理与卫生政策研究课题从经费来源角度，可分为纵向课题、横向课题。纵向课题是指经费来源于上级机关或项目主管部门的拨款，由各级政府及其职能部门、各基金委员会等公开发布项目通知，由符合条件的单位和研究人员申报获得立项的课题，如国家自然科学基金课题、国家社会科学基金课题、某省科技厅课题、某省哲学社会科学课题、某市科技类课题等；横向课题一般是由其他政府部门、企事业单位、团体等委托科研单位完成的课题。由于各级各类课题的申报要求和申请书的要求大同小异，而国家自然科学基金是国内涉及范围最广且为广大研究人员高度认可的基金项目，本节以国家自然科学基金为例来阐述医院管理与卫生政策研究的基金申报。

（一）指导思想

申报国家自然科学基金应秉承以下指导思想：

1. **科学性** 是基金课题的根本，因此，高质量的申报书和严谨的课题设计非常关键。

2. **公正性** 是科学基金的生命线，国家自然科学基金构建了分类、科学、公正和高效的评审机制。

3. **创新性** 国家自然科学基金强调“鼓励探索，突出原创；聚焦前沿，独辟蹊径；需求牵引，突破瓶颈；共性导向，交叉融通”。

（二）申报流程

1. **申报指南** 通常每年元旦前后国家自然科学基金委员会公布下一年度的基金申报指南，申请者务必认真阅读并理解申报指南所传递的信息。基金申请不同于实际研究课题设计，必须把个人兴趣与国家自然科学基金项目的要求结合一致。

2. **选题立项、撰写研究计划书** 选题正确与否及是否有创新性与申请科学基金能否成功有着极大的关系。确定选题时的注意事项如下：①应符合基金指南资助范围与学科性质。②要有科学意义和学术价值。③学术上具有创新性，题目要有新意。④要发挥自己的研究基础和学术优势。选题明确后，撰写研究计划书。

3. 系统申报

（1）系统登录：进入国家自然科学基金网站科学基金网络信息系统，输入用户名、密码以及验证码等信息，完成系统登录，并选择项目负责人角色。点击在线申请按钮，在项目允许申报期间，可见相关的项目申报信息。选择相应的项目申报链接，开始进行申报。

（2）填写项目信息：国家自然科学基金申报及大多数科研项目的申报，需要申报人填写姓名、性别、出生年月、民族、学位、职称、电话、电子邮箱、通讯地址、工作单位和主要研究领域等个人信息。填写过程中务必保持信息的准确，能够与身份证等证件信息相匹配。

依托单位信息包括单位名称、联系人、电话、电子邮箱以及网站地址等。这一部分信息是由依托单位提供的，务必准确。

合作单位信息，如果项目中有合作单位，则需要准确填写合作单位的名称以及相关信息，并在项目提交前与合作单位签订合作协议，作为附件上传。

项目基本信息包括项目的中英文名称、资助类别、申请代码和关键词等重要信息。项目名称需要反复推敲，既能体现研究的主题，又要体现研究内容的先进性和创新性。英文名称翻译要准确，避免出现用词或语法错误。申请代码的选择主要根据申报项目的研究内容决定，尽量选择申报人所擅长的专业领域和研究方向。关键词包括中文关键词和英文关键词，能够涵盖所申请项目的主要研究内容和特色，中英文关键词要相互匹配、翻译恰当。

（3）人员组成与个人简历：通常国家自然科学基金项目主要成员由6~10名构成，较好的人员结构是高级职称1~2人，中级职称2~3人，技术人员及研究生3~5人。个人简历严格按国家自然科学基金要求的模板格式填写，应有针对性，主要呈现与申报课题相关的学术背景。项目参与人要结构合理、分工明确。注意避免项目参与人可能出现的项目申报限制、申报资格等问题。项目组主要参与者信息不包括项目申请人本人，但是下方的总人数统计中应将申请人记入。需要说明的是，现阶段国家自然科学基金青年项目对于研究团队没有强制要求，申请者可以一人独立申请。

（4）经费预算：严格按照《国家自然科学基金经费管理办法》认真填写。同时，必须了解不同学科和类型资助项目的经费预算合理范围。目前使用的国家自然科学基金项目申报书版本只要求填写直接费用。直接费用的科目包括设备费，材料费，测试化验加工费，燃料动力费，差旅会议、国际合作与交流费，出版文献信息传播，知识产权事务费，劳务费，专家咨询费及其他支出。根据项目经费的实际可能使用情况进行填写，并在后续的预算说明书中对每一项支出进行详细的解释和描述。费用说明中，如差旅、问卷等费用，应根据所在地区进行适当调整。

（5）申报的方向和学部很重要，需要认真对待，权衡学科资助指南和申报课题内容后进行选择。医院管理与卫生政策类国家自然科学基金，通常是从管理科学部进行申报。可申报G01管理科学与工程、G02工商管理、G03经济科学和G04宏观管理与政策四大类及其亚类。其中G0406医药管理与政策是最直接相关的学科代码。

（三）资助体系

国家自然科学基金委员会根据科技发展趋势和国家战略需求设立相应的项目类型，经过不断优化调整，形成了结构合理、功能完备的资助体系。主要包括了面上项目、重点项目、重大项目、重大研究计划项目、国际（地区）合作研究项目、青年科学基金项目、优秀青年科学基金项目、国家杰出青年科学基金项目、创新研究群体项目、地区科学基金项目、联合基金项目、专项项目、国际（地区）合作交流项目等。

国家自然科学基金的申报管理持续优化。国家自然科学基金委员会明确提出，深化科学基金改革将聚焦“明确资助导向、完善评审机制、优化学科布局”三大重点任务。一是明确资助导向，即以及时支持新的科学思想和新概念为目标，以真正解决科学问题为准则，以区分和突出科学属性为依据，统筹推进各类科学属性的基础研究。具体而言，即将科研活动按科学属性分为“鼓励探索，突出原创；聚焦前沿，独辟蹊径；需求牵引，突破瓶颈；共性导向，交叉融通”四种不同类型。二是完善评审机制。着力推进项目申请和评审改革，根据上述四类科学属性，建立与资助导向相适应的评审方法。充分利用信息技术特别是人工智能等现代手段，实现评审专家与项目申请的科学匹配。建立科学家积极参与的“负责任、讲信誉、计贡献”的评审机制，提升支持基础研究的精准度、公正性和绩效水平，持续提高资助效能。三是优化学科布局。按照知识体系内在的逻辑和结构，构建真正实现重大需求与知识体系统一相融、基础理论与应用研究贯通的学科布局，切实解决研究内容重复、学科相互隔离等问题。

第五节　研究计划书范例

本节以某成功立项的国家自然科学基金项目为例，介绍医院管理与卫生政策方向课题研究计划书的撰写。

1. 项目名称　项目名称要简洁明了，体现研究课题的核心概念和创新性，一般字数在30字以内。本案例的项目名称为"基于结构方程模型的紧密型医疗联合体绩效评价及其影响因素研究"，项目名称体现研究的主题"紧密型医疗联合体绩效评价"及所使用的研究方法。

2. 中英文摘要　中文摘要一般字数限制为400字（包括标点符号）。摘要是申请书正文内容完成后，最后撰写的部分，是研究背景、目的、内容、方法和意义的综合表述。摘要的好坏很大程度上决定一个项目申报的成败。由于摘要字数有限，因此要突出重点，讲明课题意义、课题构想和预期结果。摘要应旗帜鲜明地表达申报课题的创新性和重要意义，避免写得平淡无奇。一般可利用1~2句话，介绍该课题的研究背景和问题，提出研究目的，并进一步阐述主要研究内容和技术手段。最后，提出课题的应用价值。

知识链接

【中文摘要】现有医疗资源的合理配置和有效利用是解决我国居民"看病贵，看病难"的瓶颈问题的关键所在。根据国际经验，我国部分地区通过建立医疗联合体在探索分级医疗、双向转诊和资源共享机制方面做了大胆的尝试。随着医疗卫生体制改革的不断深入，医疗联合体的构建将是医疗资源整合的必然趋势。然而，已组建的医疗联合体绩效如何？如何评价其系统绩效水平？绩效影响因素和关系何在？如何改善绩效？这些是当前乃至未来一段时期内影响我国医疗联合体发展的重要问题。鉴于此，本研究提出将绩效评价概念引入医疗联合体的系统绩效评价中，在对绩效评价的概念内涵、价值目标以及评价的价值取向、评价模型、绩效影响因素与关系进行系统研究的基础上，构建绩效评价模型和影响因素关系模型，并结合实证研究提出系统绩效改善策略，为我国医疗联合体系统绩效评价和动力机制的形成提供技术支撑和理论依据，同时为绩效改善的政策制定提供参考，为促进我国医疗资源整合和有效利用提供理论基础。

以上知识链接中，前三句介绍研究选题的背景，第四句引出主题，随后提出研究问题，最后提出课题研究的整体思路和应用价值。英文摘要的撰写可根据英文的语法和表达习惯进行适当调整，含义表达明确。不必要逐词逐句进行翻译，避免出现语法和用词错误。

3. 报告正文

（1）立项依据：立项依据需结合科学研究发展趋势来论述科学意义；或结合国民经济和社会发展中迫切需要解决的关键科技问题来论述其应用前景。立项依据可分几部分撰写，如研究背景、问题的提出、国内外研究现状及发展动态分析、研究意义、应用前景。对国内外研究发展动态进行分析可以利用小标题，提纲挈领地介绍国内外相关领域的研究进展以及从中得到的启发。需要全面客观分析国内外研究现状，一定要准确，阐述过程中不能为了突出自己研究选题的重要性就全盘否定前人的贡献。可以以一段文字凝练出科学问题并提出解决思路。最后，对该项目的学术价值和实践意义进行描述。可适当介绍课题组及申请人本人前期的相关研究进展，再提出申报项目所需要解决的问题。该部分内容需要提供参考文献，文献的数量不宜过多，要注意文献的质量和时效性。

知识链接

【立项依据】

1. 研究背景　随着我国深化医药卫生体制改革进程的不断推进，我国卫生事业得到一定程度发展，然而卫生资源配置不合理、资源利用效率低下仍然是当今困扰我国卫生事业发展的主要问题……

……（实际数据）。提高基层医疗卫生服务机构的服务水平，使他们在基本医疗服务方面承担更多的责任，真正担当起守门人的角色，是目前和相当一段时间内我国医疗卫生服务体系建设面临的关键问题……

医疗联合体受到很多地方政府的高度重视，很多地区开展了不同形式的医疗联合体的实践。然而，……（分析现实问题）。（提出本研究的研究问题）“现组建的医疗联合体绩效如何？”“如何评价医疗联合体的系统绩效水平？”“绩效影响因素和机理何在？”“怎样改善绩效？”等一系列问题将是当前乃至将来一段时期内影响我国医疗联合体发展的重要问题。

国外对医疗卫生服务体系整合的绩效评价，包括评估工具、评价方法、整合效果评估等的研究较多，然而我国尚缺乏针对中国体制和机制特点的医疗联合体的绩效评价方法和影响因素研究。

2. 国内外研究现状及发展动态分析（结合研究的关键词分部分阐述）

（1）医疗联合体的基本内涵及国内外医疗联合体发展现状

（2）绩效内涵及绩效评价相关理论

（3）医疗联合体绩效评价以及绩效影响因素的研究进展

（提出本研究的思路和意义）

3. 研究意义　在国内外相关研究基础上，基于组织系统绩效评价理论，研究旨在对我国医疗联合体的系统绩效内涵、价值目标，绩效评价的价值取向、评价模型、绩效影响因素及其关系等进行系统分析，在构建医疗联合体系统绩效的概念框架和绩效影响因素的理论模型的基础上，构建医疗联合体系统绩效评价与影响因素的结构方程模型，并提出系统绩效的改善策略，为我国医疗联合体系统绩效评价与绩效改进提供技术支撑和理论依据，这对医疗联合体内医疗资源配置效率和效益的提高具有重要意义。

知识链接案例中立项依据分列两个小标题：研究意义和国内外研究现状及发展动态分析。研究意义部分结合政策发展背景和实际数据资料分析现实中存在的问题，并提出本研究的科学问题，借鉴国际发展趋势提出本课题的选题及价值。国内外研究现状及发展动态分析部分结合研究的关键词部分阐述研究进展，最后明确本研究在以往研究基础上的创新思路。

（2）研究内容：采用分段式结构和小标题，对研究内容进行高度汇总和概括。研究内容应该与科学问题相互呼应，层层递进，最终达到能够回答并解决所提出科学问题的程度。一般科学问题的一个部分对应一个研究内容，而最后一个研究内容可以是所有研究内容的总结和升华。

知识链接

【研究内容】

（1）医疗联合体系统绩效内涵与绩效评价理论模型

（2）医疗联合体组织绩效评价和影响因素模型的构建

1）医疗联合体系统绩效的关键环节及其特点分析

2）医疗联合体系统绩效评价以及影响因素的指标研究

3）医疗联合体系统绩效评价模型以及影响因素模型构建

（3）医疗联合体绩效影响因素的实证研究以及改善策略分析

知识链接中分为三个研究问题，包含理论模型研究、绩效评价和影响因素模型构建，以及实证研究及改善策略分析，其中第二项研究内容又细分为三个具体的内容。研究内容的框架体现研究的基本逻辑和思路。

如果每个研究内容里包含的内容比较多，可以用线路图的方式把每个研究内容画一个分的研究流程图，最后再画一个总的流程图，这样方便专家理解。

（3）研究目标和拟解决的科学问题：根据前期提出的研究内容和科学问题，归纳总结2~3点作为项目的研究目标。拟解决的科学问题要对每一个科学问题具体阐述，并提出解决的路径。

知识链接

【研究目标】本研究提出将组织绩效评价概念引入医疗联合体的系统绩效评价中，对绩效评价的概念内涵、价值目标以及评价的价值取向、评价模型、绩效影响因素进行系统研究，在构建医疗联合体系统绩效的概念框架和绩效影响因素的理论模型的基础上，构建医疗联合体系统绩效评价与影响因素的结构方程模型，并提出系统绩效的改善策略，为我国医疗联合体系统绩效评价与绩效改进提供技术支撑和理论依据，同时为医疗联合体内医疗资源配置效率和效益的进一步发挥提供基础。

【拟解决的科学问题】（对每一个科学问题具体阐述，并提出解决的路径）

（1）医疗联合体系统绩效内涵与绩效评价理论模型

（2）医疗联合体系统绩效评价与影响因素研究

（4）拟采取的研究方案及可行性分析：此部分内容包括研究方法、技术路线、实验手段、关键技术、可行性分析等相关说明。研究方法应针对研究内容逐一开展，重点介绍选取该研究方法的目的和原因。具体包括资料收集方法和资料分析方法，研究方案一定要有针对性，而不是各种方法的简单堆积，要与研究内容要解决的问题对应，表明课题组已经掌握了解决研究问题的技术和方法。

技术路线图的绘制，可根据项目申报的需求，针对每个部分的研究内容分别绘制或者综合全部研究内容进行综合绘制。技术路线图的绘制可应用多个软件完成，如Word、PowerPoint、Visio等均为常用的技术路线绘制工具。

项目的可行性分析有助于评审专家快速了解申请人是否能够在预期时间内完成研究内容，并达到预期目标。可行性分析可以包括以下几个方面：①理论框架的可行性。②研究方法的可行性。③前期研究基础。④研究现场的支撑。⑤研究团队合作的可行性等。如果申报项目中存在比较特殊的研究内容，如研究现场、研究人群等，则需对该部分研究内容的可行性进行重点说明和描述。

知识链接

【拟采用的研究方法】

（1）文献研究法

（2）定性研究

知情人深度访谈（访谈样本量的确定及特征；抽样及调查方法）

专家咨询法

（3）资料收集与整理方法

二手资料的收集与分析

现场问卷调查（抽样方法与抽样框架）

资料整理

（4）数据资料的处理与分析方法

定性资料分析方法（扎根理论、资料整理、资料分析、理论饱和度检验）

定量资料分析方法（统计学方法、主成分分析、结构方程模型）

（5）实证研究

【可行性分析】

（1）研究的现实需求

（2）研究基础

（3）社会资源

（4）研究方法

（5）项目的特色与创新：项目的特色与创新可以从研究思路、研究内容、方法学等方面得以体现并进行描述，一般凝练成2~3点，语言要精练。下面的知识链接将创新点总结为研究对象创新、研究思路创新、研究方法创新。

知识链接

【特色与创新之处】

（1）研究对象创新：选取紧密型的医疗联合体为主要研究对象，注重医疗联合体系统的整体目标，强调了医疗联合体的资源整合与系统绩效改进理念。

（2）研究思路创新：着重针对医疗联合体这一操作性强且与实际密切相关的切入点进行探讨……。主要的研究思路是对医疗联合体内绩效评价的概念内涵、价值目标、指标体系以及评价的价值取向、评价模型、绩效影响因素与机理进行系统研究，并通过实证研究对绩效评价的理论体系进行分析，进而提出系统绩效改善策略，通过建立和完善适合我国国情的医疗联合体的绩效评价理论体系，为我国医疗联合体系统绩效评价提供技术支撑和理论依据。

（3）研究方法创新：理论研究、实证研究和模型研究，定性研究与定量研究相结合……。其中采用扎根理论分析方法对访谈资料进行研究，建立医疗联合体系统绩效的概念框架并提出绩效影响因素的理论框架。通过结构方程模型对绩效构成以及各个构成部分与绩效影响因素之间的关联性进行分析，是对医院绩效评价方法的创新。

（6）年度研究计划及预期研究结果：年度研究计划应根据课题的总时长进行总体安排。可以年或者半年为时间段表述，除主要的工作内容以外，可以包括阶段性总结、研究成果和相对应的研究目标完成情况。

研究成果包括研究内容完成后所取得的框架、文件、规范、关键影响因素、新方法体系、形成的政策建议等，同时包含预期发表论文、参加国际会议、研究生及本科生培养的相关内容指标。

（7）研究基础与工作条件：相关研究工作积累总结可分为研究内容的工作基础和研究方法的工作基础，并进行详细阐述。此部分可以展示项目申请人相关的前期研究成果，包括发表的论文、申报的专利、有批复的建议稿等。

重点描述开展项目研究内容所具备的平台、实验条件，所需要的人、财、物等相关工作条件。

（8）项目申报人及参与人信息：项目申报人及参与人信息也能够体现研究的基础及团队的研究能力。这一部分内容应特别注意相关成果的知识产权问题，研究成果按照实际情况标注第一作者、共同第一作者、通讯作者及共同通讯作者的信息。

4. 附件 根据课题申报的要求上传相关附件并命名。上传成功后，系统会在申报书中自动生成附件信息。

5. 项目申请人和参与者科研诚信承诺书 在认真核对项目申报书内容之后，项目申请人及参与者作出科研诚信承诺并签字。

本章小结

确定研究选题、形成研究计划书是科学研究的起点，也是科学思维训练的重要方式。研究选题要遵循重要性、科学性、创新性、可行性原则。选题的过程包括确定研究的领域、明确研究的主题、论证选题的科学性和可行性。研究设计的要素包括研究目的、研究对象、研究的时间维度、研究的方法以及研究逻辑。研究方案的主要任务是详细且明确地描述研究者想要查明的问题，确定查明研究问题的最佳路径。研究方法的选择要服务于研究目的的实现，考虑方法的适用性。研究计划书是研究选题和研究方案的呈现方式。学生要理解医院管理和卫生政策类研究计划书的撰写基本思路，能够根据自己的研究兴趣逐步形成研究选题方向，结合其他章节的学习完成研究计划书。

（韩优莉　陶红兵　董四平）

第三章　研究资料收集方法

学习目标

1. 掌握　文献检索的基本方法；问卷编制的基本过程与方法；访谈法的类型与资料收集过程。
2. 熟悉　问卷调查的新形式；观察法的分类。
3. 了解　访谈法的优缺点及技巧；观察法收集资料的过程。

第一节　文献检索方法

一、文献检索的概念

21世纪是信息飞速发展的时代，获取信息的能力已经成为衡量一个人综合素质的重要标志之一。对于研究者而言，获取文献信息的能力以及熟练掌握获取文献信息的途径和方法非常重要。文献检索在医学科研中发挥了很大的作用，是科研立项和科研成果申报查新的、一个重要环节。

文献（document）是指通过适当的方法和手段、运用适当的意义表达和记录体系，记录在一定载体上的、有历史价值和研究价值的知识。

文献检索是指将文献按一定的方式组织和存储起来，并根据文献用户的需要找出有关文献的过程，因此它的全称为“文献的存储与检索”，这是广义的文献检索的概念。而狭义的文献检索是指该过程的后半部分，即从文献数据库中找出所需文献的过程。

二、文献信息源的分类

文献信息源是指将文献进行收集、加工整理后得到的产品的总称，通常可以按照文献的载体类型、发行方式和被加工程度三种方式对其进行分类。依据文献的被加工程度，可分为以下四个类型：

（一）零次文献

零次文献（zero document）是指未经正式发表或未形成正规载体的一种文献形式，如书信、手稿、会议记录、笔记、原始录音录像、谈话记录等。零次文献一般通过口头交谈、参观展览、参加报告会等途径获取，在内容上有一定的价值，能弥补一般公开文献从信息的客观形成到公开传播之间费时甚多的弊病。零次文献在原始文献的保存、原始数据的核对、原始构思的核定等方面有着重要的作用。

（二）一次文献

一次文献（primary document）是指人们直接以自己的生产、科研、社会活动等实践经验为依据生产出来的文献，也常被称为原始文献。期刊论文、专利文献、科技报告、学位论文等都属于一次文献。

（三）二次文献

二次文献（secondary document）是指文献工作者对一次文献进行加工、提炼和压缩之后所得到的产物，是为了便于管理和利用一次文献而累积、编辑和出版的工具性文献。检索工具书和互联网检索引擎是典型的二次文献。

（四）三次文献

三次文献（tertiary document）是指对有关的一次文献和二次文献进行广泛深入的分析研究从而综合概括而成的产物。人们常把这类文献称为“情报研究”的成果，包括综述、专题述评、进展、现状、发展状态等。

三、信息检索的基本原理与技术

（一）信息检索基本原理

1. 信息检索的目的　是获取信息内容，信息内容帮助了解他人如何解决问题。因此，信息检索要解决两个问题，即找到合适的信息和获取原文。前者可利用搜索引擎、各种类型数据库或相关类型的文献加以解决，后者则需要通过一些全文型数据库或馆藏目录、联合目录获得。因此，信息检索过程要由两部分组成，即信息获取检索与原文查找检索。

2. 检索点的确立　检索点（也称“检索线索”）是指待查信息的某些特征，是进行检索的切入点。在信息检索过程中，无论是机检还是手检，获取信息的对象是各类文献资源。检索的切入点必须是文献记录本身具有的特征信息，只有检索点和对象信息对应了，才能得到检索结果。

3. 文献资源特征信息 不同的文献类型其特征不同，描述信息的方式不同。一般而言，文献信息包括文献外表信息和内容信息。外表信息是指代表文献个性特征的信息，如文献中的标题、作者、作者机构、出版日期，专利号、标准号或报告号等信息项。文献的外表信息与文献是一一对应的，一组外表信息只对应一种文献或一个个体。内容信息是指代表一类文献的特征，如文摘、主题词、关键词、分类号等，揭示文献的主题内容。文献的内容信息与文献是一种相对模糊的对应关系，即一篇文献会涉及多个主题词（关键词）或分类号，一个主题词（关键词）或分类号可对应多篇甚至几百篇文献。因此，利用文献的外表信息只能检出少量的文献，利用内容信息则能检出更多的文献。

（二）信息检索基本技术

1. 计算机检索原理 计算机检索是根据指令完成的。“指令”就是把要查询的内容转换成计算机能够读懂的语言，在计算机检索中“语言”，即为检索表达式，简称“检索式”。

检索式是人机交流的语言方式，是指计算机理解和运算的查词串，由关键词、逻辑运算符、搜索指令（搜索语法）等构成。其中，关键词是检索式的主体，逻辑运算符和搜索指令根据具体的查询要求从不同的角度对关键词进行检索限定。它以布尔逻辑为基础，通过对检索词的精心组织、匹配来表达用户的检索意图。不同的检索词经过不同的匹配可达到不同的检索效果，相同的检索词经过不同的匹配也可以达到不同的检索效果。

检索词是表达检索意图的关键词。在文献检索中通常无须用过多的语言去描述检索内容，而是用少量的词去说明，因此，检索词是完成检索任务的主要描述语言。布尔逻辑用于描述概念间某种逻辑关系，通常用“或”“与”“非”来表示。它们连接不同检索词，表达不同逻辑组合。布尔逻辑在检索式中常用OR、AND、NOT或符号“+”“*”“-”表示，这些连接符号在计算机检索中被称为逻辑算符。

2. 检索规则 为加强检索精度，数据库还规定了一些检索规则作为辅助措施。

（1）精确检索：用“”、( )将词组扩起，表示词组或短语做整体检索。在结果显示页面中，词组或短语位置保持正确的输入状态。如“data communication”，系统不会执行data*communication。

（2）截词查询：用“*”或其他符号代表截词符，表示前方一致检索。如cut*，表示含有cut、cute、cutler、cutter、cutting均被收录在其中。

（3）位置限定：规定两词之间相隔距离。（nW）表示该算符两侧的检索词之间允许插入0~N个词。例如，solar（W/1）energy可检出solar energy、solar radiant energy、 solar electric energy。

（4）限制检索：对字段、年代、主题等加以限定。应注意，每一个数据库都有一套自己的检索规则及通配符使用规定，检索时应首先了解这些规则。

四、常用的文献检索框架和步骤

文献检索需要遵循一定的逻辑框架和步骤。常用的文献检索框架是美国两位教育家迈克·艾森伯格（Mike Eisenberg）和鲍勃·伯科威茨（Bob Berkowitz）于1988年提出的“Big 6信息问题解决模式”（Big 6 Model of Information Problem Solving）。Big 6是一种旨在培养学生信息素养，基于批判性思维的信息问题解决系统方案。本系列教材之一的《文献综述与开题报告》中有详细介绍。

另外，1995年Richardson、Wilson等人提出了PICO模式。它是基于循证医学（EBM）理论的一种将信息格式化的检索模式，被广泛应用于临床医学、护理学、职业病学等医学领域，随后又被扩展到社会学、管理学等其他学科领域。以下以PICO模式为例，对常用文献检索步骤做简要介绍。

常用文献检索包括七个步骤：①形成PICO问题（formulate the PICO question）。②为PICO的每个元素定关键词（identify keywords for each PICO element ）。③制定检索策略（plan the search strategy）。④执行检索（execute the search）。⑤筛选搜寻结果（refine the results）。⑥阅读文献（review the literature）。⑦评估证据的等级（assess the evidence）。

现将具体检索步骤分述如下。

（一）形成PICO问题

PICO是一种在开始研究之前形成研究问题的模式。它是一个缩略符号，可用来发展良好的医院管理与政策的问题架构，这就形成了PICO模式的四个要素：patient（患者）or population（群体），intervention（干预），comparison（对照）and outcome（结果）。

案例：假设你是医院管理者，现在为提高医院重症监护病房（ICU）医务人员的手卫生依从率，委员会决定做一项案例研究，以确定是否有证据表明，对ICU医务人员进行世界卫生组织“多模式手卫生促进策略”培训可以提高其手卫生依从率。基于此临床情境，研究问题是：接受世界卫生组织“多模式手卫生促进策略”培训的ICU医务人员的手卫生依从率是否比未接受培训的医务人员依从率有所增加？

（二）确认每一个PICO元素的关键词

Patient or population（P）——对于研究哪些患者或群体感兴趣？

Intervention（I）——正考虑采取哪种行动（干预）？

Comparison（C）——除了规划中的行动（干预），还有哪些行动是要加入一起做比较的？

Outcome（O）——期待什么结果？

课堂互动

研究问题：接受世界卫生组织“多模式手卫生促进策略”培训的ICU医务人员的手卫生依从率是否比未接受培训的医务人员依从率有所增加？

试着写出该研究问题的PICO。

答案：P——ICU医务人员，I——接受培训，C——未接受培训，O——手卫生依从率。

为了更加直观和清晰，建议画表格，具体如下：

PICO元素	关键词
P——问题的对象（patient or population）	ICU医务人员（medical staff in intensive care units）
I——干预（intervention）	接受培训（training）
C——对照（comparison）	未接受培训（no training）
O——结果（outcome）	手卫生依从率（compliance rate of hand hygiene）

（三）制定检索策略

（1）选定检索数据库。医院管理研究外文文献检索常用数据库包括Web of Science，Pub Med，EBSCO，Scopus，Academic OneFile，the Cochrane Nursing Care Field trials register。上述案例研究的问题与医院管理中的护理管理密切相关，故选择EBSCO的CINAHL Complete数据库开展检索。

（2）确认问题的主要元素。

（3）将一般用语转换成主题描述CINAHL标题或同义词。为什么要尽可能多地找寻同义词？所使用关键词的同义词、近似的字词或同义的句子如果能增加，将可适当地扩展搜寻的范围。例如，当只用关键词“medical staff”进行搜寻，可能遗漏那些将医务人员描述为“health personnel”或“medical staff, hospital”的文章。加入同义词可以扩展那些可能与主题相关，但未包含medical staff这个字词的检索结果。这些在表3-1中被注记在检索策略一栏中。

表3-1　PICO元素的检索策略示例

PICO元素	关键词	检索词	检索策略
P	ICU医务人员（medical staff in Intensive Care Units）	medical staff	medical staff OR health personnel OR medical staff, hospital
I	接受培训（training）	training	training OR training program OR educational activities
C	未接受培训（no training）		
O	手卫生依从率（compliance rate of hand hygiene）	compliance	compliance OR adherence

（四）执行检索

在检索之前，要确认检索模式是否设定为布尔逻辑/词组。需要这样做的原因在于此选项允许精确的词组进行检索。每一个PICO字母，都代表一次单独的检索。在每次检索之后，必须清除所使用的关键词再重新开始一次新的检索。

（1）P：从ICU医务人员开始进行检索。如上所述，为了增加检索结果，请减少使用描述性用语，精练成相同含义的关键词，如medical staff、health personnel或medical staff, hospital。注：请确认使用布尔逻辑“OR”，这样每个结果至少会包含一个这些检索用语。表3-1为此检索策略的范例。

（2）I：进行到I的时候，请重开始一个新的检索，培训（training）。记得使用布尔逻辑“OR”，并记录检索结果的数目。

（3）O：现在可以继续搜索结果（outcome），即依从性（compliance），增加同义词依从性（adherence）。目标是确定接受培训是否会增加或减少ICU医务人员的手卫生依从率，开始检索并记录结果数目。

（4）Combine searches（合并搜寻结果）：完成检索，需要结合P（ICU医务人员）、I（接受培训）和O（依从性）的搜寻结果，通过使用数据库的检索历史记录功能，应该能够将上面三次的搜寻用布尔逻辑“AND”合并，显示前三次搜索的交集结果。

（五）筛选搜寻结果

Published Date——使用此选项可筛选指定日期范围内的文章，如近5年内的文献。

Evidence-Based Practice——检索页面当中，有一个限制条件为“Evidence Based Practice”，勾选此限制条件，可以筛选文献的类型为：来自循证实务期刊的文章；关于循证实务的文章；学术文章（包括系统性回顾，临床试验，统合分析等）；研究性评论（将实务应用于研究）。

如果上述的方式导致筛选出来的文章数量太少，还可以选择在检索页面当中的出版物类型（publication type），限定下列类型的文献：①案例研究（case study）。②临床试验（clinical trial）。③统合分析（meta-analysis）。④随机控制试验（randomized controlled trial）。⑤研究（research）。⑥系统性回顾（systematic review）。

（六）阅读文献

合并检索结果后，加入限制条件并再次运行结果后，选择和阅读最能回答PICO问题的文献。

（七）评估证据的等级

完整掌握PICO检索的最后一步，是确定每篇相关文章的证据等级。在寻找最佳可用证据时，可参考文献证据等级金字塔（图3-1）选择证据等级较高的文章，如可选择荟萃分析、系统性综述和随机对照实验类的文献进行详细研读。

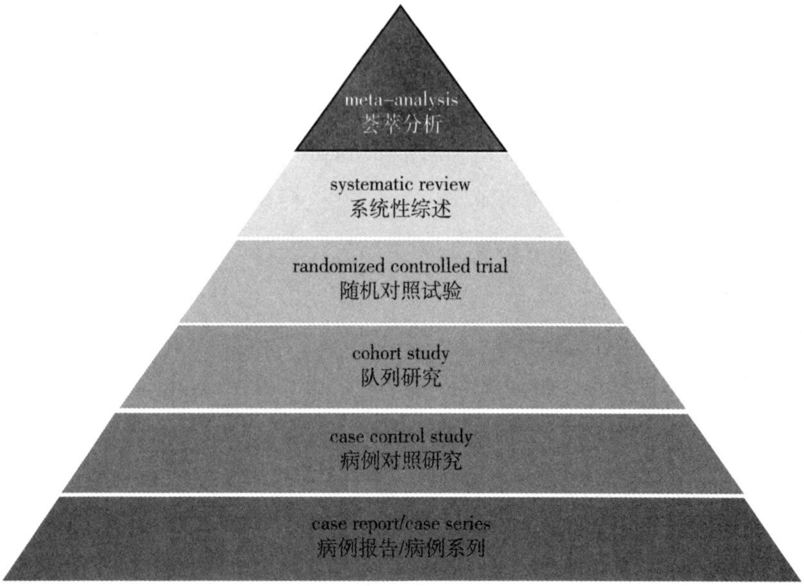

图3-1　文献证据等级金字塔

第二节　问卷调查方法

一、问卷调查的概念

问卷调查是一种基于实证主义的定量研究方法，是将标准化的问卷当面分发或邮寄给相关人员，然后对问卷进行收集整理，并进行统计分析，以获得研究结果的一种研究方法。

二、问卷的分类

根据研究课题性质和目的的不同，问卷可分为以下几种。

（一）封闭型问卷

封闭型问卷是把所有的调查问题和每个问题可能的答案都罗列出来的问卷，被调查者只能在这些答案中作出判断和选择。此种问卷的优点是答案标准、回答方便、便于统计分析、回收率和有效率高。但是由于对被调查者的回答有限制，可能无法反映其他真实的想法，不利于对问题进行深入了解；而且设计难度较大，被调查者如果无法正确回答，会影响调查质量。

（二）开放型问卷

开放型问卷可以让被调查者充分地表达自己的看法和理由，并且比较深入，有时还可获得研究者始料未及的答案。但是，它的缺点包括搜集到的资料中无用信息较多，难以统计分析；面访时调查员的记录直接影响调查结果；并且由于回答费事，会导致应答率过低。

上述两种类型问卷的差别在于，前一种问卷是以选择题、判断题的方式提出问题，后一种则是以问答题的方式提出。

（三）混合型问卷

混合型问卷是指将前两种类型的问卷融合在一起的问卷，在采用封闭型问卷的同时，再附上少量开放式问题。这种问卷可以吸取前两种问卷之长，既易于统计和综合处理，又可得到有一定深度的答案，这类问卷在实际调查中运用比较广泛。

三、问卷的一般结构

问卷一般由四部分组成：卷首语、问题、编码和其他内容。

（一）卷首语

卷首语即填写说明，用于指导被调查者填答问题的各种解释和说明。这部分内容应包括调查的目的和主要内容、选择被调查者的方式和方法、对被调查者的希望和要求、问卷填写说明、答复方式和时间、调查的匿名和保密原则。为了吸引被调查者的注意力和兴趣，争取他们的配合和支持，指导语语气要谦虚、诚恳、平易近人，文字要简洁、通俗易懂。卷首语通常放置在问卷第一页的顶部，也可以作为单独一页放置在问卷的前面。

（二）问题

问题是问卷的主体部分，一般包括调查提出的问题、回答问题的方式、回答方法的指导和说明。一般有开放式和封闭式两种类型。

开放式问题是调查者不提供任何替代答案而由被调查者自由回答的问题，可分为填空和答题。这样的问题可以自然而全面地反映被调查者的观点和态度，因此获得的材料丰富而生动，但获得的信息相对难以统计和处理。

封闭式问题提供了调查人员设计的几种不同的答案。这些答案可以是相互排斥的，也可以是共存的，让被调查者可以根据自己的实际情况在答案中进行选择。此类问卷获得的信息价值在很大程度上取决于问卷设计的科学性和丰富性。

（三）编码

问卷调查资料的整理、分类、汇总工作十分繁重，尤其是大规模调查的问卷。因此，只有将所有的资料数量化，并借助于编码技术和计算机，才能进行高效的处理和统计分析。鉴于此，有必要为每份问卷、问卷中的每个问题和每个答案分配一个唯一的编码，并以此编码为基础处理问卷数据。

（四）其他内容

其他内容包括问卷名称和致谢语等。致谢语一般放在问卷的最后面，用来简短地对被调查者的合作表示感谢，也可征询一下被调查者对问卷设计的看法和感受。

四、问卷的信度和效度

调查问卷设计中的信度及效度检验一直是国内进行调查问卷时容易被忽视的问题，信度和效度决定着问卷质量的高低，而高质量的问卷则是问卷调查成功的关键。

（一）信度的内涵

信度是指可靠性或可信度，即测量结果的一致性或稳定性，测量工具能否稳定地测量到它要测量的事项。可以理解为对同一事物进行重复测量时，所得结果的一致性程度。

（二）效度的内涵

效度是指正确性程度，即测量工具能测出其所要测量特质的程度。效度越高表示测量结果越能显示出所要测量对象的真正特征。

（三）信度和效度分析的常用方法

信度分析常用方法有*Cronbach α*系数法、折半信度法、重测信度法、复本信度法。效度分析包括：单项与总和相关效度分析，常采用逻辑分析与统计分析相结合的方法进行评价；准则效度分析，常用相关分析或差异显著性检验；结构效度分析，常用因子分析法。使用SPSS软件可以快速开展调查问卷的信度分析和效度分析。

（四）SPSS对问卷信度和效度分析

目前最常用的是*Cronbach α*信度系数，一般情况下主要考虑量表的内在信度——项目之间是否具有较高的内在一致性。通常认为，信度系数应该在0~1之间，如果量表的信度系数在0.9以上，表示量表的信度很好；如果量表的信度系数在0.8~0.9，表示量表的信度可以接受；如果量表的信度系数在0.7~0.8，表示量表有些项目需要修订；如果量表的信度系数在0.7以下，表示量表有些项目需要抛弃。

五、问卷调查的设计原则

（一）系统性原则

问卷设计的首要原则是系统性原则。在整体问卷框架拟定的前提下，才能开始单个问题的设计，再由单个问题的衔接回到整体问卷框架，即遵循由整体到部分，再由部分到整体的原则。

（二）必要性原则

在做调查问卷之前，应先开展研究计划，对论文或研究报告中所要涉及的各项论题有一个全面的了解。调查问卷中除了少数几个必须涉及背景的题目外，其余题目应与研究主题直接关联。切忌在问卷中出现与研究主题无关的问题，其会直接降低量表信度和效度。

（三）清晰性原则

问卷题目的描述需要逻辑清晰、语意明确，使用的条目应是全体被试者能够准确理解的术语，避免使用模糊的、专业性过强的术语或行话，以免超出被试者的知识和经验范围，导致错误地填答。

（四）简明性原则

首先，调查的内容要简明扼要，避免出现重复提问，力求以最少的项目设计得到必要的、完整的信息资料。其次，调查的时间应避免过长，一般问卷回答时间应控制在30分钟以内。调查内容太多，调查时间过长，可能会招致被调查者的反感。同时，调查的问题要易于回答，提问尽量使用简短的句子，不能过于烦琐复杂而让被调查者花费较多时间思考。

（五）礼貌性原则

问卷的指导语中要用敬语，要对被调查者的配合表示诚挚的谢意。在调查问卷中，要尽量避免涉及个人隐私，例如，询问收入来源、询问运动员是否服从兴奋剂等问题，以免引起被调查者不满。问题的措辞要礼貌诚恳，增加被调查者的合作意愿。

六、问卷设计的程序

（一）明确调查目的和对象

在制定调查问卷之前，应该明确调查的目的、调查的对象以及该调查需要哪些资料等。在问卷中，需要先确定研究对象范围，同时对符合条件的研究对象进行筛选，从而提高调查研究的针对性和准确性。

（二）参阅问卷相关资料

设计问卷需要广泛阅读文献资料，认真研读本专业内研究者的成熟问卷资料，并且收集大量与研究目的相关的问卷资料。参阅其他研究者的问卷资料，一方面可以了解研究现状从而寻找到问卷设计的创新点，另一方面可以吸取前人的研究经验，为设计更为专业的问卷奠定基础。

（三）设计问卷中的问题并形成初稿

明确问题的表述时，必须考虑到调查对象的文化程度、职业类型以及年龄等特点，尤其是自填形式问卷中，问题的表述会影响调查对象的看法，从而影响数据获得的真实性。同时，还需要关注问卷编排，如卷首语和结束语的编写、问题的分组和排序、变量的编码等。

（四）问卷的测试和修改

问卷测试是问卷设计中至关重要的一步，它会直接影响数据收集的过程与质量。一般采用预调查（选取小样本的被调查者对问卷初稿试用）及有关专家初步测评（专家咨询）的方法。

（五）问卷的定稿

在问卷的测试修改工作完成，确定没有必要再进一步修改后，可以考虑定稿，投入正式的科研使用中。

（六）具体示例

下面以“护理人员对住院患者自杀预防的知识–态度–行为研究”中设计问卷的流程为例介绍具体问卷设计步骤（图3-2）。

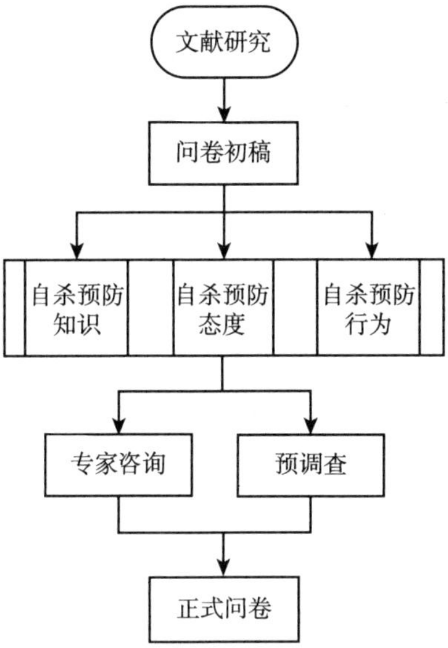

图3-2　护理人员对患者自杀预防知识–态度–行为问卷设计流程

1. 明确调查目的和对象　该研究采取便利抽样法，以武汉市两家三甲医院的临床护士为研究对象，共计445名护理人员参与研究。纳入标准：工作年限1年以上并持有护士资格证的住院部护士。排除标准：进修护士和实习护生。

2. 收集问卷相关资料　该研究使用文献研究法选定相关关键词并制定检索策略，对中英文多个数据库进行系统检索获得相关文献，并对所得文献进行筛选，结合我国自杀预防特点，对有效信息进行了提取。同时参考了一些国内关于自杀领域研究的成熟量表，初步形成问卷条目池。

3. 设计问卷中的问题并形成初稿　该研究构建的护理人员对患者自杀预防知识–态度–行为问卷包括3个一级指标、6个二级指标、30个条目。

4. 问卷的测试和修改

（1）专家咨询：制定专家选择标准，确定专家咨询名单。将住院患者自杀预防KAP问卷的初稿编制成专家咨询问卷，通过电子邮件的方式发送给专家，依据该领域里具有丰富理论知识和经验专家们的意见筛选条目，以此来修订问卷。如表3-2所示为部分该研究制定的专家咨询问卷。

表3-2　护士对住院患者自杀预防知信行调查咨询表

评估指标		专家意见					
一级指标	二级指标	很重要	重要	一般	不重要	很不重要	修改意见
护士所掌握的住院患者自杀预防知识	自杀一般知识						
	患者自杀风险的识别与评估						
	病房环境的安全管理						
	自杀倾向患者的干预						
	其他建议：						
护士对住院患者自杀预防工作的态度	护士个人对自杀行为和自杀患者的态度						
	护士对患者自杀预防工作的必要性和可行性的态度						
	护士对患者自杀预防工作的热情						
	其他建议：						
护士所采取的住院患者自杀预防措施	患者自杀风险的识别与评估						
	自杀倾向患者的干预						
	其他建议：						

填表说明：本表是本研究拟定的各维度和各条目，按其重要程度分为5个等级：很重要、重要、一般、不重要、很不重要。请你根据其相对重要程度作出判断并在合适的栏内打“√”；若你认为该指标描述不准确，请在“修改意见”栏内修改或注明。

通过两轮专家咨询的专家积极系数分别为90%、77.8%，两轮咨询条目的变异系数范围分别是0~0.418、0~0.159，肯德尔和谐系数分别为0.317、0.259（$P<0.05$）。此外，专家咨询的权威系数Cr为0.85。

（2）预调查：①预调查工具和对象。2018年9月，课题组采用“护理人员对住院患者自杀预防知识-态度-行为调查问卷”在武汉市某三甲医院进行现场调查。该问卷包括前言、一般资料、患者自杀预防知识问卷、态度问卷、行为问卷以及其他相关问题。调查实施之前，课题组对调查员进行统一培训，采取统一、严格的标准选取研究对象，其中纳入标准为工作年限1年以上并持有护士资格证的住院部护士，排除标准为进修护士和实习护生。②预调查结果。最终共发放问卷210份，回收195份有效问卷，有效回收率为92.9%。对预调查结果的分析分为条目筛选和问卷信效度分析两个部分。本研究通过分辨力系数法、*Cronbach* α法和相关分析法对问卷条目进行调整。在调整后的基础上，对问卷进行信度和效度的分析。问卷信度分析显示，问卷内部一致性*Cronbach* α系数为0.932；效度分析表明，所构建的模型没有违反估计和不合理情况出现，模型的拟合优度各项指标分为别：*CFI*=0.865，*RMSEA*=0.087，*GFI*=0.767，*AGFI*=0.730。住院患者自杀预防KAP问卷的证实性因子分析模型与实际观察数据的拟合情况良好。因此，本问卷具有较好的信效度，适用于对护理人员开展患者自杀预防的知识、态度、行为调查。

5. 问卷定稿　问卷的测试修改工作完成，便可定稿，该问卷如下所示。

尊敬的各位护理同仁：

您好！感谢参与本次调查！本次调查目的是了解临床护理人员对综合医院住院患者自杀预防的知识、态度、行为现状。调查将以匿名的形式进行，请填写您的真实想法。衷心感谢您的参与！

《护理人员对住院患者自杀预防的知识－态度－行为研究》课题组

一、一般资料

1. 性别：①男　②女

2. 年龄：__________岁

3. 婚姻状况：①未婚　②已婚　③离婚/丧偶

4. 您的工作科室：①内科　②外科　③妇科　④儿科　⑤五官科　⑥肿瘤科　⑦其他__________

5. 工作年限：__________年

6. 学历：①中专　②大专　③本科　④硕士及以上

7. 职称：①护士　②护师　③主管护师　④副主任护师及以上

8. 职务：①护士　②护士长　③其他__________

9. 您是否经历过住院患者自杀事件：①是　②否

10. 您在工作中是否对患者使用过心理测量量表（如PHQ-9、医院焦虑抑郁量表等）：①是　②否

11. 您在工作中是否对患者使用过自杀风险评估工具（如Beck自杀意念量表等）：①是　②否

12. 您是否参加过住院患者自杀预防培训，了解患者自杀风险的评估、自杀倾向患者的识别以及预防措施：①是　②否

二、住院患者自杀预防知信行调查问卷（单选题）

知识问卷：请您根据对自杀预防知识的熟悉程度进行回答，在相应选项内打“√”：

问题	①非常不熟悉	②不熟悉	③一般	④熟悉	⑤非常熟悉
1. 我熟悉自杀的主要危险因素有哪些（如自杀史等）					
2. 我熟悉自杀的主要保护因素有哪些（如教育、良好社会支持等）					
3. 我熟悉患者实施自杀前的先兆有哪些（如抑郁焦虑情绪等）					
4. 我熟悉患者在实施自杀之前可能出现的准备行为有哪些（如写下遗书等）					
5. 我熟悉哪些患者需要进行自杀风险评估					
6. 我熟悉住院期间有自杀行为的患者应从哪些方面进行评估					
7. 我知道病房中可能成为自杀工具的物品					
8. 我知道抑郁症是导致人们自杀死亡最常见的精神疾病					
9. 我知道患者近期的自残行为对可能出现的自杀行为有较强的预测作用					
10. 我知道对病房环境进行适当改造，将有利于保证患者安全，降低自杀事件发生的概率					
11. 我知道当患者的自杀风险或自残行为与精神疾病有关时，所患精神疾病需要及时诊断和治疗					

态度问卷：请您根据对以下说法的认同程度进行回答，在相应选项内打“√”：

问题	①从不	②偶尔	③有时	④经常	⑤总是
1. 当患者自杀死亡时，我感到内疚					
2. 在处理自杀事件过程中，应该对患者家属表示同情和关心，并尽可能为他们提供帮助					

续 表

问题	①从不	②偶尔	③有时	④经常	⑤总是
3. 应该对自杀未遂的患者给予更多关心和爱护					
4. 患者自杀是可以预防的					
5. 护士能在患者自杀预防中起到重要作用					
6. 预防患者自杀是临床工作中有重要意义的一部分					
7. 护士应该掌握自杀预防的相关知识					
8. 护士应主动获取有关心理健康/心理危机干预/自杀的相关知识					

行为问卷：请您根据自身工作中自杀预防措施的执行程度进行回答，在相应选项内打“√”：

自杀倾向患者包括可能患有精神疾病者、有自杀或自残史者、抑郁筛查中得分较高者、在相关心理评估中自杀意念条目阳性者、情绪或行为异常者。

问题	①从不	②偶尔	③有时	④经常	⑤总是
1. 使用自杀风险评估工具（如C-SSRS量表、Beck自杀意念量表等）或抑郁量表中自杀意念条目（如PHQ-9的第9条），对患者进行自杀风险的筛查					
2. 当自杀倾向患者转科时，转出科室向转入科室就其自杀风险交班，并在转科后及时对患者进行精神状态和自杀风险的再次评估					
3. 当患者直接或间接地表达其轻生想法时，及时让医疗团队中其他成员知晓此事并引起重视					
4. 对直接或间接地表达轻生想法的患者进行心理评估，根据心理评估的结果制定患者安全计划书					
5. 通过询问自杀倾向患者的家属、朋友，以及用查阅病例的方式了解患者以往精神状况					
6. 对病房内可能危害患者生命安全的因素进行评估和管理，对病房的安全防护设备进行定期检查					
7. 工作中对自杀倾向患者进行更多的巡视，并根据自杀风险的变化对巡视频率进行调整					
8. 对于自杀倾向患者，告知家属其存在的自杀风险，普及自杀预防的相关知识					

续 表

问题	①从不	②偶尔	③有时	④经常	⑤总是
9. 对于自杀倾向患者，告知家属应限制患者接触刀具等危险物品，并要求家属24小时留陪					
10. 向自杀倾向患者及其家属提供相关危机干预组织的联系方式					
11. 向患者家属强调积极的家庭关系在自杀预防中的重要作用					
12. 建议医生为自杀倾向患者请精神病专家会诊					
13. 当自杀倾向患者接受口服药物治疗时，严格限制该药物的获取剂量，并了解药物过量的毒性反应					

三、其他相关问题（可多选）

您认为阻碍患者自杀预防工作最主要的原因是：

①护理人员的时间、精力有限　　②管理者不够重视，倡导力度不够

③患者性格原因、沟通意愿较低　　④未建立完善的自杀风险评估流程

⑤未明确有效的自杀预防措施　　⑥其他

您最希望学习的患者自杀预防知识是：

①如何选择和使用自杀风险评估工具

②与自杀倾向患者的沟通技巧

③如何确保病房环境的安全性

调查到此结束，衷心感谢您的配合！

第三节　访谈法

一、访谈法的概念

访谈法（interview）是指通过与研究对象交谈收集所需资料的一种调查方法，又称谈话法或访问法。与一般的日常生活中的谈话不同，访谈是根据研究的目的与要求，系统而有计划地与研究对象开展交谈，从而收集资料，因此访谈是一种目的性、计划

性和针对性强的、有准备的研究性交谈，即由两个人或更多人围绕研究目的进行的一种谈话，其中由访谈员一方通过询问来引导被访者回答，以此了解被访者的行为或态度，最终达到调查目的。访谈法是研究社会现象的传统研究方法之一。具有如下特点。

1. 互动性 整个访谈过程中，访谈员与被访谈者在谈话的过程中会相互影响、相互作用，是一种双向传导的互动式调查。

2. 规范性 访谈法是根据特定的研究目的收集资料，具有一整套特定的研究设计、编码和实施的原则。

3. 深入性 访谈法能够提供比其他调查方法更丰富、完整和深层的信息，有助于更加深入了解所研究的问题。

二、访谈法的分类

根据不同的分类标准，访谈法可以分为不同的类型。

（一）根据访问形式自由程度的不同分类

1. 结构式访谈（structured interview） 也称标准化访谈或封闭性访谈，是指访谈员根据事先统一设计的、有一定结构的问卷或调查表，依次向被访者提问，并要求被访者按照访谈提纲规定的选项回答的一种调查方式。这种访谈法的特点如下：①被访者的选择标准和选择方法一致。②对每一被访者在访问中所提出的问题、提问方式和顺序相同。③对每一被访者回答的记录方式相同。④特殊情况下，访谈的时间、地点、周围环境等基本一致。结构式访谈法适用于较大规模的调查研究，因为它有如下优点：①易于量化，所得资料整齐划一，便于统计整理、分析，便于对不同类型被访者的回答进行对比分析。②易于质量控制，结构式访谈中所提的问题、回答的选项结构性较强，可控程度均较高，因而质量控制较容易实施，且在访谈前，对问卷中可能存在误解的问题有较为详尽的说明。③应答率高，因为是面对面、按次序地回答问题，被访者应答率较高。结构式访谈法最大的缺点是缺乏弹性，访谈员的主观能动性难以发挥，对于复杂问题难以灵活处理，难以综合性地、多层次地对问题进行深入探讨，有时会使复杂的问题流于表面化，容易忽略一些潜在性问题或者线索；与自填问卷调查相比，结构式访谈所花时间长，成本高，一般也不用于敏感问题的调查。结构式访谈通常用于了解访问对象某种特定的行为或态度，或者验证调查者的某种理论假设。

2. 非结构式访谈（unstructured interview） 也称非标准化访问，是指没有采用固定的调查问卷或调查表，也不按照固定的访谈程序，而由访谈员按照粗略的访谈提纲与被访者就某些问题自由交谈，鼓励被访者自由表达意见的一种访谈方法。非结构式访谈的优点在于灵活性强、弹性大，访谈员可以根据被访者回答问题的情况，在访谈过程中形成新的问题并随时提出，并且可以通过追问得到一些重要的线索；能够充分发挥访谈员和被访者的主动性、积极性，有利于被访者充分地表达意见，收集到的资料深入而丰富，可能生成新的问题和见解。非结构式访谈比较适用于收集人们的感情、态度、价值观和信念等方面的资料；比较适用于个案调查、典型调查，常和观察法一起使用；比较适合于开展探索性研究。但是，非结构式访谈对访谈员的要求较高，访谈成效高度依赖于访谈员的专业素质；访谈结果难以进行量化分析；访谈费时、费力；一般不适用于大规模的调查。

3. 半结构式访谈（semi-structured interview） 也称半标准化访谈，是介于结构式访谈和非结构式访谈之间的一种访谈方法。半结构式访谈有访谈提纲，有调查问卷或调查表，具有结构式访谈的严谨和标准化的题目，但还给被访者留有充分表达自己观点和意见的空间，访谈员事先拟定的访问提纲可以根据访问的进程随时进行调整。半结构式访谈兼具结构式访谈和非结构式访谈的优点，它既可以避免结构式访问缺乏弹性、难以发挥主观能动性以及难以深入探讨问题等局限，也可以避免非结构式访谈的费时、费力、分析难度大等不足。

（二）根据访谈对象的构成分类

1. 个体访谈（individual interview） 是指由访谈员与被访者一对一进行的单独访谈，是访谈法的基本形式。其优点主要有：适于了解在公众场合不宜询问的问题；能选择被访者方便的时间和地点进行，容易取得被访者的配合，访问成功率高；由于个体访谈是个别进行的交谈，如果能充分保证匿名性，就可以使被访者畅所欲言，从而收集到丰富而真实的信息。个体访谈多用于一些小规模及一些敏感性问题的调研过程中，也常用于一些个案的研究之中。

2. 集体访谈（group interview） 也称调查会、座谈会，是指由一名或数名访谈员邀请多位被访者以集体座谈的方式同时参加的访谈。集体访谈的优点是访谈员和被访者之间、被访者相互之间存在多层次的互动和交流，可以做到集思广益、互相启发，有利于把调查与研究结合起来，能迅速收集人们对同一问题的不同看法，工作效率高，可以获取比个体访谈更为全面、广泛、深入的信息。但集体访谈容易产生“团体压力效应”，在从众心理的制约下个别被访者不肯说出自己的真实想法；有些位高权重、能言善辩者往往垄断会场，甚至左右座谈会现场，从而影响调查的结论；因缺乏匿名性，敏感性问题不宜采用。集体访谈对访谈员的组织水平要求较高，调查研究的结果和质量受访谈员能力、技术的影响大。

集体访谈参加的人数一般不宜超过10人，以5~7人为宜，但需要有代表性，要提前准备访谈提纲并告知被访者。如果运用得当，集体访谈可以节省调研时间，使调研视野更加开阔、更加深入；但若运用不当，集体访谈又可能导致形式主义或走过场，形式大于内容，容易出现各种“假话、空话、套话”，难以听到不同意见。

（三）根据对话的方式分类

1. 直接访谈 直接访谈也称面谈，是指访谈员与被访者双方进行面对面的直接沟通来获取信息资料的访谈方式。它是访谈调查中一种最常用的收集资料的方法。在这种访谈中，访谈员可以看到被访者的表情、神态和动作，有助于了解更深层次的问题。面谈可以是访谈员邀请被访者到事先安排好的地方来，然后再进行交谈，即“请进来”；也可以由访谈员到被访者中间去，然后进行访谈，即“走出去”。前者便于组织；后者可以为被访者营造熟悉的环境，减轻被访者的心理负担，易于深入调查。

2. 笔谈 是间接访谈的一种，是访谈员借助书信等书面形式向被访者收集有关资料的一种方法。随着现代通信技术的进步，采用笔谈方式会越来越少。

3. 电话访谈 也是间接访谈的一种，是访谈员借助某种工具（电话）向被访者收集有关资料的一种方法。电话访谈可以减少人员来往的时间和费用，提高了访谈的效率，而且访谈员与被访者相距越远，电话访谈越能提高其效率，因为电话费用的支出要低于交通费用的支出，特别是人力往返的支出。实践表明，电话访谈与面对面访谈的合作率相差不多。电话访谈也有它的局限性。例如，它不如面对面的访谈那样灵活、有弹性；不易获得更详尽的细节；难以控制访问环境；不能观察被访者的非言语行为等。但是，当需要在面对面访谈与电话访谈这两种访谈方式之间作出选择时，电话访谈值得优先考虑。

4. 网络访谈 是访谈员借助互联网、计算机通信和数字交互式媒体与被访者进行交流的调查方式。网络访谈也属于间接访谈，它具有电话访谈免去人员往返因而节约人力和时间方面的优势，甚至比电话访谈更节约费用，具有及时性、便捷性、交互性、客观性、突破时空性和可控性。

但是，网络访谈也有其局限性，由于网络访谈要求被访者配有计算机设备、通信和宽带并熟悉设备操作，这在一定程度上也限制了访谈的对象，容易导致访谈对象缺乏代表性；如果没有采用适当的措施（如IP限制），容易出现重复访谈问题；涉及个人信息的内容访谈较难实现。

三、访谈法收集资料的过程

无论是结构式访谈还是非结构式访谈，都需要遵循一定的程序或过程，才能保证资料收集顺利进行。访谈法收集资料的过程一般分为准备阶段、访谈阶段、结束阶段。

（一）准备阶段

（1）确定访谈的主要内容。

（2）根据研究目标选择适当的访谈方法，并且制定调查提纲和所需表格。

（3）确定适合的访谈对象，了解其基本情况。

（4）选择适当的时间、地点和场合进行访谈。

（5）备齐访谈工具。

（二）访谈阶段

1. 获准进入 通常有两种方式：一是通过正式渠道获得组织和单位的介绍信，这种方式可以比较好地解除官员的防范和受访者对访谈员身份的疑虑；二是启用亲友关系网络，通过熟人介绍，这种方式有助于被访者接纳。

2. 建立信任 信任是感性交流的基础，有了信任才能相互合作，才能得到真心话，访谈的信度才高，这要求访谈员放下社会研究的态度，与受访者一同参与到对话过程中，并通过对日常生活的提问，掌握一些双方难以共同对话的基础，从而创造一种真正的面对面的访谈关系。

3. 正式访谈 访问员通过准备的问题向受访者提问，让受访者打开心扉，让其自身的信息一点一点透露出来。

（三）结束阶段

判断访谈过程是否应该结束，访问员可以通过三个方面进行把握，即问题是否问完、回答内容是否充分、能不能或有无必要继续谈下去，同时也要注意控制访谈的时间，最后起身告辞。除了要认真整理好问卷等各种资料外，还应该对受访者表达真诚的谢意。如果访谈分为几个阶段，那么在第一次访问结束时，还需要约好下次访问的时间、地点，请对方确认，并交换联系方式。

四、访谈的技巧

（一）提问技巧

访谈前要根据研究目的和访谈对象的情况，精心设计问题；在访谈前要坦诚向访谈对象说明访谈的目的，打消访谈对象的疑虑，为正式访谈做好铺垫；要善于提问，根据问题本身的性质与特点、受访者的情况以及访问者与受访者的关系选择合适的提问方式，如开门见山、投石问路等，要注意受访者的认知程度、兴趣、禁忌；问题要具体化，不要抽象化，提问时要始终保持中立态度；要善于追问，对不清楚的回答要再次询问，以尽量获得完整的答案；要善于引导，避免受访者出现停顿或者困惑，也可以避免受访者漫无边际扯得太远。

（二）倾听技巧

做优秀的倾听者是访谈成功的关键要素之一。倾听是一种无声的形式，却是表达情感的重要形式，会让受访者容易产生共鸣。倾听能明显表达出对受访者的重视、接纳与理解，让受访者可以畅快地表达交流。

（三）非语言控制

注意访问者的肢体语言，避免个人习惯性小动作，如抖大腿，要用点头、记笔记等表示对受访者谈话内容的认可，鼓励其表达内心想法；要善于发现并理解对方的肢体动作，如受访者打哈欠表示疲倦；善于用目光实现对受访者的非语言控制，目光柔和、自然，用目光可以表示赞同、认可，也可以表示自己的专注度；要巧用表情，让受访者觉得自己受关注；要注意自己的仪表形象，注重衣着打扮。

五、访谈法的优势与不足

在医院管理研究中，访谈法是常用的资料收集方法之一。访谈过程是访问者与受访者面对面的交往过程，这是其他的资料收集方法所不具备的。这一过程决定了访问法具有以下主要优缺点。

（一）优势

1. 适用范围广泛 从适用对象考虑，访问法只要求访问对象具有正常思维和一定的口头表达能力即可。从适用的内容考虑，由于访问法可以采用结构式、非结构式或半结构式访问的方式，所以它既适用于定量或半定量资料的收集，也适用于定性资料的收集；既可用于现时资料的收集，也可用于历史资料的收集。尤其在人们的感情、态度、价值观和信念等的资料收集方面，访问法比观察法要更胜一筹。

2. 互动性 访问过程是访问者与受访者通过提问与回答的方式互相作用的过程。通过面对面的互动，访问者能够收集到受访者提供的口头资料，而且能通过适时适度地追问，收集到既有广度又有深度的资料，便于研究者广泛、深入地探讨各类医院管理问题。在访问中，如果受访者对某些问题不理解而提出询问，访问员可以当场给予解释；如果访问员发现受访者误解问题，也可以适时地解说或引导；如果发现受访者提供的情况不完整，可以要求补充回答。通过双方的互动，有利于降低受访者不合作或敷衍了事的可能性，减少因为对调查问题不清楚而引起的回答误差，从而使访问资料的质量有了一定保证。

3. 灵活性 访问者可以根据访问对象和访问过程的具体情况，选择受访者方便和合适的时间、地点进行访问，提高访问的成功率。在采用非结构式或半结构式访问时，访问者可以根据访问对象和访问过程的具体情况，灵活多样地选择问题，确定提问的顺序、提问的形式和措辞，有针对性地进行访问。

4. 验证性 访谈的结果可以与观察相互印证，访问过程是观察的良好时机，在访问过程中访问员能够直接观察受访对象的非言语行为，受访者的言辞、语气、神态、动作等，可以使访问者更加深入地了解访问对象，从而有利于鉴别受访者回答内容的真实性。

（二）不足

1. 访问调查的结果和质量，在很大程度上取决于访问者的素质、受访者的合作态度和回答问题的能力。一个具有高度责任感和熟练访问技巧的访问者，可以了解到许多真实的社会情况，反之，就只能了解到一些表面的，甚至不真实的社会现象。一个积极合作而又有较强回答问题能力的受访者，可以提供许多真实而有价值的社会信息；反之，就可能提供不了多少社会信息，甚至提供一些虚假的社会信息。这说明，访问结果的差异，可能是客观社会现象之间的真实差异，也可能是由于访问者或受访者的主观素质不同而造成的虚假差异。因此，对访问结果做判断时，一定要充分考虑访问者和受访者的主观状况这一重要因素。

2. 面对面的访问缺乏隐秘性，对于某些敏感问题、尖锐问题和隐秘问题，受访者可能会回避或不做真实的回答，从而对访问结果产生不利的影响。另外，对一些无法用语言表达的经验、情感以及社会测量等资料，都无法用访问法获取。

3. 成本高。与其他方法相比，访谈法所需人力较多、费用较高。访问调查一般需要上门寻找受访者，有时路上往返的时间会超过访问时间，甚至还会出现数访不遇或拒访的情况，因此耗费时间和精力较多；较大规模的访问调查需要一批访问员，访问员的专门培训也需要大笔费用。通常访问调查的费用包括人员培训费、差旅费、受访者的合作费等。由于访问调查费用大、耗时多，所以访问规模常受到一定限制。

第四节　观察法

一、观察法的概念

观察法（observational method）是指研究者根据一定的研究目标、研究提纲或观察表，用自己的感官和科学观察仪器观察被研究对象，从而获得资料的一种方法。观察法是所有科学研究中资料收集的最基本、最常用的方法。

二、观察法的分类

观察法根据观察目的、内容、方式和手段等的不同而分为不同的类型。

（一）根据观察者是否参与观察对象的活动分类

1. 参与观察（participant observation） 也称局内观察，是指观察者不同程度地参与到被观察者的群体和组织中，通过与被观察者的共同活动从内部进行观察，并记录观察对象的行为表现与活动过程。按照参与程度的不同，参与观察又可分为完全参与观察和不完全参与观察。完全参与观察是观察者隐匿自己身份，深入被观察者的社会群体之中，作为其中的一个成员进行活动，并在这个群体的正常活动中进行观察。不完全参与观察就是观察者并不隐匿身份，在得到研究对象许可后，部分的参与到被观察者的群体之中，以半“客”半“主”的身份进行活动，并通过自己的活动来进行观察。

参与观察比较全面、深入，能获得大量真实的感性材料，可收集到许多采用其他方法难以得到甚至比较隐秘的资料，但观察结论易带主观感情的成分。一般来说，参与程度越深，观察结果的主观成分也越大。如果观察者的身份是暴露的，那么参与观察者在客观上必然会影响被观察对象的行为，从而使观察结果不准确。

2. 非参与观察（non-participant observation） 也称局外观察，是指观察者不加入被观察者的群体，不参与他们的任何活动，完全以局外人或旁观者的身份从外部观察并记录观察对象的行为表现与活动过程，即“袖手旁观”。例如，观察者在医院候诊大厅视听患者及其家属对医院的服务态度和质量的议论与评价，即属于非参与观察。

一般来讲，非参与观察比较客观，个人情感因素的影响也少得多，但由于不能深入内部，所以常常只能看到一些表面的，甚至偶然的社会现象，有时获得的信息可能是虚假的，甚至是被歪曲的。

（二）根据观察内容是否有统一设计的、有一定结构的观察项目和要求分类

1. 结构式观察（constructed observation） 是指观察者事先设计好观察的计划、内容和项目，制定统一的观察表格或卡片，观察的过程中严格按照规定实施的观察方法。观察过程标准化是结构式观察最大的优点，其观察结果是文字较少的定量资料，比较客观、准确，可对获得的观察资料进行定量分析和对比研究，但它缺乏弹性，往往缺乏深度和广度。

2. 无结构式观察（unstructured observation） 是指观察者有一个总的观察目的和要求，或一个大致的观察内容和范围，但事先不做严格规定，根据现场的具体情

况有选择地进行观察。无结构式观察比较灵活，适应性较强，能够充分发挥观察者的主动性和创造性，灵活掌握观察的重点，而且简便、易行。其缺点是所得的观察资料没有标准化，受观察者个人因素影响较大，大多只能从定性角度描述所观察的对象，不便于进行定量分析和严格的对比研究。因此，常用于探索性研究，一般的参与观察都是无结构式的。

观察法还有其他的分类方法，例如，根据观察场所，可分为实验室观察和实地观察。实验室观察通常在具有辅助观察设备的实验室中进行。实地观察是在现实社会场景中进行，通常深入现实生活中对所发生的现象或事件进行观察。根据观察者是否“看”到观察对象的活动，可分为直接观察和间接观察。不同类型的观察法之间存在着一定的联系，例如，实验室观察总是非参与性观察，而且一般采取的是结构式观察的方式；参与性观察总是实地观察，并通常采用非结构式观察的方式。

三、观察法收集资料的程序

（一）明确观察目的

每次观察都要明确观察的目的，即通过观察解决什么问题。观察目的由研究目标与任务来确定。

（二）制定观察计划

制定观察计划的目的在于使观察按照既定的计划、步骤开展，并保证每次观察以及观察的每个步骤的相关材料（如观察工具）准备充分。主要的内容包括制定详细的观察计划表、观察记录工具、观察时间与观察场所等。

（三）进入现场

根据观察的类型与观察内容的不同，观察的现场可以是现实生活中的场景，也可以是实验室。进入现场要消除被观察者的疑虑、恐惧等心理，要取得被观察者的信任与配合。进入现场后观察者要保持中立，不可以过分共情投入，否则将失去客观性。

（四）开展观察

按照观察计划的规定开展观察，不轻易变换观察地点、内容，但如果出现原有计划有不足之处或者观察现象有变化，要根据实际情况随机应变。

（五）做好观察记录

常见的记录方式有两种，分别是现场记录和事后追记，可以充分利用现代工具提高记录的客观性。尽可能采用现场记录的方式，但对于敏感问题的记录，可以采用事后追记的方式。

（六）撤离观察现场

当完成观察任务时，需要撤离观察现场。但在撤离现场前，需要与有关单位、个人表示感谢并友好辞别；对需要多次观察的，还要与有关单位和个人建立必要的联系，初步约定再次进入现场的时间与方式。

四、观察法的优势与不足

（一）优势

观察法最大的优点是可以实地观察某个现象或者行为的发生，收集到原始而真实、可靠的资料；另外，不能用语言表达的群体，往往用观察法能够获得相关的资料。

（二）不足

观察者观察到的现象或者行为有可能是表面现象，依据观察到的现象直接下结论有可能是错误的；部分现象和行为的发生有其偶然性，并非所有的现象与行为都可以被观察，如个人隐私。

本章小结

常用的资料收集方法主要包括文献检索法、问卷调查法、访谈法和观察法。文献检索法是间接资料收集的主要方法，直接资料的收集可采用观察法、访问法等。文献检索法是最基础的收集资料的方法，广泛应用于各种学科的研究中。观察法是社会科学研究资料收集的最基本、最常用的方法，特别适用于收集非语言或非文字资料。访谈法是通过面对面互动直接向调查对象收集资料的一种方法，尤其适用于收集人们关于感情、态度、价值观和信念等方面的资料。

（李跃平　胡德英　陶红兵）

第四章　研究资料整理方法

学习目标

1. 掌握　资料整理的含义及其基本原则；整理定性资料和定量资料的基本过程。

2. 熟悉　定量资料的编码方法和数据检查方法。

3. 了解　资料整理的注意事项。

第一节　资料整理概述

一、资料整理的概念

资料整理（data compilation）是研究者根据研究的目的，应用科学、系统的方法对所收集资料的真实性、完整性、准确性进行审核检验，对不同类型、不同内容的资料进行分类，对数据及其他方面的信息进行汇总统计和再加工，使之系统化和条理化，并以集中、简明的方式反映研究对象总体情况的过程。资料的整理是对资料进行"去伪存真、去粗取精"的加工过程，是资料转化为数据的过程，是从资料收集阶段到资料分析阶段的过渡环节。

根据不同来源，资料可分为原始资料（primary materials）和二手资料（secondary materials）。医院管理研究所获得的原始资料通常是分散的、片断的，是零碎的、不系统的，而且一项研究所涉及的性质各异、内容各异、类型不同的资料往往错综复杂地交织在一起，所以研究者很难直接利用这些资料对总体进行分析，更难以对研究总体作出正确的判断并形成可靠的结论。此外，在医院管理研究中还常常利用文献获得所需要的资料，即二手资料，如各种统计年鉴、统计报表，这些资料在不同来源中分组方法、指标含义、口径、计算方法等方面均有可能差别很大，如"医师"，在2013年以前不包括人口和计划生育部门主管的计划生育服务机构的医师；又如，要研究医疗保险覆盖对医院效率的影响，在实际研究中，对“医院”的界定就非常重要，因为有时研究者会将“医院”与“医疗机构”“医疗卫生机构”等不同的概念混淆，将一些专业公共卫生机构，如妇幼保健院、精神病防治院当成“医院”，这样在不同类型的研究中的可比性就会产生很大的影响。因此，为了获得对研究的对象的较为全面的认识，需要对凌乱的原始资料和不同来源的二手资料进行整理。

知识链接

二手资料，也称为次级资料，是由他人收集并整理的现成资料。二手资料的优点在于收集迅速、容易获得、成本低，但也存在时效性差、可信度的评估信息缺乏等缺点。一般从以下几个方面对二手资料进行评判：二手资料调查时研究的目的是什么？收集资料的是谁？得到的是什么信息？信息如何获得？所获信息与其他信息的一致性如何？在医院管理中，病案资料是一种非常具有价值的二手资料。在信息社会，互联网已经成为越来越重要的二手资料的提供平台和整合性渠道。

根据不同性质，资料可分为定性资料与定量资料两大类。由于这两种资料的性质不同，所采取的整理过程和方法亦有所不同，因此，资料整理可分为定性资料整理与定量资料整理。但要注意的是，一项研究往往既有定量资料，也有定性资料。

二、资料整理的意义

资料整理是医院管理研究工作的一个重要环节，是分析研究工作的开始，它在整个医院管理研究中起着承前启后的作用。有研究者将资料整理比作烹饪。资料整理在医院管理研究中的意义在于以下几点。

（一）资料整理是对研究所搜集资料的全面检查

为了避免在搜集资料的过程中出现虚假、差错、短缺、冗余等现象，需要对搜集的资料进行全面检查，才能保证资料质量和使用价值。因此，只有对资料进行科学的整理与审核，查漏补缺、去伪存真、去粗存精，才能保证资料的真实、准确和完整，从而保证整个研究工作的质量。

（二）资料整理是进一步分析研究资料的基础

对资料的分析研究必须借助于完备的、系统的资料，只有对搜集来的分散的、零碎的资料进行加工整理，使之系统化、条理化，在此基础上，对资料的分析研究才成为可能。正确的结论来源于正确的分析技术，但更加依赖于数据的真实、准确、完整。英国统计学家卡尔・皮尔逊（Karl Pearson）曾经说过：统计学中特别强调，有缺陷的数据得不出明确的结论！因此，资料的整理是资料收集的后续阶段，也是分析研究工作的前提和基础。

（三）资料整理是保存和积累资料的客观要求

一次科学研究所收集的资料，不仅仅适用于当时论证课题论点，也对今后研究同类现象具有重要的参考价值。只有对资料进行整理后才能使原始资料具有长期保存和利用的价值。

知识拓展

医院病案资料是医务人员在为患者提供诊疗的过程中形成的文字、符号、图表、影像、切片等资料，它客观地、完整地、连续地记录了患者的病情变化、诊疗经过、治疗效果及最终转归，是医疗、教学、科研的基础资料，也是医学科学的原始档案材料。但目前病案资料的开发利用率比较低，基于区域的病案使用率更低，究其原因，主要是因为病案资料复杂、非结构化等带来的数据标准化、数据整理困难。有人将医院的病案资料比作“一座尚未被充分挖掘的金矿”。

三、资料整理的原则

资料整理是一项理论性和技术性要求都很高的工作，整理资料必须按照一定的原则进行，方能使资料达到一定的质量要求。

（一）真实性

真实性是资料整理最根本的要求，也是数据整理的灵魂。所谓真实性，一方面要求资料来源于现实，而不能是主观臆测，更不能是弄虚作假、胡编乱造的；另一方面要求整理后的资料是原始资料的真实反映，实事求是地还原真实情况。只有真实资料才可以客观地反映社会现象，得到正确的研究结论。如果经过整理的资料中还存有虚假，那么据此就可能得出错误的结论，严重影响研究的质量，研究也失去了意义。真实的资料才具有分析的价值。

（二）准确性

准确性是指整理后的数据必须与事实相符、准确无误，尤其是统计数据，必须做到严谨、真实。准确性包括两个方面：一是要求整理后的资料能准确地反映原始资料，不可断章取义；二是资料整理应本着实事求是的精神，客观、准确地反映真实世界的事实，不能掺杂资料整理者自己的主观认识成分。

（三）完整性

完整性是指资料应当尽可能全面、完整，以便真实地反映社会调查对象的全貌。如果资料残缺不全，就有可能犯以偏概全的错误，甚至失去研究价值。

（四）系统性

系统性是指整理后的资料应尽可能条理化、系统化。整理后的资料和未加工整理的资料相比，最直观的特点就是整理后的资料条理清晰，一目了然。

（五）统一性

统一性是指在整理资料时，对各项指标的统计应当有统一的解释，对于各个数值，其计算方法、精度要求、计量单位等应该是统一的。

（六）简明性

简明性是指在真实、准确、统一、完整的基础上，整理后的调查资料还应避免臃肿、庞杂。应当在不失真的前提下尽可能以简单、明了、系统化、条理化、集中的方式反映研究总体的情况。“把复杂的事情简单化”便是简明性所追求的目标。

（七）新颖性

在整理资料时，对资料所提供的大量信息，要尽可能用创新性的思路来审视、组合，从中获取新的更本质的信息。因此，在整理资料时，要积极开动脑筋，尽可能从新的角度去审视、提炼和提升、组合原始资料，以发现新情况、新问题。

四、资料整理的步骤和内容

由于研究方法的差异和材料收集的手段不同而导致记载医院管理所研究的范畴在信息的表现形式上有所差异，资料的整理方式也就表现出某些差异。但一般来说，资料的整理过程包括以下几个方面。

（一）设计和编制资料的汇总方案

一般来说，在医院管理研究的设计阶段就应该较为详细地设计和编制资料的汇总方案，并根据实际研究情况进行一些修正，汇总方案的设计和编制是资料整理工作有序、按计划进行的前提。汇总方案主要包括三方面的设计，即一套综合表，包括一系列分类分组所构成的分组体系；填表说明，包括汇总的范围、程序、分组方法，指标解释和计算方法；分类目录。

（二）对资料进行审核

对资料进行审核，包括对原始调查资料的审查和核实，也包括对次级资料，如历史资料或其他已经加工过的资料的再一次审核，审核的重点在于数据的真实性、准确性和完整性。

（三）对资料进行科学分类或分组

对资料进行科学分类或分组，包括确定分类或分组的标志、分组的具体方法、分布数列的编制等。一般来讲，对定性资料进行分类，对定量资料则进行分组。不论是分类或是分组，都要遵循互斥和完备的原则。

（四）对分类或分组后的资料进行汇编或汇总

对分类或分组后的资料进行汇编或汇总，包括一系列的编辑和运算过程。汇编或是汇总时，要求既要完整和系统，又要简明和集中。

（五）对资料整理结果的显示

对定性资料的整理结果，一般是以汇编资料的形式显示，也就是根据研究的目的，确定合理的逻辑结构并反映事实的真相；对定量资料整理的结果，一般以统计表的形式显示，用统计图表来反映数值的大小和变化规律等。

第二节　定性资料整理

在医院管理研究中，定性资料绝大部分是文字和语音资料，当然近几年的研究中图片、视频资料也逐渐增加。和定量资料一样，定性资料有两个来源——实地源和文献源。定性资料的实地源包括访谈、个案研究、开放式问卷、非结构观察；文献源包括与研究主题相关的著作、论文等。定性资料的特点有来源多样性、形式的无规范性、不同阶段的变异性等。定性资料的整理过程包括资料审核、分类整理、编码、形成概念和撰写分析型备忘录。

一、定性资料整理的步骤

（一）资料审核

审核（examine and verify）就是在着手整理资料之前，对所收集的资料进行审查与核实的过程，重点检查材料真实、准确或完整与否。审核的目的在于避免所收集的资料中含有不符合要求的内容，以保证资料的客观性、可靠性、准确性和完整性，从而为下一步的整理分析做好准备。避免有些观察者的个人偏见、用自己的立场观点来筛选事实；避免观察者观察时不细致、不深入或遗漏观察对象的某些表现；避免对观察对象表现不充分、记录不准确等现象。一般来讲，对资料的审核包括与资料的收集工作同步进行的审核（实地审核）和在资料收集完成之后的集中审核（系统审核），两种审核工作的侧重点不同，互为补充。审核的重点在于真实性审核（可靠性审核）和准确性审核（合格性审核）。

1. 真实性审核（authentic examine and verify） 是指对所收集的资料，根据经验或者常识判断其是否真实地反映调查对象的客观情况，如果出现疑问，应该根据实际进行核实以保证资料的真实性。通常可以采用以下三种方法来进行真实性审核。

（1）直观判断法（heuristics of judgment）：是资料的审核者凭借自身的专业、学识、经验等来判断资料的事实，如果发现与专业、学识或者经验不符合，就应该进行核实。例如，在对经济困难群众进行医疗服务满意度调查时，发现有医疗救助对象觉得医院收费太低、缴费很不方便等问题，则有可能存在资料不实现象，因为一般而言，经济困难对象总希望费用低些，因此从直观上就可以判断与事实有出入，要进行核实，如核实调查对象是否真的为困难群众，所说内容是否为真实意思的表达。

（2）逻辑判断法（logic of judgment）：是根据资料之间的逻辑关系来判断资料的事实，如果发现资料存在前后矛盾或者违背事物发展的一般逻辑，则应该进行相应的核实。例如，有个访谈对象说"我在很多医院都上过班，工作了十几二十年，就这所医院让我有归属感"，但在询问第一份工作的场景时，明显感觉是5年前，继续询问有关年龄时，其在25岁左右，这就明显存在前后矛盾的现象，要进行仔细的核实。

（3）来源法（source approach）：是根据资料的来源渠道来判断资料的真实性。一般来说，被研究对象的直接叙述比代理人的间接叙述更加可靠；多数人反映的情况比少数人反映的情况更加可靠；文字、图片、视频等形式记录下来的资料比传说更加可靠；政治经济稳定时期的资料比不稳定时期的资料可靠；权威的文献资料比一般文献可靠性要高。近年来互联网普及，利用网络爬虫技术获取相应的资料已经成为一种非常重要的手段，但互联网上的资料存在良莠不齐的现象，更应该注意对爬虫获得的资料进行真实性审核。

2. 准确性审核（accuracy examine and verify） 一方面是审查资料是否符合原设计的要求，资料的指标、计量等是否与调查相匹配以及是否有效用；另一方面是审查资料对事实的描述是否准确无误，特别是相关的事件、人物、地点、时间、数字等要准确无误，不要出现资料模棱两可、含混不清等现象。例如，在进行卫生服务利用的相关调查时，调查对象说“好像是半年前或者是一年前，我有去镇里的医院看过病，至于费用嘛，反正我兜里的钱都花光了”，这其实是很让研究者困惑的结果，这时可以通过询问其家属或者邻居问清楚事实（是否看过病、什么时候去的），通过查看是否有病历和发票来确认时间和费用（什么时候看过病、花了多少钱），也可以直接到医院查看是否有相关的就医资料来佐证该事实。

在审核中发现如下问题，应及时处理：①发现调查材料中疑点较大、严重虚假或遗漏时，应查明原因并立即组织力量重新调查。②发现调查材料严重不合格，应重新研究调查目的，重新设计调查项目或补充新的调查项目并组织重新调查。③发现调查资料有部分不完整、不确切，应与被调查者取得联系补充完整。④发现调查资料有错误，调查者能代为更正的可由调查者代为更正，如小数点的位置错误，但应当在调查中予以说明。⑤如果是多个调查点的调查，对多个调查点均发现的普遍性问题，要及时通报情况，查明原因，纠正错误。

（二）资料分类

定性资料分类是指研究者根据资料的内容对收集的资料进行剖析，把研究资料分为若干互不交错的小类或部分，即研究者运用比较的方法，鉴别资料内容的共同点和差异点，然后根据共同点将资料归并为较大的类，根据差异点将资料划分为较小的类，从而将各种材料区分为具有一定从属关系的、不同等级层次的资料体系。

研究者如果不对收集的资料进行及时分类，那么这些资料就难以在后续的研究分析中使用。大量的科研成果表明，分类是知识理论化的最初步骤，是资料分析的基础，它能使资料中包含的信息得到整理，达到一定程度的系统化。分类的根本目的在于将资料的特征展示出来。

1. 确定分类标准 分类的关键在于选择和确定分类标准。分类是否正确，取决于分类标准即依据是否选择得当和科学。

分类标准可分为属性标准和数量标准两大类。所谓属性标准，即反映事物属性差异的标准，如性别、民族、户口类别、企业的所有制等。所谓数量标准，即反映事物的数量差异的标准，如以人口数量作为划分大、中、小城市的标准。

分类标准还可以分为现象标准与本质标准两类。前者是反映事物的外部特征与外在联系的标准，如年代、地别等。后者则是反映事物的本质特征或内部联系的标准，如划分阶级对生产资料的占有。按现象标准分类能够帮助研究者建立资料的档案系统，便于资料的存取和查找。按本质标准分类，不仅是资料的存取、检索系统，也是研究者对客观事物和规律认识的总结系统。按本质分类常反映研究者的理论观点。

2. 分类的意义

（1）指出社会现象或社会单位的类型：通过分类就能运用比较法对不同类型的社会现象进行比较，分析产生差异的原因，进而作出理论解释。

（2）反映总体的内部结构：通过将一个总体分为性质相异的若干组成部分，就可以看出总体是由哪些部分构成，这些部分之间的区别和相互联系是什么，每部分对总体的影响如何。

（3）分析社会现象间的依存关系：社会现象之间都是互相联系、互相制约、互相依存的。通过分类可以从数量上揭示这种关系。

（三）资料编码

与定量资料分析不同，在定性研究中，编码是资料分析的完整部分。其编码是两种同时发生的活动，即资料的机械减少与类别化分析。形象地说，编码工作就是将小山一样杂乱地堆在一起的原始资料缩减成便于管理的小堆的艰苦工作，它使得研究者能方便迅速地找到所需要查找的部分。这种编码是在研究问题的指导下进行的，而其结果又会导致提出新的问题。它使得研究者摆脱了原始资料的细节，而在更高层次上来思考这些资料，并引导研究者走向概括和理论。

施特劳斯（Strauss）定义了三种定性资料的编码类型，同时指出，“对于无经验的研究者来说，要理解和掌握编码是一项困难的工作”。这三种编码类型是开放式编码、轴心式编码、选择式编码。在探讨三种编码过程之前，需要注意的是，在资料整理过程中，并非先做完开放性编码，然后做轴心式编码，最后再做选择性编码。虽然这三种编码程序确实有先后顺序，但在实际操作过程中，它们是彼此交错进行的。

（四）形成概念

定量研究者往往在收集和分析资料前，就将变量的概念化以及概念的提炼作为变量测量过程的一部分。而定性研究者则是根据资料来形成新的概念，或提炼概念。概念形成是定性资料分析过程中一个完整的部分，并且在资料收集时就已经开始。因此，概念化是定性资料分析过程中用以组织资料、概括资料含义的一种主要方式。

概念的形成为定性资料分析提供了一种很好的基础和框架。研究者通过将资料组织成基于某种主题、概念或特征的类别来对资料进行分析。定性研究者从资料中发展出新的概念，形成概念化的定义，并考察概念间的关系，最终将概念相互连接，交织到他的理论陈述中去。

（五）撰写分析型备忘录

定性研究的一个重要特征是研究者总是不停地写笔记。可以说，写实地笔记或做各种观察、访谈的记录，是定性研究的一项基本功。研究者从实地中得到的资料都记在笔记中，他们对研究方法、研究策略的看法也记在笔记中，他们对某些人物和事件的评论等，同样都写在笔记中。他们是最积极的记录员，他们在实地研究中的记录形成了各种不同类型的实地笔记。

本教材第五章中将对定性资料的编码（开放式编码、轴心式编码、选择式编码）、形成概念、撰写分析型备忘录的具体内容进行详细介绍。

二、定性资料整理的方法

将松散的定性资料整理成系统的数据库，通常采用两种方法：一是人工整理，二是计算机辅助整理。人工整理资料是一项基本工作，在定性资料整理过程中，很多工作都离不开资料整理人员的手工劳动，例如，将记录材料整理成档案、给归档材料贴上标记、编写材料目录等。人工整理方法主要包括登录、建档和分类。登录是将部分零散的材料重新抄写或摘录下来，形成新的文字材料。建档就是将初始资料、信息整理成为可供分析研究的文本、档案、物证等。分类就是把零散的资料按照内容分成不同类别，并按类别将它们编排成系列文档。

随着计算机的广泛应用，在一些定性研究中，研究人员也会借助计算机来整理定性资料。运用计算机来整理定性资料，与整理定量数据资料有所不同。在整理定性资料时，通常主要是将各种定性资料储存到计算机之中，形成电子文档，以便编排、保存、检索和分析。此外，计算机辅助整理定性资料，通过一些软件来录入编码的定性资料，形成属性或定性数据库，这种数据库类似于定量数据库，目的在于便于计算机检索和分析。由此可见，计算机辅助整理定性研究资料主要有两种目的：一是将初始资料转换成文档并存储下来；二是将计算机辅助的定性资料分析技术引入定性研究之中。在定性研究中，收集整理资料的过程也是分析和解释的过程。随着计算机信息技术的发展，一些专业的用以分析整理定性资料的软件应运而生。目前，与之相关的软件有20多种，它们在文字处理、文字搜索、文件管理、编码、理论建构、概念网络建构和资料文本诠释等方面发挥着独特的优势。其中最常见的有MAXQDA、Folio Views、Ask Sam、Zyindex和NUD*IST等。对于研究者来说，采用哪种软件对质性资料进行分析才算合适，应该根据研究小组成员计算机运用能力、研究性质、研究投入人力、物力、地域性或网络支援便利性、文本资料性质等因素决定。NVivo是目前定性研究中最为流行的分析工具之一，NVivo为NUD*IST和vivo的组合词，兼具数据管理、数据视觉化、数据探索等多重功能。

三、定性资料整理应注意的问题

（一）同步性

整理和分析常常相互交叉、同步进行，同时又受研究中其他部分的制约。一方面整理资料看似机械、单调，但实际上其本身便是十分重要的分析过程。通过对资料的梳理，研究者往往能获得许多意想不到的启示和顿悟。另一方面整理也必然建立在一定的分析基础之上，任何一个整理行为都受制于一定的分析体系。

（二）及时性

整理和分析作为一个整体，与资料的收集过程也是相互交叉、不断循环的。因此，资料的整理和分析应该越早越好，不应拖到积累了很多资料以后才进行。

及时整理和分析可以帮助研究者对已收集的资料获得一个比较系统的把握，并为下一步的资料收集提供方向和聚焦的依据，从而使资料收集更具方向性和目的性。

（三）完整性

1. 录音、录像整理的完整性　整理录音材料通常要求将资料内容一字不漏地记录下来，因为在整理时看似不重要的内容可能在分析时会非常有价值，如被访问者的语气。如果当初不记录下来，可能就永远被遗漏了，甚至可能出现误解。

2. 分析的完整性　对访谈文字稿的分析同样要求完整。如果时间允许，最好将资料中所有有价值的信息都提取出来。有些信息可能与本课题没有直接的关系，但对今后其他课题的研究或许有重要的参考价值，因此也应予以分析，以备参考。

3. 保存的完整性　资料整理通常要将原始资料进行剪贴，而在分析一些被挑选出来的资料片段时，研究者可能需要参照其上下文来理解。因此，完整地保存原始资料是非常必要的。为便于查找，研究者还可以对备份资料进行编号，对其中的每一页编上页码。

第三节　定量资料整理

定量资料是医院管理研究中最具价值的重要资料之一。其来源有两个：一是实地源，二是文献源。前者包括问卷资料、结构性访问和观察的记录等，后者包括年鉴、实验报告、调查报告等。定量资料整理是进行资料分析的基础，其整理过程包括整理方案的设计、资料的审核、分组及汇总。

一、定量资料整理的步骤

（一）整理方案的设计

整理方案设计就是根据医院管理研究的目的和资料分析的要求对原始资料进行汇总的计划和安排，也称为汇总方案的设计，它包括整理方案的内容设计和整理方案的形式设计。

内容设计应包括整个汇总工作的全部组织及计划安排。如汇总工作的组织领导；各有关部门的配合、协调及责任；汇总的具体时间安排、组织形式和方法；资料审核的要求和方法；需汇总的指标和分组；汇总资料的报送程序及发表方式。其中最为关键的是关于汇总指标和指标体系的设计。

形式设计应包括一整套空白的表式、填表说明、分类目录等。

（二）定量资料的审核

定量资料的审核内容与定性资料的审核内容是一样的，包括真实性、准确性和完整性等方面，定量资料的审核可以在资料的汇总前、汇总过程和汇总后进行。汇总前的审核主要是完整性审核，一般采用手工审核；而汇总过程和汇总后的审核主要涉及真实性和准确性的审核，一般采用计算机审核。

定量资料的完整性审核主要体现在两个方面：一是资料总体的完整性。即要求实际收到的资料要达到研究计划要求。就问卷调查来说，有效问卷回收率在30%左右的资料，仅作参考；回收率在50%，可采纳建议；回收率达到70%，才能作为得出研究结论的依据。二是每份资料的完整性。含有漏答、误答题目的问卷就不具有完整性，必须重新调查、核验或经过一定的技术处理才能作为有效资料。

随着计算机技术的应用，以往很多的手工审核可以在汇总的过程中由计算机逻辑检查的方法自行审核。汇总过程的审核包括对原始数据的审核和对录入数据的审核。例如，调查卫生服务利用时，前面的问题是“在过去的2周内是否因病或因伤就诊”，回答是“无”，而在回答后面的问题“在过去的2周内门急诊的次数是多少”时却填写“2次”，这就出现了逻辑错误；另外有些异常值也可以通过限定输入值的方法进行识别，如2周门急诊次数调查对象写了10次甚至15次。这种逻辑错误或者异常值完全可以在汇总时由计算机进行逻辑识别。录入数据的审核办法可以采用双人双份录入，然后采用计算机对两份数据文件进行比对，如果两人的数值不对，则提示其中至少有1人的录入结果是错误的，一般来说两人同时出同样错误的概率是很低的。常用的数据管理软件，如Epidata可以完成上述的两个任务。

汇总后的数据审核主要是利用汇总后的数据计算相关的指标来验证资料的真实性，主要采用计算检验法。例如，通过各部分的构成比相加是否等于100%；分项的累加是否等于总项目来验证，如合作医疗费用的调查中，合作医疗补偿费用和自己负担的医疗费用之和应该等于住院总费用。

（三）定量资料的分组

定量资料的分组是根据研究的目的和数据的性质，按照一定的标准将资料划分成若干组，使资料能较系统地反映事物本质。

资料分组是对数据资料进行分析的前提和基础。它是根据统计对象的某些特征或标志而将之区分为不同类别的方法。分组包含两层含义：对总体而言是“分”，即将总体中的每一个体按其差异性划分出来；对个体而言是“合”，即将性质相同的个体组合成类。因此，通过统计分组可对现象的类别作出区分，揭示现象的某些特征和结构，也可表示现象之间的关系。

统计分组的基本原则：第一，分组与研究目标相一致。因对统计资料的分组可按不同的标准进行，所以分组标准的选择应由研究分析的目的所决定。第二，分组与客观实际相一致。分组的基础是实际资料的性质，所以分组的标准也应与客观实际相符合。第三，分组界线明确，即坚持穷尽性和互斥性原则。前者是指各个体单位在分组后都有其归属，无一遗漏；后者是指分组标志做到互斥，无一重叠。进行统计分组时，关键一点是明确选择分组标志和各组的界限。其基本方法有如下两种。

1. 按属性标志分组　是指选择反映事物属性差异的较稳定的特征标志进行分类。如对人口常按其性别、职业、民族等分组。这类分组侧重用于对现象的本质类别特征进行分析。

2. 按数量标志分组　是指选择反映事物数量特征的标志进行分组。如按照年龄、收入等量化指标对某一群体作出分组。这类分组侧重用于对现象的数量特征及关系进行分析。但在实际应用时，常常把不同的分组标志结合起来，从而形成了统计分组体系，即由多个分组标志所构成的分组序列。

（四）定量资料的汇总

资料的汇总是指研究者根据研究目标，将原始资料集中在一起，以便于分析处理资料。定量资料的汇总方法主要有手工汇总和计算机汇总两种方法。

1. 手工汇总　是通过人工对资料进行汇总，在汇总时可以借助算盘、计算器等。

手工汇总适用于资料比较少的情况，常见的有划记法和卡片法。

划记法是在汇总表上用划记号字的方法进行分组计数，常用的记号是“正”。例如，调查120名不同性别、不同年龄者患慢性病的基本情况，事先将慢性病分为5组，性别分为2组，年龄分为3组，然后根据调查资料的情况在表中一一对应，形成汇总表，见表4-1。

表4-1　调查对象汇总表（划记法）

疾病	男性			女性		
	30岁以下	30~60岁	60岁以上	30岁以下	30~60岁	60岁以上
高血压	正一（6）	正正一（11）	正正正丅（17）	正（5）	正下（8）	正正іF（14）
糖尿病	正（5）	正正一（11）	正正一（11）	іF（4）	正一（6）	正正（10）
脑血管病	іF（4）	正（5）	正正（10）	下（3）	正（5）	正іF（9）
缺血性心脏病	іF（4）	正（5）	正іF（9）	一（1）	іF（4）	正一（6）
其他	正正（10）	正正丅（12）	正正іF（14）	正一（6）	正іF（9）	正正一（11）

卡片法是把每个总体单位需要汇总的项目和数值摘录在事先准备好的卡片上，然后根据卡片进行分组和汇总计算。

2. 计算机汇总　是利用计算机程序对原始数据进行汇总并保留数据的过程。计算机汇总速度快、精度高，具有逻辑运算、自动工作和储存资料的功能，随着计算机的普及和相应软件开发的智能化，计算机汇总已经成为最主要的汇总方式。计算机汇总过程包括计算机程序编制、资料编码、资料录入、逻辑检查等过程。

（1）计算机程序编制：用不同的软件进行计算机汇总，编制的程序不同，每种软件有各自的程序规则。可用于计算机汇总的软件包括三类：专业数据管理软件，如EpiData、EpiInfo、Oracle；办公软件，如Microsoft Excel、WPS表格；数据分析软件，如SPSS、SAS等。一般采用数据录入直观、易掌握、数据管理能力强、具有逻辑判断功能的软件。

（2）资料编码（coding）：就是将文字资料转化成计算机软件容易识别的代码的过程。编码是使用计算机统计分析的关键环节，编码工作做得好，统计分析既快又准确。若编码不合理，就会影响整个分析过程。比较常用的编码方式有两种，一是预编码，二是后编码。

预编码是指在问卷设计时同步设置，如“你的性别：1男性 2女性”。预编码适用于封闭式问题，其优点在于处理资料时比较简单，缺点是不能用于可以自由回答的开发式问题，对于这种问题，适用于后编码。后编码是指在问卷回收后，研究者每发现一种答案，就给这个答案一个编码，直到所有的答案均有编码。回答的答案非常多时，则会出现有限的编码不能穷尽所有的答案，为了便于分析，此时一般将相似的答案并为一类并给予一个编码，或者将回答数较少的答案归为“其他”并给予一个编码。相对而言，后编码比较费时费力。编码时要注意以下几个原则。

1）单一性原则：即每个编码只能对应一个特定的答案，同一编码不能对应两个或两个以上的答案。错误示例如下：

文化程度	编码
文盲	1
半文盲	1
小学	2
初中	3
高中	4
中专	4
技校	4
大专	5
大学及以上	6

这种编码显然不是单一的，编码1代表两种情况——文盲和半文盲，编码4代表三种情况——高中、中专、技校。这种编码将文盲与半文盲混合在一起，失去了他们之间差别的信息。正确的编码应该是给每一种答案一个编码。

2）穷尽性原则：即编码必须包括所有可能出现的答案情况，而且每一种答案对应的编码应该是唯一的。错误示例如下：

婚姻状况	编码
未婚	1
初婚	2
再婚	3
离异	4

这种编码是不穷尽的，如果出现丧偶后没有再结婚，就没有相应的编码。对于这个问题，可以增加一个编码5：丧偶。

3）简单原则：即用最少的数位进行编码。如年龄，绝大多数人的年龄在100岁以下，所以年龄的编码用2位，如果出现百岁老人，则一般用99来替代。用最少的数位进行编码，一方面可以减少数据的录入量，增加数据录入的速度，另一方面也将减少错误发生的概率。

无论是预编码还是后编码，都需制定明确的编码手册。编码手册是根据调查问卷的问题制定的，它需明确列出每一问题对应的变量、每一问题的答案及其代码（表4-2）。

表4-2　编码手册示意

栏位（列数）	问题编号	变量名	变量含义	变量值及代码
1~3	—	ID	问卷编号	1~500
4	101	A1	性别	1男，2女，9缺失值
5~6	102	A2	家庭人口数	实际数字，0缺失值
7	103	A3	住房类型	1楼房，2砖瓦平房，3木棚土坯房，4其他，9缺失值
8	104	A4	饮用水类型	1自来水，2山泉水，3手压机井水，4江河湖水，5塘沟渠水，9缺失值
9	105	A5	最近医疗机构距离	1不足1公里，2 1~2公里，3 2~3公里，4 3~4公里，5 4~5公里，6 5公里及以上，9缺失值
…	…	…	…	…

表4-2中“栏位”是指每一个问题或者变量数值在数据文件的表格中所占的列数，要根据变量数值的位数来确定，如问卷编码，共调查500份，则占3列，性别变量只有1位，占1列。“问题编号”是原始问卷的序号。“变量名”是指所要分析的变量的名称，但各变量必须根据计算机数据输入和数据分析软件系统的要求取有效的变量名称，尽管现在许多软件能识别中文，但不建议使用中文作为变量。“变量含义”是指对变量具体含义的解释。“变量值及代码”是指每一问题或变量取值分布及其对应的代码，这要根据问题的答案来确定。每一答案有一个代码，不能重复或遗漏。同时还要对未做回答的情况即缺失值编码，常用该栏位的最高值为代码，如性别的栏位是1，则用9来代表缺失值。要注意区别问卷中有些问题答案为“不知道”等情况与缺失值的差别，对“不知道”应该按照问卷的要求编码。

（3）资料录入：经过编码处理，问卷中每一个问题及答案都变成了计算机可以识别的数码，数据录入就是将答案的编码输入计算机软件的相应的问题编码中。数据录入有三种方式，一种是直接从问卷上将编好码的数据借助数据管理软件输入到计算机；另一种是先将问卷上编好码的数据转录到专门的登录表上，然后再从登录表上将数据输入计算机；随着信息技术的进步，近年来出现了一种新的资料录入方法——扫描自动录入，该方法将调查问卷通过扫描仪或者数码相机转换成图片，借助专门设计的软件实现数据的自动录入，该方法的最大优点是数据录入的准确性高，但数据录入的成本较高，一般用于大型的调查中。

（4）逻辑检查：在调查资料从问卷上的回答转换为编码，以及录入计算机中成为数据文件这一过程中，无论组织安排得多么仔细，工作多么认真，都难免会出现一些小的差错。为了在统计分析前再次降低数据中的差错率，提高数据的质量，研究者还应该进行数据的逻辑检查。数据的逻辑检查工作是在计算机的帮助下进行的，通常研究者可采取下列几种检查方法。

1）有效范围检查：问卷中的每一个变量的编码值都有一个范围，当数据文件中的数值超过了这个范围时则肯定存在错误。如性别，当编码手册规定1代表男性，2代表女性，9代表缺失值，则只能输入1、2、9三者之一，凡是不在这个范围的值都是错误的，要进行核对。核对的方法是进行简单的频数分析，当发现频数分布表中变量的取值出现了超出编码手册所规定的赋值范围时，就需要将这些记录查找出来，并同原始问卷进行核对。目前许多数据管理软件能在输入的时候就避免这个错误的发生，即当输入非1、2、9三个数据的任何一个时，数据无法录入并提醒出错，如图4-1所示。

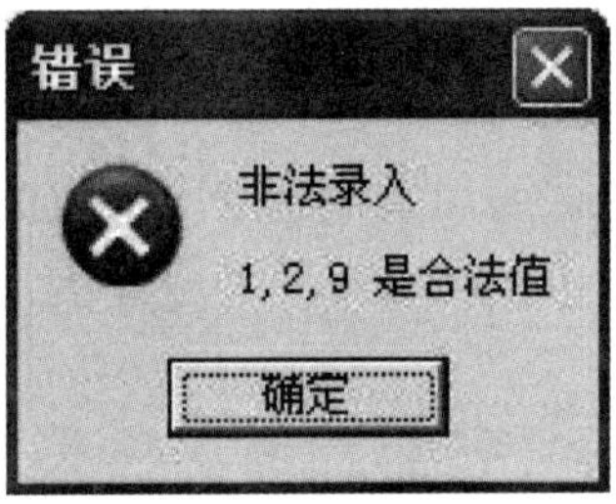

图4-1　数据非法录入提示（有效范围检查）

2）逻辑一致性检查：基本思路是依据问卷中的问题相互之间所存在的某种内在的逻辑联系，来检查前后数据之间的合理性。例如，进行新型农村合作医疗制度的相关调查中，如果询问患者的住院费用，回答是1200元，但在后续的问题中询问从合作医疗中补偿多少钱，回答是1500元；还有，如果前面性别选择男性，而在疾病的类型中却选择宫颈癌。这些在逻辑上是有问题的，前者是合作医疗补偿费用不可能超过住院费用，后者是因为男性不可能患上宫颈癌。逻辑性检查的方法也同样有两种：一是在分组的基础上做频数分布分析，如宫颈癌的例子，可选择男性的患者，然后将男性患者的疾病种类进行频数分析，如果出现类似宫颈癌等只有女性才有的疾病，则说明肯定存在错误的记录；另一种方法也是在数据录入时用数据管理软件进行录入控制，如果存在逻辑错误，则数据无法录入并提醒出错，如图4-2所示。

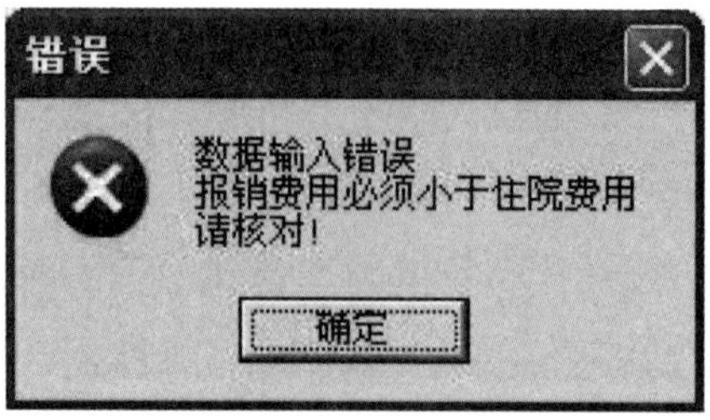

图4-2 数据非法录入提示（逻辑一致性检查）

3）数据录入质量检查：采取了上述两种方法对数据进行检查，但仍会有一些错误的数据无法查出来。例如，某份问卷上家庭饮用水的类型选择为2山泉水，编码也为2，但在数据录入时变成4（江湖水）。由于4在编码的范围内，如果饮用水的类型与其他变量之间没有逻辑关系，则按照上述的两种方法均不能查出错误。要查出这类错误的就需要拿这一份一份的原始数据和计算机的记录进行一一比对。但在实际的工作中一般采用两种方法，一是抽取其中大约5%的样本进行一一比较；另外一种方法是问卷进行双份录入然后进行比对，如果两份的录入不一致，甚至包括字母的大小写不一致，均会提醒，如图4-3所示，该图示说明在一个包含58个字段名的调查中，共有225份问卷数据，共有2份问卷的录入比对不一致，其中第11条记录的q2字段名是数值不一致，分别47和45；第176条记录在q7字段名是大小写不一致。此时可以通过问卷的编码查到第11份和第176份问卷的原始数据，看到底是哪份数据录入错误。

```
--------------------------------------------------------------------
有效检验结果：
--------------------------------------------------------------------
在REC文件A中缺失记录：            0
在REC文件B中缺失记录：            0

发现的共同记录数：          225
对每条记录中已检查的字段数：      58
已检验的字段总数：          13,050

2在225条记录有错（0.89 pct.）
2在13050字段有错（0.02 pct.）
--------------------------------------------------------------------
REC文件A                          | REC文件B
--------------------------------------------------------------------
 记录键字段：（Rec.#11）          | 记录 #11
 No          =11                   |
                                   |
   q2=47                           |   q2=45
--------------------------------------------------------------------
 记录键字段：（Rec.#176）         | 记录 #176
 No          =176                  |
                                   |
   q17=YL                          |   q17=Yl
--------------------------------------------------------------------
```

图4-3 两份数据录入不一致的报告结果

（五）定量资料整理结果的显示

资料的整理结果可以用不同的形式展示出来，比较常用的是用统计图或者统计表的形式。

二、定量资料整理应该注意的问题

（一）关于分组

定量资料由于数据汇总方式不同，分组的目的也不一样。手工汇总时，分组必须在手工汇总前，即分组的最主要目的是便于汇总；但对于计算机汇总而言，则没有必要在汇总前进行分组，分组的目的在于方便展示资料整理的结果，因此用计算机汇总时，在汇总后进行分组展示。

（二）关于数据录入

直接从问卷输入数据的优势是避免了再次转录中可能出现的差错；但它的不足是录入时要不断地翻动问卷（一页一页地录入），录入的速度相对要慢。特别是当一份问卷问题较多、内容较长时，直接输入往往比较麻烦，效率较低。将问卷上的数据先转录到登录表上，再输入计算机的做法，虽可以使得计算机录入人员比较方便，相对来说也比较快，但却有增加差错的风险。因为将问卷上的数据抄录到登录表中，等于增加了一次转录过程。而每一次转录都存在出错的可能性，两次转录出错的机会往往大于一次转录。有些软件借助图像设备如扫描仪、照相机等可以直接将调查表的数据直接录入，减少了人工录入的工作量。

（三）关于编码

首先，编码应充分反映调查项目之间的内在逻辑联系，如对地区的编码，要与本省地市的编码值接近，以反映本省地理位置接近这一客观事实，并且在处理和汇总时容易设定条件。其次，编码还要遵循以下数字的用法：能用自然数，绝不用小数；能用正数，绝不用负数；能用绝对值小的整数，绝不用绝对值大的整数。最后，有时候出现频次少但观点特别的回答，可能代表一个特定的重要群体，从研究的角度来说包含这类编码也非常重要。

本章小结

资料整理是研究者根据研究的目的，应用科学的方法对所收集资料的真实性、正确性、准确性进行审核，对不同类型、不同内容的资料进行分类，对数据及其他方面的信息进行汇总统计和再加工，使之系统化和条理化，并以集中、简明的方式反映研究对象总体情况的过程。由于资料一般分为定性资料与定量资料两大类，这两种资料的性质不同，因而所采取的整理方法与分析方法亦有所不同，因此，资料整理可分为定性资料整理与定量资料整理。资料整理的过程包括：①设计和编制资料的汇总方案。②对资料进行审核。③对资料进行科学分类或分组。④对分类或分组后的资料进行汇编或汇总。⑤对资料整理结果的显示。不同类型的资料，其整理过程的要求不尽相同。

（李跃平　郭淑岩　李蓉梅）

第五章 定性研究方法

学习目标

1. 掌握 扎根理论的分析工具；德尔菲法的基本原理；案例研究的分析步骤。

2. 熟悉 质性研究的方法论哲学；访谈法的技巧；定性比较分析的分析步骤。

3. 了解 质性研究的概念；行动研究的原则；民族志法的概念；叙事探究的概念。

定性研究又称“非数量分析法”，是在反实证主义理论影响下形成的一种科学研究方法。国际上学术界一般认为定量研究与质性研究相对应，是实证研究的两大类方法。但国内由于学术传统和汉语习惯的原因，研究者常常将定性研究与质性研究混同。本教材认为中文的“定性研究”范畴包括但不限于质性研究，主要包括以下三类：一是质性研究，它趋向于运用访谈、观察和文献法等收集资料，并依据主观理解对研究对象进行“质”的分析。常见的质性研究方法包括扎根理论法、案例研究法、叙事探究、行动研究、民族志法、口述史法等。二是思辨研究，包括理论推导的研究、常识经验总结报告、一手二手资料混合的定性资料分析。三是其他定性研究，包括德尔菲法、定性比较分析（QCA）、文本分析法等。这些方法使用了与质性研究类似的因果推断和主观意见分析的方法，但可以将文字转化为数据进行判断。本章将对定性研究中质性研究的基础知识和主要方法（扎根理论法、案例研究法、叙事探究、行动研究、民族志法、口述史法）以及其他定性研究方法（德尔菲法、定性比较分析）做系统介绍。

第一节　质性研究的基础知识

一、社会科学知识、常识与质性研究方法

医院管理研究是管理学研究的一个分支，而管理措施开展和管理现象发生的具体情境都是人与人组成的群体、组织、社会。从根本上而言，医院管理学的对象是与医院医疗服务相关的社会现象，该现象中基本的组成要素是人的思想、情感、行为以及发生环境的社会物质和制度结构。因此，医院管理的研究是社会科学研究的一部分。

社会科学的知识一般都以理论的形式存在，根据其普遍性的程度，可以分为宏观理论（正式理论）、中层理论和实务理论。任何一个理论又可以体现为定性关系模型和/或定量关系模型。其中，定性关系模型是对两个或多个概念之间关系的性质和大概程度的判断性命题。医院管理学的诸多经验和原则较多属于中层理论中的定性关系模型，并可以在具体案例中扩展出实务理论层面的定量模型。如组织行为学中赫茨伯格的双因素激励理论就是一种定性关系模型。

历史上，较多管理学原则和经验的产生往往是过去的专家学者常识性地使用联想、推理、三角质证、归纳和演绎等思维方法来总结个人和同行经验，如马斯洛的需要层次理论。这些从自身经验和他人经验的实证中进行定性的资料分析与总结以形成理论的方法，最终形成了一种严谨的科学研究方法体系，即质性研究方法。因此，质性研究方法是用以形成定性理论模型的重要科学方法，是社会科学知识生产必不可少的工具。

在日常工作中，也会形成一些不同普遍性程度的工作经验，也属于定性关系模型（或尚待验证的假设）。我们日常生活中对很多人和事物会产生判断，并有自己或清晰或模糊的个人经验、逻辑、论点。这些观点的形成过程，也蕴含着质性研究方法的一些要点。因此，质性研究方法的思考方式及发现在日常生活中广泛存在，是人类对现象资料的理性思维方式。可以说，质性研究方法就是对日常定性观点形成方法的科学化总结。由此而言，质性研究其实并非一种陌生的、特殊的方法，而是对日常生活中最普遍的理性思维的系统化提炼。

质性研究是日常理性思维的系统化，因为二者都将人的客观和主观经验作为材料进行分析，试图从中提炼出与客观规律相符的命题。具体而细节丰富的经验会被概括为简短语句，提炼出意义，参与进一步分析和人际交流，个人会对不同经验进行纵

向和横向的类比，类似经验多处出现可以归纳和适度抽象提炼，一个人的经验总结可以演绎到另一个人并得到验证，根据常识理性去追问因果关系。这些日常生活中不断交替使用的思维方式，在质性研究中得到了密集、系统、有意识的使用。所以，对质性研究的学习不应离开日常理性思维而将之视作一门“为研究而专门设计”的方法。

二、质性研究的内涵

（一）概念及解释

这里从质性研究的范畴、研究工具、研究内容、研究对象、资料收集方法、分析方法、研究性质、研究目的界定了质性研究，具体如下。

质性研究是以研究者本人作为研究工具，以某个社会现象为研究内容，以社会性的“人”为研究对象的一种实证的社会科学研究；它是在自然情况下，采用观察、访谈、实物收集、录音录像等多种资料收集方法，以共情心、同理心为基础，使用理性而严谨的思维方法开展与研究对象的互动和资料分析，对社会现象的发生发展进行深层的整体性探究，最终目的是形成有关人类行为、情感与认知的解释性理解或进一步构建社会现象的内在机制。

质性研究所关注和探索的或是宏观、中观的社会现象，如群体现象、组织管理现象、宏观社会变化，或是微观的个人经历和故事。在研究中，可能会侧重于个体的内在所思所感、人际互动与关系、群体和组织的规范、社会制度与结构之中的某些方面。

不同学者称“质性研究”为“质化研究”或者“定性研究”。本教材使用“质性研究”这一名称，并认为属于更大的定性研究类型。虽然都以非数量化的研究资料为主，但是与其他的定性研究不同，质性研究是从现场中获取一手资料并进行严谨科学分析的一门实证研究，具有对应的方法论和哲学。

（二）一般的研究过程

1. 研究行为的起源　质性研究的行为应起源于研究者个人产生深刻感受的一些话题、场景、事件，如强烈的需要、好奇、若有所悟的感觉，从而产生一种目标感、研究动机。研究者对质性研究话题的感触越是深入和综合，越能激发研究者全面的思维和情感去投入调查与分析。缺乏个人感触，为了研究而研究，则质性研究会不够深入。

2. 研究问题的确定　研究行为出现后，可以产生研究动机和研究话题，此时具体研究问题尚未确定，还不是学术问题。因此，需要通过进一步的讨论、文献阅读来提炼一个具有学术价值和现实意义的、概念清晰的，又能够操作、能够在资源条件内完成的研究问题。同时，妥善处理可以通过文献回顾完成的研究话题、尚未界定清晰的研究话题、包含多个问题的研究话题、个人主观观点介入过多而缺乏客观性的研究话题。

课堂互动

某公立医院在药品和耗材零差率实施后，亟需进行绩效制度改革以便适应新的价格体系。管理者在改革推进中感觉到困难，不只是某一个部门的能力不足，而是信息、人事、绩效、医务、财务多部门的能力、配合，甚至是某些管理者的意识与能力都存在不足。这个整体能力是如此真实地影响着医院改革进程，管理者希望能有一个相关的研究去了解到底症结在哪里，怎样去更有效地解决困难、推进改革。

请问这位管理者在工作中遇到的困难，是一个研究话题还是一个研究问题？你能提出更为具体的研究问题吗？

3. 初入现场 质性研究是实证研究，非常注重理论与现实的相符。研究问题也必须与现实相符。因此，根据研究者个人经历、思考和文献阅读或研究者之间讨论而来的研究问题必须由现场的事实发现加以支持。确认研究问题是真实的、有价值的，同时通过现场调查也可以进一步深化对问题的认识，了解问题的基本组成和发生背景。

初入现场一般会以研究话题、研究问题为导向去做一些非结构的访谈和观察。它是研究者理论视角、理论框架形成的关键一步。

4. 研究设计 现场的初步经验基本确认了研究问题，此时需要做大量的文献阅读来确认前人对此问题的知识进展程度、所使用的理论和方法，从而进一步确定研究的创新性、应用价值以及比较适宜的框架、方法和步骤。

5. 预调查 研究设计完成后，根据设计好的访谈大纲，再次进入现场进行调查，进一步修正研究设计，尤其是访谈大纲。

6. 现场调查与逐次分析的循环 实际上，预调查的这种修正，在质性研究的整个研究过程中都会出现，而且是允许的。每一次访谈，都会带来新的信息，可能会修正对研究问题和设计的看法，即使是一些细微方面。同时，每一次访谈之后（甚至是访谈当时）都会进行分析（包括日常的快速思考以及专门分析）。所以将这种每次访谈后的分析称为逐次分析。因此，质性研究是设计－现场－分析三步骤密切结合、不断循环的。研究过程的步骤区分是大体上的区分。

7. 总结分析与撰写成文 一般在逐次分析后，整体发现和结论会基本形成，但还是需要一次整体的总结性的分析，再次梳理全部的资料。通过总结分析打磨、系统化研究发现。最后，将研究结论与支持结论的事实发现、论证思路撰写成具备可读性的文本，以研究报告、期刊文章或专著等形式发表。如果是医院管理应用型研究，研究报告是比较适当的产出形式。

一篇完整的质性研究产出一般篇幅会比较长，因为它不仅需要介绍设计，也要论证设计的合理性；不仅需要介绍发现，还需要通过较多论据事实并以理论逻辑编织成可信的论证过程；不仅需要介绍研究内容与对象，还需要介绍研究者的相关个人经历、感受以及尽量客观地评价自身经历与思想感受对研究的可能影响，对研究对象的可能影响。当然，应用型研究的产出——研究报告，会更加简洁，更关注质性研究发现的现实启发和可行的建议。

（三）研究方法

研究方法是对一系列不同层次方法的一个笼统称呼。质性研究认为研究方法可以分为技法（method）、方法学（methodology）、取径（approach）三个层面。技法（一般也称为方法）是最实用层面的具体方法，包括问卷调查、方差分析法、焦点小组法、观察法等资料搜集方法和分析方法。方法学（又称为方法论）是选择不同技法的原因，是根本上的、在范式和基本理论框架层面上的研究策略、研究思路、研究的基本理念，因此有较多的哲学观点。取径则是方法学与技法中间的一个研究方法概念，是在特定方法学基础上的一个综合方法路径，它有着确定的方法论观点、稳定的一系列技法以及运用技法的完整方法步骤和思路，如扎根理论和案例研究都是取径。这里介绍几个简单的资料收集技法。

（1）访谈：包括一对一的个人访谈和一对多的小组访谈。根据访谈问题的详细程度由低到高，又可以分为非结构访谈、半结构访谈和结构化访谈。由于质性研究的访谈是在人际互动中完成资料收集，具备一定程度的现场机变性，所以非结构访谈和半结构访谈更为常用。

（2）观察：包括非参与观察和参与观察两类。非参与观察即只观察、不参与行动；参与观察即作为研究对象群体中的某个角色，与研究对象共同参与某些行动。参与观察也是民族志的特色方法。访谈是单纯的语言沟通，由研究对象回忆和表述，研究者虽然进入现场，但并未参与到所关注问题的“进行时的现场发生过程”。而观察则让研究者置身于现象发生的当时当地。因此，观察是最新鲜真实的资料，而访谈可能会有访谈者引起的偏差。但同时，观察也会过于具体、细节过多、进展较慢，需要更明智地资料选取和长时间的收集；访谈则由研究对象加以个人化总结，相对浓缩、快速、针对性强。

（3）焦点小组：如果说访谈中研究者是交流的参与者，那么焦点小组中研究者是交流的主持人，而交流在研究对象之间发生。主持人的角色是尽量让研究对象之间的交流顺畅而聚焦；通过研究对象语言的彼此碰撞、赞同/不赞同、补充，研究者收获了较为全面的信息。

（四）质性研究与多学科的关联

质性研究最初来自于文化人类学中的民族志研究方法。人类学家往往会进入一个异质性的文化群体中，进行田野工作（即实地调查或现场调查），采用参与观察的方法，去零距离地观察、交流、参与生活，撰写田野笔记、收集实物与影音资料。最后离开异质文化社会，回到自身的文化中，总结撰写产出。

随后，质性研究也进入了社会学、医学、教育学、心理学、管理学等诸多领域，产生了个案研究、现象学研究、扎根理论、叙事探究等的多种质性研究取径，丰富了质性研究方法的方法论，增强了科学性和严谨性，扩大了质性研究方法应用范围。

在医学领域，护理工作与患者接触最为密切因而护理学对质性研究的使用较多。临床工作中，出于对患者作为“人”的医疗服务过程感受、个人身体故事、社会功能与体验的重视，产生了叙事医学。医学人类学使用质性研究方法从文化的角度以全新的视角透视了医学的社会文化意义，弥补了自然科学角度医学理解的固有思维。

医院管理和卫生政策是质性研究较晚进入的领域，使用比例不高，应用和学术价值都有很大提升空间。管理与政策问题的本质是人的行为和想法在制度环境中形成的社会现象，质性研究能够帮助管理者和决策者找到社会问题的症结。质性研究在管理和政策领域的使用会更加注重应用性，多以管理效果改善为实用目的，会更多涉及制度、社会结构和组织结构等客观而抽象的社会存在与人的互动，其哲学观念更多为后实证主义。

三、质性研究方法与定量研究方法的区别

（一）材料性质

质性研究分析的材料通常为文字资料，有时也会有音频、视频、实物等，产出通常也表现为纯文字的文本，当然可以部分结合定量数据。定量研究的分析材料通常为量化数据，产出通常是以量化统计分析结果为主，辅以文字说明和推论。

（二）适用主题和目的

质性研究的目的，如概念所述，主要是两方面：微观上，试图达成对人的认知、情感、行为的理解；宏观上，试图描述和解释复杂的、尚未有明确理论解释的社会现象。这两方面主题都涉及人的主观因素。

管理与政策的质性研究，更多是宏观的和客观的，往往关注人作为一个职位角色在制度结构内的职务行为。研究者所关心的是政策、制度运行中的缺陷和原因，也会通过关注组织和制度下人的情感因素、思想认知和行为，达到管理改善的目的。质性研究另一常见目的是量表结构的探索。此时研究者关注某个现象和主题在个人和群体中展开的结构，结构包含哪些主题；较少关心这种现象结构形成的原因以及人主观因素的动力机制。总体上，既往在医院管理和卫生政策领域的质性研究应用，往往偏客观、宏观和结构，对主观思想、感受、行为和内在动力机制较少关注。这是与临床医学、护理学、教育学、医学人类学、社会学等其他领域质性研究风格的差异，也是可以互相借鉴提高之处。

在社会科学研究中，定量研究的目的是对社会现象和人群某些方面的定量描述、不同变量间量化关系的判断、量化理论关系的确认并验证量化理论模型。与质性研究不同，定量研究的适用主题一般为两方面：客观的、关系更单纯稳定的社会现象；某个明确理论的量化验证或量化应用。

概括而言，质性研究要解决“如何发生发展”“为什么会这样”的问题；定量研究要解决事物的维度和关系在具体数值上有“多大程度”的问题。

（三）对理论发展的作用

质性研究的意图是进行理论探索，将尚未被描述、被解释的社会现象呈现给读者，并赋予一定的理论深度。某些现象虽然经常被提及，但研究者也可以从新的角度提出有价值的创见，达成对现象更深刻的甚至更为根本的认知。质性研究对社会现象的理论解释，能够使人在认知上把握事物的发生发展规律，从而有助于管理应用和改善。因此，质性研究能够作为社会科学研究独立存在，承担较多的实践功能。

定量研究，除了简单的描述之外，都需要已有的较为详细明确的理论作为基础。质性研究和定性研究给定量研究提供定性理论模型，并由定量研究将其中的概念转化为可操作、可量化的变量，从而将定性理论模型转化为定量模型。因此，质性研究和定性研究是定量研究的基础，否则定量研究只能进行简单的变量描述。

无论是质性研究还是定量研究，在应用某个已有理论时，都应该有一个理论适用性的确认步骤，确保理论在自身研究中是恰当的、具备足够解释力的。这个理论适用性的确认，一般需要质性研究或定性研究来实现。

四、质性研究方法的科学性

质性研究的科学性体现在它的研究方法是以理性与经验支撑的。一方面质性研究方法是全面使用人的理性对材料进行分析，包括类比、归纳、抽象、联想、演绎、比较、因果逻辑分析等。另一方面质性研究全过程都必须尽量与现实经验相符合，然而经验并非单一的真实，研究者需要在辨别和分析中求得更大的真实可信程度。现实世界中的经验可以分为三类：客观事物、研究对象主观经验、研究者主观理解角度。研究者需要区分并严谨记录客观观察、研究者主观观察视角、他人表述、他人表述受研究的可能影响、研究者的多种理解等多种资料。研究者在他人与自我、客观与主观的具体辨别中，让分析尽量贴近更为真实可信的经验。

具体而言，某个质性研究的科学性即质性研究的质量，使用研究质量评价表（critical appraisal instruments）来评价，参照质性研究的Cochrane批判性评价（*Cochrane critical appraisal of qualitative research*）的设定来理解质性研究的质量。

所有研究的质量都可以从真实性（truth value）、可用性（applicability）、一致性（consistency）、中立性（neutrality）四个方面加以评价。但是在定量研究与质性研究中，这四个方面的评价维度用词有所不同。具体见表5-1。

表5-1　质性研究与定量研究的质量评价维度

维度	质性研究用词	定量研究用词	含义
真实性	可信度（Credibility）	内部效度（internal validity）	资料内部本身的真实程度、内部数据对结论的支持
可用性	可迁移性（transferability）	外推性（external validity/generalisibility）	结论的外部应用价值、结论的外部效力
一致性	可靠性（dependability）	信度（reliability）	过程可靠、可以重复
中立性	可证实性（confirmability）	客观性（objectivity）	研究者干涉的说明、数据的客观无偏

有较多改进方法可以增强每个维度的质量，如保持细致的研究过程记录，让研究对象来评价分析结果是否符合他们的经历等。

关于质性研究的科学性会有一些常见疑惑。第一，传统质性研究的样本量一般很小（5~20个个案），如何保证研究的可用性（或外推性）？其实这是用定量研究的哲学套用到质性研究中。定量研究中，每一个个案都是总体的一分子，研究测量样本的目的是接近总体。在质性研究中，个案的目的不是测量总体，而是从特殊性的案例中发现其中蕴含的普遍性的理论机制。如同一个正常人体标本就足够体现人的骨骼结构，并不需要去查看大量的人体标本；人的基因组也是如此；社会现象的内在理论机制也是如此。研究对象内在规律的发现，自然地与同一类别的社会现象有共通处，不同程度上可以迁移、借鉴。

第二，质性研究是否非常主观？如果是指研究者主观想法对研究的干扰，那么前述研究质量评价工具及质量改进方法可以减少这一点不足；如果是指研究内容为主观的人的思想感受和行为，那么研究对象的这些内容恰恰也是客观真实地存在着的社会现象，而且会反复有规律地出现。通过尽量严谨的方法去揭示人主观意志的行为背后更为稳定的社会规律，是质性研究的意义所在。

第三，质性研究以讲故事为主，与报告文学有何区别？区别在于真实性、内在规律/理论性。质性研究是完全基于事实资料的，其描述与解释都指向更为深刻的、可迁移的内在规律。其语言追求简洁、真实，而不是为了感动别人。

五、质性研究的方法论哲学

任何研究方法都是建立在一定的哲学之上的，涉及本体论、认知论等。之所以质性研究方法更关注方法论哲学，首先是因为质性研究从人文、社会科学中发展而来，有着深厚的哲学思辨传统；其次是因为质性研究是在定量研究已经成熟的学术环境中发展起来的，面临着已有方法论的挑战，需要论证自己的正当性、科学性。

在质性研究提出之前，科学研究方法以自然科学的定量方法为主，其哲学基础是实证主义（positivism）。实证主义是孔德在19世纪总结的，实际上是中世纪后期以来学术界对基督教神学的一种反叛。它否定了神对万事万物的预先设定，拒绝将知识的垄断权交予宗教，排斥闭门造车、从理论到理论的唯心主义哲学和知识。因而提倡放下人的主观意志干扰，客观观察世界，通过观察和实验得出人人可验的经验数据来探索事物之理。因此，实证主义对科学，尤其是自然科学的进展提供了极大的支持。

实证主义的开创者孔德所在的年代正是自然科学日新月异、气势如虹的年代。作为社会学的建立者，他倡导让实证主义如同进入自然科学中一样进入社会科学中，让对人类社会的研究按“科学的”方法去重建，从而揭示社会运行的规律。但是孔德的理想并没有完全实现，虽然目前社会科学包括管理学也依然以实证主义为主流，但是越来越多的学者认为实证主义无法完全解释社会现象，乃至在根本上与社会规律是背离的。

质性研究大多数具有建构主义（或以解释主义来概括，但内容相近）的哲学。建构主义（constructivism）认为：第一，心智经验与感官经验同样重要。只有理解与共情地去探索人的内在世界才能解释人的行为和社会现象。第二，社会现象的规律受主观意志影响。人是自己行为的主体，而不是客体，主体与主体间的互动有主观性，因此，社会规律不是客观的、客体的。第三，思想和情感影响所观察的现象。人的心智通过言行影响他人与物质世界，能够在一定程度上造成社会现象的波动甚至规律的变化。研究者的观念会影响他的观察，研究对象的观念也会影响被观察时的表现。第四，规律的普遍性是局部和一定程度上成立的。正因为社会现象受主观意志、主体间性的影响，因而社会现象不是均一的，而是情境依赖的。样本中发现的规律，能否迁移到其他样本要有一定的前提条件，其符合程度是有限的。

当然，不同质性研究有哲学观念上的差异，有些是实证主义的，或后实证主义的。

六、学好质性研究方法的关键

学好、用好质性研究方法的第一个关键是问题意识。前提是清晰地区分什么是属于质性研究的研究问题，什么不是。同时，能够从内心真正生成质性研究的研究话题、研究问题。前文强调质性研究与日常理性关系，正是为了将质性研究与人的整体思维和生活工作相关联，避免研究方法成为脱离社会现象的孤立工具包。只有这样，日常遇到的工作问题才能通过个体思考成为一个“有根基的”、有意义的研究问题。有了问题意识之后，再接受良好的研究方法培训，那么收集资料和分析资料都是在内心研究兴趣驱动下心智的自发行为。

第二个关键是共情能力。质性研究是以研究者本人为工具的，将研究者投入社会现象发生的人与事之中，通过直接观察和互动来收集资料。“直接”的意思是研究者自身作为调查工具去接触和生成资料（访谈大纲往往是半结构或非结构的辅助），较少通过结构化的问卷、测量工具去收集。因此，作为研究工具，研究者要有足够的沟通、共情能力，能够理解研究对象的意思，甚至是他的表达所处的多种情境（个人岗位与机构、行业关系，个人人生和生活的基本情况，个人与研究者的关系和相应态度等）。只有抓住了话语中的情感、观点，才能延伸去理解更多的信息。

第三个关键是理论思维能力。一个具体情境中的具体案例有其特殊性，但研究者必须能够分辨其特殊性与普遍性，抓住具体案例中的普遍性、理论性问题。研究问题不只是具体案例的管理问题，更是一个学术问题、理论问题。因此，研究问题的生成本身就需要理论思考，去提炼案例中的具有普遍意义的内涵。理论思维能力可以通过后天的理论学习和思辨训练而提高，它一方面是一种能力，另一方面也是一种理论积累。因此，研究者的理论思维受其已有理论训练、知识体系的影响，形成了自身的理论视角。从而，不同人看同一个案例，所发现的研究问题、切入的视角是不同的。医院管理者和研究者，通过平时积累多方面的理论，能够擦亮心中的“理论之眼”，看到具体现象背后的“抽象的真实”。

第二节 扎根理论

一、扎根理论的概念

扎根理论是一种基于后实证主义的质性研究方法，它以理论形成为目的，以现象事实为最终依据，在概念驱动下研究者不断与资料互动、对话，使用理论抽样去选择更多促进理论完善的资料，通过理论抽样－资料分析－理论完善的循环，最终形成符合资料的创新理论。

本节不仅介绍扎根理论，也会介绍质性研究通用的一些技术。因为在具体操作上，扎根理论的很多技术是与一般的质性研究方法相同的，所以，我们会以扎根理论或质性研究作为主语来提示所介绍技术的特殊性与普遍性的区别。

二、研究设计

（一）选择一个研究问题

扎根理论一般从一个宽泛的问题开始，通常没有预先确定的概念。概念是在现场调查和资料分析中寻找并逐步建立起来的。正是对发现的充分开放使得做质性研究如此有趣，但却让新手研究者产生某种胆怯。

研究问题应该从好奇开始，并区分质性研究与定量研究的边界。但质性研究者会对为什么、如何更感兴趣，希望去了解内在机制。

随着研究的进行，确定问题边界、保持焦点非常重要。应该明确研究需要时刻紧密围绕的问题和对象，避开与之有差异的周边内容以及容易混淆的其他研究思路。

课堂互动

有一个宽泛的研究话题是“现在国内儿童胖的越来越多”。从这个宽泛的陈述开始，研究者产生了好奇心，可以追问一系列问题：国内儿童肥胖率到底是多少？在过去40年的变化趋势是怎样的？在各个地区肥胖率变化有什么不同？是什么因素导致了肥胖率上升？对国内的儿童肥胖而言，是摄入过多更重要，还是能量消耗过少更重要？摄入过多作为一个原因，是怎样被父母等抚养人接受并广泛进入儿童养育中的？运动消耗过少，又是什么原因造成的，是如何发挥作用的？

请问这些问题哪些是定量研究的内容？哪些是质性、定量研究均可以回答的内容？哪些是更适合质性研究的内容？其中哪些是适合扎根理论的问题？为什么？

扎根理论是以理论创新、理论提炼为目的的研究方法，因此，尤其要注意所研究的内容在研究者设定的层次上是否已经有明确具体的理论。扎根理论应该选择那些尚需理论探索的空白、混沌之处进行研究。

很多习惯于定量研究的人会问某个扎根理论研究：你的变量是什么？你的假设是什么？这么问的前提是理论明确、变量清晰，即该研究问题已经有了一个理论框架，它内部的概念、属性和关系都是基本明确的。所以，定量研究会选择其中一个概念及其属性作为变量，去更细化地研究它的维度与其他变量维度间的量化关系。可以说，变量关系的量化研究、假设的验证都是在理论基本成形之后。但扎根理论所做的，更多的是对一个完全陌生的、目前尚属模糊的研究领域进行探索，目的即是形成其基本理论。

（二）理论抽样

这里按照定量研究的范式，将理论抽样放在研究设计部分来讲解，但实际上在扎根理论的运用中，抽样－现场调查－分析是交替循环进行的，没有阶段的线性分离。

理论抽样用于对资料收集方向的引导，是建立在已有概念基础之上、受概念驱动、为概念发展服务的抽样方法。理论抽样的目的是最大化地从属性和维度上形成概念以及寻找概念之间的关系。理论抽样与传统抽样方式不同之处在于它是由围绕概念的问题驱动，来自对资料的回应，而不是在研究开始前确定。理论抽样考虑的不是样本数量，而是概念的充分发展。

案例讨论 / 扎根理论的案例

研究利用 2017—2018 年上海三家社区卫生服务中心的访谈材料，从执行者行为的微观角度归纳并构建家庭医生如何选择政策执行方式的理论解释。研究归纳了家庭医生相关政策的执行中存在的三类政策执行方式：忠实执行、积极变通和消极变通。这三类政策执行方式因政策与情境契合度（简称契合度）的不同而区分：当契合度较高时，容易发生忠实执行，即完全忠实于政策设计的执行方式；当政策与情境不契合时，执行成本升高，出于职责观念和行政压力，执行者首先使用积极变通来降低执行成本，用自由裁量权在操作中对政策做修补和本土化，从而实现政策初衷；消极变通因任务契合度过低且具有强制性而产生，消极变通中出现了目标替代，仅表面应付上级考核指标，降低了执行成本、维护了岗位利益。研究揭示政策执行方式的行为逻辑可以通过契合度、职责观念、执行成本四个因素得到解释。建议应完善决策制度保证基层执行者的决策参与，从而提升决策质量。

本案例中研究者最初的研究疑问是：在社区卫生服务中心，政策任务有不同合理程度，有些则缺乏支持性资源和配套措施，家庭医生如何主动地应对政策、选择恰当的工作方式来完成各种任务？随着现场的进展，研究者将研究定位到政策执行的学术领域，研究问题更准确地表达为：家庭医生如何能动地选择政策执行方式，其行为逻辑是怎样的？

因此，执行方式、行为逻辑就是该研究需要发展的两个概念。那么，理论抽样就是为了发展这两个概念，具体如何进行呢？首先需要考虑概念具体是怎样的，大致从几个属性出发去扩展丰富。其中，执行方式该研究采用了执行意图与政策意图的关系作为一个属性来发展概念，如执行意图符合政策意图、执行意图不符合政策意图是两个维度；行为逻辑则缺乏预设的属性，在研究中通过不断比较逐渐发现利益考虑、职责观念作为两个属性。随着研究进展，又增加了一个情境条件的概念（后面随着分析进展总结为“政策契合度”），并以情境条件与政策的匹配关系作为一个属性。总之，该研究的分析框架列出了需要发展的概念和研究前期的大致理论探索方向。

请仔细阅读参考文献，在后文中，我们会继续使用这个案例来说明诸多教学内容。

（案例来源：张明吉，李丽.家庭医生政策执行方式的行为逻辑［J］.中国卫生政策研究，2020，13（5）：31-38.）

概念驱动就意味着研究者必须让分析引导研究，研究者必须向资料提问，然后去寻找下一步资料来回答问题，然后继续提问。这个循环直到理论饱和为止。所以研究计划书无法预先设定抽样的具体内容，只能做一个大致设想。在案例中，研究者需要根据概念属性、分析框架去思考访谈了解到的执行方式（如居民在填答健康管理问卷时着急回家，则对于未填写的问卷答案，家庭医生只能“毛估估”了）是否符合政策意图的，受什么情境条件影响，医生出自怎样的动机等，来丰富执行方式、行为逻辑、情景条件三个概念。

理论抽样与理论生成的研究目标相匹配，当研究新的或空白领域时，理论抽样特别重要。在研究的初期可以选择与研究问题符合的、了解关键情况的研究对象开始现场调查。因为不同人了解的信息和观念都不同，所以尽量选择对所研究的问题最为了解的关键知情人。同时应选择在性别、年龄、收入、观点等多方面有差异的研究对象，以较为全面地了解不同人的视角，避免单一的信息来源。随着研究进展，研究者根据资料中的信息逐步形成了概念和理论。进一步的抽样应根据理论的缺失、概念的属性和维度尚待补充处、研究者有疑义之处继续寻找有可能补足这些信息的人员作为研究对象，直到资料中的信息能够形成一个比较完整完善的理论，而不再需要新的信息，即理论饱和。

理论抽样的目的是理论饱和。饱和通常被理解为没有新的资料出现。可是，其实每个资料都是新的。这里所说的没有新的资料，是指在概念、类属的属性、维度上没有了新的扩充和变化形式，在概念之间关系上也没有了新的形式。尽管完全的饱和是做不到的，研究者总会发现新的想法，但如果一种类属已经为理解一个现象提供了相当深度和宽度的信息时，抽样就比较充分了。如在上文的案例中，理论饱和也未完全实现。政策情境契合度如果是成本低的，会不会也出现忠实执行之外的执行方式呢？如果存在，是不是意味着职责观念薄弱的时候，即使执行成本较低，也可以去变通地执行，以进一步降低执行成本呢？这个假想意味着利益动机超越了职责观念，而文中并未发展出这个可能性。在现实中是否存在这种可能性？理论抽样可以继续去发展这个概念维度。但总体上，理论已经成形，该研究可以认为现实中很难调查到访谈对象承认这个可能性，而且根据经验当前也很少存在这个可能性，于是研究可以停止，可以认为理论已经达到现实中的饱和状态。

有时候因为时间、资金、精力、人员的局限，研究者也可以提前结束研究，但需要避免宣称已经饱和。虽然饱和与抽样多少、做多久的访谈没有绝对关系，但是一般而言，10个受访者是一个质性研究较小的样本量。

理论抽样要求在每个时点上，资料收集不要超过分析太多，否则收集内容可能会多于分析的要求，不便于提出下一步抽样-分析的方向。可以说理论抽样是渐进性的。随着时间推移，抽样变得更加具体，逐渐从泛泛而研究到有了明确的方向、要点，精确地去补足概念发展中的缺口，已获知的概念也越来越丰满。并非每一个概念都要去做抽样，因为精力有限，焦点也应该收拢。

因为理论抽样是走一步看一步的方式，所以研究者所选择的下一步方向是有研究者主观成分的。其他研究者可能选择了另外一个方向，但通过对备忘录和研究报告的阅读，研究者的分析能够被读者理解和认可。这说明质性研究效度并不要求唯一的真实，而是选择真实的一个侧面。

抽样是对什么抽样？不一定是对人，而是对多种资料的载体。人、机构、书籍、网页、文献等都是抽样对象，这些载体的分类和名称是由外在标志决定的。而理论抽样的目的是获得补足概念的资料，是由与载体名称无关的内在性质决定的。这就是为什么理论抽样无法预先决定，也无法系统列明的内在原因。对所抽取的二手资料的分析就是二次分析，也可以对这些进行编码和分析。

研究开始前可以根据初步的分析设想决定具体的初步抽样对象，如场所、人群、资料类型、大致的研究路线等。此时多使用理论抽样的变化形式，如最大异质性抽样。具体是在研究前讨论概念、对象可能的不同属性维度，在不同维度上抽取不同的对象。

当然也可以使用方便抽样，即选择研究者能够接触到的场所和对象，但分析依然是概念驱动的。下一步的抽样方法则应根据概念驱动，有目的地去做理论抽样。如果资料和对象有限，不能自主选择资料载体（如人、机构、场所、档案、文献等），概念的发展会更慢，理论可能会有明显缺陷。

关于理论抽样与统计学抽样的区别。定量研究注重的是样本对总体的代表性，是将抽样对象视作“本质上”一样的个体，目的是获得某单一属性单一维度的信息。这个单纯的信息维度，在每个个体上“原本”都是一样的，只是由于测量、个体具体变化会偏离“均值”，通过随机的和技巧性的抽样方案，研究者可以减弱现实世界随机变化带来的误差，尽可能接近本质。相反，质性研究对参与者能否代表较大群体并不是很感兴趣，而是希望获得对一个主题的描述和解释。理论抽样的目的是概念的发展。研究者寻找属性和维度的变化，而非为获得单一属性单一维度的信息，多属性和多维度的、丰富的、复杂的信息在理论构建中尤其重要，因为，它增强了概念的宽度和理论的范围。所以，定量研究的抽样是希望有同质信息的（指向均值）；相反质性研究尤其是理论抽样是避免相同信息而期待异质性的信息（指向理论的完备）。质性研究也没有假设一种本质的真实，只是去描述和解释研究者看到的现象，尽量去探索这个现象的多种属性和维度。打个比方，理论抽样是多个盲人去摸象，大家拼凑出象的模样。统计学抽样是大家都去摸象腿，比较和统计出象腿真实的围度。

三、访谈的技巧

现场调查中最常使用的技法是访谈法，尤其是一对一的访谈。

（一）访谈的基本流程

访谈基本上是一个人与人之间的正常的社会交往过程。因此，也要注意谈话的逐步深入，尤其是在与陌生的研究对象所开展的第一次访谈时。完整的访谈流程应包括：寒暄开场、介绍自己、介绍研究内容、获得许可和知情同意、开始普泛性问题、深入持续对话、最后给对方一个自由发言的机会、正式结束后的继续非正式沟通、感谢并约定下次时间和主题、需要帮助的其他事项。

（二）访谈的性质

访谈是一种特殊的聊天，是一种带有研究目的的社会交往。访谈设定了一种氛围，介于正式与非正式之间。它既是工具性的，又尽量去模仿自然的社会性交流。工具性体现在它是提前设计的，有目的、有框架、有角色差异。但它又试图尽量模仿和接近自然的人际交流，这又有伦理和效果两方面的考虑。在伦理方面，研究者与研究对象是一种平等关系，研究者应该感恩研究对象给予的帮助。因此，研究者需要以一种尊重、平等、包容、理解的态度参与到谈话中，绝不是高高在上地质询、要求、索取。任何访谈内容都是在知情同意下的自愿表达，绝不应是在压力下的交代。在效果方面，只有塑造人性的、自然的氛围，才能引导访谈者的表达。

（三）访谈的形式结构

在访谈中要注意四个方面的形式结构。第一，主导。访谈内容进展的主导权是如何使用的，控制度与自由度的把握是否恰当。研究者主导着谈话吗，还是会更多被研究对象主导？在当时主导权的使用下，研究内容符合研究者的关注与兴趣吗？第二，主体。在访谈全程，谁提供了更多的信息，谁开口讲话更多？研究者是否过分沉默不语，或者过分活跃、抢话？参与谈话的程度是怎样影响研究信息的有效获取的？第三，主线。研究者的主导权和谈话的主体是否保证了谈话内容的主线依循着设定的访谈大纲？或者，对访谈大纲的偏离是否恰恰引向了更有趣、更关键而之前被研究者忽略的内容？研究对象是否能理解研究者所希望深入的话题，还是机械地回应着研究者的具体问题？第四，焦点。双方的交谈应尽量保持自然地流动，可以就一个话题做深入有效地沟通、探讨，但有时研究者会对研究对象给出的答案不满意，甚至认为研究对象并未理解问题。这时，在一个问题的停留上应该注意避免对方烦躁，并保持谈话的恰当节奏。

（四）保持开放与流动

质性研究需要研究者事先形成一点想法，带着经验、大致的想法、一套访谈大纲进入现场。但是研究者不能执着于此。因为这些只是一个引子，是当时可以找到的一个入口而已。当凭着这些想法与研究对象、现象、资料开展了互动后，想法也就开始变化了，变得与现实情况更加密切、更加吻合。之所以要有一个大纲，是以之为思想的载体，与现实进行交互，使得研究者的思维逐渐贴近现实。所以，大纲、研究人员的思想必须保持开放、流动，保持谦卑，以事实为唯一准绳，不断接受现实的改造，从而挖掘出真实世界的深层纹理。

保持开放还意味着减少价值判断。研究者应注意自己在现场和事后分析时对现象、资料作出的评价和理解中是否有较多已有的理论假设、道德观念，研究者应该意识到自己的主观判断，并尽量对访谈者少做评判、多做理解。应该从研究对象自身出发去探究研究对象之所以如此的客观原因和主观理由。

流动还要求研究者对自己的思维能力要有自信。质性研究是研究者运用自己的思想去理解现实，挖掘真相的深层纹理。因此，研究者对自己的思维能力要有自信，在谈话中应凭着自己的想法和现场的思考去追问、寻找答案。研究者应该避免机械地依据访谈大纲、不顾话题自然进展、不进行现场自我思考的谈话。因为这样会让谈话失去自然、人性的特点，让对方也陷入“答题”模式，失去深入探究的机会。反之，只有研究者现场思考、积极参与谈话的“流动”，才能在进展中让真实一点点显露出来。

（五）访谈的自然和放松

研究者希望研究对象给出的信息是尽量真实而全面的，因此，希望研究对象是在一个安全放松的环境中自然地陈述。所以，研究者有必要带着一个开放的心态和开放的计划坐下来，引导研究对象进入自然的对话。研究者的提问方式、表情、语气语调、措辞都会塑造访谈的气氛与意义，进而影响访谈对象愿意表述的内容和方式。应该尽量让访谈对象放松、激发其倾诉欲，让其自然舒服地流淌出内在表达。

访谈流程制造了一种仪式感。仪式感有助于访谈对象感受到一种可以认真表达、被认真倾听的机会。但过度的仪式感又会制造紧张气氛，压制了表达的自然。因此，访谈正式结束后，访谈对象往往会谈一些非常重要的花絮，因为仪式造成的紧张感消失了，社会活动回到了自然的生活流之中。

（六）研究记录

质性研究的全程都应该做好研究记录。研究记录不仅是关于现场调查，也是质性研究全过程的必备方法。质性研究经常提到的田野笔记、备忘录都是研究记录的具体做法。具体来说，在现场调查阶段，研究记录的内容应该包括观察的客观记录，观察中的主观印象、评价和感悟，对研究操作的记录和反思，理论思考和方法学思考。

进入分析阶段（当然调查和分析也是结合进行，而并非如定量研究有清晰的阶段）还会有编码方法和思考的自我对话、代码解释、理论总结和解释性的备忘录、理论反思、研究进展的反思。这里没有将研究记录内容给出固定的名称，因为研究者不必为写某类笔记而去做笔记。笔记是给自己看的，可以比较随意地去写，重在真实记录，辅助思考、记录思考，利于总结和改善。

记录和图表促进了系统性思考，促使分析者对资料进行提问，这些问题又反过来指导理论抽样。当研究者转向进一步资料收集时，他会对记录和图表中提到的概念逐渐敏感起来。质性研究中现场与分析的交替进行实际体现为写研究记录/画图表与现场调查的交替进行。现场可以去验证笔记中的思考。

四、分析过程

（一）分析是什么

分析是通过与对象和资料的互动而产生、发展和检验概念的过程，是研究者与对象、资料共同建构对“现实的解释”的过程。在扎根理论过程中，概念的发展、关系的延伸是最重要的，概念是分析的核心。

描述是对现象的叙述，而分析是借助概念从现象深入理论。分析中的一个关键是研究者必须经常对资料提问并寻找答案。

概念的形成可以从第一份资料拿到手就开始着手，每次有资料到手就与原来的资料、概念进行比较，查看相似性、差异性、互补性，修正、补充、增加或沿用原来的概念。

概念的摸索与资料收集同时进行，这既是扎根的方式，也是理论抽样的方式。正是在“概念形成”的统一引导下，一边思考怎么发展概念，一边确定研究对象（即理论抽样）。然后收集资料，接着分析和摸索概念，而后继续想下一步的抽样对象。在上文案例中，当研究者遇到口服葡萄糖耐量试验（oral glucose tolerance test，OGTT）的例子，就不免询问自己，是不是也存在积极地应对工作困境的方式呢？于是积极变通就作为下一步的资料收集对象，最终被发现了。当人工配药系统作为一个积极变通被发现后，可以继续问：除了工作程序上的积极变通，还有其他方面的积极变通吗？比如劝说居民更积极的配合。这样就又可能发现下一步的抽样和分析内容。

沉浸式的分析非常重要，要有对所有未经解释的资料进行沉思的习惯。在资料收集期间就沉浸在资料分析中可以提供一种方向感，加深对资料的敏感性，而且让研究者能够重新定位，在研究中修改访谈或观察的问题。同时，如在调查中一样，要保持开放，多花时间去探索某资料的一切可能意义，不能过早确定意义、得出判断。

（二）情境描述的重要性

情境是事件发生的周围条件之和，是决定现象发生的基本原因，也是理解社会现象的基本前提。情境不仅为概念奠定基础，而且最大限度地减少了歪曲和误会意义的可能性。当情境改变，事情就不照样发生了。研究者必须将研究对象表达的感情、经验和行动放置到情境中，这样才能让读者理解，才能形成合理的解释。

（三）分析工具的使用

分析工具是研究者在编码时所使用的心智策略，是分析者用来辅助编码过程的思维方法。使用分析工具的目的是使研究者保持开放的思维，不忽略其中重要的概念，避免被习惯、常规、标准、个人经验等"混杂"因素遮挡住对现象的真正理解，也促进研究者保持对资料的敏感性。经过分析过程，最后产出一些临时的概念、概念的属性和维度。

以下所有的分析工具都可以配合研究记录进行。如头脑风暴备忘录，用于理论比较和持续比较来推测、设想概念的更多可能性。在笔记中，通过散漫的联想，可能会找到理论抽样、理论框架等方面的灵感。研究记录可以帮助研究者开启资料探索、发展概念，进行比较与提问，描述叙事因果矩阵，它使研究者关注概念，发挥对资料的想象力。一旦下笔记录，文字就自然生出逻辑性的要求，有助于演化理论，为进一步理论构建提供材料。在记录之上继续做总结记录，即总结性备忘录，非常有利于发展理论。

1. 微分析（micro-analysis） 是扎根理论的一个特色而常用的分析工具。它非常细密地对一句话、一些短语中的字词进行斟酌推敲，了解这些表述背后的意义和原因。微分析是一种更加详细的开放编码类型，它将资料拆开以思考各种可能的意义。编码有很多层次，微分析是关注细节的对短语和字词的分析和编码。微分析提倡仔细观察、关注细微，保持开放心态，提出多种意义解释的可能性。微分析进行逐词逐句地分析，探讨它之所以这么被使用的情境和心理动机、事件本身的逻辑，从而希望在字里行间修复信息，回归到真实场景的信息整体之中。

扎根理论要把握微分析和一般分析的平衡。扎根理论更推荐在研究之初使用微分析，从细微到宏观。其目的是让研究者深入资料，仔细咀嚼资料，防止过早下结论。一般分析是在概念形成之前进行，是概念的探索过程。它根据段落的大意进行归纳，初步形成概念和命题。一般分析能够粗略地寻找问题和议题，而不是关于概念形成的细节。也有质性研究方法推荐先做一般分析，比较粗略地概括段落大意。

在上文案例中，前面提及的概念发展的问题基本都是一般分析的方式。微分析是对文本词句的分析，如家庭医生将为包干片区签约居民服务形容为"耕好自己的自留地”。片区包干的签约方式，从历史经验而言确实很类似二十世纪六七十年代的自留地。“自留地”意味着医生私人所有的、有明确利益回报的一个资源，这说明了家庭医生对签约居民是看重的，签约服务是有激励作用的。因此，“耕好自留地”说明医生能够积极主动地做好有明确个体利益回报的工作。因此，忠实执行是不是可以认为是源于利益激励呢？如上对“耕好自留地”咬文嚼字的语义分析，即微分析，可帮助深入理解当事人的心态和情景。

2. 情境比较 在思考时，尝试将研究问题和发现放到更大的领域、其他领域进行比较，以考虑不同情境对现象的理解造成的影响。在情境比较中，一个基本的任务是了解研究对象的基本情况，知识水平和经济情况、健康情况、家庭情况都可能影响其叙述和认知，了解这些基本情况可以更好地理解研究对象的体验。

3. 概念审查 去除对主要概念理所当然的理解，引发敏感性，将概念放在研究场景中思考其意义和影响，确定情境中概念的真正内涵。

例如上文案例中，公共管理领域的执行研究，往往仅批评变通是对政策的一种扭曲，所以一般提到执行偏差、执行失真这样的术语。政策执行的概念对该研究是必要的，因为研究必须有一个学术主题的确定。但执行方式真的只有消极的“执行偏差”吗？对弥漫在执行研究中的批评，研究者进行了审视和反思，去除了这种价值观的先入之见，最终找到了积极变通的政策执行方式。

4. 提问 可以增强敏感性，探索各种角度的理解。研究者对自己提问，使得自己与材料互动，充分去思考材料背后的更完整的故事。这些提问可以带领研究者去收集、探索更多资料。这些问题也可以拿到现场去询问研究对象，大家共同探索事件的前因后果、多角度的情境。共同探索有助于双方逐渐进入一致的思路，一起建构一种理解，注意研究者应该降低干扰，只是引导。

问题可以有几方面：引导性问题（可以全程使用，是贯穿整个研究的大问题，如与故事梗概、主要关注点有关的问题）、叙事和情境探索（关注情境与过程）、理论建设问题（如概念和概念之间的关系等）、研究执行问题（如研究还需要哪些修正，去哪里收集资料，理论目前是否符合逻辑、信息是否饱和、与研究对象的关系等）。

除了提真实性问题，也可以提假设性问题：如果怎么样，那么可能会怎么样？为什么事情不是怎么样的呢？假设性提问，如向参与者询问“如果……会怎样”，把没有发生的、不存在的另一种可能性抛出来寻求其反应，从而更能理解其在事件中的体验。但要注意的是，对假定的回答不一定为真。研究者也可以在分析时与自己探讨假定。假设性提问可以揭示一直隐而未显的一些假设、默认的条件，去质疑自己的成见，或者发现研究对象的底层思维，发现情境因素的作用。探讨假定，其实是质疑的一种具体方式。

5. 比较 是主要的分析工具，如情境比较、极端比较。这里强调扎根理论两个特色的比较工具：持续比较（constant comparisons）与理论比较（theoretical comparisons）。持续比较是事件与事件的比较，是资料中发现的某几个事件的相似点、相异点的比较。找到相似点则归为一类，不相似则不归为一类。相似点又抽取归纳为一种概念、类属，然后开展更多的事件比较。在同一类别内又继续互相比较，找到不同的属性与维度。然后试图解释为什么同一类里面会有具体不同，原因是什么，这也促使研究者进一步分析。

上文案例中，研究者在访谈文本中发现了很多医生政策执行的不同做法，这些做法的比较就是持续比较，从而发现有些做法是比较一致的，可以归为同一类执行方式，并且在比较中发现这些方式的分类是可以按执行与政策原意是否一致的属性来判断的。

理论比较是从个人经验中拿出一个在属性和维度上较为相似的例子与资料中的事件进行比较，目的是加强对资料的理解，加强理论认知。理论比较帮助研究者理解未知，从属性和维度层面审查材料，对某现象进行界定或达成理解。持续比较是来自研究资料的两个事件的比较，而理论比较是资料中的事件与资料外的已知事件的比较。持续比较是为了确定事件中提炼出的概念，是同类还是异类，是对事件的分类。理论比较是为了比较属性和维度，了解其中的相似和差异，从而更好地理解资料，接近于类比、比喻。理论比较所提示的属性、维度，研究者可以继续在现场中挖掘，以期验证。理论比较和概念促敏方法的相近处在于拿其他概念、模式作为参照，考查资料是否类似。它们都促使研究者去注意资料的某些属性和维度，从而便于开展理论抽样，根据这些预测的属性和维度，开展调查。

例如，公共管理领域的政策执行中有较多消极变通的例子，或所谓的执行偏差。如节能减排政策中的拉闸限电案例，就是典型的执行偏差。这就与家庭医生政策执行形成了理论比较，提示在社区卫生领域也可以有执行偏差，但也可以不限于执行偏差。“上有政策、下有对策”的俗语作为一个比喻，帮助研究者将政策与执行“对策”的一致关系作为执行方式的重要属性。

6. 语言觉知 研究者有时候会忽视或者误会了某个词语的意义。无论是研究者自己的还是研究对象的偏见、假设、信念进入分析中时，研究者都要识别它们。当出现“从不、不可能、总是、只有、全部”等极端的说法时，研究者要注意探讨这些观点从何而来、如何解释、其他可能性在哪里。研究不应对情境、常识或人们的话想当然，要对任何事情进行提问。如果听到“有时候”等条件性词汇，就要了解在什么情况下、条件下会这样，在另一种情况下会怎样。对“当什么时候，那会儿、那之后、如果、万一”等表示时间和条件的词语要注意，因为它们表示了一定情境的变化、人的动机和行为的变化、参与者认为的事情的变化。

研究者应该保持对词语的表达力、解释力、鲜活度、出现频率的警惕。在研究者经历了几次现场调查、阅读了较多资料后，会有一些关键的词语跳出来，它们显得重要、有趣，触动了研究者。研究者对它们的意义应该做更多的思考，在资料中验证其可能的多种意义。研究对象经常使用打比方、举例子来说明他们的观点。这是研究对象在做理论比较，他们认为所打的比方与自己所经历的事情很像，能够非常简练、生动、有效地传达信息。因为比方和事件在属性和维度上是一致的。这有助于研究者通过比方去理解参与者的感受和认知。

7. 极端比较 其实就是走到所发现维度的另一端。如果有些人抱怨工作，那就想想为什么另一些人不抱怨，有没有这样的人，为什么？需要去设想另一种情形，一种极端不同的情形，从另一个角度出发。

无论在调查中（作为理论抽样），还是在分析中，对不同的资料，都可以试图去寻找反面案例、极端案例。极端比较可能更多地是为了刺激敏感性，探索理论。而寻找反面案例是为了完善理论维度，提出更完善、更多元的解释。

（四）敏感性和对主观性的反思

敏感性是研究者浸入资料与参与者的世界中，能够抓住其中的重点和意义的一种特质。它发生在收集、分析的过程之中。它首先需要关注、投入，其次需要已有经验和知识的帮助。那些能增强研究者敏感性的思维工具就是促敏概念（sensitizing concepts）。敏感性是需要专业知识和经验作为基础的，但并不是研究者套用已有知识将成见加给资料，而是已有知识作为思维基础让研究者有一种反应能力去接收和回应资料中的相关信息。所以敏感性其实是研究者的一种思维能力。研究者的思维基础必然是有倾向的，他可能某方面比较擅长，就容易发现这方面的问题；而不擅长的方面，他就会忽略。没有这种个体的思维基础就无法去直接观察和体验，无法去感受和分析。敏感性的反面就是不敏感，即对资料感到茫然，不知道意义何在。但敏感性必然是主观的，是有个人倾向的、不免偏颇的。研究者是有偏好的，他更支持、更偏爱某种观点和状态，他就会更多地发现符合自己偏好的信息。同时，不存在能够完全了解研究对象的体验和表达，又能不带个人影响的研究者。所以研究者的思维能力或者说敏感性是一把双刃剑，有利又有弊。研究者要做的就是尽量让个人成见的那一部分减少影响，让敏感的、有分析力、洞察力的那部分个人能力发挥作用。研究者越是能够意识到资料分析中的主观性，就越有可能明白其是如何影响解释的。

专业经验提高了敏感性、降低了反应的时间，但经验也可能妨碍正确的角度。而且，从根本上来讲，只有资料本身才是重要的，资料高于研究者的个人见解。敏感性是从已有知识、其他知识来的，而所面对的研究资料本身是未知的。研究者借由已知来试探未知，只是一种入门的引领，不一定是最后真正的发现。

上文案例中，当研究者听到OGTT的例子，想到的是医生在利用信息系统漏洞进行消极变通。但如果是一个管理视角的研究者，他可能更关注怎样改善信息系统的漏洞，而不是关注执行的动机、政策与执行者的关系。

（五）分析范式

分析范式是一种在现场调查、分析全程都会使用的基本思维框架。它是人理解事物的一种元理论，一个问题系列。如面对一个机械工具，分析范式/元理论可能是：它是什么？是什么材料和零件组成的？它怎么使用？它发挥作用的原理是什么？等。面对一个时尚商品，分析范式/元理论可能是：它是什么品牌？什么材料？使用舒服、方便吗？什么人喜欢、购买它？它给人的美感和印象是怎样的？哪里购买是最有性价比的？

扎根理论中所说的分析范式是关于如何获取资料和进行分析的系列问题，关注情境、事件、人的情感思想、人的行为之间的关系。扎根理论的分析范式称为“叙事因果范式”，它关注事情发展的来龙去脉，并以人的叙事思维为基本提问方式。叙事因果范式的基本构成单位是因果链，因果链组成了情景–因果矩阵，情景–因果矩阵又可以在长时间线上理解为流动的事件网络。具体内容如下：

1. 因果链 总体上，叙事因果范式是将情境作为社会现象的外在原因，将人的心态、言行作为内在原因。外部情境的变化引发了人的反应过程，之后产生结果。叙事因果范式是将社会现象以人为中心、以情境为发生背景而去追问事情发生发展脉络的因果链。因果关系，或者说人的日常理性对“为什么”的追问是此范式应用的关键。总体上，因果链分为三部分。第一，情境条件：出于什么原因、在怎样的环境和地点、发生了什么环境条件的变化。第二，心理和行为反应：人的想法、感受、人际互动、行动，是对前述情境条件的反应。第三，后果：反应发生后的一系列后续反应和结果。研究者要去理解和摸准事件的来龙去脉，不能机械地分割这三大部分因果链结构，划分是为了更好地理解和感知。

2. 情境同心圆与因果矩阵 因果链构成了多层情境的因果矩阵。情境是引发现象的一系列条件，进而个人通过行动/互动/情感对其作出反应。情境组成了一个从微观到宏观的多层情境同心圆，同心圆的最中心是所关注地区的具体人和事，之外层层扩展放大。如在上海某医院发生某一现象，就要考虑全国政策和情势、华东地区医疗需求、上海市政策和社会经济环境、医院所在区的政策和社会经济，以及患者需求等多层的情境条件影响。多层情境之间会互相作用，也会层层递进向低层的情境作用，也可以越过其他低层情境直接作用于微观的个人行动。

情境因素有很多，如政治、经济、文化等。更具体的有地点、时间、气候、交通环境、疾病谱、社会风气等多种周边情况。情境条件与所研究的问题是一种正副位置关系：研究政治问题，经济等其他就成了条件因素；研究经济问题，政治、法律、文化等其他因素就成为副位置的条件。

不仅情境条件有层级嵌套，情境条件、行为、后果三者本身也在纵向变化，前面的行动和结果又成为后续行动的情境条件，引发了后续更多的行动。而且三者还在不同地区、层级间横向互动，如福建三明市的医改行为会扩散到全国并成为一种全国性的情境条件（政策）的变化。于是，在理论上形成了动态的、前后相续的、微观和宏观衔接的因果关系矩阵，共同发生作用在焦点群体、现象上。对某个事件的研究可以去关注因果矩阵在不同层级和因素上的交织，这需要多类研究对象、多事件、多种声音的互相补充。

3. 过程与流动的事件网络 因果矩阵是过程中的一个点，在时间上所有因果矩阵构成了流动的事件网络。事件的发生发展绝大部分并不是机器、物品的自动反应（那是自然科学研究），而是由人的反应引发的。人对情境的反应具体包括互动、行为、情感反应，是一个连续的、包含目的和意义的序列，即过程。反应可以随着情境的变化而变化：情境条件通过人的认知而被赋予不同的意义，这些意义触动了人的心理，包括动机、情感等，引发了不同的反应、过程，导致了结果。

过程是叙事因果范式的核心概念。在一个时点上做研究，所选择的时点和研究焦点决定了过程中的某些内容各自成为了情景、行动、后果，可以将情境作为故事发生的背景结构，行为过程只是正在发生的焦点，而后果是行为的结果（偏向于一种静态的判断）。但如果放弃我们所站立的时点、研究的焦点，实际上从长期来看，在事件流里，情境只是已经发生了的行为结果的累积。当时间流逝过去，研究焦点在时间上向未来移动，则原来的行动过程与后果都变成了情境条件，之后一系列的互动/行动和情感反应（新的过程）就在其中发生。所以，所谓的情境条件、过程和后果，这是根据研究焦点的位置摆放而产生的相对位置的界定。在相对位置确定时，可以将情境、过程、结果理解为因果链的三类因素（同时注意因果链有多条，构成多线往复的因果矩阵）。完全无前设、无焦点地来看，那就是一个彼此互动的、随着时间动态变化的庞大网络。

因此，研究者不仅要将情境视为静态的结构性背景，也要去追问情境从何而来、因何而变。

4. 过程分析与理论构建 这是过程分析的方法建议。过程分析首先是发现个人如何理解情境、应对情境。其次，研究者为理解过程而尝试着理解互动/行动和情感的动态性质，即很多情境因素和人的因素共同作用，会有内部差异、变化（例如案例中也可以考虑什么样的人会更多选择积极变通，这是否与职责观念的强弱有关）；过程包括触发因素、指向意图和呈现展开的方式。过程的模式不是仅仅线性的、分阶段的，也可能是无序的、循环的，也可能是整体一致的。所以，采用什么模型结构来勾勒过程，需要根据过程自身的结构性特点而定。过程可以从很多视角去了解，如利益目的-行为的行动逻辑，以及政治角度、心理和价值观角度等。

理论建构的一种方法，也是扎根理论的主要方法，就是先聚焦行为过程，在过程分析中发现动态机制，并将过程和情境结构通过概念、类属的联系而结合起来（例如案例的分析框架即将情境通过政策情景契合度的概念与政策、执行、行为逻辑相联系）。过程分析可以在微观-宏观两个层面分别进行，理解两个层面的共同作用；也可以跨越几个层面，跨越主题、视角进行交叉对话。

五、理论整合

理论整合也是分析的一部分，在这里单独介绍且更侧重理论结构是如何形成的。

（一）理论框架

理论框架往往决定了研究者的方法学取向。扎根理论研究可以没有理论框架，也可以将理论框架作为初始促敏概念，同时也可以帮助建立适合具体案例的实务理论（例如上文案例中，政策执行虽然有具体的理论，但该研究并没有直接采用，而是抽取了一个无成见的、无具体内容的分析框架作为促敏概念）。理论框架可以作为理论比较的参照，借鉴到另一情境，使之发展为适合更多情境的高一层次的理论。理论框架的使用一定要保持开放，放弃不合适的概念和理念。

（二）抽象事实

1. 概念的细分　理论是一种抽象事实，其对立面是具体、特殊事实。抽象事实可以分解为概念（包括其属性、维度）以及概念关系。概念或关系的陈述一般不是受访者的语言，而是对资料分析后的概括。概念（concept）是一个具体或抽象事物的符号命名，如院内感染。属性（property）是概念的某个意义组成部分和特征，如院感的比例、严重程度。维度（dimension）是属性的具体变化形式和变化范围，如院感比例有低、中、高。如果夏天是一个概念，那么气温是夏天具有的一个属性，气温有多热就是该属性的维度。

概念是类似资料的共同特征的概括，是通过联想、比较和已有知识共同作用的产物。它把不同资料归类了，但是某一类资料的共同特征有不同层面的概括。一般而言，选择最接近实物层面的共同特征，类似最大公约数，是最贴切的概括。如苹果、梨、橘子，则以水果作为它们的共同特征，于是三者概括为“水果”；但是也可以更加脱离实物，向上拔高为食物、能量来源、物质。

理论是概念及其关系的系统表述，概念通过对表明关系性质的陈述而联系起来。扎根理论的目的是发展理论而不是描述，因此，概念发展与分析非常重要。具体以属性与维度来发展概念，以概念的属性扩展和概念关系为主要方法去分析和发展理论。

根据概念是否表达对事物性质的判断性，分为名类与命题。名类就是概念只给出该事实的名称，但不表达性质或与其他事物的关系，如绩效考核、医生工作态度。当研究者编码时只给出名类概念，则只是将资料的信息按名类做了分类汇总，但并没有概括其中的意义。意义的概括需要以命题来实现。命题即是表达事物性质或与其他事物关系的概念，如绩效考核不合理、医生职业倦怠受工作量要求影响（后期概括为“工作量压力”的概念）。在分类汇总和信息梳理需要更高时，研究者会选用名类编码；在意义概括的需要更高时，研究者会选用命题编码。在分析中，这两种概念会共同使用，从而形成编码结构。理论是名类和命题的恰当综合，在命题中体现概念关系。

概念，作为抽象事实，具有较多层次。更高层次上的概念是对低层次概念的进一步概括，称为类属（categories）。类属与主题（theme）同义。低层次的概念指向、关涉到某个类属，并为其提供详细的内容。最低层次的概念，也可以指向具体实物、事件。

2. 理论的层次 理论根据其抽象程度可以分为三个层次：实务理论、中层理论、正式理论。实务理论（substantive theory，也译作实质理论）顾名思义是与实务工作、实际现象密切结合的、最接近情境的解释框架。它最为微观、具体，目的是去解释单一情境和单一案例，但也有可能迁移到类似案例中作为参考性的解释。再向上一层的理论是中层理论（middle-range theory），能够解释现实中某个类型的诸多情境。如管理学理论既能解释医疗管理，也能解释商业管理。某类情境的中层理论与另几个不同类情境的理论结合并继续向上抽象，形成一个正式理论（formal theory）。正式理论最为宏观，能在非常广泛的不同情境/研究领域中使用，其抽象程度最高，适用性最好。比如社会学中的符号互动论，管理学中的系统论。

扎根理论是从具体情境和资料出发作出归纳，因此一般以实务理论为多，但也有可能继续上升为中层理论。研究者越是向上移动理论的层级，概念和概念关系就变得越抽象，其适用面会更宽广，解释的现象也越多；然而它们开始丧失某些具体性，适用性、解释力不一定增强。为了保证理论对事实的解释力、理论的真实性，研究者要注意高层次理论与其下层概念、事实的关系。概念的金字塔被小心地建立起来后，更高层次的概念将依赖于低层次概念作为其坚实的基础，而低层次概念要直接回到那些带有细节和描述力的资料。理论建设不应脱离资料而凌空蹈虚，相反要以资料为基础。在解释任何高层次概念时，也应关注其指向的低层次的概念（即具象实物），这样就不会远离事实。资料还提供了所有的细节，从而为研究的现象增加趣味和变化。

（三）理论构建的步骤

1. 描述　即是描写现象、讲故事，没有大量的解释。描述不是理论，但抽象的解释必须从描述开始。描述是理论化的基础，因为描述已经体现概念，至少隐含着概念。有些描述是为了逐渐形成理论，但有些研究做描述只是为了呈现现象，引发思考和感受。

2. 资料整理（conceptual ordering）　是将资料进行类型排列，是描述与理论化的中间阶段。即描述使得资料更为清晰，之后将资料按照不同类型进行排列，最后做理论化。

资料整理是按照各种较为共识的名类、维度、特点对事物进行分类（有时候分等级），然后用描述阐明这些类别。这有助于发现资料的意义。此时也可以但不必在这些类别之间建立联系或形成一个上位的解释架构。资料整理是理论化的先导，理论正是通过这些分类排列进一步提炼而形成的。

3. 理论化　理论是解释性的，它不仅要将原初资料提炼成概念，还要将概念安排到一个逻辑的、系统性的解释图式之中。最终，一套完备的类属（包括主题和概念）通过关系的阐明，系统地联系在一起，形成一个定性理论模型。简言之，理论是概念和概念的联系形成的网络，是概念整合的过程，意味着所有的概念被整合到一个框架里。因此，理论化是从资料建构一个解释架构（explanatory scheme）的行动。

理论建构需要充分探究（就是资料的收集和分析）、其他理论的启发，以及多角度的审视和构想。理论化的过程是归纳（从材料中获得概念、属性、维度及关系）、联想（假设概念之间的关系）、比较、抽象（将描述概括为概念）、资料验证以及各种分析工具的交替运用。

（1）核心类属：有些概念能够逐渐汇聚，并形成统领性、联系性的上位概念。扎根理论中的核心类属代表最重要的一个上位概念，其他所有概念都要与它相联系；它必须是最相关、最有可能将其他类属联系到一起的。它频繁地在资料中出现，具有较好的深度、解释力和延伸性。一般只需要一个核心类属。

（2）概念整合的方法：概念整合意味着围绕核心类属讲述故事，且使用来自研究的其他类属和概念。整合是通过分析来实现的。分析与描述之间的区别是分析试图解释现象，而不是描述现象。描述之后会进行分类、总结，然后进行相关性的思考，即概念之间联系的思考，这两步就是分析。以下列举几种概念整合中用到的分析方法。

1）备忘录（memo）：是分析思考的实时记录，是想法的储藏室。备忘录更合适的中文翻译或许应为“心得”。备忘录不是描述，而是思考与分析，思考背后的原因和概念，是对发现的小结、总结。从备忘录发展出了一些概念及属性、维度，以之为引子，去分析其他资料，在不同事件、不同对象中去寻找、比较和审检该概念。

撰写备忘录和绘制图表促使分析者持续地努力寻找合适的概念化形式。所以，备忘录在前期和后期是会逐渐变化、成熟的。一开始或许只是思维的漫步。在调查、分析过程中，一种内在印象、直觉会先于意识而出现。所以备忘录也是逐渐引出这种直觉，并表达它的一个过程。

研究者应该将大量备忘录整合成为一个尽量全面的分析性的故事，即将备忘录里面的逻辑加以整合后，形成的是一个分析大框架。这个故事里包含了全部的类属/主题、属性和维度。这个故事/理论是一个建构物，但它是扎根于资料的。所以，整合备忘录是一个非常重要的方法，能够快速地进行整体分析，得出理论解释。

2）图表总结法：图表与备忘录都是思考、分析的载体，是分析的基本手段。没有备忘录和图表，就无法跟随研究进展中逐渐形成的复杂思想和积累的观念。图表可以用于概念之间可能关系的直观表达，也可以绘制事情进展线路图、逻辑框架图等来表达故事内核主线。图表促使研究者在概念、类属的层面上理解资料、考虑逻辑、放下细节。

3）向局外人讲述：作为局外人可以提任何自己感兴趣的问题，给局外人解释可以帮助研究者抽象地看待问题。

4）写故事提纲：沉浸在资料中一段时间后，研究者会有一种本能的感觉，虽然还没办法说出来。研究者应该用大纲概述式的语言，总结资料。通过多次的书写、讲述，将资料形成一整个简练的叙述框架。

5）感受资料：研究者重新阅读一些资料、文本，问自己这个资料中是什么在打动我、吸引我，他们到底在做什么。不是为了寻找细节，而是带着求证、温习感觉的目的去重新体会资料。

6）理论备忘录：它是对备忘录的一种连贯、总结，希望能够建立概念联系，更多地纳入概念。研究者需要在一段时间后重新回顾资料和备忘录，再重新做一个新的总结或是对总结的总结，不断提升抽象层次。

7）求助文献：研究者通过文献来激发自己的思想，借鉴文献中的概念，将发现放到更大的学科理论体系中。

（3）理论提炼：就是让整合形成的理论更加简练有效，有以下具体做法。

1）从内部一致性和逻辑关系上重新审视：回到资料、备忘录、图表去重新思考不合适的、不合理的地方。警惕研究者视角的偏见，警惕为了理论一致性而去扭曲资料的意义和研究对象的真实理解。

2）补充未充分发展的类属：理论构建的结果应该具有稠密性（density），概念的所有属性、维度都应被探讨。这也是所谓的理论抽样的目的——理论饱和。理论饱和意味着获得每一种类属并详细地说出了它的属性和维度，包括变化形式。只有做过备忘录回顾、图表绘制、理论提炼，才可以判断是否达到理论饱和。

3）修剪理论：把枝枝蔓蔓的概念剪去，尽量保持理论的简洁和完整。枝枝蔓蔓的内容或许与其他主题、理论相关，这是符合社会现象作为流动事件网络的性质的，但研究还是应该聚焦和有边界。枝蔓内容可以以后另做研究。

4）检验理论：首先，将理论框架与原始资料对比，理论框架应该可以说明大部分资料的事件内容。其次，给受访者讲述，要求其评价。偶尔出现无法解释的离群者（outliers）是可以接受的，离群者代表了理论的变化和例外的情况，但是不能过多。

六、编码过程

分析可划分成不同角度来介绍：理论构建、分析范式、分析工具、编码。实际上这些是共同使用在分析中的。编码也有其自身特点，因而这里单独介绍其步骤。

（一）开放编码

分析的第一步是沉浸式阅读。尽量不要写东西、划线、做笔记，而是感同身受地走进受访者的生活中，感受他想表达的。

之后进行开放编码（open coding），即早期编码。根据理论抽样要求，研究者获得一部分资料，就会进行该资料的开放编码。研究者用已有促敏概念和常识思维，在每一处语义的自然结束点做段落分割，从而将资料分成可操作的较小的片段。要将研究者的预期放到一边，让资料及对资料的解释来引导分析。全文逐行逐段理解，不要放过任何内容。对每一块资料（尽量短，如一两行、一句半句话）做分析，但是要将这一小段语义放在整个语境中去理解，考虑可能的多种意义，使用前述分析工具，用概括性的语言来表达资料的意思，从而使得代码浮现出来。同时，要注意代码（此时是概念的雏形）的属性和维度，以及可以略微尝试做一些概念间的关联（即轴向编码）。

形成概念/编码过程：研究者通过仔细阅读，试图理解原始资料所表达的本质。往往通过写笔记来促进思考。在记录对访谈文本的复述、解释中，不断将日常用语转述成抽象语言，概念、主题在解释、分析、复述中越来越明显，文本中的意义和本质就很自然地从思考/笔记中浮现出来。然后，研究者用一个名称来描述这种理解，就是研究者所选择的概念（也是代码）。当然，这些概念雏形是在随后的分析中会根据进展而变化的。有时候，受访者所使用的语言本身就非常简练、生动，所以研究者便借用他们的词汇。这就是“鲜活编码（in-vivo code）”。形成概念和编码是同义的。编码需要寻找合适的词语或者从概念上最能描述资料所指的词语。

注意不可以概括过度，即过于抽象。如科室收入与个人收入挂钩，使医生产生过度医疗。这是一种比较具体的概括。但如果说收入激励让医生医德下滑，这就过于抽象，而且偏离现象、加入了主观判断。概括必须与原有的意思严丝合缝，只是把描述性的、生活的表述变成了概括性的陈述而已，不要抽象到失去了与现象的关联。

（二）轴向编码

轴向编码（axial coding）是在开放编码和研究笔记的基础上，对概念与概念关系的探索，即进行概念联结。它需要对笔记、文本再次翻阅，是一种有意识地寻找，使用语境的前后串联比较，建立意义和关系。轴向编码阶段，在概念、概念关系、属性、维度之间互相牵连，在这个关联网中悠游思考，形成更加丰富而深入的关联和理解。

概念联结就是在概念A的两个维度A1与A2下，研究概念B有什么不同。这些不同体现为概念B的属性维度因为概念A而变化，即概念A的属性和维度与概念B相联系。其实这种思路在定量研究中是一样的。只是一个是定性的概念上的关联，一个是数字的变动关联。

不仅需要关注概念与概念的关系，也要考虑概念与一些基本条件的关系。如不同类型人员、不同时间阶段、不同地方场所等这些条件性、附属性变量与概念之间的关系。这些关联的建立一方面扩展了解释，另一方面也指导下一步的理论抽样。

轴向编码过程中，概念与概念得到联结，而概念的层次也逐渐形成。较低层次的概念可以连接到较高层次，就像把一系列积木放到一起建造一个金字塔。

当然，轴向编码与开放编码不是清晰阶段划分的，质性研究允许思维在主题和资料内自由开展。所以，有可能这种联结在无意识中已经做好了，因为早期的开放编码可能把所有的资料都分析过了，并会自然地发现材料中体现的概念与概念的关联。那么研究者要做的就是把不同的代码归到概念下面，然后就会发现属性维度（也体现在代码里）在不同概念之间的联系。

（三）选择性编码

选择性编码（selective coding）就是寻找和确认一两个核心类属，并将其他概念联结到核心类属，形成一个整体性理论的过程。实质上，选择性编码是轴向编码的自然上升，只是突出了一个中心式的概念——核心类属的作用。选择性编码也是一个类属整合的过程，是围绕一个核心类属将其他类属联系在一起并提炼和整理相应的理论构念的过程。这一步需要在专门的分析阶段来开展，虽然过去的分析和笔记中也会浮现一些核心类属的直觉。

此时，已经越来越深入地对概念进行了分析。分析是围绕着概念的，对一个个概念具体阐释、分析。并且过程与情境相联系，可以按情境条件不同而区分不同模式。

研究者应该尝试去向其他人讲述整体理论。这有助于研究者明确总体框架，也便于其严谨地检查理论的逻辑问题。研究者应该查看所有相关的备忘录来补充概念、概念间联系的细节。在形成了解释框架后，研究者应该将整体理论的理解讲述或写成文字发给受访者，听取他们的意见，进行修正。

第三节　案例研究

本节关注以理论构建为目的的多案例研究，参照了艾森哈特的案例研究取径。它主要吸收了扎根理论的方法，与扎根理论的差异在于方法论更加实证主义取向；它的研究对象是案例，研究内容主要是较为客观和一致的社会现象。

在扎根理论开创之前，学者们往往通过汇集文献中的已有理论，并结合常识与自身经验来构建理论。艾森哈特以扎根理论为总体框架，形成了理论建构型案例研究的体系。

一、案例研究的概念

案例研究是一种研究取径/策略，是为了解释某单一情境下特定类型对象（某现象、群体）的动态发生发展过程。案例研究分为三种类型：描述型、理论验证型、理论构建型。理论建构的案例研究选择深入一个或多个案例，使用归纳式的扎根的研究方法，从资料中提炼与资料高度吻合的理论构念，如概念、命题或理论模型。

案例研究属于质性研究的一个取径，但并非仅使用质性数据和分析方法。案例研究强调对案例的深入研究，缺乏足够数量的样本，无法构成定量研究。因此，案例研究只能是质性研究的总体框架，但可以根据研究目的和理论建构的需要加入部分的定量数据采集和分析。

案例研究与一般质性研究还有研究对象上的区别。一般质性研究以一个群体、情境、现象作为研究主题，其中的较多人、事物都可以作为研究对象进入研究，研究者从不同研究对象中采集不同方面的信息，对某一研究对象不必全面深入，因此研究对象数量会更多。但案例研究在一个研究主题内会更深入地专注于少量研究对象，如人、事件、群体、组织。针对少量研究对象（即案例），研究者需要了解其较长时间，往往结合了前瞻性（实时）调查和回顾性调查，研究者也需要了解其所在的情境因素。因此，案例数量难以庞大，通常在10个以内，多案例研究以2~6个居多。案例的信息会非常深厚、资料关联更紧密。同时，由于案例自身的深入，也形成了案例与其他研究对象之间明显的边界。

案例研究的目的分三种：个案描述、理论验证与理论构建。由于案例研究具有专注和深入的特点，所以它的描述也会非常细致真实而深入全面，具有较好的真实性和内部效度。因此，在20世纪50年代至80年代的很多案例研究经典都被认为是非常好的故事。20世纪80年代后，艾森哈特和殷都更关注案例研究对理论研究的价值，充分利用案例研究对细节的深入并借用扎根理论的方法以发现概念、概念关系与机制，因而案例研究成为了理论验证和理论建构的研究策略。

理论验证和理论建构，尤其是理论验证的案例研究突出了理论在不同案例中的复制，强调将新事件/案例与已有案例的模式做比较，进而验证多案例中的一致模式。因此，复制是持续比较与理论比较的结合，是扎根理论中比较方法的一个变化形式。复制逻辑（或称复制性逻辑）是指研究得到的理论模式所具有的一种性质，即概念和概念关系应该能够在多个案例中重复出现。

理论建构认为除了复制逻辑，还需要有理论生成逻辑、理论扩展逻辑两种逻辑。生成逻辑是指每个案例的现象资料都蕴含着理论模式。扩展逻辑是指每个案例的模式都可能不太一致，其他案例总是能够在一定程度上补充完善先前案例的模式，从而达成更完整的理论。

二、研究问题的界定

可以预先设定促敏概念或基本的重要理论概念，但不能事先有过于具体的理论设想，即设想不应深入概念细节和概念关系。与扎根理论一样，过多的预设会限制研究者对现象的理解和干扰理论建设的方向。归纳式的理论建构就意味着前面的概念发现很可能在后面被新的信息否定，因此在研究结束以前，所有的概念都是试验性的。

实证主义的案例研究强调外推性/普遍性，因此，总体的概念是必须存在的。因为总体的意义在于明确案例研究发现的理论可以用于怎样的其他案例、场景。这就需要将案例抽象为其所属类型及所在情境，并明确理论关注的研究主题。如类型是中国三级公立医院，情境是城市中面临较多其他三级公立医院竞争，主题是医保支付制度改革相关的医疗行为变化。实证主义的理论建构型案例研究的目的就是让发现的理论能够推广到这样一个总体中。

理论建构的案例研究适用于某个研究问题缺乏已有理论时。具体而言，适用的场景可能是：旧理论不适用了且理论与事实发生了差异，新的问题和现象产生了而没有相应研究，问题和现象缺乏对应理论，新观点产生了但是尚无系统论证。

三、抽样方法

理论构建型案例研究的抽样方法是理论抽样，不能进行随机抽样。因为要建构理论，就要最高效地从案例中发现不同的概念、概念关系，寻找有新意的信息。这可以理解为每个案例都存在一些理论碎片，从不同案例中得到的理论碎片最好是有差异的，能拼成一个比较完整的理论拼图。所以，案例研究最好的抽样方法是寻找具有不同"理论碎片"的研究对象，而随机抽样显然无法保证不同案例间理论碎片的重复程度最低。因此，理论建构研究包括案例研究和扎根理论一般采用理论抽样。

根据抽样发生的时间及决策依据，可以分为事先的理论抽样和事中的理论抽样。扎根理论的理论抽样是事中抽样，它强调研究步骤的交替循环，即设计、现场、分析是互相促进、不断交替的。因此，上一次现场和分析的结果会产生新的理论发展需要而进行下一步抽样。所以，事中理论抽样会更加适应现场，研究进展会更灵活动态。事中的理论抽样是根据之前分析得出的概念属性与理论的试验性关系做进一步抽样。例如，如果前一步的访谈发现进修医生对工作有一些困惑，那么就自然联想到本院住院医生是怎么适应工作上的一些困境。这就意味着以人员身份属性为依据做理论抽样，观察身份属性对工作适应的影响。具体来说，抽样的目的可能是揭示一个特殊现象、复制和验证已有发现、发现差异性的维度、排除其他可能解释等。

事先的理论抽样则需要在进入现场之前说明抽取某些条件的案例，甚至是确定具体的案例。在对案例有深入了解之前，如何确定案例之间能够最大程度地互补、拼凑出较为完整的理论图景呢？这就需要使用理论抽样的一个分支——最大异质性抽样法（maximum variation sampling or maximum heterogeneity sampling），即事先根据可能会产生最大差异的理论碎片的案例属性维度去划分案例类型，并选择在某些属性上占据不同维度的极端案例。维度的不同（极端）更可能让案例具有不同的理论特征，从而有助于在案例比较中发现理论。如绩效好的和绩效差的、男性和女性、规模大的医院和规模小的医院、改革完成了的和正在改革中的等。

如果案例研究的目的是验证理论，即实现复制逻辑，则事先的理论抽样需要以既有理论所针对的总体以及与原有案例的情境一致性作为依据进行抽样。

事先抽样也可以根据对案例和研究主题总体情况的了解，选择一个或少数独特的、典型的、杰出的、稀有的、启发性的案例。因为他们的独特性，所以可认为其具有某些受关注的理论特性，能给总体以不同的启发。如具有极优秀文化传统的医院，或在众多医院发展困难时脱颖而出的改革先锋，或走上与众不同改革道路的机构。

四、研究技法

理论建构的目的使得案例研究在具体的研究技法上具有极大的开放性。只要能够帮助有效严谨地建构理论，任何方法都是允许使用的。多种研究方法的目的是利用各自优势，得到不同发现，也可以通过不同方法的三角质证来检验数据和发现的真实性、可靠性。

在数据收集和分析上，虽然以质性方法为主，但定量方法是鼓励使用的。定量方法与质性方法各有优点。定量方法能够直观精确地体现概念属性的数量程度，也能够用统计方法去发现访谈与观察难以发现的一些内在关联；但测量与关系判断并不能确定其真实的理论价值。质性方法更可能敏锐地发现深层的因果机制、某些关系的理论价值；但质性研究也可能受到少数能说会道的受访者的片面影响，或者受研究者强烈个人观点的影响，使得结论有所偏颇或沉迷于绘声绘色的故事中。

访谈法收集材料时应该注意受访者自身对过去事件的回忆偏倚和自身价值观的投射。所以鼓励使用多个受访者视角，以及用实物材料、观察来产生三角质证以纠正偏倚。也可以既使用回顾性的对过去事件的访谈，又使用实时的事件进展访谈，甚至可以去参与观察。不同受访者、不同来源的资料、不同方法都会纠正单一方法的偏倚。

多位研究者的协同分工对三角质证也非常重要。协同分工在此并不是为了更经济地完成研究，而是为了利用不同人的不同视角进行研究者视角的互质纠偏。如同一场访谈可以安排一位研究者主持访谈，另一位负责记录。主持人有一个当事人的视角，记录者则具有旁观者视角，两个视角对访谈内容会形成差异性理解，则对访谈内容的理解会更接近真实情况。观察、访谈、编码分析都可以使用这样的多人员视角的三角质证。

在共同讨论和分析中，也可以临时给研究者分配不同角色，如一个人专门负责关注情境因素，一个人则关注少数派观点；或者也可以专门指定一个人作为“反对派”，在讨论中负责“唱反调”。

五、现场调查

案例研究的现场方法与扎根理论相似。首先是做好研究笔记，包括现场笔记和现场后的分析笔记。其次是研究步骤的交替循环，如根据理论发展可以考虑增加案例和非案例的调查对象，进行事中的理论抽样；根据研究需要改变数据采集方法，也可以调整访谈提纲、观察提纲。有人认为研究步骤的循环交替说明研究设计缺乏系统性和确定性，然而这种看法并不可取。研究阶段的交替循环之所以发生是完全由理论驱动的，是为了现象资料与理论更好地契合，能够更高效地探究研究问题。由于新的理论碎片的出现不具有事先的可预见性，事先固定好的系统化研究设计恰恰会与现场调查的实际情况脱节，因此扎根理论和理论建构的案例研究都认为研究步骤必须依据获得的资料做渐进式的演化进展。

六、案例内分析

扎根理论的分析在不同研究对象的资料之间可以自由地切换、比较，是因为扎根理论并没有明确的案例边界，最终是以所有资料为基础形成理论。与之不同，多案例研究的案例边界比较明确，因此并非所有案例的资料最初就形成单一的理论，而是先由单个案例形成自身模式，再与其他案例的模式比较，最终形成一个共同的模式。

因此，在案例研究中，首先要做的是单案例分析，即案例内分析。案例内分析首先是进行详细描述。扎根理论或一些其他质性研究会将受访者的单次或多次访谈或其他报告、观察记录作为一个完整的文本，可以直接加以编码分析。目的是将诸多的编码和概念进行关联（轴向编码），得到理论的整合，而资料本身是不需要整合的。但是，案例研究认为首先要对事情发生发展的现象进行详细描述，进行资料整合。因而，编码分析主要不是对分散的单次获得的资料文本开展的，而是主要对详细描述的、整合后的“资料完本”开展的。资料是否要先整合也与研究问题有关。如果研究问题是关于行动者对社会现象的理解、意义认领，则资料更为个体化、内在化，更适合解释主义，不同人的资料无法整合。如果研究问题是关于更为客观的管理问题、社会事件发展规律，则更为外在，更适合实证主义，那么描述外在事件的不同资料文本就可以整合为更为全面的现象描述。在详细描述时，要注意忠于资料、客观中立，将资料合理串接，拼凑成对现象的全面图景。这也就是为什么人们往往会将单案例研究视作“一个好故事”。

其次是模式提炼。相比讲好故事，以理论建构为目的的案例研究更强调提炼抽象模式——实务理论或者中层理论。因此，模式提炼就是在详细描述的基础上，在单案例内进行扎根理论中的开放编码、轴向编码、选择性编码，发现单案例所蕴含的模式，即试验性的理论雏形。

知识链接

请阅读下面关于国家卫生服务（NHS）医疗政策的论文，注意它对抽样方法的说明以及案例研究在描述与概念之间的平衡。篇幅所限，编者仅截取背景、研究方法和发现中的一小部分借以说明。

【背景介绍】NHS是英国政府主导的医疗卫生服务体系。英国工党政府的第二任任期对NHS推行了以竞争和选择为原则的分权改革，于2004年推出了其中一项重要政策——18周患者路径（简称“18周”）。18周是从患者角度出发对患者就医全程时间的一个政策指导。18周是从患者接受全科医生的诊断转诊开始到患者进入医院治疗结束。

【研究方法】主要根据以下因素而使用目的性抽样：专科医院与综合性医院、市场竞争程度、地理环境（如城市与农村、北方与南方）。由此我们实现了最大的异质性。

本研究的设计主要考虑了三个方面的严谨性：内部效度、外部效度和结构效度。为了达到最大的内部效度，我们采用了多案例比较的策略，在一个地点选取多个机构，既比较同一地点的不同机构，也比较不同地点的同类机构。并且我们采用分析式普遍性（analytical generalisation）而不是统计学普遍性（statistical generalisation）。即是理论的可迁移性，而不是某个数值的一致性。

至于外部效度（external validity），在对特定场景的准确描述与理论见解的对外可用性之间选择一个平衡点，希望以一种对结果的谨慎解读，能够产出一些能够应用于其他政策实施场景的理论洞见。

最后是结构效度，它体现在研究的概念框架上。作为政策执行研究（policy implementation studies），一方面选取了政策文件作为概念框架的来源，另一方面选取了组织运作的理论来建设概念框架。

研究问题：①18周政策是怎样影响、在多大程度上影响了医疗服务过程和组织内的行动者角色发挥。②这个政策在什么方面、如何产生正面作用。③这个政策在什么方面、为什么产生了负面作用。

【发现】医生职业自主权的削弱：政策对临床医生的决策过程产生了约束：医疗决策必须尽力满足时间上的要求。当然，医生总体上支持18周政策，理解它能够改善对患者的响应性。但是，政策有可能会对医疗服务质量造成负面影响。

在18周政策下，医生发现医疗服务的路径得到了改善：患者更及时地得到诊疗，医生能更方便看到就医情况。但是医生抱怨这个政策“使他们失去选择而不得不在18周治疗患者（管理人员）”。

因此，这是一个一刀切的政策。被医生认为是“拍脑袋的”，与患者病情毫无相关性。为此，医生也不得不武断地安排治疗方案。“你必须在4周内完成病情咨询，4周去调查和决定，然后有6周时间去做手术，这样你才能在18周内完成整个过程（临床医生）”。

18周政策导致职业自主权削弱，因为“有时候病情的变化并没有那么快，所以在18周内实际上没有办法按照病情变化的事实去做决定……你只能大概估计以后病情会怎么进展（临床医生）”，换句话说“这就像舔一舔手指，然后放到空中去看看风往哪里吹。这一点不科学（临床医生）”。虽然有时候医生认为患者的病情在18周后可能会好转，但是将患者在临床路径上快速前推的压力往往会让患者进入不必要的临床治疗。

实际上，患者也不希望被催促着走完医疗服务全程。他们希望在他们选定的时间（或地点）去接受治疗。“患者说，我不想现在手术。我希望在夏天手术，因为假期里我可以安排好小孩的照料问题还有其他事（管理人员）”。总体而言，医生认识到并支持18周带来的响应性提升，但是他们讨厌职业自主权的削弱。“他们（政府）可能会振振有词地说这是为了改善医疗服务，但是18周在医院内部制造了非常怪异的驱动力，它往往不是临床上恰当的，你只是为了追逐一个既定目标。这让我们感到非常难过！（医疗部门主任）”。

七、案例间分析

多案例研究在完成每一个案例的模式提炼后，还要进行案例间分析，又称跨案例分析。案例间分析不仅要实现复制逻辑，更要实现扩展逻辑。每个案例都会有自己的特殊性，含有丰富的细节，因此从单案例中总结的模式可能普遍性不足。只有通过案例间的比较，才能出现概念不同属性、维度导致的不同变化，从而辨别每个案例模式中的特殊性与普遍性，得出更有普遍性的理论。案例间的比较，主要目的是确定概念间的关系，因此，主要使用了扎根理论的轴向编码。

根据比较内容的不同，案例间分析可以以两种方式展开：按概念分类比较，案例分组比较。按概念分类，即将案例按概念的维度分类，同一属性不同维度的案例互相比较，从而了解该属性对案例的影响。案例分组比较是将案例任意两两分组，进行任意两个案例的细节比较，思考其类似或差异之处，从而激发概念分析。

八、理论迭代法

除了上述先做多个案例内分析再做案例间分析的次第分析之外，多案例研究还可以使用理论迭代法开展。研究者先选择一个最为简单和普通的案例，按照案例内分析的方法做详细描述和模式提炼。该案例分析完成后，再对第二个案例做详细描述，之后将第一个模式套入第二个案例中，去发现模式与资料的差异，从而引发模式的调整，生成第二个模式。接着重复此前一个模式与后一个新案例的比较，继续更新模式。有可能迭代后的模式还需要回到之前的案例进行重新比较。最终，得到一个最普遍的理论，也辨别了案例中的特殊性与普遍性。

九、理论形成

案例内、案例间或者理论迭代的分析过程是一个不断比较和验证、修正的过程。案例研究在分析的后期应将理论进行整合、精练，即理论形成的步骤。这与扎根理论中的理论化步骤是类似的。理论形成基本上以选择性编码的技法为主。作为归纳式的理论建构研究，所得出的理论必须与资料高度吻合。相应的，理论形成步骤主要应完成两个任务。

首先是概念的吻合。理论模型中重要的概念定义及其属性、维度，应该是从案例具体细节中将其共性抽象出来的，必须有资料的支持。如果研究者选取的是实证主义的哲学观念，那么概念就应该尽量是可测量的。

其次是概念间关系的吻合。各案例或许有不同的概念间关系，但通过比较，应该抽取其最大的共性，尽量能够涵盖不同的案例细节，并在解释后排除少量的离群点，以保持理论的简洁有效，得到大多数案例的支持。这种细节资料的支持佐证，即资料与理论的吻合，就是质性资料验证的方式，也是内部效度的来源。

概念、概念关系的验证和选择的过程，应尽量全面展示，供读者判断其科学性、严谨性、效度，加强研究的可重复性、可证伪性。

十、已有理论比较

形成理论之后，要通过与文献中已有的二手资料、其他理论进行比较而得到进一步提炼。理论之间的比较，与理论形成过程中的比较方法，在内核上是一致的，都是发现矛盾－推敲细节－解释和调解矛盾－达成新理解的过程。

这个步骤在期刊论文中可以放在讨论部分进行；也可以在案例研究的期刊论文的讨论部分简要介绍，并另外撰文做详细比较分析。前面的两个步骤是从材料中作出实征的归纳式理论建构，而已有理论比较一步是将已形成的理论模型与既有理论比较和进一步完善，是思辨研究的研究类型，因此，事实上已经脱离了案例研究阶段。

对于案例研究所生成的理论，这一步既是理论完善的过程，又是确立本理论学术价值、创新性、实用价值的一个程序。文献的比较，不能仅仅在研究主题范围内，而是需要扩展寻找其他领域的类似主题。理论比较主要有以下三方面的目的：

第一，发现既有研究的不足或空白，而研究者的理论能够对此加以解释，这正是研究的创新之处。如医保制度改革对医疗行为的影响可能在卫生领域没有前期研究，但制度改革对服务行为、经营策略的影响在商业领域和其他公共服务领域应该是有所研究的。因此，研究者要说明在本领域的创新，也说明其他领域的同一主题进展。

第二，发现与已有文献的相似之处。可能不同领域同一主题的研究发现都解释了某些现象，具有共同的理论框架，那么这些机制、概念、框架，就能够以复制逻辑被重复验证，增强了其外部效度。

第三，发现与已有文献的不同之处。最可能的是切入角度的不同，这说明不同理论具有扩展逻辑，可以在不同角度上互补，对此的比较和分析，有助于形成一个更为完整的理论。对于一些概念的矛盾、差异之处，加以解释，或者加以融会贯通、上升到更高层面解释，都有助于理论之间的互通，有助于界定各自理论的适用范围，或者形成更高层次的更普遍的理论。

通过与已有理论的详细比较，实际上就将案例研究的理论成果正式纳入了科学知识库，有助于未来的进一步研究。

十一、案例研究方法的评价

在此将前文中涉及的案例研究的优缺点及质量评价等问题做一个介绍。

理论建构型案例研究的优点如下：第一，案例研究是归纳式的也是扎根的，即来自资料、与资料高度吻合，源于实践、用于实践，具有真实性。第二，案例研究在缺乏已有理论时用于新理论探索，因此能具有理论创新性。第三，其最常用的方法是比较，进而贯通–调解–升华，达成新的理解。对扎根理论中比较法的全面应用，是理论建构的强大思维工具，比较法能够起到生成、复制和扩展（即补充完善）理论的三个作用。第四，因为来自真实案例，概念是资料支持的，所以是可以在后续的研究中被验证的，是可证伪的。

但是案例研究也存在局限性。第一，需要注意特殊性与普遍性的区别，避免陷入案例特殊性的细节中。否则可能造成理论细节过于复杂，或者有所偏颇、狭隘。这就需要对复制逻辑进行有效运用。第二，注意描述与理论的平衡，避免讲述故事而失去理论价值，也避免枯燥罗列要点和框架，失去案例资料的细节支持。第三，要避免对某些资料、来源、受访者的不恰当倚重，避免情感投入带来的成见、偏见。这也是质性研究方法普遍要注意的。

那么如何评价一个案例研究的质量呢？首先是评价其理论产出。一个好的案例研究，其理论成果应该是简洁而可理解的、可以证伪和复制的，是有创新性的。它应该比较了同一主题的理论，考虑了不同的解释框架，且最终具有超出它们的优点和适宜性。其次，其研究过程、研究方法在严谨性（rigor）上也应该符合质性研究一般的评价标准。理论的生成、复制与扩展无不来源于严谨的研究方法。

单案例与多案例研究孰优孰劣？实际上，并不存在案例数量多少与优劣的简单相关性。案例研究的质量如上所述，是根据研究方法和理论成果来判定的。案例数量与质量的关系体现在资料信息上。根据理论饱和的要求，理论建构中得到的异质信息越多，则理论更完备。到底单案例得到的信息多，还是多案例得到的信息多，并不是一定的。这取决于研究者的研究技术和案例本身的质量（所蕴含的信息和信息的可获得性）。只有在同样的研究者、同样的案例质量下，才可以认为案例多则得到的理论信息也多，则更有利于理论建构。对于某个具体研究，绝不能只看案例多少而去揣测其研究质量高低。案例数量的选择，实际上也取决于研究资源，由于人力财力的局限，以及案例研究的极度深入、耗时费力，加上分析中过多案例造成比较的复杂性指数式上升，研究者也难以承受过多案例的研究资源消耗。

实际上，单案例与多案例的界定也是比较模糊的。考虑到研究质量与研究资源的权衡，现实中往往形成主次分明的对象结构，即1~3个案例加上其他同类对象的部分资料。此时，案例研究不是平等对待所有研究对象，可以是主要投入于案例，兼顾其他对象的部分资料，作为比较的资料来源，但没有将其他对象作为案例深入探究。

案例讨论

【案例】2000年后，我国开启了公立医院后勤社会化改革，后勤管理和服务职能随之逐渐分开。保洁和运送项目是后勤服务项目中风险较小的一种。运送是指将患者运送到不同楼宇、楼层、房间的服务。在此简单介绍保洁运送服务外包的主要管理特点。

外包的模式有多家竞争模式和独家委托模式。独家模式是指一个服务项目只由一家外包公司提供服务的模式，项目的合同覆盖院区内所有区域。竞争模式是指一个服务项目由不止一家外包公司提供服务的模式，签订多个项目合同。

医院A选择了独家模式。后勤管理者在下达工作指标时只需要对接一家公司的管理者，沟通耗时少、效率高。但是，医院A也发现自己对服务的监管难以到位，因为外包公司缺乏竞争，拥有了垄断性的地位。

医院B选择了多家模式。多家公司竞争，激发了公司采取主动“提质降费”的工作方案，以获得优质廉价的服务。但多家模式在多家公司之间的沟通较为耗时费力，往往会产生理解偏差。同时，相同的合同项目在医院的不同区域分别是由不同公司负责，不同公司为了维护自己的利益，产生了地域保护主义，对分界不明确的，都相互推诿，容易产生服务“空白”地带。除此之外，对于具有上下游特征，需要相互配合完成的工种，也会产生一些恶意竞争，互相缺乏配合，服务质量将会受到极大影响，带来医疗服务质量上的风险。

【讨论】结合以上基本信息，为了更好地指导更多公立医院后勤社会化的制度选择和机制改善，医院管理人员试图以案例研究的方式去总结后勤社会化的制度变革经验，提炼有普遍推广意义的理论。承担该研究任务后，请你展开案例研究设计。具体可以包括但不限于：你认为研究问题是什么？已有的理论达到了怎样的解释完善程度？如何开展选择案例医院的最大异质性抽样？后续的研究内容、技法、对象分别是怎么样的？你可以尽可能多地搜索中英文文献，从文献中获取资料来开展研究设计。

十二、案例研究的撰写

在研究方法部分，首先要辩护使用案例研究取径（或理论建构的案例研究）的正当性，即这个研究问题为什么适合使用案例研究，为什么要用理论建构的、归纳式的案例研究？为什么要进行理论创新，而不是已有理论应用、演绎和验证？是因为已有理论不适用了吗？任何一个研究者，不仅是在撰写和回答审稿人意见时，而是在研究的开始之前就应该让自己回答这些问题。研究问题与研究方法的重要性、正当性是任何研究的严谨性基础。

进一步，研究者还要具体解释研究设计的类型、研究的哲学方法论观点，采取的质性研究或其他研究方法的用途，用详细的自我陈述和正当性辩护来避免多种学派对不同方法的先入之见。例如，本章论述的案例研究取径采用了艾森哈特对扎根理论的改造，那就需要说明这种研究取径与单纯扎根理论的差别，包括目的、研究对象、哲学观点等。

正文主要进行理论阐述和案例资料的展示。质性研究一般的写法是以理论模型或理论生成过程为正文结构骨架；前者展示最终的理论逻辑，后者展示理论生成过程的逻辑，更利于研究的可证伪性。案例资料作为具体细节证据的血肉来填充骨架。因此，质性研究一般都是以一种逻辑性的论证过程，夹叙夹议，逐步铺陈展开，而无法如定量研究一般以一两个大表格、统计分析模型对分析结果作出简洁明快的展示。但是，为了更有效地展示研究证据、论证过程和研究方法的严谨性，案例研究也需要尽量将概念、命题（对概念间关系的判断）的证据和论证过程用图表、示意图等加以视觉展示。比如文章最终一般会展示一个整体理论模型的示意图，通常会使用形状加箭头的展示方式。

行文的风格应该是讲好故事还是做好理论证明？曾经案例研究被认为是具有讲故事的传统，作者侧重深描技术去呈现现象，理论脉络附于故事之中。但艾森哈特将实证主义与扎根理论结合，提倡更有普遍意义的理论证明。故事让人印象深刻，加深对某类情境的感受，但理论能更深刻地理解现象并迁移到同类现象的理解中。因此，应该以理论价值为主，同时以更好的表达和更典型的细节资料去讲好理论的故事。然而，现实中，一篇文章的篇幅极为有限，此时不得不以理论证明为主。也可以将理论证明当作故事梗概，虽然篇幅所限仅可呈现框架，但也需要照顾可读性。若案例研究以专著为产出形式，则好故事与好理论可以兼得。

讨论部分，首先需要与已有文献、已有理论作出比较和差异说明；其次，对本文理论生成过程中排除的一些可能解释、案例特殊性与普遍性等内容作出说明；最后，对理论的适用范围，以及未来发展的可能性作出说明。

对未来研究的展望也很重要。案例研究所产生的是一个新生的理论，该理论需要而且也能够进一步发展，获得学术生命力。具体而言，它后续应该用思辨研究去做已有理论比较，进行定性的理论解释，开展理论验证的案例研究，以及使用定量实证演绎方法进行概念和关系的操作化、量化并逐步扩展理论适用场景。

第四节　定性比较分析法

1987年，查尔斯·拉金（Charles Ragin）在其出版的《比较方法：在定性和定量策略之外》中提出了针对中小样本案例研究的定性比较分析法（qualitative comparative analysis，QCA），并将其视为一种整合了量化和质化双重取向的研究方法。此后，该方法逐渐在社会科学的各个研究领域中得到广泛运用。QCA是基于集合论与布尔代数的分析方法，通过分析案例的前因（条件）组合和结果之间的必要、充分子集关系，探究复杂问题的因果关系。在查尔斯·拉金看来，定量研究者往往侧重于指标测量的精确度，忽视了外部标准对测量的校准；定性研究者则恰恰相反，侧重于实践性和理论性的知识对测量的校准，但是缺乏一定程度测量的精确度。而模糊集是沟通定性研究和定量研究的“桥梁”。通过模糊集，定量研究重视的精确度可以通过变量属于0~1当中任意值的方式体现；定性研究重视的实质性知识也可以通过定性锚点的形式来校准测量。

QCA以案例为导向，采用整体性的视角，打破了主流统计方法中的部分核心假设，提出“多重并发因果关系”概念，扩展了因果关系分析框架：①单个条件对结果具有独立影响的假设是不成立的，是条件组合并发对结果产生影响，这一思想体现在QCA的真值表可以罗列出所有可能的逻辑组合。②可能存在多种条件组合导致相同结果，即多重并发因果关系的等效性，这一思想体现在QCA最后得出的结果公式可以是多个。③因果关系不具有对称性，例如，有效的条件组合导致正向结果，不能推断无效的条件组合导致负向结果，即不是线性因果关系，这一思想体现在分析结果时，QCA分别考虑了导致正向结果和反向结果的结果公式。④包括两个核心规律“充分性”和“必要性”，充分性是指某个条件组合能够导致结果产生，必要性是指结果的产生总是会出现某个条件组合。⑤强调“简约性”原则，力求最后的结果公式简约又不失因果复杂性。因此，QCA主要可以解决导致某种结果发生的所有条件组合、结果不发生的所有条件组合、这些条件组合的一致性和覆盖率、结果发生的必要条件和充分条件。

一、QCA分类

按照构成条件变量和结果变量的集合类型不同，QCA主要包括清晰集（crisp set）、多值集（multi value）和模糊集（fuzzy set）三种定性比较分析。

（一）清晰集定性比较分析（csQCA）

csQCA是查尔斯·拉金在20世纪80年代后期开发的第一种QCA技术。基于布尔代数，只能处理条件变量和结果变量都为二分变量的案例，如性别（男性和女性）。

（二）多值集定性比较分析（mvQCA）

mvQCA是csQCA的拓展，允许条件变量是可以是多值变量，二分变量是其中的一种特定类型。在mvQCA中，不仅可以方便地编码类别变量，如交通灯（红灯、绿灯、黄灯）；还可以对定距或定序的变量进行分类后编码，如年龄（0~6岁为婴幼儿、7~17岁为青少年、18~45岁为青壮年、46~69岁为中年、69岁以上为老年）。值得注意的是，mvQCA中结果必须是二分变量。

（三）模糊集定性比较分析（fsQCA）

在fsQCA中，研究者可以定义条件变量和结果变量为0~1当中的任何数，和csQCA相比fsQCA允许部分隶属。在使用fsQCA时，需要利用外部标准对模糊集进行校准，包括直接法和间接法。

二、分析步骤

由于mvQCA和fsQCA的分析步骤都是在csQCA的基础上进行，所以本章以介绍csQCA的分析步骤为基础，同时补充介绍mvQCA和fsQCA的分析步骤中特有的部分。

（一）布尔代数简介和模糊集运算

在布尔代数中，用大写字母表示二进制变量的值为【1】，含义为变量强、隶属、存在等，小写字母表示二进制变量的值为【0】，含义为变量弱、不隶属、不存在等；通过*代表逻辑“and”，+代表逻辑“or”，→代表条件变量和结果变量之间的连接。在mvQCA中，由于需要编码多值变量，因此不能像csQCA一样用大小写来区分二分变量，取而代之的是通过集合形式来表示。在交通灯的例子中，红灯表示为交通灯{0}，绿灯表示为交通灯{1}，黄灯表示为交通灯{2}。此处应注意多值变量的编码应从{0}开始，{1}，{2}，{3}等。在fsQCA中，条件变量和结果变量都可以使用隶属分数来表示，并且使用了三种常见的模糊集运算：“非”“逻辑与”和“逻辑或”。“非”运算是指隶属分数从【1】转变为【0】，用符号“~”表示，例如，~A的隶属分数等于【1】减去A的隶属分数；“逻辑与”运算是指案例在集合交集的隶属分数等于构成这个集合中的最小隶属分数，例如，案例在条件A集合的隶属分数是0.5，在条件B集合的隶属分数是0.4，那么案例在条件A和B集合的隶属分数就为较小的0.4；“逻辑或”是指案例在集合并集的隶属分数等于构成这个集合中的最大隶属分数，在上面的例子中，案例在条件A或B集合的隶属分数就为较大的0.5。

如前文所述，QCA强调结果的简约性，在布尔代数中通过布尔最小化实现，这也是QCA的核心。布尔最小化是指将一个长且复杂的表达式简约成更短、更简洁的表达式。下面这个简单的例子体现了布尔最小化：现有3个二分条件变量（A、B和C）和1个结果变量（O），若出现A*B*C+A*B*c→O，那么可以简化为A*B→O，含义是条件A和条件B的组合在条件C存在或者不存在的情况下都能导致结果O的发生，那么条件A和条件B的组合就可以直接导致结果O的发生。在mvQCA中，布尔最小化的形式略有不同，如果要把一个多值变量排除在公式外，那么需要这个多值变量的所有形式都出现在公式中，例如，在三值条件变量A、二值条件变量B和结果变量O的研究中，出现$A_0*B_1+A_1*B_1+A_2*B_1 \rightarrow O$，可以简化为$B_1 \rightarrow O$。在fsQCA中，通过对模糊集的校准和编码，构建与csQCA相似的真值表，进行布尔最小化。

（二）步骤1：案例和变量选择

如前文所述，QCA是以案例为导向的研究，那么如何选择案例和变量对于QCA来说至关重要。研究者需要根据各自研究的背景和目的，遵循理论标准选择案例，确保所有案例间既共有足够的背景信息，又有足够的异质性。另外，QCA允许研究者在研究的过程中增减案例，这需要研究者对研究和所选案例有深入的理解。

变量选择和案例选择相似，都需要研究者熟悉研究和所选案例。不需要把各案例之间一致的变量纳入研究，这体现了QCA是比较研究；案例数和变量数之间保持平衡，一般来说案例数在20~40的研究，变量控制在4~6个为宜；QCA允许在研究的过程中增减变量，这需要研究者往返于案例和数据之间。值得注意的是，为了体现研究的透明性，无论是案例或变量的增减，都需要在研究报告中有所体现并说明原因。

（三）步骤2：构建模型

在csQCA中，通过相关阈值将变量编码为【0】或【1】的二分变量。在阈值的确定上需要研究者在理论和实践知识的基础上确定阈值，如果研究过程中需要调整阈值，研究者需要给出明确且合理的理由，保证阈值调整的透明。

变量编码完成后，就可以构建出包含所有案例的真值表。真值表是一个组态表，包括了相关条件变量和结果变量的组合。如表5-2所示，该真值表包含案例A~F，经过研究者分析确定了条件变量1~3，并通过相关阈值把条件变量和结果变量转化为了二分变量。可以发现案例D和E的结果栏显示的是矛盾，这说明D和E在相同条件变量组合下产生的结果不同，称之为矛盾组态。出现矛盾组态并不等同于研究的失败，研究者可以通过添加或删除条件变量、改变相关阈值、删除案例等方式处理矛盾组态，但是应注意的是，处理的过程需要有相应的理论和实践支撑，并保证过程的透明性。还有的结果状态被称为逻辑余项，这是因为随着条件数量的增多，理论上存在的条件组合也就越多，具体数量为2^k个，k是条件变量的数量。所以会出现理论上存在但是实际没有发生的案例类型，被称为逻辑余项。

表5-2　布尔组态的真值表

案例	条件1	条件2	条件3	结果
A，B	1	1	1	1
C	0	1	1	0
D，E	1	0	1	矛盾
F	0	0	1	0

续　表

案例	条件1	条件2	条件3	结果
—	1	0	0	逻辑余项
—	0	0	0	逻辑余项
—	1	1	0	逻辑余项
—	0	1	0	逻辑余项

在fsQCA中，由于条件变量和结果变量不能简单地二分，所以需要把模糊集数据嫁接到真值表上，通过以下五步进行数据嫁接：

（1）形成模糊集隶属度分数：如前文所述，研究者可以通过直接法或间接法把原始数据转化为转化为模糊集隶属度分数。在直接法中，研究者需要通过理论和实践知识定义3个定性锚点，【1】代表完全隶属，【0】代表完全不隶属，【0.5】是处于完全隶属和完全不隶属之间的最大模糊点。然后可以使用fsQCA软件得出每个变量的隶属度。在间接法中，研究者先利用理论和实践知识初步定义若干个定性分组，一般采用6个定性分组，分为完全隶属组（隶属度：1.0）、非常隶属组（隶属度：0.8）、有些隶属组（隶属度：0.6）、有些不隶属组（隶属度：0.4）、非常不隶属组（隶属度：0.2）、完全不隶属组（隶属度：0.0）。然后可以使用Stata软件中的分段多项式回归程序得出每个变量的隶属度。值得注意的是，无论是用直接法还是间接法校准，校准都要具有研究者的目的，体现研究者的理论和实践知识，而不是随意、盲目地进行校准。

（2）对每个向量空间角进行编码：把条件隶属度数据通过模糊集运算计算出每个条件组合形成的向量空间角上的隶属度，隶属度大于0.5的编码为【1】，含义是案例隶属于该向量空间角；小于0.5的编码为【0】，含义是案例不隶属于该向量空间角。

（3）设定频数阈值：规定每个向量空间角上案例出现的最小次数，一般20~40案例数的研究频数阈值为1-2个，低于频数阈值的案例需从真值表中删除。

（4）计算每个向量空间角与结果的子集关系的一致性：一致性（consistency）公式为consistency（$X_i \leqslant Y_i$）=∑（min（X_i，Y_i））/∑（X_i），其中，X_i是指案例在条件组合中隶属分数，Y_i是指案例在结果中的隶属分数，min指的是条件组合和结果中的较小值，当所有X_i都小于或等于Y_i时，一致性分数为1.00。一致性分数反映了条件组合是结果的子集的程度。

（5）根据一致性分数临界值进行二分编码：通常一致性分数临界值设定为0.8，高于临界值的编码为【1】，低于临界值的编码为【0】。

值得注意的是，在构建真值表之前需要对条件变量进行必要条件分析，通过公式consistency（$Y_i \leqslant X_i$）$=\sum(\min(X_i, Y_i))/\sum(Y_i)$ 计算，通常认为一致性分数大于0.9并且覆盖度足够的情况下，可以认为该条件变量是必要条件，那么该条件变量在真值表中就应该被剔除，但研究者需要在QCA的结果分析中对必要性条件进行讨论。

（四）步骤3：模型运转

通过真值表，分别考虑结果为【1】和【0】的情况，使用软件分别计算这两种类型组态的最小化公式，这与上文提到的QCA认为因果关系不具有对称性相一致。

需要纳入逻辑余项进行布尔最小化，纳入逻辑余项的结果是有意义的，因为大多数情况下研究纳入的案例只占理论案例池的一小部分，可能存在大量的逻辑余项，研究者可以通过纳入逻辑余项把通过实际发生的案例推导出来的最小化公式进一步简化。因此，研究者需要进行4次最小化:【1】组态，没有逻辑余项;【1】组态，有逻辑余项;【0】组态，没有逻辑余项;【0】组态，有逻辑余项。并且需要在研究报告中体现模型的逻辑余项假设。软件可以输出三种类型解：复杂解（无逻辑余项）、简约解（使用所有逻辑余项，不考虑合理性）和中间解（使用部分逻辑余项，根据研究者的理论和实践知识挑选有意义的逻辑余项）。查尔斯·拉金认为大多数QCA研究者都陷入了两个极端，即要么使用尽可能多的逻辑余项，要么尽可能不使用逻辑余项。事实上，研究者应该利用理论和实践知识进行思想实验，在两个极端之间找到一个平衡点，推荐在QCA报告中使用中间解。在输出的三种类型解中，都含有最小化公式对应的一致性和覆盖度，覆盖度表示该公式所涵盖的案例数占总案例数的比例，分为原始覆盖度和唯一覆盖度。

（五）步骤4：稳健性检验

和大多数模型分析方法一样，QCA分析需要对结果的稳定性进行检验。常用的方法为合理调整相关阈值、最小案例数、一致性分数临界值等。如果最小化公式没有随着上述变量变化而变化，那么可以认为得出的最小化公式是稳健可靠的。

（六）步骤5：结果分析

这是QCA分析的最后一步，也是关键一步，需要研究者在得到最小化公式后返回案例，根据案例具体分析最小化公式的实际含义。研究者要侧重于条件组合和结果之间的联系。

三、软件操作

推荐研究者使用fsQCA软件（软件下载网址：www.fsqca.com）进行QCA分析，

在软件操作方面，将以操作更为复杂的fsQCA进行示范。fsQCA软件可以打开数据文件［推荐的文件格式为：.csv（Excel）和.dat（SPSS）］和从头新建数据两种方式进行QCA分析。推荐研究者使用Excel记录原始数据，在示例中使用Excel表构建了一个虚拟研究，研究包括8个案例（北京—吉林）、4个条件（A1~A4）和1个结果（O1）。在将Excel表格导入fsQCA软件前，需要将格式改为.csv，导入进软件的研究原始数据见图5-1。

从菜单栏中选择“File”中的“Open”打开原始数据表，接着需要对原始数据进行校准，在fsQCA软件中可以通过两种方式对原始数据进行校准。一是研究者通过实践和理论提出构成模糊集的3个定性锚点：完全隶属度的阈值（模糊评分=0.95），完全非隶属的阈值（模糊评分=0.05）和交叉点（模糊评分=0.5）。二是把原始数据的百分位数直接作为定性锚点。由于所选的是虚拟研究，演示过程中以原始数据的百分位数（95%、50%和5%）作为定性锚点。在fsQCA软件中选中“Variables”中的“Compute”，进入图5-2所示的显示框，填上校准后变量的名字（示例中校准后的名字均在原名字前加FS），在显示框中选择calibrate（x，n1，n2，n3），x为需要校准的变量、n1为完全隶属度的阈值、n2为交叉点、n3为完全非隶属的阈值。对所有变量进行校准后，原表格后方会出现校准后的数据，如图5-3所示。为了界面简洁，研究者可以通过“save as”把此时的文件另存为一个新的表格，删去原有的数据栏，用fsQCA软件打开新表格，如图5-4所示。

在构建真值表之前，需要进行必要性分析。选中“Analyze”中的“Necessary Conditions”，进入图5-5所示的显示框，在“Add Condition”中选入FSA1、~FSA1等所有条件，在“Outcome”中分两次选择FSO1和~FSO1考虑两种结果情况，一致性分数大于0.9的被认为是必要条件，结果如图5-6所示。接下来构建真值表，选中“Analyze”中的“Truth Table Algorithm”，进入图5-7所示的显示框，选择条件和结果后，点击“Edit”中的“Delete and code”，如图5-8所示，这里可以选择最小案例数和一致性分数阈值，示例选择了默认的最小案例数1，一致性阈值为0.8，而后形成图5-9所示的真值表。可以发现真值表中“raw consistency”里大于0.8的结果被编码为【1】，小于0.8的被编码为【0】，同时需注意“raw consistency”旁的“PRI consistency”，如果出现“raw consistency”大于0.8且“PRI consistency”小于0.7的情况，需要手动把【1】改为【0】。接着点击“Standard Analyses”，出现图5-10所示的显示框，在这里研究者需要把先前得到的必要条件或者理论和实践中可知的条件选择为“Present”。选择“OK”后软件就会得到研究的复杂解（图5-11）、简单解（图5-12）和中间解（图5-13）。一般情况下，研究者只需关注简单解和中间解，把简单解中的条件当作主要条件，中间解中除了简单解以外的条件当作次要条件进行研究解释。

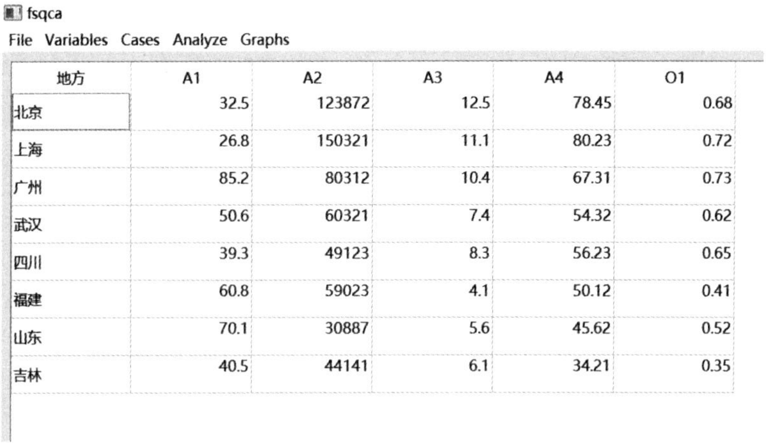

fsqca
File Variables Cases Analyze Graphs

地方	A1	A2	A3	A4	O1
北京	32.5	123872	12.5	78.45	0.68
上海	26.8	150321	11.1	80.23	0.72
广州	85.2	80312	10.4	67.31	0.73
武汉	50.6	60321	7.4	54.32	0.62
四川	39.3	49123	8.3	56.23	0.65
福建	60.8	59023	4.1	50.12	0.41
山东	70.1	30887	5.6	45.62	0.52
吉林	40.5	44141	6.1	34.21	0.35

图5-1　研究原始数据表

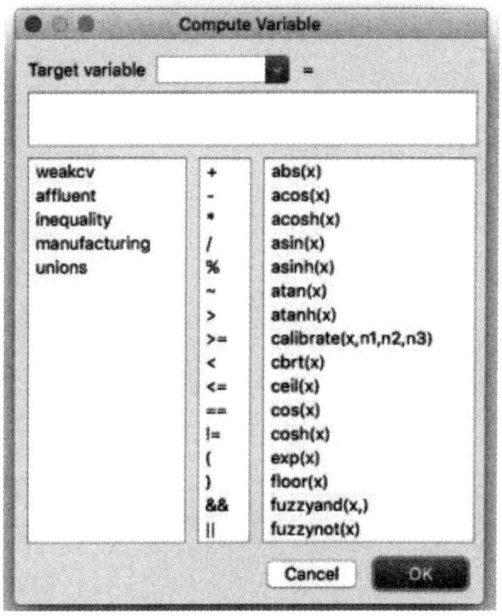

图5-2　Compute显示框

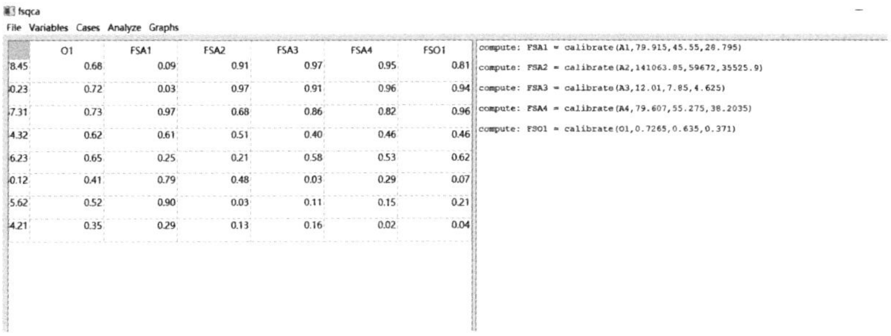

fsqca
File Variables Cases Analyze Graphs

	O1	FSA1	FSA2	FSA3	FSA4	FSO1
8.45	0.68	0.09	0.91	0.97	0.95	0.81
0.23	0.72	0.03	0.97	0.91	0.96	0.94
7.31	0.73	0.97	0.68	0.86	0.82	0.96
4.32	0.62	0.61	0.51	0.40	0.46	0.46
6.23	0.65	0.25	0.21	0.58	0.53	0.62
0.12	0.41	0.79	0.48	0.03	0.29	0.07
5.62	0.52	0.90	0.03	0.11	0.15	0.21
4.21	0.35	0.29	0.13	0.16	0.02	0.04

```
compute: FSA1 = calibrate(A1,79.915,45.55,28.795)
compute: FSA2 = calibrate(A2,141063.85,59672,35525.9)
compute: FSA3 = calibrate(A3,12.01,7.85,4.625)
compute: FSA4 = calibrate(A4,79.607,55.275,38.2035)
compute: FSO1 = calibrate(O1,0.7265,0.635,0.371)
```

图5-3　转化后的数据

fsqca

File Variables Cases Analyze Graphs

地方	fsA1	fsA2	fsA3	fsA4	fs01
北京	0.09	0.91	0.97	0.95	0.81
上海	0.03	0.97	0.91	0.96	0.94
广州	0.97	0.68	0.86	0.82	0.96
武汉	0.61	0.51	0.4	0.46	0.46
四川	0.25	0.21	0.58	0.53	0.62
福建	0.79	0.48	0.03	0.29	0.07
山东	0.9	0.03	0.11	0.15	0.21
吉林	0.29	0.13	0.16	0.02	0.04

图5-4　校准后的数据表

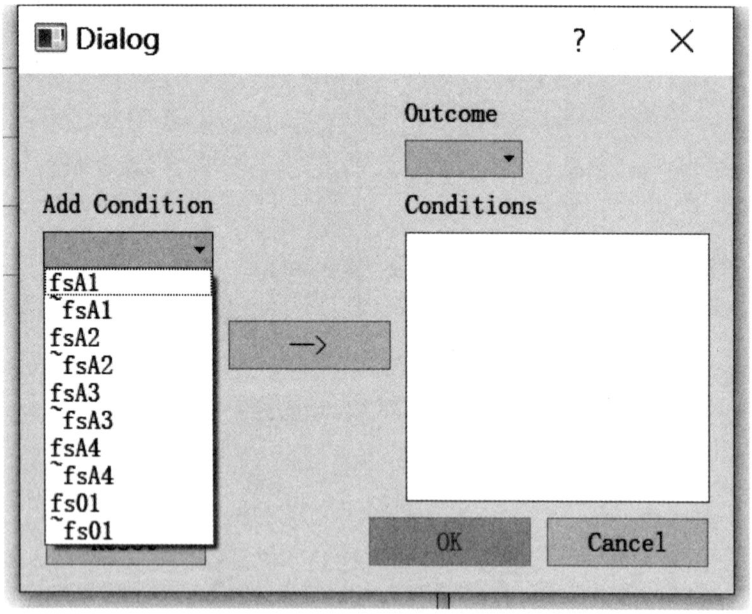

图5-5　必要性分析选择框

```
Analysis of Necessary Conditions

Outcome variable: fs01

Conditions tested:
        Consistency    Coverage
fsA1    0.513382       0.536896
~fsA1   0.729927       0.737101
fsA2    0.788321       0.826531
~fsA2   0.447689       0.450980
fsA3    0.909976       0.930348
~fsA3   0.355231       0.366834
fsA4    0.924574       0.909091
~fsA4   0.369830       0.397906


Analysis of Necessary Conditions

Outcome variable: ~fs01

Conditions tested:
        Consistency    Coverage
fsA1    0.724936       0.717557
~fsA1   0.532134       0.508600
fsA2    0.424165       0.420918
~fsA2   0.825193       0.786765
fsA3    0.352185       0.340796
~fsA3   0.928021       0.907035
fsA4    0.408740       0.380383
~fsA4   0.902314       0.918848
```

图5-6　必要性分析结果

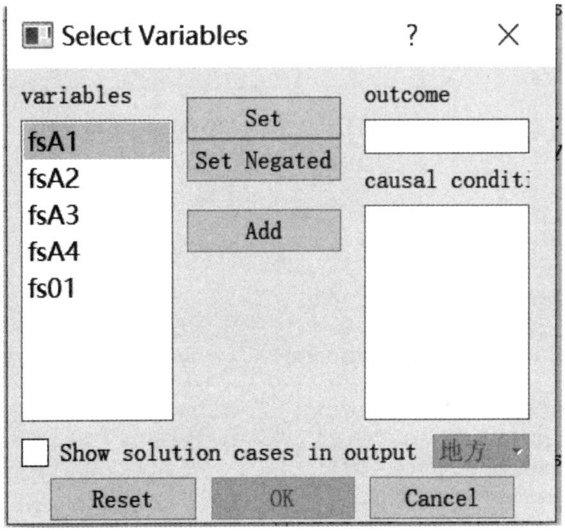

图5-7　变量选择框

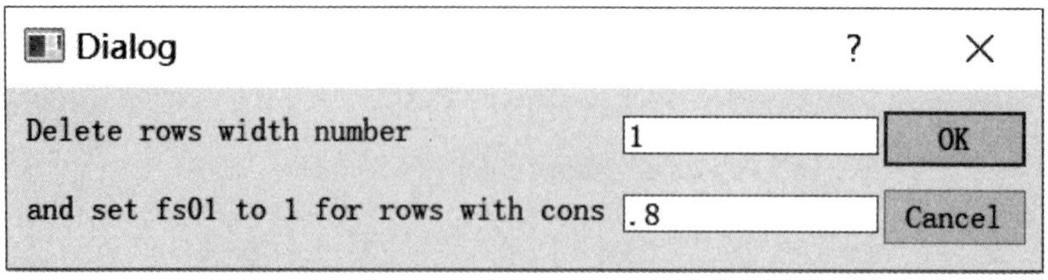

图5-8　最小案例数和一致性阈值选择框

Edit Truth Table
File Edit

fsA1	fsA2	fsA3	fsA4	number	fs01	raw consist.	PRI consist.	SYM consist
0	0	1	1	1	1	1	1	1
1	1	1	1	1	1	1	1	1
0	1	1	1	2	1	0.960474	0.936306	1
1	1	0	0	1	0	0.647436	0.153846	0.153846
0	0	0	0	1	0	0.578125	0.0470588	0.0470588
1	0	0	0	2	0	0.473077	0.0680273	0.070922

图5-9　真值表

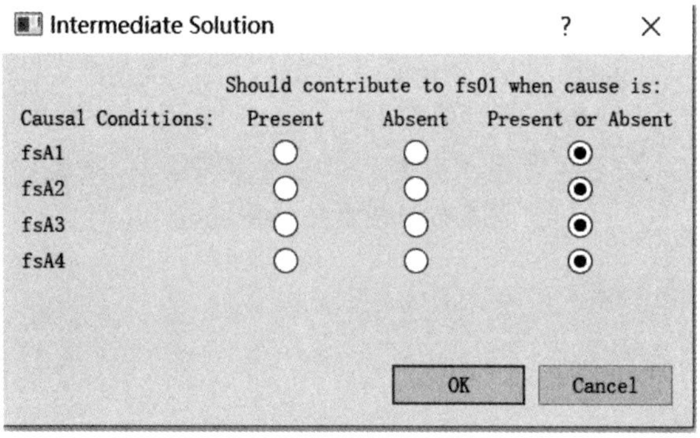

图5-10　中间解选择框

```
--- COMPLEX SOLUTION ---
frequency cutoff: 1
consistency cutoff: 0.960474
                          raw        unique
                        coverage    coverage    consistency
                       ----------  ----------  ----------
~fsA1*fsA3*fsA4         0.686131    0.0948905   0.965753
fsA2*fsA3*fsA4          0.751825    0.160584    0.968652
solution coverage: 0.846715
solution consistency: 0.972067
```

图5-11　复杂解结果

```
--- PARSIMONIOUS SOLUTION ---
frequency cutoff: 1
consistency cutoff: 0.960474
              raw         unique
            coverage     coverage     consistency
           ----------   ----------    ----------
fsA3       0.909976     0.026764      0.930348
fsA4       0.924574     0.0413626     0.909091
solution coverage: 0.951338
solution consistency: 0.882619
```

图5-12　简单解结果

```
--- INTERMEDIATE SOLUTION ---
frequency cutoff: 1
consistency cutoff: 0.960474
Assumptions:
fsA3 (present)
fsA4 (present)
                       raw        unique
                     coverage    coverage    consistency
                    ----------  ----------   ----------
~fsA1*fsA3*fsA4     0.686131    0.0948905    0.965753
fsA2*fsA3*fsA4      0.751825    0.160584     0.968652
solution coverage: 0.846715
solution consistency: 0.972067
```

图5-13　中间解结果

四、应用举例

我国基本医保制度自建立以来，在维护人民群众健康权益、缓解因病致贫方面发挥了积极作用。然而，医保政策执行偏差问题屡见不鲜。其中，欺诈骗取医疗保险基金是我国医保政策执行偏差中影响最为严重的现象之一。“欺诈骗保”现象频发，致使社会福利遭受重大损失、公众信心受到挫伤。

国内学者主要从医保的管理体制、补偿机制、监管技术等方面对我国基本医保基金流失的原因进行了探索，大多以个案研究、定性总结或单纯理论分析为主，缺乏理论与定量证据的结合。故下文以史密斯政策执行理论为框架，通过定性比较分析方法（QCA），对我国31个案例省（自治区、直辖市）进行分析，探索影响骗保发生的关键因素及作用路径，为我国医保基金监管和欺诈骗保治理提供参考依据。

史密斯模型（Smith model）广泛应用于公共政策执行结果的因素研究，其认为影响政策执行结果的前因条件主要包括理想化政策、目标群体、执行机构和环境因素四个维度。基于史密斯模型及医保基金监管相关研究，结合专家意见，综合确定影响骗保现象发生的前因条件：①理想政策维度中提出前因条件1“省级是否出台了医保基金监管的专门性政策”。②目标群体维度中提出前因条件2“该省被通报案件是否涉及民营机构”和前因条件3“该省居民收入水平是否较低”。③执行机构维度中提出前因条件4“省级基本医保管理部门主政官员是否具有人社或卫生领域工作经历”和前因条件5“医保基金监管技术水平是否较高”。④环境维度中提出前因条件6“该省医保基金是否相对充裕”（表5-3）。

以我国31个省级行政单位为案例对象，2017年1月中华人民共和国审计署通报的基本医保基金问题、2019年上半年国家医疗保障局通报的三批骗保典型案件为数据源。案例选择原则如下：①选择中央部门通报案件，而非省级自发通报案件，减少了各省级行政单位查处力度差异导致的案件数量内生性问题。②纳入多部门公布案件，不仅仅关注医保部门公布案件，通过多源数据提高案例的代表性。最终纳入案例110起，案发时间为2013—2018年，各省级行政单位案件平均数约3.55起，中位数4起，其中湖北省案件最多，共8起，西藏自治区最少，未被通报（表5-4）。

选择清晰集定性比较分析方法（csQCA）。①案例赋值：根据csQCA的赋值原则和之前相关研究经验（当缺乏成熟理论标准时可使用平均值或中位数等机械分界点），以平均数作为案例结果临界值，对前因条件和结果进行二分化处理（表5-3）。②结果评价：通过一致性（consistency）和覆盖率（coverage）两个指标评价影响因素和路径。③稳健性检验：为避免二分标准对结果科学性带来的影响，本研究借鉴既往经验做法，采用提高案件结果赋值标准（赋值为1的标准，由4起提高为5起）和通过模糊集赋值（采用95%、50%、5%三个分界点，减少二分化导致的测量误差和信息损失）两个方法进行了稳健性检验。本研究使用软件为fsQCA2.5。

前因条件分析：如表5-5所示，所有条件一致性都未超0.9，均不构成必要条件。未出台政策、涉及民营机构、居民收入较低、主政官员无相关经历、技术水平较低近似为必要条件。“涉及民营机构+居民收入较低”“主政官员无相关经历+技术水平较低”的一致性超过0.9，说明当更全面地考量时，目标群体、执行机构问题会成为骗保发生的必要条件。

路径分析：QCA路径分析结果包括复杂解、中间解、简约解，其中中间解平衡了启示性与普适性，最具有价值，结果如表5-6所示。通过路径分析发现，我国欺诈骗保主要为目标群体妨碍、政策表面执行、执行机构失守和“强监管—高发现”四种类型，其整体覆盖率达到43.75%，四种路径可以解释我国近一半的欺诈骗保发生现象。目标群体妨碍型：该类型包括路径1~3，主要指由于定点医疗机构和参保居民目标群体导致的欺诈骗保类型，当医疗服务发生在民营机构并且当地居民收入较低时，无论其他不利条件是否出现，骗保事件均高发。政策表面执行型：该类型为路径4，指当地出台了本地化的医保基金监管政策，但基于医保基金充足的外环境原因，同时当地主政官员缺乏相关专业背景和信息技术条件，本地化政策并未有效避免医保基金欺诈骗保现象的发生。执行机构失守型：该类型为路径5，指主要由于医保监管执行机构管理动机或能力不足导致的欺诈骗保路径。当主政官员缺乏医保或卫生相关专业背景，医保信息技术监管水平较低，加之医保基金充足及相关外环境的宽松，即使相对前两类路径目标群体因素减弱，依然容易发生欺诈骗保现象。“强监管—高发现”型：该类型为路径6，主要指在目标群体、执行机构和外部环境维度相对其他三类欺诈骗保不利因素减弱的条件下，即每个维度不利因素没有达到完全一致时，因医保基金监管信息技术水平提高，而出现的欺诈骗保事件高发现象。

本研究将QCA这一较新颖的方法引入社会保障基金监管研究中，较好地弥补了本领域以传统定性研究为主的不足，提供了一种科学性更强的全新思路。同时，为我国欺诈骗保事件主体和手段提供了一个整体“画像”，并提出了“目标群体妨碍”“政策表面执行”“执行机构失守”和“强监管—高发现”欺诈骗保的路径类型。目标群体中医疗机构公私性质和参保人群经济水平、管理执行机构中领导专业背景和信息技术条件，以及外环境方面医保基金的充裕程度等是我国欺诈骗保是否发生的核心前因条件。

表5-3　案例结果、前因条件赋值规则

维度	名称	属性	赋值	资料来源
案例结果	骗保高发	骗保不高发：案件数低于平均水平（<3.55起）	0	审计署、国家医疗保障局官网
		骗保高发：案件数高于平均水平（≥3.55起）	1	
理想政策	前因条件1：政策采纳	未出台：案发前3年内未出台基金监管政策	0	国家和地方政府官网
		出台：案发前3年内出台了基金监管政策	1	
目标群体	前因条件2：民营机构	未涉及民营机构：无民营机构骗保案	0	民政部“中国社会组织公共服务平台”、国家市场监管总局“全国企业信用信息公示系统”
		涉及民营机构：有民营机构骗保案	1	
	前因条件3：居民收入	收入较高：居民可支配收入高于全国平均水平	0	《中国统计年鉴（2014—2019）》
		收入较低：居民可支配收入低于全国平均水平	1	
执行机构	前因条件4：主政官员经历	无经历：案发期间至少1位负责人无相关工作经历	0	人民网、地方政府官网等
		有经历：案发期间历任负责人有相关工作经历	1	
	前因条件5：信息技术水平	技术水平较低：两项目*至少有一个项目建设不足（入选地级市数未超全国平均数或2011年前未启动基金监管软件联网工作）	0	人社部官方网站
		技术水平较高：两大项目均建设良好（入选地级市数超全国平均且2011年前启动基金监管软件联网工作）	1	
环境因素	前因条件6：医保基金	基金不充裕：案发期间年度基金结余出现负数	0	《中国卫生健康统计年鉴（2014—2019）》《中国统计年鉴（2014—2019）》
		基金充裕：案发期间年度基金结余均为正数	1	

注：*“金保工程”和人社部基金监管软件联网项目。

表 5-4　案例基本情况（按案件数排序）

省级行政单位	案发时间（年）	案件数（起）	省级行政单位	案发时间（年）	案件数（起）
湖北	2014—2018	8	福建	2015—2018	3
内蒙古自治区	2015—2017	7	河北	2015—2018	3
安徽	2015—2018	6	山西	2015—2018	3
山东	2013—2018	5	四川	2015—2018	3
广西壮族自治区	2015—2017	5	云南	2015—2018	3
甘肃	2015—2018	5	重庆	2015—2018	3
湖南	2015—2018	5	上海	2013—2017	2
江苏	2015—2018	5	河南	2013—2018	2
陕西	2015—2018	5	北京	2015—2018	2
吉林	2015—2018	5	贵州	2015—2018	2
广东	2015—2018	4	青海	2013—2018	1
海南	2013—2018	4	天津	2013—2018	1
黑龙江	2013—2018	4	浙江	2013—2018	1
辽宁	2013—2018	4	新疆维吾尔自治区	2015—2018	1
江西	2015—2018	4	西藏自治区	2013—2018	0
宁夏回族自治区	2015—2018	4			

表 5-5　前因条件（组合）必要性、充分性情况

前因条件	一致性	覆盖率（%）
未出台政策	0.88	56.00
出台政策	0.13	33.33
未涉及民营机构	0.13	18.18
涉及民营机构	0.88	70.00
居民收入较高	0.19	42.86
居民收入较低	0.81	54.17
主政官员无相关经历	0.88	48.28
主政官员有相关经历	0.13	100.00
技术水平较低	0.81	54.17
技术水平较高	0.19	42.86

续 表

前因条件	一致性	覆盖率（%）
医保基金不充裕	0.38	50.00
医保基金充裕	0.63	52.63
涉及民营机构+居民收入较低	0.94	55.56
主政官员无相关经历+技术水平较低	1.00	51.61

表5-6 欺诈骗保事件发生的路径（中间解）

类型	类型一			类型二	类型三	类型四
路径	1	2	3	4	5	6
出台政策	—	⊗	⊗	●	⊗	⊗
涉及民营机构	●	●	●	●	●	●
居民收入较低	•	•	•	•	⊗	—
主政官员有相关经历	•	⊗	—	⊗	⊗	⊗
技术水平高	⊗	—	⊗	⊗	⊗	•
医保基金充裕	⊗	⊗	⊗	●	●	⊗
一致性	1.00	1.00	1.00	1.00	1.00	1.00
原始覆盖率（%）	12.50	12.50	12.50	6.25	6.25	12.50
唯一覆盖率（%）	6.25	0	0	6.25	6.25	6.25
整体一致性	1.00					
整体覆盖率（%）	43.75					

注："●"表示对应条件发生，"⊗"表示条件不发生，大圆表示核心条件，小圆代表次要条件，"—"表示该条件未被提及。原始覆盖率指路径所能解释的案例比例，唯一覆盖率指仅能被该路径解释的案例比例，整体覆盖率指所有路径能够解释的案例比例。

知识链接

上文的3种QCA只是把不同条件的组合视为不同的路径，而在这些路径里看不到条件出场时间差异对结果是否发生所构成的影响。因此有学者将时间概念引入QCA分析，发展出了时序性定性比较（temporal qualitative comparative analysis，TQCA）。在TQCA中，相同条件组合例如AB和BA在时序上存在差异，即认为相同的条件组合中条件出现的先后顺序会对结果造成影响，而在先前的QCA方法中这两种情况被认为是同一种。

TQCA的逻辑运算基础和传统的QCA一样，依旧是布尔代数。在此基础上，TQCA引入“—”代替传统QCA中的“*”连接条件，表示条件发生的先后顺序，例如，B—A表示变量B在变量A之后发生。在考虑了时间顺序对结果的影响后，TQCA案例组合的数量大幅增加，从原先的2k增加为k*2k，而且不是所有研究结果都与条件的时间顺序相关，故需要研究者的分辨与排除。

第五节　德尔菲法

20世纪50年代，在美国空军的赞助和支持下，兰德公司开发了一种新的系统方法——德尔菲法（Delphi method），通过采用带有可控信息反馈的重复问卷调查过程来获得群组专家的意见。德尔菲法最初应用于美国国家防御事务中，由于国家安全保密原因，该方法在被开发12年后才被兰德公司公布并用于其他非军事领域。20世纪60年代，德尔菲法无论在应用领域还是在理论体系的扩展方面都得到更加广泛的应用和发展，在技术预测和复杂社会问题评价等方面的应用尤为显著。如今，作为一种成熟的定性的系统评价和预测方法，德尔菲法以其适用性强和简单易行的特性逐渐被众多研究者应用于各学科领域，包括公共卫生领域。

一、德尔菲法的概念

德尔菲法，最初是一种通过一系列精密设计并带有可控信息反馈的问卷调查过程，以获得最可靠的群组专家意见共识为目的的分析方法。随着该方法的不断发展，很多基于德尔菲法基本原理的新方法并不总是以获得专家共识为目的，这使得人们对于德尔菲法定义的解读和理解更加多元化。例如，有人认为德尔菲法是一种通过构建群组交流过程来使得一组专家作为一个整体去解决复杂问题的方法；有人认为德尔菲法是一种针对某一特定问题，从专家组系统地收集数据和整合判断信息的方法。

不同学者对德尔菲法的定义有所不同，但是其核心应用价值在于运用重复的问卷调查过程去获得群组专家对某个特定问题的态度、意愿和预测等。除了定义的不确定性之外，德尔菲法其他的不确定问题包括专家共识的定义、对专家概念的定义和最佳人数的确定等。

德尔菲法主要通过专家的判断解决以下问题：①用常用的分析方法无法解决，必须通过集体主观判断作出决策的问题。②对同一问题每个人之间的体验和见解均不同时。③由于一些原因无法召开多次会议时。④个体之间对同一问题的观点差别太大，有必要采用匿名的方式达成共识。⑤作为一个专家会议的前奏，以提高会议的效率。

二、德尔菲法的特点及实施步骤

德尔菲法是一种利用专家的专长和经验进行直观预测的研究方法，是通过一系列集中的专家调查问卷，并辅以有控制的观点反馈，从而得到一组专家最大程度的共识的过程。德尔菲法适用于没有精确研究资料的问题研究，需要根据专家集体的专业知识和经验来进行直观的判断。德尔菲法具备以下四个特点：

1. 专家的匿名性　德尔菲法研究需要严格选择一定数量的相关专业的专家参与，专家的人数视研究问题的具体情况而定，一般为10~50人，大型问题需要的专家数量较多。专家匿名参与问卷调查。

2. 问卷的重复性　德尔菲法的研究过程是一个重复的过程，要经过两轮以上的专家意见征询，直至专家意见达到一定程度的共识，才可以结束意见征询，共识程度由专家意见协调系数W来表示。在专家意见回复率较高的情况下，W系数越高，专家意见的共识程度越高，结论的准确性越高。

3. 有控制的反馈　德尔菲法研究过程中，要经过数次反馈。在每一轮意见征询以后，要将征得的专家意见进行统计处理，并将处理所得的集体意见反馈给每位专家，作为下一轮意见征询的参考。这种反馈是有控制的反馈，即控制应答者围绕既定目标进行意见回复。

4. 结论的量化统计处理　德尔菲法研究采用统计的方法，对专家的集体意见进行定量评价和处理。

德尔菲法的一般实施步骤：①确立研究课题。②选择专家。③设计专家问题调查表。④几轮专家意见征询与有控制的反馈。⑤汇总、统计、分析调查结果。

三、德尔菲法研究结果的处理方法

在结果最终处理阶段，主要的工作是用一定的统计方法对专家的意见做统计归纳处理。德尔菲法中常用的统计指标有四分位数间距、中位数、算术均数、百分位数、标准差、变异系数、协调系数和专家的积极系数等。运用德尔菲法进行估计时还可以借助各种统计图、统计表来进行描述和分析。下面是几种运用德尔菲法进行统计分析中需要考虑的一些指标。

1. 专家的积极系数 是指专家对该研究项目的关注和了解程度。用调查表的回收率（回表率）和每个问题的应答率来表示，其值越接近100%越好。

2. 专家意见的集中程度 是指专家对各指标重要性的意见集中程度。一般以指标重要程度的算术均数、中位数和满分频率表示，值越大说明该指标所给满分的专家比例越大。

3. 专家意见的协调程度 是指专家对每项指标的评估是否存在较大的分歧。*W*表示协调系数，其值在0~1，*W*值越接近1协调性越好，<0.5表明对某一指标或问题协调性不好。另外，需要指出的是：协调系数是判断是否要继续开展下一轮咨询的依据：如果本轮咨询的协调系数比上一轮没有提升，则说明专家意见趋于一致，可以终止咨询。

4. 专家的权威程度 任何一个专家都不可能对预测领域的所有方面都具有权威性，因此，有必要让专家进行自我评分。专家的权威（*Cr*）程度一般由两个因素决定：①专家对方案作出判断的依据，即判断系数，用*Ca*表示。②专家对问题的熟悉程度，即熟悉系数，用*Cs*表示。专家权威程度的计算公式为*Cr*=（*Ca*+*Cs*）/2，一般认为*Cr*>0.7为可接受。

四、德尔菲法在卫生领域的运用

德尔菲法在卫生领域的应用，最早开始于对护理工作的研究，随着德尔菲法的完善，其在医学领域的运用也在不断扩展。

1. 德尔菲法在临床工作中的运用 主要用于：①诊断方法中诊断标准的制定，如用专家评分法制定心电图诊断的标准。②评定疾病治疗方案尤其是癌症患者的治疗方案，例如，用德尔菲法对食管癌等疾病的治疗进行评价、评定疾病的严重程度和预测病情等。

2. 德尔菲法在建立和评价医疗服务的质量指标体系中的运用 德尔菲法运用中专家的选择具有多领域、多学科的特点，因此该方法广泛运用于指标体系建立和体系效果的评价。

3. 德尔菲法在卫生经济学评价中的运用 在卫生资源有限的情况下，通过专家对卫生资源使用的成本–效益、成本–效果、成本–效用进行及时的评定，减少卫生资源的浪费。

应用案例：基于德尔菲法的医疗纠纷风险评价指标体系构建

医疗纠纷影响因素涉及患方因素、医务人员因素、疾病诊疗因素、医院管理因素和社会因素。本研究中排除社会因素，保留其余4个一级指标和整合过的39个二级指标。

（1）专家选择：本研究专家选择的原则：①高校进行医院管理研究的老师，副教授以上。②医院专职从事医疗纠纷处理的行政人员，中级职称及以上，且至少有6年工作经验。③临床上参与过医疗纠纷处理的医务人员，工作经验15年及以上且至少为副高职称。④专家的地域分布广泛，临床医务人员涵盖医疗、护理和医技三方面。

（2）具体实施过程：本研究发放了两轮德尔菲专家咨询问卷，请专家从“指标重要程度”“指标熟悉程度”及“指标的可获得性”三方面对各指标进行评价。评分采取李克特五级评分法，从1至5表示程度越来越高。专家可对各指标提出删除或修改意见，也可以在现有基础上增加指标。

两轮德尔菲专家咨询表均采取现场发放和电子邮件发放两种形式，要求专家在2周内反馈。在回收第一轮专家咨询表后，以重要程度为判定系数，删除平均分不足3.30分的指标，根据“二八原则”，删除“很不重要（1分）”和“不重要（2分）”累计选择率（低分率）超过20%的指标。在此基础上形成第二轮专家咨询表。第二轮咨询表回收后将数据进行分析处理，删除平均分不足3.50分且低分率超过20%的指标获得最终的指标体系。

1）本研究第一轮选取了33名专家，回收有效问卷28份，回收有效率为84.85%；第二轮发放22份问卷，回收21份，问卷有效率为95.45%。两轮应答率均超过70%，专家积极性高。

2）本研究专家的判断依据Ca=0.91（表5-13），专家的熟悉程度Cs=0.89，专家的权威程度Cr=（Ca+Cs）/2=（0.91+0.89）/2=0.90，大于0.70，为可接受信度，专家权威程度高。

3）专家意见集中程度通过指标的重要程度均数和变异系数来表示（表5-14），第一轮变异系数CV=0.15，第二轮变异系数CV=0.14，均小于0.30，说明专家意见集中。

表5-13 专家判断依据得分表

专家判断依据	影响程度大（1.0）		影响程度中（0.8）		影响程度小（0.5）	
	分值	专家（人）	分值	专家（人）	分值	专家（人）
理论研究	0.3	16	0.2	7	0.10	4
实际经验	0.5	22	0.4	5	0.30	0
同行了解	0.1	17	0.1	9	0.05	1
直观感觉	0.1	13	0.1	7	0.05	7

表5-14 专家意见集中程度

轮次	平均值	标准差	变异系数
第一轮	3.97	0.60	0.15
第二轮	4.04	0.58	0.14

（3）结果分析：第一轮专家咨询之后，整合专家意见，删除5个二级指标，修改2个二级指标，合并1个二级指标，新增9个二级指标。第二轮德尔菲专家咨询后，计算专家协调系数，发现比第1轮没有明显提升，专家意见趋向一致，故没有开展新一轮咨询，形成了医疗纠纷风险评价指标体系，该体系包括患方因素、医务人员因素、疾病诊疗因素和医院管理因素4个一级指标以及35个二级指标（表5-15）。

表5-15　医疗纠纷风险评价指标体系及得分情况

一级指标	二级指标	平均数±标准差	*CV*	低分率
患方因素	对治疗结果的认可	4.47±0.77	0.17	5%
	既往医疗纠纷史	4.32±1.11	0.26	5%
	心理健康状况	4.21±1.03	0.25	11%
	付费方式	3.79±1.13	0.30	16%
	与医院人际关系	3.50±0.92	0.26	11%
医务人员因素	沟通能力	4.75±0.44	0.09	0
	操作规范	4.65±0.59	0.13	0
	风险处理能力	4.65±0.49	0.11	0
	服务态度	4.45±0.94	0.21	5%
	工作负荷	4.35±0.59	0.13	0
	病历质量	4.15±0.93	0.22	5%
	工作类别	3.50±0.89	0.25	15%
	工作年限	3.45±1.00	0.29	15%
	职称	3.42±0.77	0.22	11%
疾病诊疗因素	误诊漏诊	4.75±0.55	0.12	0
	治疗结局	4.75±0.44	0.09	0
	沟通文书	4.74±0.45	0.10	0
	非计划二次手术	4.70±0.57	0.12	0
	病情突变	4.65±0.59	0.13	0
	并发症	4.55±0.60	0.13	0
	疾病严重程度	4.40±0.60	0.14	0
	医院感染	4.30±0.73	0.17	0
	药物安全	4.25±0.72	0.17	0
	医疗费用	4.10±0.79	0.19	5%
	输血安全	4.00±0.94	0.23	12%
	抢救次数	3.90±0.85	0.22	5%
	手术级别	3.85±0.75	0.19	0
	入院次数	3.45±0.94	0.27	10%
	住院天数	3.40±1.10	0.29	10%

续　表

一级指标	二级指标	平均数 ± 标准差	*CV*	低分率
医院管理因素	纠纷管理	4.60±0.68	0.15	0
	风险管理	4.50±0.83	0.18	5%
	质量管理	4.50±0.69	0.15	0
	不良事件	4.45±0.69	0.15	0
	纠纷培训	4.35±0.81	0.19	0
	医疗责任险	3.89±0.90	0.23	6%

（资料来源：周益萍，刘庭芳.基于德尔菲法的医疗纠纷风险评价指标体系构建［J］.中国医院，2019，23（01）：65-67.）

五、德尔菲法的优缺点

德尔菲法的主要优点：一方面，德尔菲法运用中专家的选择具有多领域、多学科的特点，既能集思广益、发挥各专家的作用，又能把各位专家意见的分歧点表达出来，取长避短；另一方面能使每个人的观点都被考虑到，任何人都没有机会控制群体意志，能避免专家会议法的缺点——权威人士的意见影响他人的意见；有些专家碍于情面，不愿意发表与其他人不同的意见；出于自尊心而不愿意修改自己原来不全面的意见。

德尔菲法的主要缺点：缺少思想沟通交流，可能存在一定的主观片面性；易忽视少数人的意见，可能导致预测的结果偏离实际；存在组织者主观影响。

第六节　其他质性研究方法

一、行动研究

行动研究是为了解决日常生活、工作中的某个问题，由研究者组织该问题涉及的行动者，共同作为参与者去研究和解决该问题的一种应用型研究。行动研究被广泛应用于心理学、教育学、管理学等多个领域。

（一）行动研究的原则

1. 行动大于研究，研究为了行动　行动研究与其他研究的不同之处在于它并非纯粹是为了知识的研究，其目的是应用所发现的客观规律和科学知识去解决一个社会问题，最终实现对社会的改造。因此，行动研究能够紧密结合管理实践，尤其适合以医院管理改善为目的的应用型研究。

2. 参与者与研究者更为平等 在行动研究中，研究对象不仅是被调查的被动对象，而且是与研究者共同参与改善行动的“参与者”。因此，研究者与研究对象是相对平等的，共同作为参与者，共同承担“实践”“思考”“调查”的责任。

3. 情境主导 行动研究几乎没有外推性的企图。它立足于情境，分析情境的条件及与问题的关系，行动研究的研究发现也是情境依赖的，因此它更接近实务理论，甚至只是一个案例解释与深描。

（二）行动研究的优点和不足

1. 行动研究的优点 ①从研究方法上实现了群众路线的工作原则，能够促使管理者倾听平常易被忽略的工作人员的声音，从而发现问题的症结。②能够赋权普通工作人员，调动他们的积极性，因此最终管理措施往往得到拥护，利于形成长效机制。③将实践与研究、应用与知识紧密结合。既有研究发现，也能有实践应用，改变了以往研究仅仅是纯理论、纯学术，缺乏实用价值的不足，同时使得管理措施质量更高、更符合本单位情况。④欢迎定量方法的结合使用。其他质性方法也可以结合部分定量方法，但行动研究显然更鼓励质性与定量的混合。但它依然主要是质性的。

2. 行动研究的不足 ①采用质性和定性方法需要研究者注意主观解读的可信度、可靠性和可证实性。②行动研究的方法虽然对实践有诸多优点，但不是一个主流的研究方法，如研究者参与实践、局限于本土情境、循环的设计与执行等特点，使其往往会受忽视和质疑。然而，对于希望能作出真正有用的研究的学者和管理者，对于希望能严谨科学地解决问题而不是经验式大致搞定问题的管理者，行动研究都是非常适合的方法。③行动研究更局限于情境，因此其学术价值有所欠缺。因为研究者需要去参与实践，也需要去组织和沟通其他本地的参与者，所以研究者能够掌控的人数和问题范围会局限在比较小的情境内。这一点可以通过同时使用案例研究等其他质性研究方法来补充材料，更严谨地建构理论去弥补。

二、民族志研究

民族志是一个研究文化的质性研究方法，其中研究者开展田野作业，进行自然观察与描述，以一个善意的、中立的修饰者从文化的视角切入，用研究对象的主位来呈现事实，讲述他们自己的故事。民族志取径来自于文化人类学，现在已经应用于各社会科学领域的人类文化研究。民族志研究的典型模式是建立在现象学导向的范式基础之上。这一范式因承认多重现实而包含多元文化观点。现象学导向的研究通常都是归纳性的。

文化是一种结合了物质存在范围和组织权力管理结构范围的精神层面的抽象存在，是人的思想、观点、认知、精神状态与特点，以及其造就的独特行为方式与日常生活模式。

民族志的目的和功能是试图寻找推动整个秩序系统（即管理、组织、结构、权力系统）运作的潜在的文化、精神力量，共同的潜意识意象，具体如共同的价值观、关注的事务和视角、“共享的焦点”。它重在呈现和描述群体、社区、组织中文化的复杂错综的丰富性，并关注文化与思想在社会结构、秩序运作中的作用过程与机制，试图对某个日常现象“如何产生”“文化价值观如何发挥其作用”作出解释。

民族志学者专注于以研究对象为主位或者说是从研究对象的内在视角来理解和描述社会及其文化景观。民族志的读者越接近讲述者的角度去理解他们的观点，这个故事也就越真实和动人。

文化研究的侧重点有两方面，即行为和认知。唯物论对文化的定义聚焦于行为，是社会群体可观察的行为方式、习惯及生活方式的总和。理念论对文化的定义最通行的是认知论的定义，它认为文化包括思想、信仰及知识等。理念论对文化的理解，尤其是认知主义，会让研究者关注言语资料，会关注社会群体成员如何看待现实，以区别意义的层次和类别。民族志的研究中，理念论的文化研究更主流。

传统的民族志研究往往是去一个异质文化的群体中做长期的田野作业。研究者脱离了自身本位文化的环境，突然沉浸到异质文化中，会有思想、习惯、语言等整体状态的不适应，即文化休克。研究者不仅是刚进入异质文化时不适应，从异质文化回到本位文化也有巨大的差异感。

三、叙事探究

叙事探究是一种理解经验的方式。它是研究者和参与者（即研究对象，根据叙事探究的建构主义方法论，称其为参与者）在某一段时间之中，在一个或一系列的地点，与周围环境进行社会性互动的合作。探究者在参与者生活历程的中途进入这个时间、地点、人际互动构成的经验空间开展探究，并自始至终都和参与者共同生活、讲述、重新生活和重新讲述那些经验故事。

人对世界的理解、人的信念和价值观往往依附于某些故事，即所谓“赖以生存的故事”。通过故事，个人进入世界，并且解释其在世界之中的经验，使其对于个人来说具有意义。叙事探究研究个体处于世界之中的经验，一种在生活和讲述之中故事化的经验，一种能够通过倾听、观察，以及与他人一起生活、写作和文本解释等途径进行研究的经验。叙事探究关注人在世界中的经验、经历；这种经验是以故事的方式表达出来的。当研究者参与叙事研究时，即与参与者的经验建立关系，在经验的分享、互动中理解对方。

由于叙事探究注重对参与者叙事的理解，与其一起重新讲述、重新生活，因此叙事探究也有助于发挥医学的人文精神，让医务人员更加理解患者的社会生活境况，有助于从身-心-社会多方面地帮助患者。因此，叙事探究也可以是叙事医学的一个方法。

（一）叙事探究的哲学基础

就方法学而言，叙事探究采取的是比较彻底的建构主义，而非后实证主义。不同于其他关注“叙事”的取径，叙事探究不仅以叙事为数据内容，而且以叙事为思考方式，以叙事为本体论和认知论。

1. 关系性本体论　叙事探究的本体论是交互性的、关系性的，是属于建构主义的。故事是建构的，是会变化其被讲述的方式、内容和重点的，是随着时间、人的经历在变化的。所以探究的目的不是获得对世界真实的反映，而是在互动中发现一种人与世界的关系和意义理解，进而创造出新的经验，使得生活更有意义。

不能以实证主义的本体论来理解叙事探究，否则似乎会觉得故事是一种不真实的东西，是人投射了虚假的想象进来。事实上，人对世界的认知和意义，本身就是通过故事建立的，本身也是流动的。对生活的理解构成了叙事，对生活的理解又来自人与人的互动，包括参与者与研究者的互动。

当探究发生时，参与者、研究者的生活以故事化的方式相遇，人与人的隔阂被打破，生活在不同世界的人们开始有了互相理解、创造新理解的可能。这就是所谓去别人的世界旅行。研究者，本身也成为参与者经验的一部分，更何况研究者的叙述也在影响参与者对自身经验的认知、对自身叙事的重新讲述。研究者凭着自己过去的认知和双方叙述的碰撞，也在重新理解自己的经验和对方的叙事。这些互动进一步延伸到未来每天的叙事探究工作中。

2. 经验的延续性　故事来自生活，又指导生活。故事从经历中产生，又表达、讲述出来，在故事的脉络里我们继续生活经验，从而建立叙事的真实性；生活又促成了对既往经验新的理解，产生不同经验，故事又因此改变。叙事与生活经验就这样互动着共同前进，不断延续。我们对世界的认知和意义认领随着生活经验-故事的互动而延续、改变。

3. 叙事的社会性　社会对个人历史施加了影响，参与者的故事是社会研究的一部分。叙事探究的内容包括个人叙事、社群叙事、机构叙事、文化叙事、社会叙事等多层次的叙事。社会叙事和机构叙事影响了社群叙事与个人叙事。

（二）叙事探究的方法要点

1. 三个主要技术　叙事探究是一种理解和探究经验的方法，而且它有关系性和参与性。其中，具体技术包括倾听、观察、持续分享生活、共同谱写和叙事性思考。下面解释后三者。

（1）持续分享生活（relational living-alongside）：英文直接翻译为“关系性的一起生活”，这可能会被误会为在物理距离上共同生活，但实际上这更多地指在关系上的紧密联系，持续地分享彼此的故事、倾听彼此的故事，有意地将自己置身于别人的生活之中，从而研究者的故事是与参与者的故事建立关系的，成了彼此生活的一部分。当然，参与者也会允许研究者参与自己生活中的一部分。研究者不是客观外在的，其构成相互嵌入的空间，在这些空间里，人们讲出他们的生活故事，继续他们的生活。

（2）共同谱写（co-composition）：当研究者与参与者持续分享生活时，则在双方之间出现了一个充满彼此“赖以生存的故事”的空间，即一种共同建构叙事理解的可能性与过程。长时间的相处，彼此倾听，更加使得对经验的理解是双方参与的共同谱写。

（3）叙事性思考（narrative thinking）：叙事探究是用故事思考的过程，在此过程中，不是将故事作为例子来支撑研究者构建的理论思考，而是用故事思考，并继续想到一些故事，用故事来回答问题，回应情境。与扎根理论以抽象理论建构不同，叙事性思考认为不能将故事的具象抽离出理论，而是从具体故事中传达的感受和思考，从而构成理论。所以，叙事探究更具有人文特性，这种叙事性思考是理解叙事探究的关键。

叙事性思考是在三个维度（或称为平台）中展开：时间性（temporality）、社会性（sociality）、地点（place）。这三个维度在叙事探究概念框架中处于核心位置。这三个维度就构成了叙事三维空间，这三个维度可以理解为时间、空间和人间的三间性。

叙事性思考并不是通过分析故事生成理解，而是用这三个维度去思考、理解人们正在进行着的生活。字面上看，叙事探究不推荐外在地去分析字句，而是深入三维空间、关系之中去体验和感受叙事。

2. 四个关键概念　叙事探究方法有四个关键概念：生活（living）、讲述（telling）、重新讲述（retelling）、重新生活（reliving）。前两者是生活本来的面貌，我们生活着，我们以故事的方式讲述生活。之后我们开始了研究，在研究中参与者回忆生活，探究生活过的、讲述过的故事，面对研究者做了重新讲述。即与研究者在叙事探究的经验空间里，对生活过和讲述过的故事进行解包（即打开、展现与重新理解），这就是重新讲述。在解包过程中，参与者重新故事化自身经验。借着重新讲述的经验，参与者和研究者都有可能获得对生活的新理解，并可能开始改变其一贯的生活，开始了新的理解和新的生活。这就是重新生活。

四、口述史法

（一）口述史法的概念

口述史法（oral history method），是指研究者基于某一特定历史主题，于现在的特定时刻，运用现代科技手段，对某个历史事件、生命状态或者组织状态亲历者进行访谈，对访谈记录进行分析、整理、加工，形成对该历史问题实事求是的阐述，并解释其本质、揭示规律的研究方法。简单而言，口述史是亲历者叙述的历史，包括三个要素：一是亲历者，包括事件的主角、参与者和其他知情者；二是历史；三是叙述。

口述史最早是历史学的研究方法，目前普遍应用于社会学、人类学、管理学、体育学、艺术学等人文社会科学的研究中。口述史采用口述记录的方式收集资料，个人或群体通过口头叙述回忆过去发生的历史事件，进而形成文字、语音、视频资料。口述史在医院管理研究中也越来越受到重视，尤其是有关医院文化的研究这几年备受关注，如《协和记忆：老专家口述历史》就是其中的典范。

口述史按照参与的人数分，可以分为单人口述史和多人口述史。单人口述史的受访者只有一个，多人口述史受访者比较多，但不是团体受访，而是由单一受访者积累而成。

知识拓展

艾伦·内文斯（Allan Nevins）原为记者，后来改行做历史研究。其在1938年在《历史入门》（*The Gateway to History*）一书中提出，有必要“系统地从还活着的美国风云人物口中和文件上，套取他们最近60年来参与政治、经济、文化活动的全部记录”。同时，敏锐地认识到“现代交通和通信的发展将使人们不再写信和记日记”，于是其于1948年在美国哥伦比亚大学创建口述史研究中心（The Columbia Center for Oral History），开始用口述历史方法记录美国重要人物的回忆，第一次使用“口述史”这一概念，这一研究也作为学术界研究历史的新方法而正式确立，标志着现代口述史学术领域的建立。

（二）口述史研究资料收集过程

1. 准备阶段　这个阶段主要的工作有两项，一是一般性的工作准备，如访谈时间、交通安排、访谈地点、访谈设备、访谈酬劳发放准备等；二是研究工作的准备，主要包括根据研究目的确定好研究的主题，确定研究的类型（单人口述史、多人口述史），寻找关键人物（即受访者），收集相关的背景资料（包括历史事件、受访者的基本情况以及在事件中的作用），形成初步概念，并据此制定访谈提纲。

2. 访谈阶段　一般而言，访谈包括三个阶段：①叙述阶段。该阶段研究者抛出一个主题，让受访者围绕主题对自己曾经经历的历史或者事件进行详细回顾。对研究者而言，该阶段以听为主，把更多的话语权给受访者，让受访者充分表达，不要不断提问，以免打断受访者的回忆流。②细节拾遗阶段。这个阶段要听问结合，根据上一阶段重大细节的遗缺请受访者补充。③深挖解惑阶段。研究者根据前两个阶段发现的一些线索，对一些重要的背景、原因和受访者的态度进行提问并请受访者回答。整个访谈过程，要在受访者愉快的气氛下完成，让受访者在叙说和思考时有充分的自主权和充分的时间进行表达。研究者在提问时要简洁明了，不拖泥带水，不可带入个人价值。由于访谈需要较长的时间，研究者需要细心、耐心，也需要对叙说的历史事件细节有足够的敏感度；当谈及引发受访者不愉快经历的事件，受访者情绪激动时，要给予足够的理解与尊重。

3. 资料整理阶段　与一般访谈法的资料整理不同，口述史资料的整理包括三个方面：一是背景资料的整理，包括对访谈的时间、场所以及受访者的状况一一作出说明，以便让研究者能够了解访谈时的语境，为下一步的分析做准备；二是录音的转换，一般是将录音转换为常见的文字材料，尽可能保留资料“原来的模样”，减少信息流失；三是访谈记录核实，将访谈时出现的空白、漏洞和误解之处进行标记，并在适当的时候请受访者进行第二次访谈来核实，或者由其他的资料进行核实。

（三）口述史与访谈的区别

虽然口述史是对当事人访谈记录的分析，但是与访谈法有很大的区别，主要在于如下几点。

1. 时间维度不同　口述史通常研究的是历史，其最核心的是采集调查对象个人生命历程中某个时段的生命史或生活史，通过对被调查对象个人生命史的梳理，与研究者的研究主题之间形成回应。因此其时间维度是史事取向。

访谈通常在时间上关注的是围绕问题的较短一段时间线或某个时间点，内容形成以某个现实问题为核心，其他问题围绕核心问题展开的一个面。

2. 形式不同　口述史的访谈形式以被访者的述说为主，研究者主要起到倾听作用，在口述史的访谈中，研究者的提问要尽可能少，且主要以引导性为主，当访谈者对某一重要事件或者时间点遗漏时，可以适当加以引导。另外，研究者在倾听过程中也要注意观察被访谈者在访谈过程中流露的表情、情绪以及语气等。

访谈法一般采用一问一答的方式，被访者按照研究者事先准备好的访谈提纲上的问题根据实际进行回答，一般所有问题询问完即可结束访谈。在访谈法中，提问是十分重要的环节，而且也是访谈是否成功的关键要素，但提问一般不应带有导向性。

3. 资料收集范围不同 由于个人经历是重要的研究内容，因此口述史资料收集除了访谈的内容之外，被访谈者的真实姓名、个人经历、生命历程中的其他相关事件往往也需要研究者加以关注，而且在资料的整理中，这些信息也应该准确记录。

访谈法在访谈过程中，研究主要集中在访谈提供的问题，对被访者的个人经历、背景等往往不会过多关注，且个人情况在资料整理时往往以代码的形式出现。

（四）优势与不足

1. 优势 口述史的精髓在于保存“即将逝去的过去的声音”，它丰富了资料收集的方法，扩展了包括社会学、管理学等学科的研究视野，能够更好地获得对某个历史事件整体看法，而且关注了人的精神世界，研究内容更多元化。

2. 不足 记忆是口述史研究的核心，但个体的记忆随着时间的流逝有可能出现错讹，这就容易引起真实性不足的问题。口述史研究中，受访者的谈话往往具有强烈的主观色彩，其叙述可能并非纯粹对往事的客观再现，特别是受访者认为某些事件为禁忌时，会将其遮蔽。

研究成本高也是口述史的一个不足。口述史访谈通常需要准备较长时间，访谈的时间也较长，且一般一次只访谈一个人。

本章小结

本章介绍了质性研究基本知识以及主要的质性研究取径。质性研究的最终目的是形成有关人类行为、情感与认知的解释性理解或进一步构建社会现象的内在机制。

扎根理论以理论创新为目的，是充分开放的，不会事先固定先入为主的概念框架。案例与一般研究对象的差异在于案例研究对案例能够全面而深入、详尽地探究所有主题相关信息。案例研究的理论形成逻辑分为生成逻辑、复制逻辑和扩展逻辑三类。QCA被认为超越了质性、定性与定量的区分，是一种用于不同类型案例的因果逻辑分析方法。QCA强调结果的简约性，在布尔代数中通过布尔最小化实现，这也是QCA的核心。

行动研究与其他研究不同之处在于它并非是纯粹为了知识创新的研究，其目的是应用所发现的科学知识去解决一个社会问题，最终实现对社会的改造。民族志研究的目的和功能是试图寻找推动整个秩序系统运作的潜在的精神力量，共同的潜意识意象，具体如共同的价值观、关注的事务和视角、“共享的焦点”。在叙事探究中，探究者在参与者生活历程的中途进入由时间、地点、人际互动构成的双方共同建构的经验空间，探索双方的个人、社群和机构故事，并自始至终都和参与者共同生活、讲述、重新生活和重新讲述那些经验故事。

（张明吉　孙　刚　姚　强）

第六章　定量研究方法

学习目标

1. 掌握　变量的类型；描述性统计分析的常用统计量和图表；推断性统计中的多重线性回归、一般线性模型、广义线性模型和广义估计方程的基本原理和SPSS操作。

2. 熟悉　常用定量研究方法的选择使用依据；推断性统计的参数估计、假设检验的含义和常用方法；整体回归方程和偏回归系数的基本假设；广义线性模型和广义估计方程的基本假设。

3. 了解　研究设计类型；假设检验的两类错误；多重线性回归的自变量筛选准则；广义线性模型和广义估计方程的参数估计、优点和局限性。

第一节　定量研究方法概述

一、定量研究的概念

定量研究方法较适用于大规模的调查研究，是从一般到特殊，主要在于演绎，检验研究假设。定量研究方法基于实地调查获得的资料、数据，借助数学统计模型工具进行量化分析和研究。为了尽量客观地降低或排除人为的影响，定量研究方法要求严格地设计数据收集方式，准确地使用测量工具，科学地管理数据，并使用统计学方法分析数据。通常来说，定量研究方法得出的结果具有广泛性、肯定性、前瞻性，或具有因果关系。

二、常用定量研究方法

研究设计和统计分析是定量研究的两个重要环节。在选择具体的统计分析方法时，首先需要了解该项研究的设计类型以及变量类型，进而在此基础上结合分析目的，选择合适的统计分析方法。

（一）研究设计类型

研究设计类型通常分为两种，分别为实验性研究设计（experimental study design）和观察性研究设计（observational study design），后者通常又包括横断面（截面）研究设计（cross-sectional study design）、病例对照研究设计（case-control study design）、队列/纵向研究设计（cohort/longitudinal study design）。

实验性研究设计用于解释自变量和因变量之间的因果关系，其重要特征是控制、操纵、随机化。首先，实验性研究设计要求可以控制研究环境，目的是将被研究因素与其他任何外界干扰结论的因素剥离开来，观察预期的结果或现象是否会产生。其次，实验性研究设计要求在实验过程中进行操纵，即设定干预变量（自变量），测量其对结局（因变量）的影响。与此同时，实验性研究设计还具有随机化的特点。在实验性研究设计中，研究对象被随机分到实验组或对照组，实验组接受干预，对照组不接受干预。除干预因素外，实验组和对照组的研究对象在其他特征上的差异应当不具有统计学意义。最常见的实验性研究设计是随机双盲对照设计，它被誉为研究设计的“金标准”，多用于实验室研究。

横断面研究设计是指在特定时点对特定人群的健康状况、行为事件、医疗卫生服务、医院管理政策及其有关因素的资料进行收集、描述，从而为进一步的研究提供线索。横断面研究是描述流行病学中应用最为广泛的方法，主要用来监测特定时间结局的存在与否和一项影响因素存在与否，从时间上讲，结局（因变量）和影响因素（自变量）在同一时间被观察测量，并无时间上的先后顺序，因此难以确定两者的因果关系，其结果多用于发现影响疾病流行的危险因素或医院管理政策实施效果的影响因素等。

病例对照研究设计是指以患有某特定疾病的患者作为病例组，以不患有该病的研究对象作为对照组，通过询问、实验室检查或复查病史，追溯两组研究对象既往各种可能的危险因素暴露史，测量并比较两组研究对象在各因素暴露水平的差异，从而分析这些相关的危险因素是否与该疾病存在联系。通过回顾性地收集对结局（因变量）可能有作用的影响因素（自变量），进而比较这些影响因素的差异可能对结局的影响。

队列/纵向研究设计是指选定一组特定的研究对象后，在多个连续的时间内对其进行前瞻性的跟踪随访，以观察某影响因素（如医保对医院住院患者实施DRG支付）对结局（如次均住院费用）在不同研究对象（如实施医院和非实施医院）中的动态变化，从而揭示可能的作用。从时间上讲，该项研究设计原因变量在前，结局变量在后。与横断面研究设计相比，该项研究设计的优点是更有可能显示出自变量与因变量之间潜在的因果关系。但由于它与实验研究设计的根本区别在于队列/纵向研究设计没有双盲随机的机制，其结论仍然无法断定因果关系。通常来说，该项研究设计资料收集费时费力，周期较长，成本较高。

（二）变量类型

数据是统计分析的基础。在同一份数据中，通常由不同的变量类型来记录各种各样的信息。在定量研究方法中，只有理解不同的变量类型及其特点，才能清楚能从数据中获得什么信息，从而准确地选择统计学分析方法。通常来说，定量变量（quantitative variable）和定性变量（qualitative variable）是划分变量类型最基本的方法。对于定量变量，可以划分为连续型变量（continuous variable）和离散型变量（discrete variable）。对于定性变量，可以划分为二分类变量（binary variable）、名义多分类变量（nominal variable）和有序多分类变量（ordinal variable）。

连续型变量可以在一定区间内任意取值，其数值是连续不断的，并且任意两个数值之间可以无限分割，即可以取无限个可能的数值。通常情况下，可以通过测量获得连续型数值。例如，测量人的身高、体重，或者测量门诊或住院医疗费用等连续型变量时，可以获得连续的数据。使用连续型变量，通常可以评估其平均值、中位数、标准差和四分位差等。

离散型变量，又称计数变量（count variable），是指其数值只能取非负的整数（包括零和正整数），并不能进一步细分，并且通常可以按照一定的顺序一一列举，如医院数量、就诊人次数、设备台数等。有些性质上属于连续变量的现象也可以将其视为离散变量来处理。例如，年龄虽属于连续型变量，但一般按整数计算，按离散型变量来处理。使用离散型变量，通常可以评估其平均值、总和、标准差。

定性变量，其取值是定性的，可以根据一定特征划分为不同类别，类别之间互不相容。通常可以用百分比、直条图等来描述各类别的分布。

最简单且最常用的定性变量是二分类变量，该变量只有两个取值，如疾病（有/无）、满意度（满意/不满意）、药品费用（高/低）。名义多分类变量的取值不止两个，如医院所在地区（东、中、西等）、医院的临床科室（内科、外科、妇产科、儿科等）。有序多分类变量也称等级变量（ordered variable），其取值不止两个，且各取值类别之间存在着程度或次序上的差别，例如，医院等级（三级甲等、三级乙等、二级甲等、二级乙等、一级甲等、一级乙等）、患者满意度（很不满意、不满意、一般、满意、很满意）。有序多分类变量兼具定性变量和定量变量的部分性质，这类变量一方面像定性变量一样具有有限数量的类别取值；另一方面，相邻类别取值之间又像定量变量一样存在大小或方向的差异，但这些差异可能不完全一致，不能用于直接比较，例如，竞赛中的第一名、第二名和第三名是有序的，但是第一名和第二名的分数差距可能与第二名和第三名之间的分数差距不一样。

（三）常用定量研究方法的选择使用

每种统计学方法都有所需的研究设计和适用的条件范围，并且不同的变量类型应采用不同的分析方法，这提示只有在了解清楚不同类型的研究设计和变量类型的基础上，结合相应的研究目标，才能选择出最合适的统计分析方法。与此同时，一些学者也提供了根据研究设计类型和变量类型选择统计方法的实用指南（表6-1）。

表6-1　研究设计类型、变量类型与常用统计方法之间的关系

研究设计类型	因变量类型	因变量分布	自变量类型	常用统计方法
实验性研究设计	连续型变量	正态分布	分类变量	*t*检验、方差分析
	连续型变量	非正态分布	分类变量	非参数检验、分位数回归
	分类变量	二项或多项分布	分类变量	卡方检验、Kruskal-Wallis检验、logistic回归
	生存数据	无规律分布或Weibull分布	分类变量	K-M生存概率、Cox比例风险回归、Weibull回归
队列/纵向研究设计	连续型变量	正态分布	分类变量	*t*检验、方差分析
	连续型变量	非正态分布	连续或分类变量	非参数检验、分位数回归
	连续型变量	正态分布	连续或分类变量	一般线性回归、中介效应分析、路径分析
	连续型变量	正态分布	连续型潜变量	结构方程模型
	分类变量	二项分布	分类变量	卡方检验
	分类变量	二项或多项分布	连续或分类变量	logistic回归
	生存数据	无规律分布或Weibull分布	连续或分类变量	K-M生存概率、Cox比例风险回归、Weibull回归
	重复观测连续型或分类变量	正态分布、二项或多项分布、泊松分布、负二项分布	连续或分类变量	多水平线性模型、广义估计方程
横断面研究设计	连续型变量	正态分布	分类变量	*t*检验、方差分析
	连续型变量	非正态分布	分类变量	非参数检验、分位数回归

续 表

研究设计类型	因变量类型	因变量分布	自变量类型	常用统计方法
横断面研究设计	连续型变量	正态分布	连续或分类变量	一般线性回归
	连续型变量	正态分布	连续型潜变量	结构方程模型
	分类变量	二项或多项分布	连续型潜变量	项目反应理论
	分类变量	二项分布或多项分布	分类变量	卡方检验、Kruskal-Wallis检验、对数线性模型、logistic回归
	分类变量	二项或多项分布	分类潜变量	潜类别分析
	分类变量	二项或多项分布	连续或分类变量	logistic回归、结构方程模型
	计数变量	泊松分布或负二项分布	连续或分类变量	泊松回归、负二项回归
	生存数据	无规律分布或Weibull分布	连续或分类变量	K-M生存概率、Cox比例风险回归、Weibull回归
	多水平的连续或分类变量	正态分布、二项式或多项式分布、泊松分布、负二项分布	连续或分类变量	多水平线性模型、广义估计方程
病例对照研究设计	分类变量	二项或多项分布	分类变量	卡方检验、Kruskal-Wallis检验、对数线性模型、logistic回归
	分类变量	二项或多项分布	连续或分类变量	logistic回归
	配对分类变量	二项或多项分布	分类变量	McNemar卡方检验
	配对连续型变量	t分布	二分类变量	配对t检验
	配对分类变量	二项或多项分布	连续或分类变量	条件logistic回归、多水平线性模型、广义估计方程

第二节　描述性统计与推断性统计

统计分析方法主要分为两大类，即描述性统计（descriptive statistics）和推断性统计（inferential statistics）。描述性统计是对一组特定对象或观察结果的特征进行展示，不会试图在观察数据之外进行推断，而推断性统计会将来自抽样样本的特定观察结果推广到总体。虽然描述性统计和推断性统计密切相关，但是它们有各自的适用范围和工具，本节将对描述性统计和推断性统计的概念和常用工具进行介绍。

一、描述性统计

描述性统计是指对于所搜集的原始数据资料进行整理和归纳，并选用合适的统计指标、统计图和统计表，以综合概括与分析研究对象的数据特征和内在规律。

（一）定量资料的常用统计描述工具

1. 频数分布　是指按照某种标准对观测值进行分组，统计各个组内观测值的个数，然后把各个组别及其相应的频数全部列出，以揭示数据分布类型、形态特征和规律。当样本量较大时，通常绘制其频数分布表和频数分布直方图。

（1）频数分布表：（frequency distribution table）亦称为频率分布表，是指将一组数据按照观察值大小分为不同组段（组别），然后将各观察值归纳到各组段（组别）中，最后清点各组段（组别）的观察值个数并以表格形式进行展示。下面以实例介绍频数分布表的编制步骤。

例6-1　某医院对某临床科室的患者满意度（%）进行了100次调查，数据如下，试编制满意度结果的频数分布表。

68.5	66.6	63.6	74.3	77.5	62.5	73.3	73.0	58.1	74.9
80.0	70.8	71.4	58.0	74.8	62.9	74.1	68.4	63.9	69.9
66.1	79.3	67.4	77.2	68.4	84.9	68.7	59.8	84.2	76.2
61.3	64.6	57.7	79.4	57.8	67.1	66.0	78.7	75.0	80.7
72.2	70.7	67.3	55.2	68.7	75.2	80.0	73.1	75.4	68.6
71.1	65.1	75.3	71.0	75.1	76.8	73.7	66.6	68.8	80.0
72.4	71.7	76.6	65.2	78.7	67.4	75.8	62.2	83.6	63.9
67.2	69.7	65.2	60.0	73.0	73.1	74.9	62.1	72.5	62.7
70.7	79.0	57.0	69.5	70.9	82.0	64.7	77.9	74.1	80.3
73.1	84.2	79.0	84.1	71.5	70.3	78.6	76.6	68.4	81.6

1）计算全距：全距亦称为极差（range），是一组数据资料中最大值和最小值之差，用R表示。在例6-1中，最大值为84.9%，最小值为55.2%，$R=X_{max}-X_{min}$=84.9%–55.2%=29.7%。

2）确定组段数和组距：为了更好地反映数据的分布特征，组段数应根据样本量的大小来确定。通常情况下，组段数（k）一般取10左右。在实际工作中，常采用（R/预计的组段数）来估计组距（i）的大概值，组距可以相等，也可以不等。在例6-1中，各个组段采用相同的组距：$i=R/10=29.7\%/10=2.97\% \approx 3\%$。

3）确定组限：每个组段的起点和终点分别称为下限（lower limit）和上限（upper limit）。在分组的过程中，必须包括所有观察值，不能有所遗漏或重复。除了最后一个组段为闭区间之外，其他组段的下限和上限应该遵循“半闭半开”的形式，即在各组段中只写明下限值，而不标出上限值。在例6-1中，第一个组段的下限为55%，最后一个组段为［85%，88%］。

4）列频数分布表：划分各组段后，统计各组段的频数，并在此基础上计算频率、累计频数和累计频率。其中，频率是各组段频数与总观察值个数之比，用百分比表示。累计频数是指将频数自上而下依次累加。累计频率是指频率自上而下依次累加。在例6-1中，组段、频数、频率、累计频数、累计频率见于表6-2中的各列。

表6-2　100次患者满意度调查的频数分布表

组段	频数	频率（%）	累计频数	累计频率（%）
55%~	4	4	4	4
58%~	4	4	8	8
61%~	9	9	17	17
64%~	9	9	26	26
67%~	16	16	42	42
70%~	13	13	55	55
73%~	19	19	74	74
76%~	10	10	84	84
79%~	10	10	94	94
82%~85%	6	6	100	100
合计	100	100	100	100

（2）频数分布直方图（histogram）：是在频数分布表的基础上，以直条的宽度对应组段区间，以顶点的纵坐标表示频数的多少，即以直方面积在总面积中的比例来表示频率大小的图形。相比频数分布表，频数分布直方图能更加直观地描述数据分布概况。例6-1的频数分布直方图见图6-1。

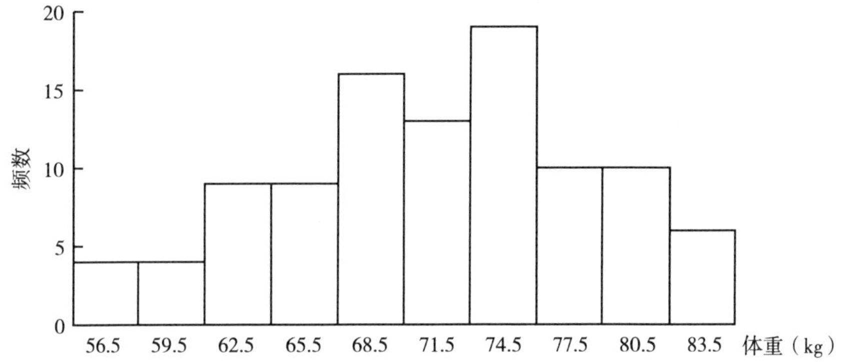

图6-1　100次患者满意度调查的频数分布直方图

（3）频数分布表和频数分布直方图的用途

1）揭示数据的分布类型：数据分布类型分为对称分布（symmetric distribution）和非对称分布（asymmetric distribution）。对称分布是指频数集中位置居于中间，左右两侧的频数分布基本对称。对于对称分布，又可以分为正态分布和非正态分布。非对称分布亦称偏态分布（skewed distribution），是指频数分布不对称，频数集中位置居于一侧。如果频数分布集中位置偏向于观察值小的一侧，称为右偏态（正偏态），反之则为左偏态（负偏态）。

2）显示频数分布的重要特征：集中趋势（central tendency）和离散趋势（tendency of dispersion）是频数分布的两个重要特征。集中趋势是指一组变量值的集中倾向，离散趋势是指一组变量值的离散趋势。在例6-1中，大多数满意度结果集中在“73%~”组段左右，“73%~”组段频数最多，为该资料的集中趋势。反之，其他观察值或远或近地分散在集中位置周围，该组数据的分散程度为离散趋势。

3）发现数据中的可疑值：如果在频数分布表的两端出现连续几个组段的频数为0，或出现一些特大值或特小值，则提示该观察值存在可疑之处，应该进一步检查核对。

4）便于计算统计指标：详见下文介绍。

2. 集中趋势的描述　描述一组观测值的集中趋势的指标有算数平均数、几何均数、中位数、众数等，此处仅介绍常用的算数平均数、几何均数和中位数。

（1）算数平均数（arithmetic mean）：简称均数（mean），表示研究对象在某指标上的观察值在数量上的平均水平，适用于描述对称分布或近似对称分布资料的集中趋势。总体均数的符号用μ表示，样本均数用$\overline{X}$表示。通常情况下，算数平均数的计算方法分为直接法和加权法。

1）直接法：直接将所有样本的原始观察值X_1，X_2，…，X_n直接相加，再除以样本数量n，其计算公式为：

$$\overline{X}=\frac{X_1+X_2+\cdots+X_n}{n}=\frac{\sum X}{n}$$

利用例6-1的数据，计算出的算数平均数如下：

$$\overline{X}=\frac{68.5+66.6+63.6+\cdots+81.6}{100}=71.28\ (\%)$$

2）加权法：计算频数表中各组段的组中值，以组中值m_1，m_2，$m_3 \cdots m_n$为基础，结合各组段的频数f_1，f_2，…，f_n来计算样本均数，其计算公式为：

$$\overline{X}=\frac{m_1f_1+m_2f_2+\cdots m_nf_n}{\sum f}=\frac{\sum mf}{\sum f}$$

利用例6-1的数据，计算出的算数平均数如下：

$$\overline{X}=\frac{56.5\times4+59.5\times4+\cdots+83.5\times6}{100}=71.38\ (\%)$$

（2）几何均数（geometric mean）：适用于原始观察值分布不对称，但经过对数变换后呈对称分布的资料，并要求所有数据均大于0。在医院管理研究中，某些数据通常呈对数对称分布，宜使用几何均数表示其平均水平。几何均数的计算公式如下：

$$G=\sqrt[n]{X_1+X_2\cdots X_n}$$

或

$$G=log^{-1}\left[\frac{\sum \log X}{n}\right]$$

例6-2　8名儿童接受某医疗服务项目后，根据价格和数量，计算的最终费用（单位：百元）分别为4，8，16，32，64，128，256，512。试求其平均费用。

$$G=\sqrt[8]{4\times8\times16\times32\times64\times128\times256\times512}=45.25$$

因此，8名儿童的平均费用约为45（百元）。

（3）中位数：是指将原始观察值按照从小到大或从大到小的顺序排序后，位次居中的观察值或位次居中两个观察值的均数，用M_e表示。在实际工作中，中位数常用于描述偏态分布资料的集中趋势。通常情况下，中位数的计算方法分为直接计算法和百分位数法。

1）直接计算法：将原始观察值按照从小到大或从大到小的顺序进行排序，再找出位次居中的观察值或计算位次居中两个观察值的均数。因此，P_{50}就是中位数。

2）百分位数法：百分位数（percentile）用符号P_x表示，是指将原始观察值按照从小到大的顺序进行排序，再分成100等份，分别对应$x\%$位的数值。理论上，有$x\%$

的观察值小于P_x，有1-P_x的观察值大于P_x。对样本量为n的数据从小到大排序，记为$X_{(1)}$，$X_{(2)}$，…，$X_{(n)}$，百分位数的计算公式为：

$$p_x=\begin{cases}\frac{1}{2}\left(X_{([nx\%])}+X_{([nx\%]+1)}\right),\ nx\%\text{为整数}\\ X_{([nx\%]+1)},\ nx\%\text{为非整数}\end{cases}$$

例6-3　12名儿童的住院费用（单位：千元）分别为58，60，62，63，65，67，68，70，72，73，74，76，试求这12名儿童住院费用的第25百分位数和第90百分数。

对于P_{25}，因为n=12，$nx\%$=12×25%=3，P_{25}=（$X_{(3)}+X_{(4)}$）/2=（62+63）/2=62.5（千元）。

对于P_{90}，因为n=12，$nx\%$=12×90%=10.8，不是整数，取整数为10，$P_{90}=X_{(11)}$=73（千元）。

3. 离散趋势的描述　描述一组观测值的离散趋势的指标有极差（range）、四分位数间距（quartile range）、方差（variance）、标准差（standard deviation）、变异系数（coefficient of variation）等，这些离散趋势指标亦称为变异性指标。

（1）极差（range）：亦称为全距，是一组数据资料中最大值和最小值之差，用R表示，$R=X_{max}-X_{min}$。通常情况下，样本量相近的同类资料相比较，极差越大意味着数据间的变异程度越大。不过，当样本量越大时，极差可能越大，此时极差的稳定性较差，此时不宜用极差对统计资料进行描述，一般给出最大值、最小值和四分位数范围。

（2）四分位数间距（interquartile range，IQR）：四分位数（quartile）是指百分位数P_{75}和P_{25}。对于P_{75}，有25%（即1/4）的观察值比它大，因此，其亦称为上四分位数。反之，对于P_{25}，有25%（即1/4）的观察值比它小，因此，其亦称为下四分位数。四分位数间距指上四分位数和下四分位数之差，用Q表示，$Q=P_{75}-P_{25}$，Q值越大则说明变异度越大。在实际工作中，四分位数间距适用于非对称分布资料，常和中位数配套使用。

在例6-3中，对于P_{75}，因为n=12，$nx\%$=12×75%=9，P_{25}=（$X_{(9)}+X_{(10)}$）/2=（72+73）/2=72.5（千元），因此，$IQR=P_{75}-P_{25}$=72.5−62.5=10（千元）。

（3）方差（variance）：亦称为均方差，其统计学意义是描述全体研究对象取值的平均离散程度。总体方差用符号σ^2表示，其计算公式为：

$$\sigma^2=\frac{\sum(X-\mu)^2}{N}$$

式中，μ为总体均数，N为总体的个数。由于总体均数往往是未知的，因此在抽样研究中经常用样本量为n的样本均数$\overline{X}$代替μ，这样计算出来的方差称为样本方差，用符号S^2表示，其计算公式为：

$$S^2=\frac{\sum(X-\overline{X})^2}{n-1}$$

（4）标准差（standard deviation）：方差的度量单位是原度量单位的平方，这给实际应用带来不便，因此常将方差进行开方，以恢复原度量单位。方差和标准差常用于对称分布资料，在实际应用中，常把均数和标准差配套使用以描述资料的集中趋势和离散趋势。总体标准差用σ表示，样本标准差用S表示，其计算公式分别为：

$$\sigma=\sqrt{\frac{\sum(X-\mu)^2}{N}}$$

$$S=\sqrt{\frac{\sum(X-\overline{X})^2}{n-1}}$$

式中，μ表示总体均数，$\overline{X}$表示样本均数。

（5）变异系数（coefficient of variation）：亦称为离散系数，主要用于度量单位不一致的变量之间的比较，或者是均数差别较大的变量间的比较。变异系数是标准差与均数之比，用CV表示，其统计学意义是变异的大小相对于其平均水平的百分比，该值越大代表变异系数越大。CV的计算公式为：

$$CV=\frac{S}{\overline{X}}\times 100\%$$

式中，S表示样本标准差，$\overline{X}$表示样本均数。

（二）定性资料的常用统计描述工具

定性资料常用率（rate）、构成比（proportion）和相对比（ratio）等统计量描述，此类统计量也被称为相对统计量，简称相对数。

1. 率（rate） 是指某一时间段内，某种现象发生的频率或强度，即实际发生的观察单位数与可能发生该现象的总观察单位数之比。通常情况下，常用的率有生存率、死亡率、治愈率等。其计算公式为：

$$率=\frac{实际发生某种现象的观察单位数}{同时期内可能发生该现象的总观察单位数}\times 比例基数（k）$$

式中，比例基数可以是百分率（%）、千分率（‰）、万分率（/万）、十万分率（/10万）等。

例6-4　2020年某医院治疗某种疾病普通型、重型及爆发型患者分别为300人、100人、100人，其中治愈人数分别为180人、40人、20人，试求2020年该医院该疾病的治愈率。

$$该疾病治愈率=(180+40+20)/(300+100+100)\times 100\%=48\%$$

因此，2020年该医院该疾病的治愈率为48%。

2. 构成比（proportion） 是指某一时间段内，事物内部某一组成部分占该事物各组成部分总和的比例，计算公式为：

$$构成比=\frac{事物内部某一组成部分的观察单位数}{事物内部各组成部分的观察单位总数}\times 100\%$$

在例6-4中，试求该疾病治疗人数中不同类型患者人数的构成比。该疾病治疗总人数为500人，普通型、重型及爆发型患者分别为300人、100人、100人。因此，普通型、重型及爆发型患者构成比分别为60%、20%、20%。

3. 相对比（ratio） 是指两个有关联的指标A和指标B之比，计算公式为：

$$构成比=\frac{A}{B}\times 100\%$$

式中，A和B可以性质相同，也可以不同，可以是绝对数、相对数或平均数等。例如体重指数（BMI=）体重（kg）/［身高的平方（m^2）］，是两个性质不同的定量指标之比。

（三）统计表和统计图

除了可以使用均数、标准差等统计量对资料进行描述，也可以使用统计表（表6-2）和统计图（图6-1）进行更直观的统计描述。统计表分为简单表和符合表两种，在绘制统计表时，需要把标题、题目、线条、数字等元素纳入表中。此处分别用表6-3和表6-4对简单表和复合表进行展示。

表6-3　2010年12月某医院内科科室收治的住院患者人数

科室	病例数	百分比（%）
呼吸内科	160	26.67
心血管内科	125	20.83
肾内科	45	7.50
消化内科	30	5.00
其他内科科室	240	40.00
合计	600	100.00

表6-4 某月三家医院医务人员参加业务培训的情况

医院	第一次培训（人次）	第二次培训（人次）
A院	50	43
B院	35	44
C院	45	60
合计	130	147

此外，常用的统计图有条图、百分条图、线图、饼图、散点图、直方图、箱式图等。目前可以借助统计软件绘制各种统计图。

二、推断性统计

推断性统计（inferential statistics）是研究如何利用已获得的随机样本数据，以一定的概率来推断总体特征的统计方法。通常情况下，推断性统计包括参数估计（parameter estimation）和假设检验（hypothesis test）。

（一）参数估计

参数估计是指通过从总体中抽取的随机样本来估计总体分布中未知参数的过程。

1. 参数估计的理论基础 参数估计包括点值估计（point estimation）和区间估计（interval estimation）。

（1）点值估计：是指直接使用样本统计量作为总体参数的估计值。例如，随机抽取某市8家公立医院的10 000名脑卒中患者，测得其平均住院日为12.63±4.61天。此时可以用样本均数$\overline{X}$作为总体均数μ的点估计值，用样本标准差S作为总体标准差σ的点估计值，即可认为该市脑卒中患者的平均住院日为12.63天，标准差为4.61天。点值估计的方法简单，但是没有考虑到抽样误差的大小，因此，难以反映参数的估计值对其真值的代表性。

（2）区间估计：是在点值估计的基础上，确定的总体参数的区间范围，该范围称为总体参数的置信区间（confidence interval，*CI*）。置信度（confidence level）则记为（1-α），一般取95%或者99%，如无特殊说明，一般取双侧95%，即重复进行抽样，通过样本获得的置信区间中有95%的机会包含总体参数值。置信区间是开区间，由上、下两个置信限（confidence limit，*CL*）构成，较小的数值称为置信下限，较大的数值称为置信上限。在实际工作中，通常同时报告点值估计和置信区间。

2. 总体均数的区间估计 根据总体标准差σ是否已知以及样本含量n的不同，总体均数的区间估计方法分为t分布法和正态分布近似法。

（1）t分布法：当总体标准差σ未知且n比较小（n≤50），且总体服从正态分布时，可使用t分布法，在置信度为（1-α）时，总体均数的双侧置信区间计算公式为：

$$(\overline{X}-t_{\alpha/2,\nu}s_{\overline{x}},\ \overline{X}+t_{\alpha/2,\nu}s_{\overline{x}}),\ \nu=n-1$$

式中，$t_{\alpha/2,\nu}$表示对应于双侧概率的t临界值。例如，当自由度ν=10，双侧概率α=0.05时，查阅t界值表，双侧$t_{0.05/2,10}$=2.228。同理，单侧置信区间的计算公式为$\mu>\overline{X}-t_{\alpha,\nu}s_{\overline{x}}$或$\mu<\overline{X}-t_{\alpha,\nu}s_{\overline{x}}$。$t_{\alpha,\nu}$表示对应于单侧概率的$t$临界值。例如，当自由度$\nu$=10，单侧概率$\alpha$=0.05时，查阅$t$界值表，单侧$t_{0.05,10}$=1.812。

例6-5 随机抽取某地40例老年性白内障住院患者（男性20例，女性20例），测得其住院日的均数为4.78天，标准差为1.42天，试求该地老年性白内障患者住院日总体均数95%的置信区间。

由于$\nu=n-1=40-1=39$，经查t界值表，得到$t_{0.05/2,39}$=2.023，则

$$\overline{X}-t_{\alpha/2,\nu}\times s_{\overline{x}}=\overline{X}+t_{0.05/2,39}\times\frac{S}{\sqrt{n}}=4.78-2.023\times(1.42/\sqrt{40})$$
$$=4.33\text{（天）}$$
$$\overline{X}+t_{\alpha/2,\nu}\times s_{\overline{x}}=\overline{X}+t_{0.05/2,39}\times\frac{S}{\sqrt{n}}=4.78+2.023\times(1.42/\sqrt{40})$$
$$=5.23\text{（天）}$$

即该地老年性白内障患者住院日总体均数的95%置信区间为4.33~5.23天，4.33为置信下限，5.23为置信上限。

（2）正态分布近似法

1）当总体标准差σ已知时，在置信度为（1-α）时，总体均数μ的双侧置信区间计算公式为：

$$(\overline{X}-Z_{\alpha/2}\sigma,\ \overline{X}+Z_{\alpha/2}\sigma)$$

式中，$Z_{\alpha/2}$表示对应于标准正态分布α水平的双侧临界值。例如，当α=0.05时，$Z_{0.05/2}$=1.96；当α=0.01时，$Z_{0.01/2}$=2.58。同理，单侧置信区间的计算公式为$\mu<\overline{X}-Z_{\alpha}\sigma$或$\mu>\overline{X}+Z_{\alpha}\sigma$，$Z_{\alpha}$表示对应于标准正态分布α水平的单侧临界值。例如，当α=0.05时，$Z_{0.05}$=1.65；当α=0.01时，$Z_{0.01}$=2.33。

2）当总体标准差σ未知且n比较大（n>50）时，t分布近似服从标准正态分布，此时可用标准正态分布代替t分布。在置信度为（1–α）时，总体均数μ的双侧置信区间计算公式为：

$$(\overline{X}-Z_{\alpha/2}S_{\overline{x}},\ \overline{X}+Z_{\alpha/2}S_{\overline{x}})$$

同理，单侧置信区间的计算公式为$\mu>X-Z_{\alpha}S_{\bar{x}}$或$\mu<X+Z_{\alpha}S_{\bar{x}}$。

3. 总体率的区间估计 根据样本含量n和样本频率p的大小，可以使用正态分布近似法和查表法来估计总体率的置信区间。

（1）正态分布近似法：当n足够大，且np和n（1-p）均大于5时，p的抽样分布近似于正态分布。在置信度为（1-α）时，总体概率π的双侧置信区间计算公式为：

$$(p-Z_{\alpha/2}S_p,\ p+Z_{\alpha/2}S_p)$$

式中，p为样本率，S_p为样本率的标准误。

例6-6 某医院对120例下肢骨折患者实施手术，术后合并症发生率为8%，试估计该手术合并症发生概率的95%置信区间。

由于$n>50$，$np=120\times0.1=9.6>5$，且$n(1-p)=120\times(1-0.08)=110.4>5$，则

$$p\pm Z_{\alpha/2}S_p=p+Z_{0.05/2}\sqrt{\frac{p(1-p)}{n}}$$

$$=0.08\pm1.96\times\sqrt{\frac{0.08\times(1-0.08)}{120}}=0.08\pm0.049$$

即该手术合并症发生概率的95%置信区间为（3.1%，12.9%）。

（2）查表法：当n比较小（$n\leqslant50$），尤其是p非常接近0或100%时，可以通过查阅专用的概率置信区间表来确定总体概率π的置信区间，此处不再详细介绍。

（二）假设检验

假设检验亦称为显著性检验（significance test），是通过样本来推断总体的差异有无统计学意义的统计推断方法。以下将介绍假设检验的基本步骤和假设检验的两类错误。

1. 假设检验的基本步骤 例6-7 已知某市剖宫产术平均住院日为6.25天，某课题组从该市A医院随机抽取40名接受剖宫产的产妇，测得其住院日的平均值为6.32天，标准差为1.69天。试问A医院接受剖宫产产妇的住院日是否和该市一般剖宫产产妇的住院日相同。

（1）建立检验假设，确定检验水准：首先，根据统计推断目的对总体特征提出假设。检验的假设有两种，分为原假设，又称无效假设（null hypothesis，符号记为H_0）和备择假设（alternative hypothesis，符号记为H_1）。原假设与备择假设相对立，通常是假定某两个或多个总体参数相等，差值为0，或服从某种分布等。对于H_1，如果假设两个或多个总体参数“不相等”或“不相同”时，则为双侧检验；如果假设“大于”或“小于”时，则为单侧检验。

基于例6-7，可以作出以下假设：

H_0: $\mu_1=\mu_2$，即A院剖宫产产妇的平均住院日和该市一般剖宫产产妇的平均住院日

相同

H_1: $\mu_1 \neq \mu_2$，即A院剖宫产产妇的平均住院日和该市一般剖宫产产妇的平均住院日不相同（双侧检验）

α=0.05

（2）选择检验方法，计算检验统计量：根据不同类型的研究设计和研究目标，应选择不同的检验方法。本例是想比较样本均数和总体均数的差别，适宜使用t检验。t检验的统计量公式为：

$$t=\frac{\overline{X}-\mu_0}{S_{\overline{x}}}$$

把例6-7的数据代入公式，则：

$$t=\frac{\overline{X}-\mu_0}{S_{\overline{x}}}=\frac{\overline{X}-\mu_0}{\frac{S}{\sqrt{n}}}=\frac{6.32-6.25}{\frac{1.69}{\sqrt{40}}}=0.262$$

$$\nu=40-1=39$$

（3）确定P值，作出推断结论：根据检验统计量的大小及其分布，查阅对应的界值表，得到检验假设成立的可能性P值，将P值与检验水准α作比较。若$P>\alpha$，不拒绝H_0；若$P\leqslant\alpha$，拒绝H_0，接受H_1。

在本例中，查阅t检验的界值表，得到：

$$t_{0.01/2,39}=2.708$$

$$t<t_{0.01/2,39}，则P<0.01$$

因此，按照α=0.05的检验水准，拒绝H_0，接受H_1，差别具有统计学意义，即可认为A院剖宫产产妇的平均住院日和该市一般剖宫产产妇的平均住院日不相同。

2. 假设检验的两类错误　在统计学中，Ⅰ类错误（type Ⅰ error）亦称为假阳性错误，即拒绝了原本成立的H_0所犯的错误，犯错概率用α表示。Ⅱ类错误（type Ⅱ error）亦称为假阴性错误，即接收了原本不成立的H_0所犯的错误，犯错概率用β表示。检验假设中的两类错误及其概率可见表6-5。

表6-5　统计推断的两类错误及其概率

项目	拒绝H_0，接受H_1	不拒绝H_0
H_0真实	Ⅰ类错误（α）	推断正确（1-α）
H_0不真实	推断正确（1-β）	Ⅱ类错误（β）

第三节　多重线性回归模型和一般线性模型

一、多重线性回归模型

（一）基本形式和参数估计

多重线性回归（multiple linear regression），又称多因素线性回归（multivariable linear regression），是研究一个连续型因变量和多个连续型自变量之间线性关系的统计分析方法，是简单线性回归（simple linear regression）的连续型自变量由一个扩展到多个的情形，其基本原理和方法与简单线性回归相同。

多重线性回归的基本目的是利用一个以上的连续型自变量X_1，X_2，…，X_m的数值估计另一个连续型因变量Y的平均水平。对于固定的自变量，因变量Y的总体均数μ_Y可用线性回归方程表示为：

$$\mu_Y=\beta_0+\beta_1 x_1+\beta_2 x_2+\cdots+\beta_m x_m \quad (6\text{-}3\text{-}1)$$

由于实际因变量的观测值Y与其总体均数比较，存在个体随机误差$\varepsilon=Y-\mu_Y$，因此可得多重线性回归模型：

$$Y=\beta_0+\beta_1 x_1+\beta_2 x_2+\cdots+\beta_m x_m+\varepsilon \quad (6\text{-}3\text{-}2)$$

其中，Y表示独立、随机、定量的因变量；X_1，X_2，…，X_m为m个自变量，它们连续型的自变量；β_0为常数项，表示所有自变量取值均为0时，因变量Y的平均水平；β_1，β_2，…，β_m为偏回归系数，β_j（j=1，2，…，m）表示在其他自变量固定不变的情况下，自变量X_j每改变一个单位时，其因变量Y的总体均数μ_Y改变β_j个单位；个体随机误差ε，是Y的随机变异中不能用模型中自变量解释的部分。

在多重线性回归模型中，要求ε独立，服从N（0，σ^2）分布，故样本估计的多重线性回归方程常可表示为：

$$\hat{Y}=b_0+b_1 x_1+b_2 x_2+\cdots+b_m x_m \quad (6\text{-}3\text{-}3)$$

其中$\hat{Y}$为在各自变量X_j取一定值时，因变量Y的总体均数μ_Y的估计值，亦称为Y的预测值。b_0，b_1，…，b_m是β_0，β_1，…，β_m的样本估计值，可由最小二乘法求解获得。多重线性回归随着自变量个数的增加，求解的计算量也会大大增加，故其统计分析结果一般依靠统计软件得出。

（二）回归模型的假设检验

通过样本得到回归方程后，为考察总体因变量与自变量是否存在线性依存关系，需要对回归方程进行假设检验，包括检验整体回归方程是否成立及每个自变量对因变量的影响是否有统计学意义。

1. 整体回归方程的假设检验　在多重线性回归模型中，因变量Y的总离均差平方和可分解成回归平方和与残差平方和两部分，即：

$$\sum(y_i-\overline{y})^2=\sum(\hat{y}_i-\overline{y})^2+\sum(y_i-\hat{y}_i)^2 \qquad (6\text{-}3\text{-}4)$$

其中，$\sum(y_i-\overline{y})^2$为因变量的总变异$SS_{总}$；$\sum(\hat{y}_i-\overline{y})^2$反映了$m$个自变量对因变量总变异的影响，称为回归平方和$SS_{回归}$，自由度为$m$；$\sum(y_i-\hat{y}_i)^2$反映了除$m$个自变量外，其他所有变量对因变量$Y$的影响，称为残差平方和$SS_{残差}$，自由度为$n-m-1$。

F统计量为：

$$F=\frac{SS_{回归}/m}{SS_{残差}/(n-m-1)}=\frac{MS_{回归}}{MS_{残差}} \qquad (6\text{-}3\text{-}5)$$

当各自变量总体回归系数均为0时，统计量F服从$F(m, n-m-1)$分布。若$F\geqslant F_{\alpha}(m, n-m-1)$，则按$\alpha$水准（$\alpha$一般为0.05），各自变量总体回归系数不全为0，即整体回归方程成立，认为含m个自变量的整体回归方程有统计学意义。

2. 偏回归系数的假设检验　是在整体回归方程具有统计学意义的前提下，进一步检验某个总体偏回归系数是否等于0，即判断该自变量对反应变量是否确有线性影响，通常采用t检验。

$$H_0: \beta_j=0$$
$$H_1: \beta_j\neq 0$$
$$\alpha=0.05$$

检验统计量：

$$t(b_j)=\frac{b_j}{s_{b_j}} \qquad v=n-m-1 \qquad (6\text{-}3\text{-}6)$$

其中s_{b_j}为第j个偏回归系数的标准误。当$\beta_j=0$时，统计量$t(b_j)$服从$t_{\alpha,(n-m-1)}$分布。若$|t(b_j)|\geqslant t_{\alpha/2,(n-m-1)}$，则拒绝$H_0: \beta_j=0$。故可认为偏回归系数$\beta_j$有统计学意义。

（三）偏回归系数的标准化

由于各自变量的计量单位及变异度可能不同，回归方程中各自变量的偏回归系数不具可比性。因此，要比较自变量对反应变量的贡献大小时，需要将原始观测数据进行标准化，其标准化公式为：

$$y' = \frac{y_i - \overline{y}}{s_y} \quad x_j' = \frac{x_i - \overline{x}_j}{s_j} \tag{6-3-7}$$

利用标准化后的数据拟合回归方程，获得的偏回归系数成为标准化偏回归系数（standardized partial regression coefficient）。标准化偏回归系数绝对值越大，所对应的自变量对反应变量 Y 的影响越大。标准化偏回归系数 b_j' 与普通偏回归系数 b_j 的关系式为

$$b_j' = \frac{b_j s_j}{s_y} \tag{6-3-8}$$

其中，S_j 和 S_Y 分别表示自变量 X_j 和反应变量 Y 的标准差。

（四）多重线性回归的自变量筛选

1. 自变量的筛选准则

（1）残差平方和缩小或决定系数（coefficient of determination，R^2）增大回归平方和在总平方和中所占百分比称为决定系数或确定系数。若某一个自变量被引入模型后，$SS_{残}$ 缩小很多或确定系数增大较多，则表示该变量对 Y 的作用大，可被引入；反之，不应该引入。其中，决定系数与残差平方和的关系式为：

$$R^2 = \frac{SS_{回}}{SS_{总}} = 1 - \frac{SS_{残}}{SS_{总}} \tag{6-3-9}$$

（2）残差均方缩小或调整决定系数（adjusted R-squared）增大回归模型中，自变量个数越多，残差平方和越小，R^2 的值越大，而增加的自变量对因变量的贡献可能很小。因此，为消除自变量个数的影响，可以采用残差均方 $MS_{残差}$ 或者调整决定系数 R_a^2，其公式分别为：

$$MS_{残差} = \frac{SS_{残差}}{n-m-1} \tag{6-3-10}$$

$$R_a^2 = R^2 - \frac{m(1-R^2)}{n-m-1} = 1 - \frac{MS_{残}}{SS_{总}/(n-1)} \tag{6-3-11}$$

其中，n 为样本量，m 为引入回归模型的自变量个数。

（3）C_p 统计量接近 p 由 Mallows 提出的 C_p 统计量接近 p 时，则说明其 $MS_{残差}$ 接近 $\hat{\sigma}^2$，说明可停止筛选并采用该自变量子集为最佳组合（best subsets），含 p 个自变量的模型是合适的，反之，则说明含 p 个自变量的模型是不合适的。也就是采用数量较少的自变量组合来简化模型的同时，也能保持模型的残差均方不变或减小。同时缓解了过度拟合问题以及提升了模型的预测能力。

C_P 统计量的计算公式为：

$$C_p=(n-p-1)\left(\frac{MS_{残p}}{\hat{\sigma}^2}-1\right)+p+1 \tag{6-3-12}$$

其中，n为样本量，p为引入回归模型的自变量个数，$MS_{残p}$为所选模型的残差均方，$\hat{\sigma}^2$为选用全部变量时的残差均方。

2. 自变量筛选的常用方法　无论采用何种选择自变量的准则，都需要对不同的自变量子集进行比较，其常用的自变量筛选方法如下。

（1）全子集筛选（all subsets selection）：又称最优子集筛选（best subset selection）对于含有m个自变量的回归建模，所有可能的自变量子集回归模型有2^m-1个。根据自变量筛选准则，从中选择一个或多个最优回归模型。

（2）向后剔除法（backward selection/backward elimination）：先建立一个包含全部自变量的回归方程，然后每次剔除一个偏回归系数最小且无统计学意义的自变量，由多到少直至不能剔除时为止。

（3）向前引入法（forward selection）：回归方程由一个自变量开始，每次引入一个偏回归平方和最大且具有统计学意义的变量，由少到多直至无显著性变量可引入。

（4）逐步选择法（stepwise selection）：取上述两种方法的优点，在向前引入一个新自变量之后，都应重新对已选入自变量进行检查，以评价有无保留在方程中的价值。为此，引入和剔除交替进行，直至无具有统计学意义的新变量可以引入，同时也无可剔除的无统计学意义的自变量。

（五）多重线性回归的应用条件

多重线性回归与简单线性回归的前提条件相同，需满足线性、独立性、正态性和同方差性。

1. 线性（linear）因变量　Y的总体平均值与自变量X呈线性关系，可通过散点图判断。

2. 独立性（independent）　指任意两个观察值互相独立，可利用专业知识来判断。

3. 正态性（normal）　在一定范围内任意给定X值，则对应的随机变量Y服从正态分布。可通过专业知识、正态性检验、残差散点图来判断。

4. 同方差性（equal variance）　在一定范围内对应于不同X值，Y总体变异程度相同，可通过残差分析来判断。

值得注意的是，在应用多重线性回归模型中，还需充分考虑多重共线性、模型验证和交互效应等问题。

（六）案例分析及SPSS软件实现

1. 案例简介 两所三甲医院2010年共有肺炎住院患者数据2431例。从中抽取非手术治疗的18岁及以上肺炎住院患者共234例，变量包括患者的年龄、住院天数以及住院总费用，且符合线性、独立性、正态性和同方差性条件。试分析患者住院总费用的影响因素。变量赋值见表6-6，部分原始数据见表6-7。

表6-6 肺炎患者住院患者总费用及相关指标赋值表

变量名	含义	赋值
x_1	年龄	实际年龄（岁）
x_2	住院天数	实际住院天数（天）
y	总费用	实际费用值（千元）

表6-7 肺炎患者住院患者总费用及相关数据

序号	年龄x_1	住院天数x_2	总费用y
1	35	8	9.086
2	47	16	18.689
3	18	11	14.387
4	61	4	2.610
…	…	…	…
234	53	93	242.566

2. 多重线性回归SPSS软件实现过程

（1）模型选择：本题以探索一个连续型因变量与多个连续型自变量的关系为目的，故应选择多重线性回归模型。

（2）数据输入：[总费用y]，[年龄x_1]，[住院天数x_2]。

（3）回归分析：[Analyze]→[Regression]→[Linear...]；在弹出的对话框左侧的变量列表中单击选择[总费用Y]，单击按钮将变量选入到[Dependent]中；选择[年龄x_1]，[住院天数x_2]，单击按钮将变量选入到Independent中，Method下拉菜单，选择Enter。单击OK完成。

3. 结果展示

见表6-8至表6-10。

表6-8 Model Summary

Model	R	R Square	Adjusted R Square	Std. Error of the Estimate
1	.857[a]	.735	.727	46.380850

注：a. Predictors:（Constant），住院天数，年龄（岁）。

表6-9 ANOVA[a]

Model		Sum of Squares	df	Mean Square	F	Sig.
1	Regression	1 349 970.380	7	192 852.911	89.650	.000[b]
	Residual	486 167.420	226	2151.183		
	Total	1 836 137.800	233			

注：a. Dependent Variable：住院总费用（千元）；b. Predictors:（Constant），治疗结果，是否医保，性别，医院，住院天数，年龄（岁），入院情况。

表6-10 Coefficients[a]

Model		Unstandardized Coefficients		Standardized Coefficients	t	Sig.
		B	Std. Error	Beta		
1	（Constant）	17.056	15.239		1.119	.264
	年龄（岁）	–.266	.175	–.054	–1.521	.130
	住院天数	4.878	.222	.799	21.957	.000

注：a. Dependent Variable：住院总费用（千元）。

4．结果解释

（1）根据表6-8，决定系数R^2=0.735，表明自变量组可以解释因变量变化的73.5%。

（2）根据表6-9，回归模型p值<0.001，各自变量总体回归系数不全为0，认为由这2个自变量构成的回归方程解释肺炎患者住院总费用是有统计学意义的。同时，根据标准化偏回归系数绝对值0.054<0.799，可认为住院天数比年龄对因变量Y住院总费用影响要大。

（3）根据表6-10，未标准化的多重线性回归方程为：

$$\hat{y}=17.056-0.266x_1+4.878x_2$$

β_1=-0.266，即年龄每增加一个单位，住院总费用平均减少266元。

二、一般线性模型

（一）基本形式

一般线性回归分析是将多重线性回归分析原理和方差分析原理相结合起来的一种线性回归分析方法，又称方差分析模型。与线性回归分析的区别是模型的自变量可以是定性变量，包括二分类变量（binary variable）、名义多分类变量（nominal variable）和有序多分类变量（ordinal variable）。一般线性模型扩大了多重线性回归分析的应用范围。一般线性模型可分为单因变量模型、多因变量模型和重复测量因变量模型。

如考虑不同等级医院对患者住院费用影响，即分析不同等级医院的患者住院费用有无差别。每家医院的次均住院费用y_{ij}可以表达为：

$$y_{ij}=\mu_i+\varepsilon_{ij} \tag{6-3-13}$$

其中，y_{ij}表示等级为i的医院中第j家医院的次均费用；μ_i表示等级为i的医院的次均费用平均值；ε_{ij}表示等级为i的医院第j家医院次均费用的随机误差，ε_{ij}服从$N(0,\sigma^2)$分布。假设μ表示所有医院次均费用的平均值，则模型可表示为：

$$y_{ij}=\mu+\alpha_i+\varepsilon_{ij} \tag{6-3-14}$$

其中，α_i为等级为i的医院均次费用的改变量$\alpha_i=\mu_i-\mu$。则不同等级医院次均费用无差异的假设检验为H_0：对任意i，$\alpha_i=0$；H_1：至少有一个$\alpha_i\neq 0$。在单因素方差分析中，$SS_{总}=SS_{组间}+SS_{组内}$。相对而言，α_i相当于$SS_{组间}$，为固定效应；ε_{ij}相当于$SS_{组内}$，为随机效应。如再增加一个地区因素，则模型可表示为：

$$y_{ijk}=\mu+\alpha_i+\beta_j+\varepsilon_{ijk} \tag{6-3-15}$$

其中，y_{ijk}表示医院等级为i，地区为j的第k家医院的次均费用；α_i，β_j分别表示医院等级为i，地区为j时的附加效应；ε_{ijk}仍服从N（0，σ^2）分布。随着因素的增加，一般线性模型的基本形式为：

$$y_{ij\cdots s}=\mu+\alpha_i+\beta_j+\cdots+\gamma_s+\varepsilon_{ijk\cdots s} \tag{6-3-16}$$

（二）一般线性模型的假设检验

在一般线性模型中，对每个因素作用的检验，可根据变异分解，通过得到F统计量实现，其检验统计量为

$$SS_{总}=SS_{因素1}+SS_{因素2}+\cdots+SS_{因素s}+SS_{误差} \tag{6-3-17}$$

$$MS_{因素1}=\frac{SS_{因素1}}{v_{因素1}},\ MS_{因素2}=\frac{SS_{因素2}}{v_{因素2}},\ \cdots,\ MS_{误差}=\frac{SS_{误差}}{v_{误差}} \tag{6-3-18}$$

$$F_{\text{因素}1}=\frac{MS_{\text{因素}1}}{MS_{\text{因素}1}},\ F_{\text{因素}2}=\frac{MS_{\text{因素}2}}{MS_{\text{因素}2}},\ \cdots,\ F_{\text{因素}S}=\frac{MS_{\text{因素}S}}{MS_{\text{误差}}} \quad (6\text{-}3\text{-}19)$$

因此，只要存在任意因素检验统计量$P<0.05$，则可认为一般线性模型有统计学意义。

（三）模型简介及适用条件

1. 单因变量模型　可用于对一个因变量和一个或多个自变量的方差分析。其中，最常见的是完全随机设计（completely randomized design）和随机区组设计（randomized block design）。完全随机设计是指将同质的受试对象随机地分配到两个或两个以上的处理组，观察处理后的实验效应，用于分析完全随机设计定量资料的两个或两个以上总体均数是否相同。随机区组设计，又称为配伍组设计，指将受试对象按性质（如医院所在地区等非实验因素）相同或相近者组成b个区组，再将每个组中的受试对象随机分配到k个处理组中，构成$b \times k$个格子的交叉排列数据表，每个格子仅有一个数据，详情见案例分析。

其适用条件如下：①因变量是连续型随机变量，不明显偏态。②自变量相互独立。③每一个数值型自变量与因变量呈线性关系。④每一个数值型自变量与随机误差相互独立。⑤观察个体的随机误差之间相互独立。⑥同方差性（各样本变异程度相同）。⑦随机误差$\varepsilon \sim N(0, \sigma^2)$。

2. 多因变量模型　与单因素方差分析思想一样，多变量方差分析基本思想也是将多个因变量的变异进行分解为组间效应和组内效应（随机误差），然后对这两部分变异进行比较。所不同的是，单因素方差分析是对组间均方与组内均方进行比较，而多变量方差分析则是对组间方差协方差矩阵与组内间方差协方差矩阵进行比较。其适用条件如下：①因变量（结局指标）服从正态分布（可弱化）。②各观察对象之间相互独立。③各组观察对象因变量方差齐性。④因变量存在一定的关联。

3. 重复测量方差分析模型　重复测量数据的方差分析是对同一因变量进行重复测量的一种试验设计技术。在给予一种或多种处理后，分别在不同的时间点上通过重复测量同一个受试对象获得的指标的观察值，或者是通过重复测量同一个个体的不同部位（或组织）获得的指标的观察值，常用来分析观察指标在不同时间点上的变化。其适用条件如下：①因变量之间存在相互关系。②因变量的均值向量服从多元正态分布。③自变量的各取值水平的因变量方差齐性。

（四）案例分析及SPSS软件实现

1. 案例简介　某研究者欲比较某市社区卫生服务中心，不同工作性质的医务工作者对收入的满意度是否不同，采用期望收入指数（期望收入与实际收入的比值）作为评价指标。考虑到不同社区卫生服务中心所处地域不同，经济状况有差异，且不同性别和年龄的医务工作者对收入的期望可能不同，该研究者随机抽取2020年该市25个社区卫生服务中心，并按性别相同、年龄相差不超出10岁为匹配原则调查每个社区卫生服务中心公共卫生人员、医生、护士各1名，得收入指数的资料如表6-11。

表6-11　2020年某市25个社区卫生服务中心不同岗位期望收入指数

区组	医生（i=1）	护士（i=2）	公共卫生人员（i=3）
1	1.65	1.98	1.60
2	2.03	2.13	1.78
3	1.75	1.60	1.60
4	2.28	2.10	1.79
5	1.91	2.21	1.45
6	2.24	2.06	1.75
7	2.07	2.12	1.87
8	2.03	1.86	1.73
9	2.07	2.22	1.97
…	…	…	…
20	2.21	1.85	1.84
21	2.00	1.85	2.23
22	1.96	2.20	2.03
23	2.38	2.40	1.80
24	2.06	2.05	1.87
25	1.20	1.99	1.42

2. 案例分析及SSPS软件实现过程

（1）模型选择：本题按不同社区分为了25个区组，再将每个区中的医务人员按工作性质分到医生、护士及公共卫生人员三个处理组，为随机区组设计，故应选择单变量模型。

（2）数据输入：期望收入指数X，组别group，社区中心block。

（3）回归分析：Analyze → General Linear Model → Univariate…；在弹出的对话框左侧的变量列表中单击选择期望收入指数X，单击按钮将变量选入到Dependent Variable中；选择组别group，社区中心block，单击按钮将变量选入到Fixed Factor（s）中，如图6-2。

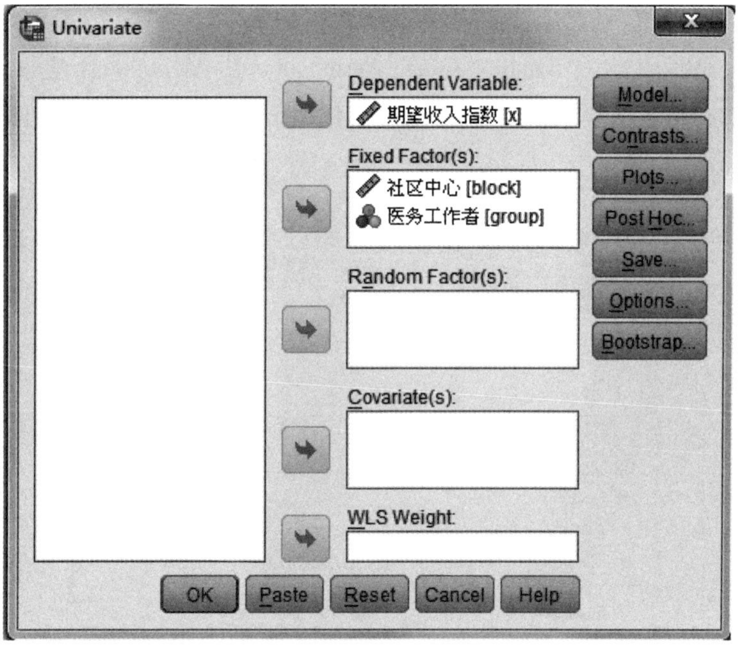

图6-2 主界面

单击Model，在弹出对话框中的Specify Model下选择Custom；Build Term（s）Type下选择Main effects，选中左侧Factors & Covariates中的group和block，单击按钮选入Model中；在Sum of squares下选择Type Ⅲ，将Include intercept in Model选中，如图6-3所示。然后单击Continue。

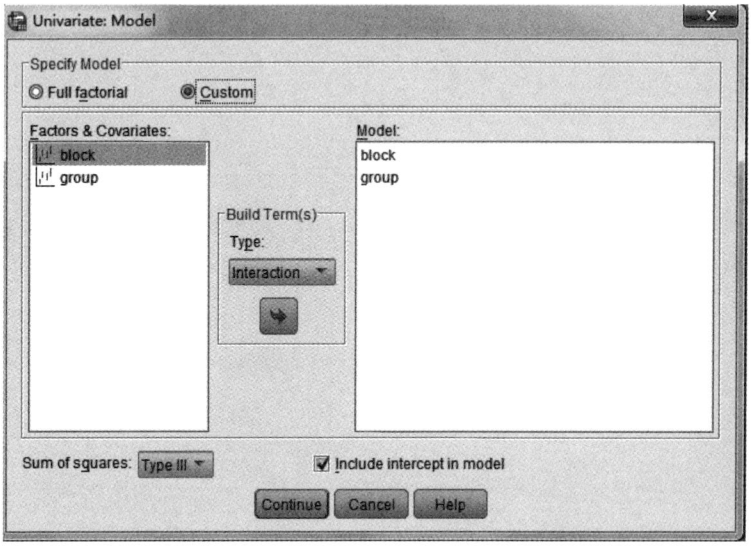

图6-3 选择“Model…”按钮后界面

单击Post Hoc…按钮，在弹出对话框中，单击将Factor（s）框中group选入右侧的Post Hoc Test for框中，在Equal Variance Assumed下选中Dunnett作两两比较，Control category下设置Last，即以最后一组为对照组作两两较；Test下设置为Two-sided，如图6-4所示。单击Continue。

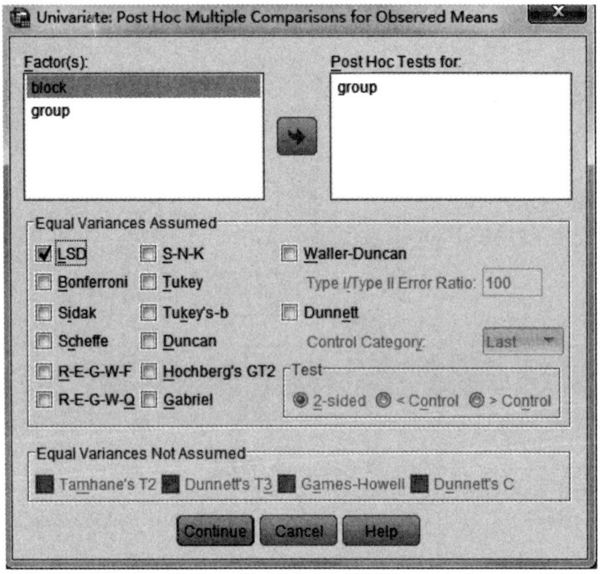

图6-4　选择“Post Hoc…”按钮后界面

单击OK完成。

3. 结果展示

见表6-12、表6-13。

表6-12　Tests of Between-Subjects Effects

Dependent Variable:　期望收入指数

Source	Type Ⅲ Sum of Squares	*df*	Mean Square	*F*	Sig.
Corrected Model	3.304[a]	26	.127	3.100	.000
Intercept	301.041	1	301.041	7 343.964	.000
block	2.313	24	.096	2.351	.006
group	.991	2	.495	12.083	.000
Error	1.968	48	.041		
Total	306.312	75			
Corrected Total	5.271	74			

注：a. *R* Squared=.627（Adjusted *R* Squared=.425）.

表6-13　Multiple Comparisons

Dependent Variable：　期望收入指数

Dunnett t（2-sided）[a]

（I）医务工作者	（J）医务工作者	Mean Difference（I-J）	Std.Error	Sig.	95% Confidence Interval	
					Lower Bound	Upper Bound
1	3	.2664*	.05727	.000	.1359	.3969
2	3	.2120*	.05727	.001	.0815	.3425

注：Based on observed means.

The error term is Mean Square（Error）=.041.

*.The mean difference is significant at the 0.05 level.

a.Dunnett t-tests treat one group as a control，and compare all other groups against it.

4．结果解释

（1）根据表6-12中列出的处理组间［group］变异、区组间［block］变异、误差变异、总变异及各自对应的自由度（*df*），处理组间均方、区组间均方、误差均方，*F*值和*P*值（Sig.）。本例区组间：F=2.35，P=0.006<0.01，按α=0.05检验水准，差异有统计学意义，可认为25个社区卫生服务中心医务工作者期望收入指数不全相同。处理组间：F=12.08，P<0.001，差异有统计学意义，可认为三类不同性质的社区医务工作者期望收入指数不全相同。

（2）根据表6-13 Dunnett-t检验结果显示，医生与公共卫生人员、护士与公共卫生人员比较，结果分别为P<0.001和P=0.001，按α=0.05检验水准，差异有统计学意义，表示医生与公共卫生人员、护士和公共卫生人员比较，期望收入指数的总体均数均不同。其中，医生、护士的期望收入指数均高于公共卫生人员。

第四节　广义线性模型和广义估计方程

一、广义线性模型

（一）基本形式和参数估计

广义线性模型（generalized linear model，GLM）是一般线性模型的推广，一般线性模型中的因变量只能是定量变量，广义线性模型则拓宽了这一范围，因变量不再仅限于定量变量，还可以是诸如二项分布、Poisson分布、负二项分布等非定量变量，但观测个体间仍要求独立。从这个角度来讲，广义实际上包含了所有的回归模型，包括多重线性回归、logistic 回归、Probit 回归、Gamma 回归、Poisson 回归、负二项回归等。

设有独立样本（X_i，Y_i），i=1，…，n。Y_i的分布写成指数分布族的标准形式为：

$$P(y)=b(y)\exp(\eta^T y-a(\eta)),\ \eta=\beta X \tag{6-4-1}$$

式中，$P(y)$是y的条件概率分布，通过计算分布的期望$E(y)$得到y的估计值，即y的估计值就是$P(y)$的期望值。η是分布的自然参数；$a(\eta)$是对数分布函数，a、b、T一般是给定的，随着η的变化会得到不同的分布。

采用最大似然估计（maximum likelihood estimation，MLE）估计η，似然函数为：

$$L=log\,P(y=log(b(y)\exp(\eta^T y-a(\eta)))),\ \eta=\beta X \tag{6-4-2}$$

推导可得$\beta X=\eta=a'^{-1}(E(y))=g(E(y))$，即$\eta=\beta X=g(\mu)$。基于此，广义线性模型的基本形式可写为：

$$g(\mu)=\beta X=\beta_0+\beta_1 x_1+\beta_2 x_2+\cdots+\beta_p x_p \tag{6-4-3}$$

式中，$X=(x_1, x_2, \cdots, x_p)$，$\mu$是y的期望值，$\beta_0$是常数项（constant），$\beta_1$，$\beta_2$，…，$\beta_p$是模型的回归系数。自变量$x_1$，$x_2$，…，$x_p$可以是一个，也可以是多个；类型既可以是定量变量，也可以是定性变量。因变量Y可以是连续的，也可以是离散的，后者在实际应用中更多见。

如公式（6-4-3）所示，广义线性模型实际上由3个部分组合组成：①随机部分（random components）。②系统部分（systematic component）。③联接函数（link function）。因变量Y的概率分布是随机部分（random component），βX（即$\beta_0+\beta_1 x_1+\beta_2 x_2+\cdots+\beta_p x_p$）是系统部分（systematic component），$g(\cdot)$是一个联接函数（link function）。通过指定联接函数，并根据y_i的类型及其分布，广义线性模型可转化成相应的具体模型（表6-14）。

表6-14　常见的因变量分布与回归模型

因变量类型	分布	联接函数	数学表达式	模型
连续型	正态	横等（identity）	$g(\mu)=\mu$	线性回归
分类型	二项（binomial）	logit 函数	$g(\mu)=\log(\frac{\mu}{1-\mu})=\beta X$，$\mu=\frac{e^{\beta X}}{1+e^{\beta X}}$	logistic 回归
分类型	二项	$\Phi^{-1}(\mu)$	$g(\mu)=\Phi^{-1}(\mu)=\beta X$ $\mu=\Phi(\beta X)$	Probit 回归
分类型	二项	对数（Log）	$g(\mu)=log(\mu)=\beta X$ $\mu=e^{\beta X}$	log-binomial 回归
计数	Poisson	对数（Log）	$g(\mu)=log(\mu)=\beta X$ $\mu=e^{\beta X}$	Poisson 回归

（二）基本假设

（1）独立：因变量Y_1、Y_2、…、Y_n独立，即观测值间独立；误差必须是独立的，但不一定是正态分布的。

（2）因变量Y服从指数分布族（exponential family of distributions），包括正态分布、二项分布、泊松分布、多项分布。

（3）不假定因变量Y与自变量之间是线性关系，但假定联接函数转换后的因变量$g(E(Y))$与自变量之间是线性关系。

（4）不需要满足方差齐性（homogeneity of variance）。

（5）使用极大似然估计（maximum likelihood estimation，MLE），而不是普通的最小二乘（ordinary least squares，OLS）来估计参数，因此依赖于大样本近似。

（6）拟合优度测量（goodness-of-fit measures）依赖于足够大的样本，其中一个经验法则（rule of thumb）是小于5的预期单元格数不超过20%。

（三）案例分析及SPSS软件实现

1. 案例介绍　某省医院的脑外科医生收集了2003—2005年间在该科室进行过急救治疗的脑外伤病例，共201例。调查所涉及因素的变量名及赋值说明见表6-15，研究目的是分析导致急救后迟发性颅脑损伤的主要影响因素。

表6-15　脑外伤急救后迟发性颅脑损伤影响因素与赋值说明

因素	变量名	赋值说明
性别	X_1	男=1，女=2
年龄	X_2	入院时实际年龄（岁）
收缩压	X_3	入院时实际收缩压（mmHg）
舒张压	X_4	入院时实际舒张压（mmHg）
血小板	X_5	入院时实际血小板数（$\times10^9$/L）
有无脑挫伤	X_6	无=0，有=1
有无中线位移	X_7	无=0，有=1
有无脑肿胀	X_8	无=0，有=1
入院时意识程度	X_9	嗜睡=1，昏睡=2，浅昏迷=3，中昏迷=4，深昏迷=5
是否手术急救	X_{10}	否=0，是=1
有无使用止血药	X_{11}	无=0，有=1
有无使用激素	X_{12}	无=0，有=1
有无使用脱水剂	X_{13}	无=0，有=1
是否出现迟发性脑损伤	Y	否=0，是=1

2. 广义线性模型的SPSS软件实现过程 首先，对因变量*Y*进行正态性检验，发现K-S检验和S-W检验的*P*值均小于0.05，因此，因变量不符合正态分布（表6-16）。

表6-16 Tests of Normality

	Kolmogorov-Smirnov			Shapiro-Wilk		
迟发脑损伤	Statistic	*df*	Sig.	Statistic	*df*	Sig.
	.480	201	.000	.514	201	.000

进一步尝试发现，因变量服从logit分布，以下是SPSS软件的操作过程：

（1）Analyze→Generalized Linear Models→Generalized Linear Models（图6-5）。

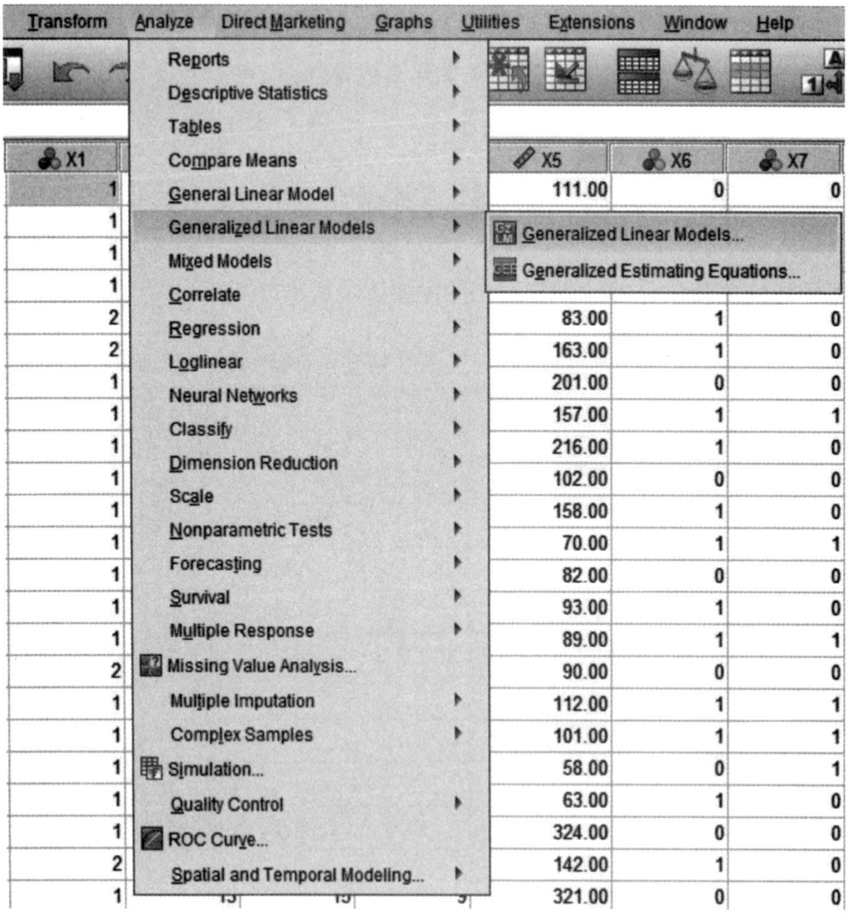

图6-5 SPSS中广义线性模型的菜单

（2）type of mode → binary logistic（图6-6）。

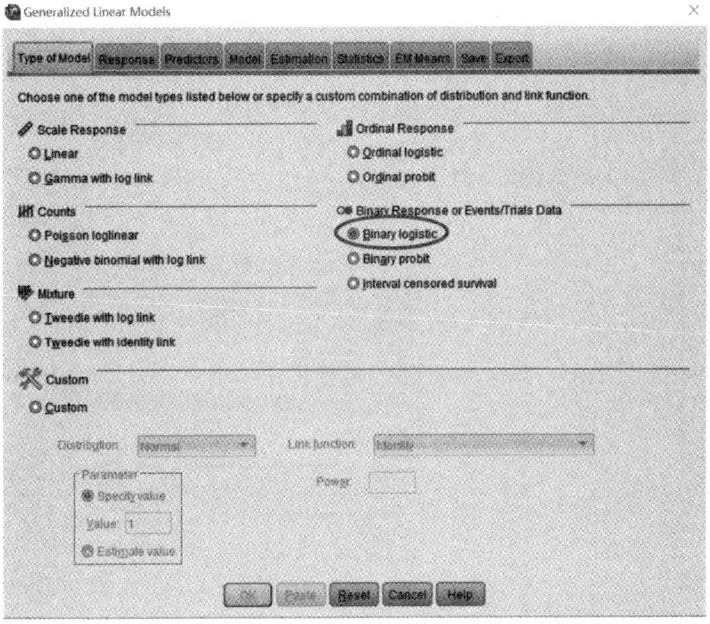

图6-6　SPSS中广义线性模型的Type of Model选项卡界面

（3）response → 迟发性脑损伤 → 置入 Dependent Variables → 在下方的“binary”的对照组选“first”（图6-7）。

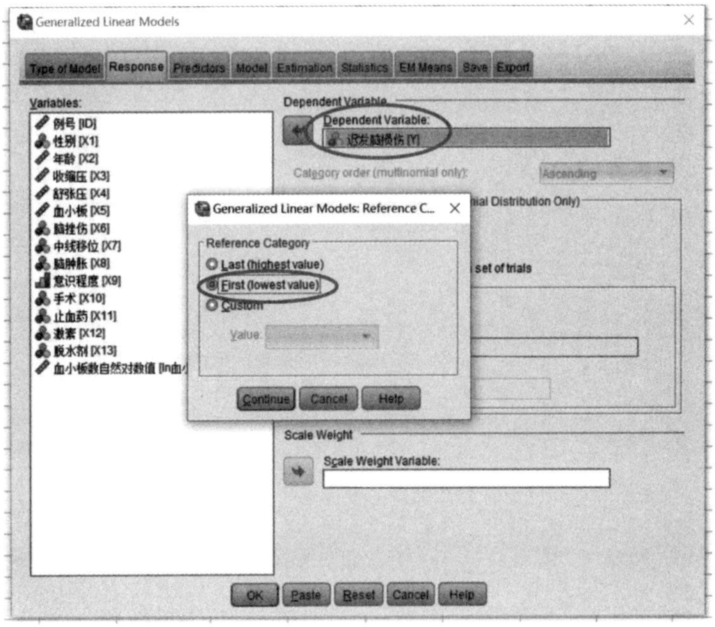

图6-7　SPSS中广义线性模型的Response选项卡界面

（4）predictors→激素→脑挫伤、中线位移、脑肿胀、意识程度、手术、止血药、激素、脱水剂→置入Factors，年龄、收缩压、舒张压、血小板→置入Covariates（图6-8）。

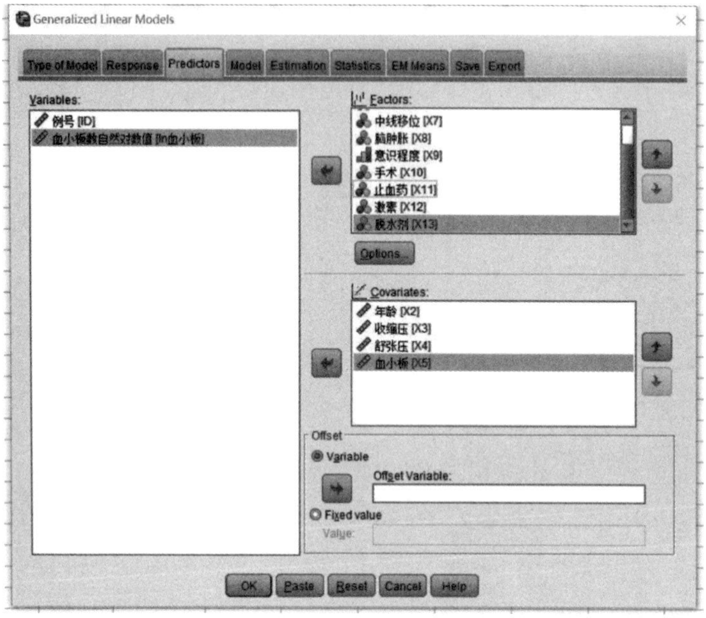

图6-8　SPSS中广义线性模型的Predictors选项卡界面

（5）model→脑挫伤、中线位移、脑肿胀、意识程度、手术、止血药、激素、脱水剂、年龄、收缩压、舒张压、血小板→置入主效应模型框（图6-9）。

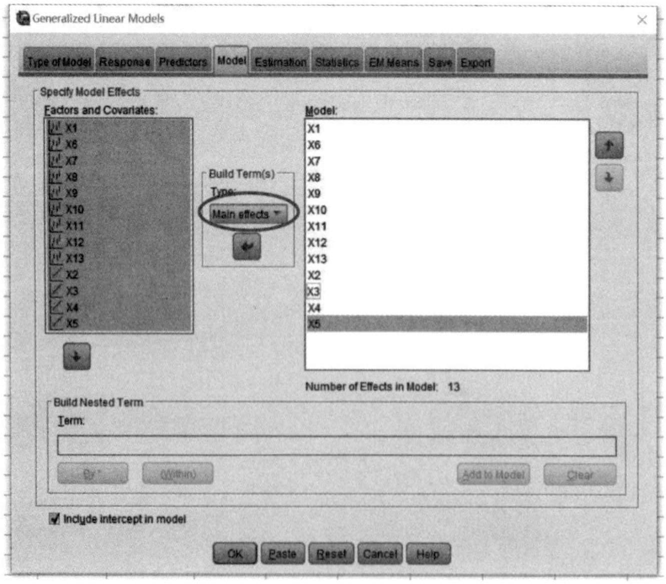

图6-9　SPSS中广义线性模型的Model选项卡界面

（6）Statistics→勾选Include exponential parameter estimates（图6-10）。

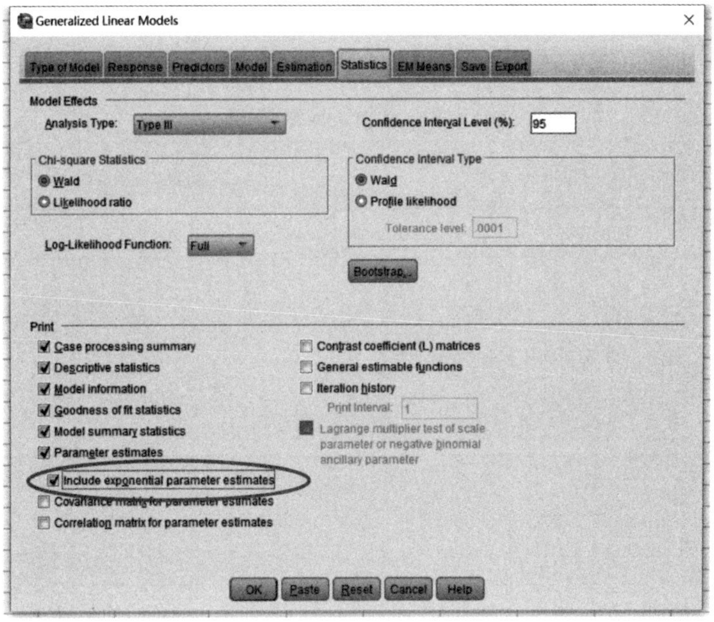

图6-10　SPSS中广义线性模型的Statistics选项卡界面

（7）意识程度X9是多分类变量，此处将X9选入Display Means for:，下方的“Contrast”选“Pairwise”（图6-11）。

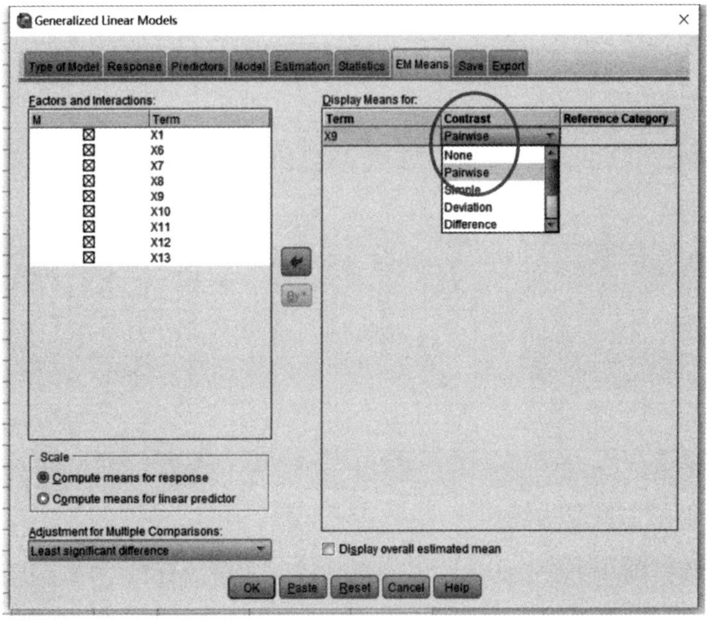

图6-11　SPSS中广义线性模型的EM Means选项卡界面

（8）OK。

3. 结果及结果解释 由表6-17可知，$P<0.001$，说明至少有一个自变量的偏回归系数不等于0。

表6-17 Omnibus Test

Likelihood Ratio Chi-Square	*df*	Sig.
150.270	14	.000

按0.05的检验水准，只有激素X_{12}、舒张压X_4和血小板X_5这三个自变量会被纳入最终的模型当中，相应的偏回归系数β见表6-18。

表6-18 Parameter Estimates

Parameter	B	SE	95% *CI*		Hypothesis Test			Exp（B）	95% *CI* for Exp（B）	
			Lower	Upper	χ^2	*df*	*P*		Lower	Upper
Intercept	16.827	3.8499	9.282	24.373	19.105	1	0	2.03E+07	1.07E+04	3.85E+10
X_1=1	1.3	0.9393	−0.541	3.141	1.917	1	0.166	3.67	0.582	23.14
X_2	−0.004	0.0203	−0.044	0.036	0.042	1	0.837	1	0.957	1.04
X_3	−0.122	0.284	−0.679	0.435	0.185	1	0.667	0.88	0.507	1.54
X_4	−1.271	0.4565	−2.165	−0.376	7.748	1	0.005	0.28	0.115	0.69
X_5	−0.059	0.019	−0.096	−0.022	9.725	1	0.002	0.94	0.908	0.98
X_6=0	1.556	0.9777	−0.36	3.473	2.534	1	0.111	4.74	0.698	32.22
X_7=0	−0.669	1.1698	−2.962	1.624	0.327	1	0.567	0.51	0.052	5.07
X_8=0	−0.772	1.0692	−2.868	1.323	0.522	1	0.47	0.46	0.057	3.76
X_9=1	−0.81	1.2282	−3.218	1.597	0.435	1	0.509	0.44	0.04	4.94
X_9=2	0.809	1.0314	−1.213	2.831	0.615	1	0.433	2.25	0.297	16.95
X_{10}=0	1.308	1.2219	−1.087	3.703	1.145	1	0.285	3.7	0.337	40.56
X_{11}=0	0.711	3.479	−6.107	7.53	0.042	1	0.838	2.04	0.002	1 863.65
X_{12}=0	16.959	7.9946	1.29	32.628	4.5	1	0.034	2.32E+07	3.633	1.48E+14
X_{13}=0	−0.671	0.8885	−2.413	1.07	0.57	1	0.45	0.51	0.09	2.92

（四）广义线性模型的优点

（1）不需要把因变量Y转换成正态分布，将因变量的分布范围从正态分布扩展到二项分布、Poisson分布、负二项分布等。

（2）联接函数的选择与随机部分的选择是分离的，因此，在建模时具有更大的灵活性。

（3）如果联接函数产生附加效应，那么我们就不需要常数方差。

（4）模型采用极大似然估计拟合。

（5）对数线性（log-linear）和logistic回归模型的推理工具和模型检查也适用于广义线性模型，如Wald和似然比检验、残差、置信区间。

（五）广义线性模型的局限性

（1）线性函数，例如在系统部分中只能有一个线性预测变量。

（5）观测值必须是独立的。

二、广义估计方程

（一）基本形式和参数估计

广义估计方程（generalized estimating equations，GEE）是在广义线性模型的基础上发展起来的用于处理重复测量资料的方法，该方法运用准似然估计（quasi-likelihood estimation）估计参数，重点是估计组内相关系数。广义估计方程的观察对象间是独立的，但同一观察对象内的观察值存在相关。

y_{ij}表示第i个（i=1，…k）个体的第j次（j=1，2，…，t）测量的因变量，x_{ij}=（x_{ij1}，x_{ij2}，…，x_{ijp}）是对应于应变量y_{ij}的$p\times1$维解释变量向量。模型的基本构成如下：

（1）指定Y_{ij}的边际期望（marginal expectation）是协变量X_{ij}线性组合的已知函数：

$$E(Y_{ij})=\mu_{ij}=g^{-1}(\beta X_{ij}) \tag{6-4-4}$$

$$g(\mu_{ij})=\beta X_{ij}=\beta_0+\beta_1 x_{ij1}+\beta_2 x_{ij2}+\cdots\beta_p X x_{ijp} \tag{6-4-5}$$

与广义线性模型相同，广义估计方程也由三个部分组合组成，因变量y_{ij}的概率分布是随机部分（random component），βX（即$\beta_0+\beta_1 x_{ij1}+\beta_2 x_{ij2}+\cdots\beta_p X x_{ijp}$）是系统部分（systematic component），g（·）是一个联接函数（link function）。

（2）指定Y_{ij}边际方差（marginal variance）是边际期望的已知函数：

$$\sigma_i^2=Var(Y_{ij})=V(\mu_{ij})*\varphi \tag{6-4-6}$$

式中，V(·)为已知函数；φ为尺度参数（scale parameter），表示Y的方差不能被$V(\mu_{ij})$解释的部分，对二项分布和Poisson分布而言，φ=1。

（3）指定Y_{ij}协方差是边际均数和参数α的函数：

$$\rho_{ist}=Cov(Y_{is},Y_{it})=c(\mu_{is},\mu_{it},\alpha) \tag{6-4-7}$$

式中，c（·）为已知函数，α为相关参数（correlation parameter）；$\rho_{ist}=Cov(Y_{is},Y_{it})$

表示Y_{is}和Y_{it}间的协方差，表示第i个个体的第s次和第t次测量。

（4）构造广义估计方程如下：

$$S(\beta,\alpha,\varphi)=\sum_i \frac{\partial\mu_i}{\partial\beta}V_i^{-1}(Y_i-\mu_i)=0 \quad (6\text{-}4\text{-}8)$$

$$V_i=A_i^{1/2}R_i(\alpha)A_i^{1/2}\varphi \quad (6\text{-}4\text{-}9)$$

$$A_i=Diag[Var(y_{ij})]=\begin{bmatrix} V(\mu_{i1})*\varphi & 0 & \cdots & 0 \\ 0 & V(\mu_{i2})*\varphi & \cdots & 0 \\ \vdots & \cdots & \ddots & 0 \\ 0 & 0 & \cdots & V(\mu_{it})*\varphi \end{bmatrix} \quad (6\text{-}4\text{-}10)$$

式中，V_i是作业相关矩阵（working correlation），R_i（α）是适应每个因变量Y_i的作业相关矩阵，A_i是对角矩阵，对角线上的元素为V（μ_{ij}）$*\varphi$。一般情况下，不存在封闭解，因此广义估计方程的参数估计是通过迭代法得到的，需要估计方程中的三类参数：相关参数α、尺度参数φ、解释变量系数β，其中β的准似然估计产生于基于正态对数似然（normality-based loglikelihood）的最大化。

（二）广义估计方程的假设

（1）非独立：因变量Y_1、$Y_2\cdots Y_n$相互关联（correlated）或聚集的（clustered）。

（2）不需要满足方差齐性（homogeneity of variance）。

（3）误差是相关的。

（4）使用准似然估计（quasi-likelihood estimation），而不是极大似然估计或普通最小二乘（ordinary least squares）来估计参数。

（5）使用作业相关矩阵表示因变量的各次重复测量值两两之间的相关性，常用R_i（α）表示。作业相关矩阵的结构在拟合模型之前应预先设定好，模型拟合完毕时会计算出具体的相关矩阵，有四种常见结构：

1）独立（independence）：假设多次观察之间互相独立，无相关广西。该结构因为数据完全独立，实际上不需要考虑广义估计方程。相关矩阵表示如下：

$$R_i(\alpha)=\begin{bmatrix} 1 & 0 & 0 & 0 \\ 0 & 1 & 0 & 0 \\ 0 & 0 & 1 & 0 \\ 0 & 0 & 0 & 1 \end{bmatrix}$$

2）可交换的相关（exchangeable correlation）：又称复对称相关（compound symmetry correlation），假设任意两次观测之间的相关性相等，常用于不依赖时间顺序的重复测量资料，相关矩阵表示如下：

$$R_i(\alpha)=\begin{bmatrix}1&\rho&\rho&\rho\\\rho&1&\rho&\rho\\\rho&\rho&1&\rho\\\rho&\rho&\rho&1\end{bmatrix}$$

3）一阶自回归（first-order auto regressive，AR1）：也称自相关，观测值之间的相关性呈指数衰减，即相关与间隔次数有关，相隔次数越长，相关关系越小，相关矩阵表示如下：

$$R_i(\alpha)=\begin{bmatrix}1&\rho&\rho^2&\rho^3\\\rho&1&\rho&\rho^2\\\rho^2&\rho&1&\rho\\\rho^3&\rho^2&\rho&1\end{bmatrix}$$

4）非结构化相关（unstructured correlation）：不预先指定相关的结构，让模型根据资料的特征自己估计，相关矩阵表示如下：

$$R_i(\alpha)=\begin{bmatrix}1&\rho_{1,2}&\rho_{1,3}&\rho_{1,4}\\\rho_{2,1}&1&\rho_{2,3}&\rho_{2,4}\\\rho_{3,1}&\rho_{3,2}&1&\rho_{3,4}\\\rho_{4,1}&\rho_{4,2}&\rho_{4,3}&1\end{bmatrix}$$

注：$\rho_{ij}=Corr(Y_{ij},\ Y_{ik})$，$Y_{ij}$表示第$i$个个体在时间$j$上的观测值，$Y_{ik}$表示第$i$个个体在时间上$k$的观测值。

（三）案例分析及SPSS软件实现

1. 案例介绍　以中华流行病学杂志发表的“以广义估计方程研究浙江省肺结核耐药预测方程”为例。该研究以2014年1月至2015年2月浙江省30个耐药监测点纳入的新发涂阳患者为调查对象，对其进行药敏检测和问卷调查，共收集有效问卷955份。以对13种抗结核药物的耐药情况为因变量，可能的危险因素为自变量，分析耐药肺结核患者的危险因素。危险因素的变量名及赋值说明见表6-19。

表6-19　肺结核耐药危险因素与赋值说明

因素	变量名	赋值说明
性别	X_{ij1}	女=0，男=1
年龄（岁）	X_{ij2}	≤20=1，21~35= =2，36~55=3，56~70=4，>70=5
居住地	X_{ij3}	城镇=0，农村=1
文化程度	X_{ij4}	文盲/半文盲=1，小学=2，初中=3，高中/中专=4，大专/大学及以上=5

续 表

因素	变量名	赋值说明
医疗保险	X_{ij5}	无医疗保险=0，城镇职工医疗保险=1，城镇居民医疗保险=2，新型农村合作医疗=3，商业医疗保险=4
被诊断为糖尿病	X_{ij6}	否=0，是=1
被诊断为乙肝	X_{ij7}	否=0，是=1
家庭成员有肺结核病史	X_{ij8}	否=0，是=1
邻里、同学、同事有肺结核病史	X_{ij9}	否=0，是=1
本次就诊有症状	X_{ij10}	否=0，咳嗽咳痰<2周=1，咳嗽咳痰>2周=2
做过X线胸片或CT检查	X_{ij11}	否=0，是=1
做过痰涂片	X_{ij12}	否=0，是=1
被诊断过结核病	X_{ij13}	否=0，是=1
接受过抗结核治疗	X_{ij14}	否=0，是=1
治疗停药情况	X_{ij15}	未停药=0，停药时间累计≤15天=1，15天<停药时间累计≤1个月=2，1个月<停药时间累计≤2个月=3，停药时间累计>2月=4
耐药发生情况	Y_{ij}	否=0，是=1。Y_{ij}表示第i个个体第j种抗结核药物的耐药情况

2. 广义估计方程的SPSS软件实现过程

（1）Analyze→Generalized Linear Models→Generalized Estimating Equations（图6-12）。

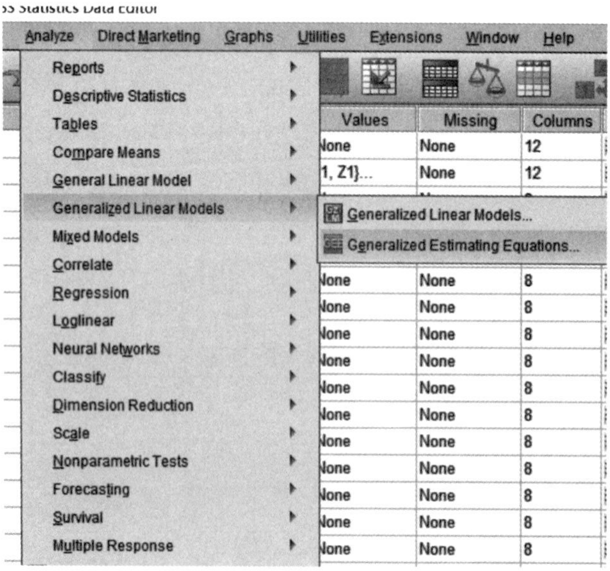

图6-12　SPSS中广义估计方程的菜单

（2）Repeated → ID → 置入 Subject Variables，medicine → 置入 Within-Subject Variables，在下方的“Structure”的对照组选“Unstructured”（图 6-13）。

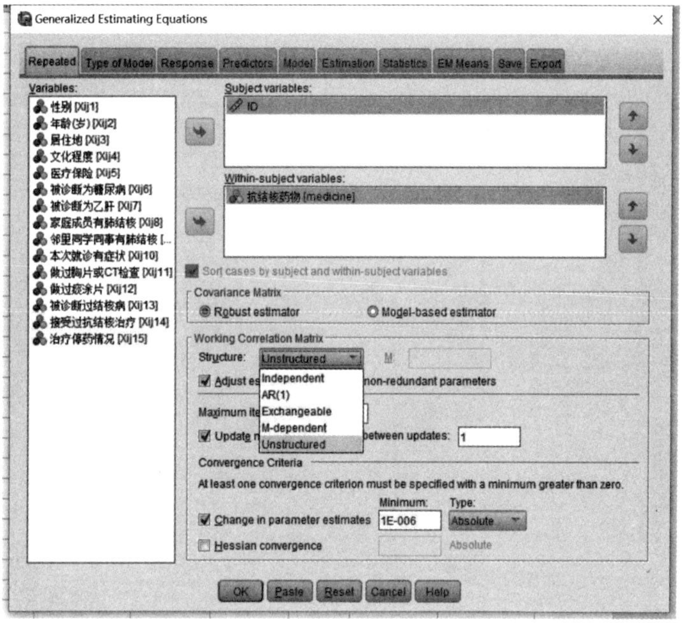

图 6-13　SPSS 中广义估计方程的 Repeated 选项卡界面

（3）type of model → binary logistic（图 6-14）。

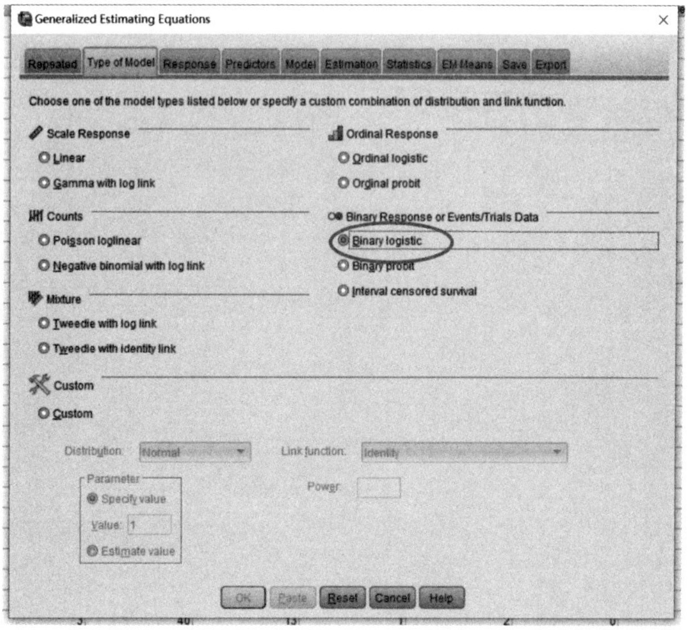

图 6-14　SPSS 中广义估计方程的 Type of Model 选项卡界面

（4）response→耐药发生情况Y→置入Dependent Variables→在下方的“binary”的对照组选“first”（图6-15）。

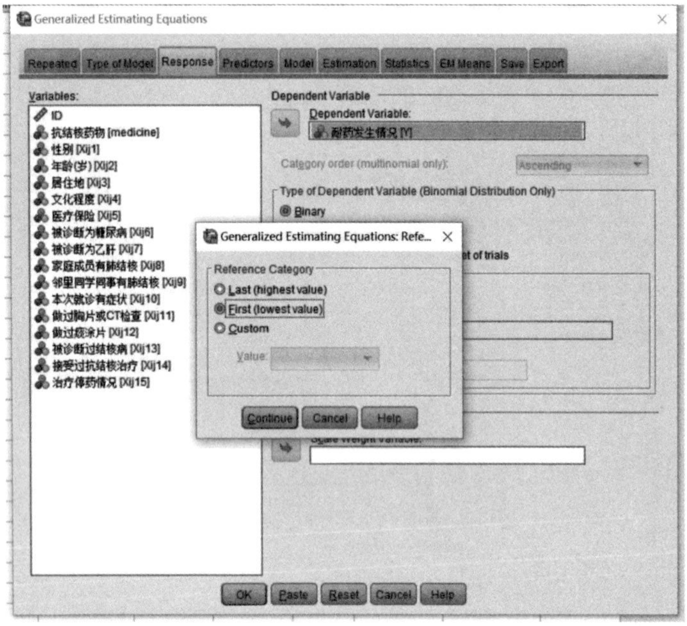

图6-15　SPSS中广义估计方程的Response选项卡界面

（5）predictors→将X_{ij1}-X_{ij15}→置入Factors（图6-16）。

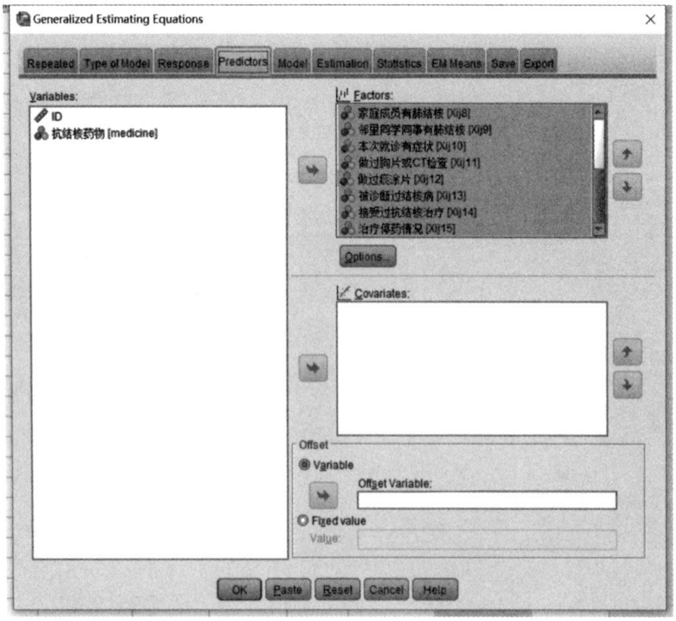

图6-16　SPSS中广义估计方程的Predictors选项卡界面

（6）model→将X_{ij1}-X_{ij15}→置入主效应模型框（图6-17）。

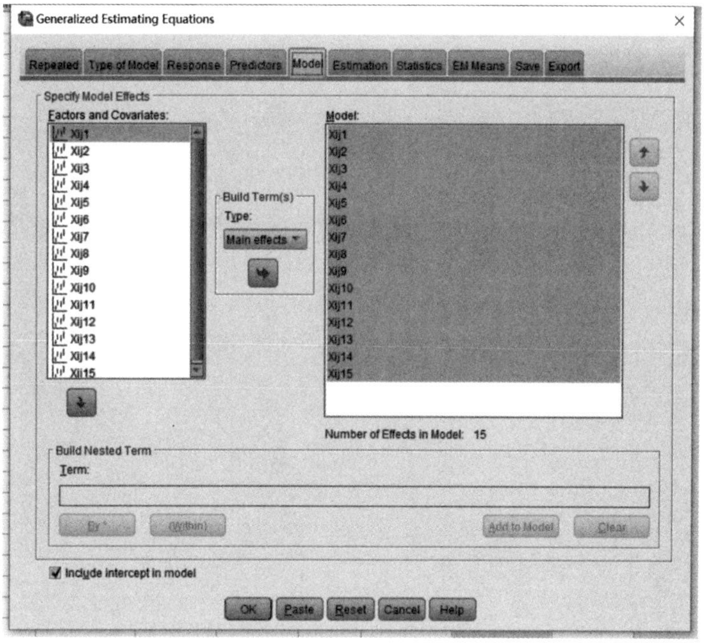

图6-17　SPSS中广义估计方程的Model选项卡界面

（7）Statistics→勾选Include exponential parameter estimates（图6-18）。

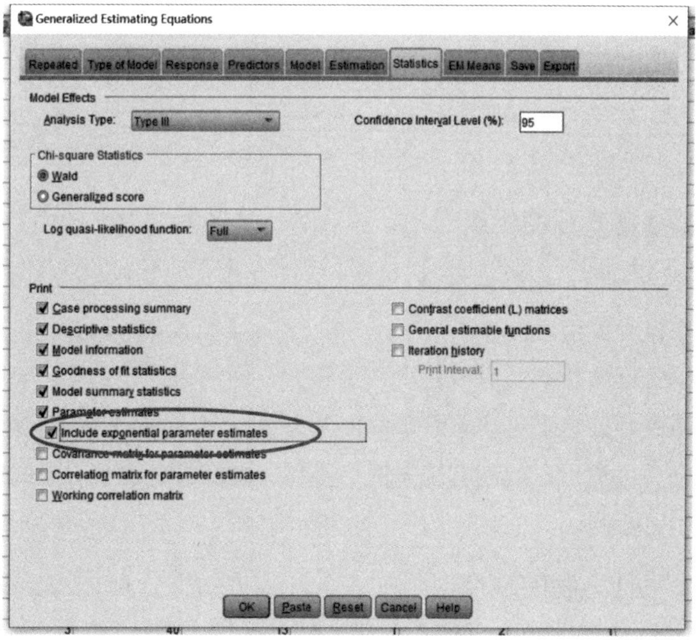

图6-18　SPSS中广义估计方程的Statistics选项卡界面

（8）医疗保险X_{ij5}是多分类变量，此处将X_{ij5}选入 Display Means for: ，下方的"Contrast"选"Pairwise"（图6-19）。

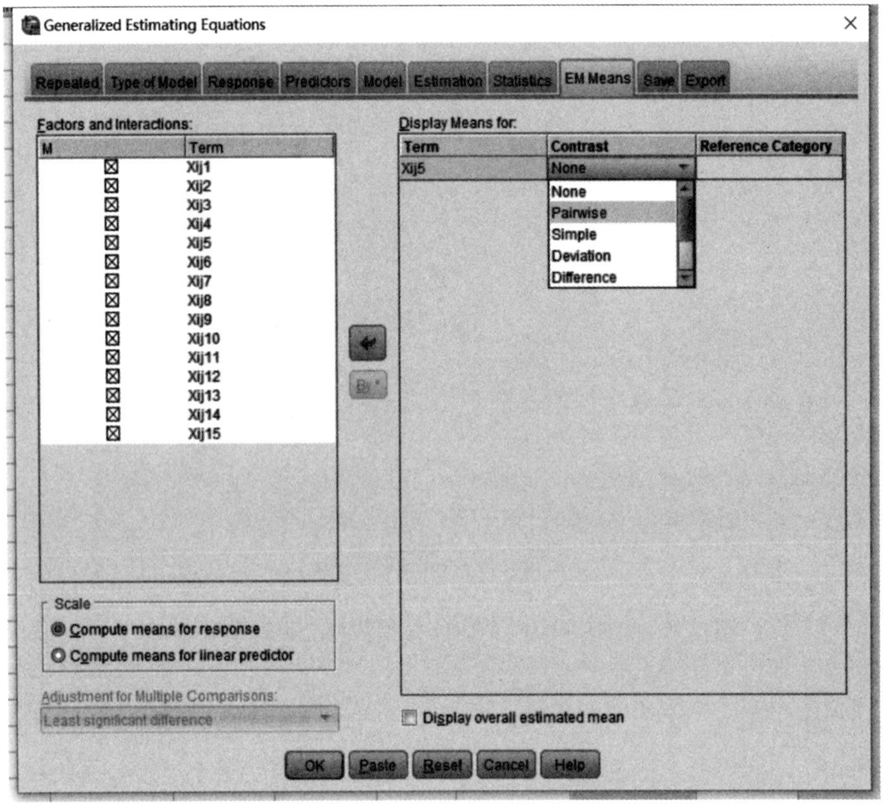

图6-19　SPSS中广义估计方程的EM Means选项卡界面

（9）OK 。

（四）广义估计方程的优点

（1）广义估计方程采用准似然估计法来估计参数，计算比极大似然估计简单，并且对多元分布也没有要求。

（2）只要联接函数正确，总观测次数足够大，即使作业相关矩阵$R_i(\alpha)$的结构选择不当，也能得到有关结果变量的回归系数β和其他统计量的一致性估计值。

（3）广义估计方程可以处理有缺失值的资料，允许每个观察对象的观察次数不同，观察时间间隔也可不同。

（五）广义估计方程的缺点

（1）没有似然函数，因为广义估计方程没有完全指定联合分布；因此，有些人认为它不是一种模型，而只是一种估计方法。

（2）基于似然的方法不可用于测试拟合、比较模型和对参数进行推断。

（3）除非样本量非常大，否则基于经验的标准误会低估真实的标准误。

（4）经验估计量比参数估计量更具可变性。

本章小结

定量研究方法主要通过揭示医院管理与卫生政策研究中定量变量之间的量化关系，寻找它们之间的关联关系。如果配合有适当的研究设计和理论基础，则可以发现政策干预变量与结果变量之间的因果关系。在定量研究方法的选择中，主要根据研究设计和变量类型以及需要阐明的问题，选择合适的研究方法。本章在介绍定量研究方法的整体框架基础上，重点介绍了与回归相关的定量研究方法。

（张治国　陶红兵　董四平）

第七章　常用综合评价方法

学习目标

1. 掌握　综合指数法、层次分析法、TOPSIS法、秩和比法、模糊综合评价法的基本原理。

2. 熟悉　综合指数法、层次分析法、TOPSIS法、秩和比法、模糊综合评价法的计算过程。

3. 了解　综合评价模型构建的主要过程。

综合评价（synthetic evaluation）是按照某种标准对多因素影响的评价对象，用科学的方法判断观察结果，并赋予这种结果一定意义和价值的过程。随着医学科学的发展，综合评价已广泛应用于医学研究的多个领域，如临床评价中的诊断性试验和方法评价、患者的疗效评价、预后及转归评价等；卫生评价中的环境评价、营养评价和疾病防治效果评价等；卫生管理评价中的绩效评价、卫生政策评价、医疗技术评估、卫生经济评价等社会科学领域。常用的基本综合评价方法包括综合指数法、层次分析法、TOPSIS法、秩和比法、模糊综合评价法等。

第一节　综合指数法

将研究事物的多个性质不同、计量单位各异的指标实测值综合成一个无计量单位，反映其相对平均变化水平的综合指标称为综合指数（synthetic index）。利用综合指数的计算方式，对研究事物进行综合评价的方法称为综合指数法。综合指数法是可用于评价医院的医疗质量、环境卫生以及工作绩效等方面的综合评价。

一、个体指标指数化

个体指标可分为高优指标、低优指标和适度指标三类。如医院医疗质量评价中的诊断正确率、治愈率、危重患者抢救成功率越高越好，是高优指标；而手术感染率、医疗事故率、病死率越低越好，是低优指标；出院患者平均住院日、病床使用率、病床周转次数，既不要太高，也不要太低，是适度指标。个体指标指数化的一般方法为：

$$y_i = \begin{cases} \dfrac{x_i}{M_i} & \text{（高优指标）} \\ \\ \dfrac{M_i}{x_i} & \text{（低优指标）} \end{cases} \tag{7-7-1}$$

适度指标往往先根据相关规定或专家意见确定一个标准值，大于该标准值的按7-7-1中的低优指标公式处理，小于该标准值的按7-7-1中的高优指标公式处理。

公式（7-7-1）中x为第i个指标实测值，M_i为该指标的标准值或参考值，y_i为个体指数。

例7-1　某院2016—2020年医疗质量主要评价指标的实际值与标准值见表7-1，该院医疗质量评价指标的指数化值见表7-2。

表7-1　某院2016—2020年医疗质量主要评价指标

评价指标	各年实际指标值（X_{ij}）					衡量标准值（M_{ij}）
	2016年	2017年	2018年	2019年	2020年	
门诊就诊量（人次）	836 157.00	965 482.00	1 057 106.00	1 266 538.00	1 236 284.00	1 072 313.40
出院患者数（人次）	25 264.00	27 468.00	30 967.00	31 857.00	33 598.00	29 830.80
手术例数（人次）	14 297.00	15.88	16 915.00	17 401.00	18 995.00	16 698.00
出院患者平均住院日（天）	13.87	12.69	12.16	10.82	11.23	12.15
病床使用率（%）	106.31	107.24	105.63	106.32	108.86	106.87
病床周转（次）	27.96	29.33	30.27	34.06	36.59	31.64
患者的治愈率（%）	93.51	92.76	92.89	93.64	93.96	93.35
患者的病死率（%）	0.78	0.68	0.63	0.54	0.46	0.62
患者出入院诊断符合率（%）	98.43	98.63	98.82	98.26	98.72	98.57
住院患者人均费用（元）	4186.38	4.296.79	4 473.28	4.563.98	4 746.45	4 453.38
平均门诊费用（元）	189.65	195.16	218.62	225.47	238.68	213.52
药品费用占就诊总费用的比例（%）	57.62	53.16	56.32	52.61	58.26	55.59

表7-2 该院医疗质量评价指标指数化

评价指标		指数化数值（Y_{ij}）				
		2016年	2017年	2018年	2019年	2020年
工作强度	门诊就诊量（人次）	0.78	0.90	0.98	1.18	1.15
	出院患者数（人次）	0.85	0.92	1.04	1.07	1.13
	手术例数（人次）	0.86	0.95	1.01	1.04	1.14
工作效率	出院患者平均住院日（天）	1.14	1.04	1.00	0.89	0.92
	病床使用率（%）	0.99	1.00	0.99	0.99	1.02
	病床周转（次）	0.83	0.93	0.96	1.08	1.16
医疗技术质量	患者的治愈率（%）	1.00	0.99	1.00	1.00	1.01
	患者的病死率（%）	0.79	0.91	0.98	1.15	1.35
	患者出入院诊断符合率（%）	1.00	1.00	1.00	1.00	1.00
医疗费用	住院患者人均费用（元）	0.94	0.96	1.00	1.02	1.07
	平均门诊费用（元）	0.89	0.91	1.02	1.06	1.12
	药品费用占就诊总费用比例（%）	1.04	0.96	1.01	0.95	1.05

本例中有12项指标，其中出院患者平均住院日、患者的病死率为低优指标，按$\frac{M_i}{x_i}$计算个体指数y_i；其余为高优指标，按$\frac{x_i}{M_i}$计算y_i。

二、指标分类

指标可按功能分类，把具有相同功能的指标归成一类。在例7-1的12个指标中，按功能可归纳为四类。第一类为工作强度指标，有门诊就诊量、出院患者数、手术例数；第二类为工作效率指标，包含出院患者平均住院日、病床使用率、病床周转次数；第三类为医疗技术质量指标，包含患者的治愈率、患者的病死率、患者出入院诊断符合率；第四类为医疗费用指标，包含住院患者人均费用、平均门诊费用（元）、药品费用占就诊总费用的比例。

三、综合指数

综合指数模型是按同类指数相乘后再求和的方法计算，即：

$$I = \sum_{i=1}^{m} \prod_{j=1}^{n} y_{ij} \tag{7-1-2}$$

式中I为综合指数，m为指标类别数，n为各类别内的指标数，y_{ij}为第i类中第j个个体指标指数。

四、评价分析

在例7-1中将各年的个体指标指数化值y_{ij}按四类——工作强度指标类、工作效率指标类、医疗技术质量指标类和医疗费用指标类分别作同类相乘，运用公式（7-1-2）计算综合指数，如2016年的综合指数I为：

I_{2016}=0.78×0.85×0.86+1.14×0.99×0.83+1×0.79×1×0.94+0.89×1.04=3.17

同理，类似计算2017年、2018年、2019年、2020年各年的综合指数，见表7-3。

表7-3　该院2016—2020年医疗质量评价指标综合指数

综合指标	2016年	2017年	2018年	2019年	2020年
工作强度	0.57	0.79	1.03	1.31	1.48
工作效率	0.94	0.97	0.95	0.95	1.09
医疗技术质量	0.79	0.90	0.98	1.15	1.36
医疗费用	0.87	0.84	1.03	1.03	1.26
综合指数I	3.17	3.50	3.99	4.44	5.19
排序	5	4	3	2	1

表7-3结果显示，近5年该院医疗质量指数逐年增长。2020年医疗质量综合指数最高为5.19，综合评价排序第一，最低的是2016年，医疗质量综合指数只有3.17。按指标类别分析发现，工作效率指标类在5年里的综合指数相对稳定，极差是0.15，但工作强度指标综合指数变异较大，2020年工作强度指标综合指数是1.48，而2016年只有0.57，极差为0.91。因此，工作强度是影响综合评价排名的主要因素。

综合指数法是一种无量纲的评分分析方法，资料是定量的。该法综合考虑指标的变异程度，模型直观、简单，是近年来在卫生管理、医疗质量控制等综合评价中较为常用的分析方法。

第二节　层次分析法

层次分析法（analytic hierarchy process，AHP）是将与研究事物有关的元素分解成目标、准则、方案等层次，在此基础之上进行定性和定量分析的决策方法。其思想是把一个复杂决策问题表示为一个有序递阶层次结构，通过比较判断，计算各种决策行为、方案和决策对象在不同准则及总准则之下的相对重要性量度，从而对其进行优劣排序，为决策者提供决策依据。AHP应用范围广泛，包括经济分析、项目规划、行为科学和科研管理等许多领域的政策分析及研究。目前该方法已越来越多地用于医院管理研究，以辅助决策。

一、基本原理与步骤

层次分析法的基本原理为：将决策的问题看作受多种因素影响的大系统，并将这些因素按照它们之间的相互关联、相互制约隶属关系排成从高到低的若干层次，然后用主观评分法（Saaty标度）对各因素两两之间比较重要性打分，对各因素层层排序，最后对排序结果进行分析。运用层次分析法进行系统分析与决策时，可分四个步骤进行。

（一）建立决策问题的递阶层次结构模型

首先明确决策的目标，将该目标作为最高层（目标层）的元素。然后确定影响目标层下的中间层（准则层）因素。再根据这些关系将准则元素分成不同的层次和组，不同层次元素间的作用相互支配。同一层元素间形成若干组，同组元素性质相近。在上述准则下，将最终解决措施（方案层），放在层次结构的最下面（最底层）。在明确各个层次的因素及位置后，将它们之间的关系用连线连接，这就构成了决策问题的递阶层次结构。

例7-2　在重大疫情当中，为了达到快速收治的目的，以及防止疫情进一步扩散，需要在预测方舱医院需求的基础上，在平衡建设时间、成本和效果的基础上，对新建和改建方舱医院进行决策。该决策问题的递阶层次结构如图7-1。

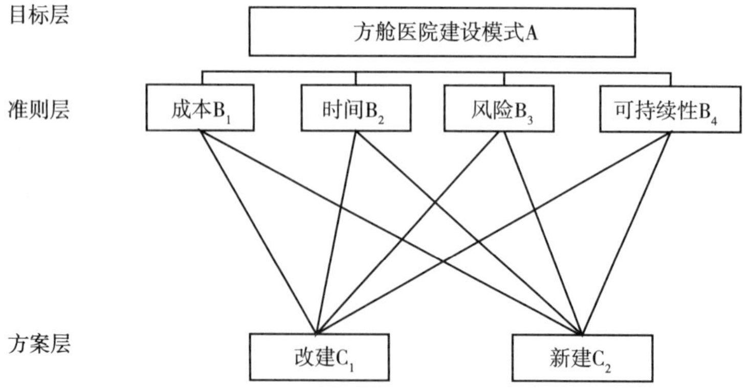

图7-1　方舱医院建设的层次结构

（二）构造判断矩阵

构造判断矩阵的方法：每一个具有向下隶属关系的元素作为判断矩阵的第一个元素，隶属于它的各个元素依次排列在其后的第一行和第一列。对于某一准则，元素 u_i 和 u_j 哪一个更重要，重要的程度如何，通常按1~9的Saaty标度对重要性程度赋值，表7-4中列出了1~9的Saaty标度的含义。

表7-4　Saaty标度的含义

标度 a_{ij}	含义
1	表示两个元素相比，具有同样重要性
3	表示两个元素相比，前者比后者稍重要
5	表示两个元素相比，前者比后者明显重要
7	表示两个元素相比，前者比后者强烈重要
9	表示两个元素相比，前者比后者极端重要
2，4，6，8	表示上述相邻判断的中间值

对于某一准则，n 个元素之间相对重要性的比较得到一个两两比较判断矩阵：

$$A=(a_{ij})_{n\times n}$$

其中，a_{ij} 就是元素 u_i 和 u_j 相对于某准则的重要性的比例标度。若元素 u_i 和 u_j 的重要性之比为 a_{ij}，那么元素 u_i 和 u_j 重要性之比为 $a_{ij}=1/a_{ij}$。

判断矩阵A具有下列性质：$a_{ij}>0$，$a_{ij}=1/a_{ij}$，$a_{ij}=1$。

在例7-2中，请专家、学者、权威人士分析并构建各层元素对上层元素的重要性程度的判断矩阵。如准则层中各元素 B 对总目标 A 的判断矩阵为：

A	B_1	B_2	B_3	B_4
B_1	1	2	3	4
B_2	1/2	1	2	3
B_3	1/3	1	1	2
B_4	1/4	1/3	1/2	1

类似地，可以构建其他各层判断矩阵：

B_1	C_1	C_2
C_1	1	1/4
C_2	4	1

B_2	C_1	C_2
C_1	1	5
C_2	1/5	1

B_3	C_1	C_2
C_1	1	9
C_2	1/9	1

B_4	C_1	C_2
C_1	1	3
C_2	1/3	1

（三）层次排序及权重计算

排序是指每一个判断矩阵各元素针对上层元素的相对权重。计算权重有和法、根法、幂法等，这里简要介绍根法。

（1）计算判断矩阵每一行初始权重系数 W_i'：

$$W_i' = \sqrt[n]{a_{i1} \cdot a_{i2} \cdots a_{in}} \qquad (i = 1,2,\cdots,n)$$

（2）计算归一化权重系数 W_i：

$$w_i = \frac{W_i'}{\sum_{i=1}^{n} W_i'} \quad (i = 1,2,\cdots,n) \tag{7-2-1}$$

（3）求最大特征根 λ_{max}：

$$\lambda_{max} = \frac{1}{n}\sum_{i=1}^{n}\frac{\sum_{j=1}^{n} a_{ij}w_j}{w_i} \tag{7-2-2}$$

（四）一致性检验

（1）计算一致性指数 CI（consistency index），即：

$$CI = \frac{\lambda_{max} - n}{n - 1} \tag{7-2-3}$$

（2）计算一致性比率 CR（consistency ratio），即：

$$CR = \frac{CI}{RI} \tag{7-2-4}$$

其中，当 $CR<0.1$ 时，认为判断矩阵的一致性是可以接受的；当 $CR \geqslant 0.1$ 时，应该对判断矩阵做适当修正。

其中，RI 为平均随机一致性指标值，对于 n=1，2…9，RI 的值如表7-5所示：

表7-5　平均随机一致性指标（***RI***）

矩阵阶数（n）	1	2	3	4	5	6	7	8	9
RI	0	0	0.58	0.90	1.12	1.24	1.32	1.41	1.45

如分析例7-2中判断矩阵 A 的逻辑性。

$$A=\begin{bmatrix}1 & 2 & 3 & 4\\ 1/2 & 1 & 2 & 3\\ 1/3 & 1 & 1 & 2\\ 1/4 & 1/3 & 1/2 & 1\end{bmatrix}$$

$$W_1'=\sqrt[4]{1\times2\times3\times4}=2.21,\ W_2'=\sqrt[4]{1/2\times1\times2\times3}=1.32,$$

$$W_3'=\sqrt[4]{1/3\times1\times1\times2}=0.90,\ W_4'=\sqrt[4]{1/4\times1/3\times1/2\times1}=0.45$$

$$w_1=\frac{2.21}{2.21+1.32+0.90+0.45}=0.45,\ w_2=0.27,\ w_3=0.18,\ w_4=0.09$$

$$\lambda_{\max}=\frac{1}{n}\sum_{i=1}^{n}\frac{\sum_{j=1}^{n}a_{ij}w_j}{w_i}=\frac{1}{4}\Big[\frac{1\times0.45+2\times0.27+3\times0.18+4\times0.09}{0.45}$$

$$+\frac{1/2\times0.45+1\times0.27+2\times0.18+3\times0.09}{0.27}$$

$$+\frac{1/3\times0.45+1\times0.27+1\times0.18+2\times0.09}{0.18}$$

$$+\frac{1/4\times0.45+1/3\times0.27+1/2\times0.18+1\times0.09}{0.09}\Big]\approx4$$

$$CI=\frac{\lambda_{\max}-n}{n-1}=\frac{4-4}{4-1}=0,\ RI=0.9,\ CR=\frac{CI}{RI}=0<0.1$$

认为判断矩阵A的一致性是可以接受的。

（五）综合评价

将各元素在各层的权重系数连乘后相加，即得到总目标的综合评价得分。

二、应用举例

例7-3　对例7-2问题作出决策。

计算其他各层判断矩阵的权重系数和一致性比率如下：

B_1	权重系数
C_1	0.2
C_2	0.8

B_2	权重系数
C_1	0.83
C_2	0.17

B_3	权重系数
C_1	0.1
C_2	0.9

B_3	权重系数
C_1	0.75
C_2	0.25

结果可知，每个判断矩阵的一致性比率$CR<0.1$，所以可认为所有判断矩阵的一致性都是可以接受的。

因此，各方案的评价得分为：

方案一的得分，$C_1=0.45\times0.2+0.27\times0.83+0.18\times0.1+0.09\times0.75\approx0.4$

同理，方案二的得分，$C_2=0.45\times0.8+0.27\times0.17+0.18\times0.9+0.09\times0.25\approx0.6$

因此，最终的决策方案是新建方舱医院。

第三节　TOPSIS法

TOPSIS法（technique for order preference by similarity to an ideal solution）又称理想解法，是有限方案多目标决策分析中的一种常用方法，在医院绩效评价、卫生决策、卫生事业管理等多个领域有广泛应用。

一、基本原理与步骤

TOPSIS法的基本原理是从评价对象归一化的原始数据矩阵，找出有限方案中的最优方案和最劣方案（用向量表示），然后通过评价对象与最优方案和最劣方案之间的距离，求出评价对象与最优方案和最劣方案的相对接近程度，作为综合评价的依据。

本法设有n个评价对象，m个评价指标，原始数据的矩阵形式为：

$$\begin{bmatrix} x_{11} & x_{12} & \cdots & x_{1m} \\ x_{21} & x_{22} & \cdots & x_{2m} \\ \vdots & \vdots & \cdots & \vdots \\ x_{n1} & x_{n2} & \cdots & x_{nm} \end{bmatrix}$$

（一）指标趋同化

在评价指标体系中有高优指标（如诊断符合率）和低优指标（如院内感染率）两类。TOPSIS法要求所有评价指标的方向属性是一致的，即指标趋同性。指标趋同化的常用方法是把低优指标x_{ij}用倒数法$\frac{1}{x_{ij}}$转换为高优指标。

（二）归一化原始数据

$$a_{ij} = \frac{x_{ij}}{\sqrt{\sum_{i=1}^{n} {x_{ij}}^2}} \quad （x_{ij}\text{为高优指标}）$$

$$a_{ij} = \frac{1/x_{ij}}{\sqrt{\sum_{i=1}^{n} (1/x_{ij})^2}} \quad （x_{ij}\text{为低优指标}） \qquad （7\text{-}3\text{-}1）$$

经归一化处理后数据的矩阵表达式为：

$$A = \begin{bmatrix} a_{11} & a_{12} & \cdots & a_{1m} \\ a_{21} & a_{22} & \cdots & a_{2m} \\ \vdots & \vdots & \cdots & \vdots \\ a_{n1} & a_{n2} & \cdots & a_{nm} \end{bmatrix}$$

（三）确定最优方案和最劣方案

最优方案：$a^{+}=(a_{i1}^{+},a_{i2}^{+},\cdots,a_{im}^{+})$。

最劣方案：$a^{-}=(a_{i1}^{-},a_{i2}^{-},\cdots,a_{im}^{-})$。

其中a_{ij}^{+}与a_{ij}^{-}分别表示评价对象在第j个评价指标实测值的最大值和最小值。

（四）第i个评价对象与最优方案和最劣方案的距离D_i^{+}和D_i^{-}

$$D_i^{+}=\sqrt{\sum_{j=1}^{m}(a_{ij}^{+}-a_{ij})^2}\text{ 和 }D_i^{-}=\sqrt{\sum_{j=1}^{m}(a_{ij}^{-}-a_{ij})^2}$$

（五）第i个评价对象与最优方案的接近程度C_i

$$C_i=\frac{D_i^{-}}{D_i^{+}+D_i^{-}}\qquad(i=1,2,\cdots n)\tag{7-3-2}$$

C_i值越接近1，表明评价对象越接近最优方案（或理想状态），可按C_i值大小对n个评价对象的评价结果排序。

二、应用举例

例7-4　对某三级甲等医院手术室2017年1—6月的护理质量进行综合评价，选择四个维度的13个评价指标，具体指标和数据见表7-6和表7-7。

表7-6　某三甲医院手术室护理质量评价指标

维度	评价指标	指标编号	指标性质
患者安全	手术患者身份信息正确率	X_1	高优指标
	手术部位标识正确率	X_2	高优指标
不良事件	术中异物遗留发生例数	X_3	低优指标
	手术标本漏送率	X_4	低优指标
	手术患者压疮发生率	X_5	低优指标
	患者意外受伤例数	X_6	低优指标
	给药错误率	X_7	低优指标
	输液反应发生率	X_8	低优指标
	输血反应发生率	X_9	低优指标
患者满意度	术前访视率	X_{10}	高优指标
	术后回访率	X_{11}	高优指标
护理管理	手术难免压疮申报率	X_{12}	高优指标
	三方核查正确执行率	X_{13}	高优指标

表7-7　2017年1—6月某三甲医院手术室护理质量评价指标

日期	X_1（%）	X_2（%）	X_3（例）	X_4（%）	X_5（%）	X_6（例）	X_7（%）	X_8（%）	X_9（%）	X_{10}（%）	X_{11}（%）	X_{12}（%）	X_{13}（%）
1月	100	100	3	0.001	0.121	4	0.125	0.027	0.011	100.0	99.0	100.0	98.1
2月	100	100	1	0.012	0.112	2	0.012	0.013	0.027	100.0	100.0	99.1	98.3
3月	100	100	1	0.011	0.091	1	0.019	0.001	0.012	100.0	99.9	100.0	99.4
4月	100	100	1	0.001	0.081	1	0.046	0.021	0.001	98.9	100.0	100.0	100.0
5月	100	100	2	0.021	0.095	2	0.029	0.016	0.013	99.1	99.5	100.0	99.2
6月	100	100	1	0.001	0.004	1	0.018	0.011	0.011	100.0	100.0	99.3	100.0
均值	100	100	1.5	0.008	0.084	1.8	0.042	0.015	0.013	99.7	99.7	99.7	99.2

根据TOPSIS方法评价程序和方法，首先评价数据进行同趋化处理，对低优指标采用倒数法进行转换，即对X_3~X_9指标进行倒数（$1/X$）转换，然后建立同趋化处理矩阵，归一化矩阵为：

$$A=\begin{bmatrix} 0.4082 & 0.4082 & 0.1596 & 0.5757 & 0.0329 & 0.1325 & 0.0664 & 0.0366 & 0.0895 & 0.4096 & 0.4052 & 0.4093 & 0.4038 \\ 0.4082 & 0.4082 & 0.4789 & 0.0480 & 0.0356 & 0.2649 & 0.6914 & 0.0761 & 0.0365 & 0.4096 & 0.4093 & 0.4057 & 0.4047 \\ 0.4082 & 0.4082 & 0.4789 & 0.0523 & 0.0438 & 0.5298 & 0.4367 & 0.9893 & 0.0821 & 0.4096 & 0.4089 & 0.4093 & 0.4092 \\ 0.4082 & 0.4082 & 0.4789 & 0.5757 & 0.0492 & 0.5298 & 0.1804 & 0.0471 & 0.9850 & 0.4051 & 0.4093 & 0.4093 & 0.4117 \\ 0.4082 & 0.4082 & 0.2394 & 0.0274 & 0.0419 & 0.2649 & 0.2861 & 0.0618 & 0.0758 & 0.4059 & 0.4073 & 0.4093 & 0.4084 \\ 0.4082 & 0.4082 & 0.4789 & 0.5757 & 0.9558 & 0.5298 & 0.4609 & 0.0899 & 0.0895 & 0.4096 & 0.4093 & 0.4065 & 0.4117 \end{bmatrix}$$

本例最优方案和最劣方案为：

最优方案：a^+=0.4082，0.4082，0.4789，0.5757，0.9558，0.5298，0.6914，0.9893，0.9850，0.4096，0.4093，0.4093，0.4117

最劣方案：a^-=0.4082，0.4082，0.1596，0.0274，0.0329，0.1325，0.0664，0.0366，0.0365，0.4051，0.4052，0.4057，0.4038

各月份指标的D_i^+、D_i^-和接近程度C_i及排序见表7-8。

表7-8　2017年1~6月的D_i^+、D_i^-和接近程度C_i及排序

日期	D_i^+	D_i^-	C_i	排序
1月	1.8130	0.5509	0.2330	5
2月	1.7333	0.7156	0.2922	4
3月	1.4354	1.1434	0.4434	3
4月	1.4300	1.2139	0.4591	2
5月	1.7858	0.2729	0.1326	6
6月	1.2899	1.2841	0.4989	1

由表7-8的排序结果可看出，该三甲医院2017年6月的护理质量最好，其余依次为4月、3月、2月、1月、5月。

第四节　秩和比法

秩和比法是一种结合参数统计与非参数统计，描述与推断互补的统计方法。该法广泛应用于医学领域的多指标综合评价、统计预测预报、统计质量控制等方面。

一、基本原理与步骤

秩和比（rank sum ratio，*RSR*）是行（或列）秩次的平均值，具有0~1连续变量特征。在综合评价中，有排序分档法和可信区间法。

（一）排序分档法

1. 确定评价指标体系和指标权重　设有n个评价对象，m个评价指标，原始数据的矩阵形式为：

$$\begin{bmatrix} x_{11} & x_{12} & \cdots & x_{1m} \\ x_{21} & x_{22} & \cdots & x_{2m} \\ \vdots & \vdots & \cdots & \vdots \\ x_{n1} & x_{n2} & \cdots & x_{nm} \end{bmatrix}$$

2. 编秩r_{ij}　高优指标的原始数据从小到大编秩，低优指标的原始数据从大到小编秩，同一指标的相同原始数据取平均秩次。

3. 计算秩和比*RSR*　第i个评价对象的*RSR*为：

$$RSR_i = \frac{1}{m \cdot n}\sum_{j=1}^{m} r_{ij}(i = 1,2,\cdots n) \tag{7-4-1}$$

当各评价指标的权重不同时，计算加权秩和比*WRSR*，公式为：

$$WRSR_i = \frac{1}{n}\sum_{j=1}^{m} w_j r_{ij} \quad (i = 1,2,\cdots n) \tag{7-4-2}$$

其中w_j为第j个评价指标的权重，$\sum_{j=1}^{m} w_j = 1$。

4. 确定*RSR*的分布

（1）按评价对象的*RSR*从小到大排序，计算*RSR*的频数f和累计频数$\sum f$。

（2）确定*RSR*的秩次*R*和平均秩次$\overline{R}$。

（3）计算频率$\alpha = \frac{\overline{R}}{n}$，并换算为概率单位$Probit=5+U_{\alpha}$，其中$U_{\alpha}$为标准正态分布左截尾临界值。

例如，当$a=0.0025$对应的$U_{\alpha}=-1.96$，$Probit=5-1.96=3.04$；

当$a=0.975$对应的$U_{\alpha}=1.96$，$Probit=5+1.96=6.96$。

（4）计算回归方程：以*Probit*为自变量，*RSR*为因变量，计算回归方程：

$$\hat{RSR}=a+b \cdot Probit \qquad (7\text{-}4\text{-}3)$$

（5）分档排序：根据$\hat{RSR}$值对评价对象进行分档排序，分档数及标准见表7-9。

表7-9　分档数及*Probit*值

分档数	*Probit*						
3	<4	4~	6~				
4	<3.5	3.5~	5.0~	6.5~			
5	<3.2	3.2~	4.4~	5.6~	6.8~		
6	<3	3~	~4	5~	6~	7~	
7	<2.86	2.86~	~3.72	4.57~	5.44~	6.28~	7.14~
⋮	⋮	⋮	⋮	⋮	⋮	⋮	⋮

（6）最佳分档检验：首先进行方差一致性检验（Bartlett检验），在方差一致的前提下，再作各档*RSR*比较的方差分析。若各档*RSR*之间有统计学意义，可用SNK-q秩和检验对各档*RSR*比进行两两比较。

（二）可信区间法

1. 计算*RSR*的平方根反正弦变换

$$y=arcsin\sqrt{RSR} \qquad (7\text{-}4\text{-}4)$$

2. 计算*y*的标准误

$$S_y=\sqrt{\frac{820.7}{N}} \qquad (7\text{-}4\text{-}5)$$

式中，*N*为格子数，即$N=mn$。

3. 计算*y*的可信区间　*y*的95%可信区间为：

$$y \pm 1.96s_y \qquad (7\text{-}4\text{-}6)$$

根据各组可信区间交叉重叠情况判定各组间的差别是否有统计学意义。若交叉重叠少于1/2，按a水准可以认为有统计学意义，对比组*RSR*不同；若交叉重叠大于1/2，则按a水准还不能认为有统计学意义；若交叉重叠等于1/2，作结论要慎重。

二、应用举例

例7-5　对2020年某市7个县区的卫生资源进行综合评价与分析。选出反映卫生人力资源与床位资源的五项统计指标，分别为千人床位数、千人卫生人员数、千人卫技人员数、千人医生数、千人护士数，且都为高优指标，资料见表7-10。

表7-10　2020年某市7个区县卫生资源5项指标值及***WRSR***计算

地区	千人床位数		千人卫生人员数		千人卫技人员数		千人医生数		千人护士数		*WRSR*	
	X_1	R_1	X_2	R_2	X_3	R_3	X_4	R_4	X_5	R_5	*WRSR*值	R
A地区	2.91	7	4.30	7	3.73	7	1.76	7	0.98	7	1.00	7
B地区	2.16	4	2.04	4	1.67	4	0.75	3	0.50	5	0.58	4
C地区	2.29	5	2.93	6	2.50	6	1.17	6	0.66	6	0.84	6
D地区	1.77	3	1.49	1	1.26	1	0.64	1	0.26	1	0.18	1
E地区	1.46	1	1.94	3	1.63	3	0.77	4	0.37	3.5	0.44	3
F地区	2.39	6	2.38	5	2.05	5	1.01	5	0.37	3.5	0.68	5
G地区	1.76	2	1.60	2	1.46	2	0.74	2	0.31	2	0.29	2
S	0.49		0.97		0.85		0.39		0.25			
$\overline{x}$	2.11		2.38		2.04		0.98		0.49			
CV	0.23		0.41		0.42		0.40		0.51			
W	0.12		0.21		0.21		0.20		0.26			

根据*WRSR*值从小到大排序后，计算*WRSR*值特定的向下累计频率P（$P=R/n\times100\%$），将百分率P换算为概率单位*Probit*，*Probit*为百分率P对应的标准正态离差U加5。结果见表7-11。

表7-11　***WRSR*值的分布和*Probit*值**

地区	*WRSR*	f	$\sum f$	R	$\overline{R}$	P	*Probit*
D地区	0.18	1	1	1	1	14.29	3.92
G地区	0.29	1	2	2	2	28.57	4.42
E地区	0.44	1	3	3	3	42.86	4.80
B地区	0.58	1	4	4	4	57.14	5.15

续　表

地区	*WRSR*	*f*	$\sum f$	*R*	$\bar{R}$	*P*	*Probit*
F地区	0.68	1	5	5	5	71.43	5.52
C地区	0.84	1	6	6	6	85.71	6.00
A地区	1.00	1	7	7	7	96.43*	6.75

注：*按 $\left(1-\frac{1}{4n}\right)\times 100\%$ 校正。

由表7-11中的*Probit*为自变量，*WRSR*为因变量建立线性回归方程：

$$WRSR=-1.015+0.304Probit$$

对某市7个区县进行分档排序结果见表7-12，满足各档*WRSR*值方差齐性Levence差齐性检验，$\chi^2=1.282$，$P=0.321>0.05$，分档具有统计学意义$F=8.976$，$P=0.033<0.05$。

表7-12　2020年某市7个区县卫生资源配置的分档排序

等级	*Probit*	*WRSR*估计值	分档排序结果
差	≤4	≤0.201	A
中	4~6	0.201~0.809	B、C、D、E
好	≥6	≥0.809	G、F

案例讨论

【案例】某三级医院对2012—2016年医疗质量安全水平进行评价，具体步骤如下。

1. 通过查阅文献资料初步筛选评价指标，根据专家评分筛选出有代表性、有评价意义的指标确定最终评价指标体系。评价指标体系包括工作强度、服务效率、诊断质量、治疗质量和负性事件五个维度共18个指标。具体指标体系见表7-13。

表7-13　评价指标体系

一级指标	二级指标
工作强度	门诊人次
	急诊人次
	出院人次
	手术人次

续　表

一级指标	二级指标
服务效率	病床周转次数
	病床使用率
	平均住院日
诊断质量	入院与出院诊断符合率
	临床与病理诊断符合率
	手术前后诊断符合率
	住院三日确诊率
治疗质量	危重患者抢救成功率
	治愈好转率
	病死率
	无菌手术切口甲级愈合率
负性事件	院内感染率
	不良事件发生率
	无菌手术切口感染率

2. 运用熵权改进TOPSIS法对以上评价指标进行评价，计算综合评价值，结果显示2012—2016年医疗质量逐年提高（表7-14）。

表7-14　各年份评价指标值与最优解相对接近程度及排序

年份	D^+	D^-	Ci	排序
2012	0.00638	0.00273	0.29955	5
2013	0.00576	0.00393	0.40583	4
2014	0.00481	0.00465	0.49125	3
2015	0.00379	0.00581	0.60539	2
2016	0.00385	0.00670	0.63488	1

3. 运用RSR法对医疗质量进行分档，结果显示2015年、2016年医疗质量较优，2012—2014年医疗质量中等。

【讨论】 本案例从工作强度、服务效率、诊断质量、治疗质量和负性事件5个方面对医疗质量进行评价，运用层次分析法确定各指标的权重，对评价指标进行标准化；运用TOPSIS联合RSR法进行综合评价。

第五节　模糊综合评价法

在自然科学或社会科学研究中，存在着许多模糊性信息。而所谓的模糊性信息是指客观事物的差异在表现中的不分明性，或指界限不清或隶属关系不明确性。如医学图像识别、疾病治疗效果判断、医院综合绩效评价等界线就是模糊的。而科学评价要求信息的数量化和精确化，但很多指标又难以精确化，为此需要寻求一种新的评价方法。采用模糊数学的方法进行综合评价将使评价结果更加客观，从而取得更好的效果。

一、基本原理与步骤

模糊综合评价（fuzzy synthetic evaluation）由美国伯克利加州大学自动控制专家L.AZdah于1965年提出，其数学模型可分为一级模型和多级模型。

（一）一级模糊综合评价模型

1. 确定评价指标体系 $\boldsymbol{U}$

$$U=(u_1, u_2, \cdots, u_m)$$

其中，u_i为第i个评价指标（$i=1, 2, \cdots, m$）。

2. 建立评价等级 $\boldsymbol{V}$

$$V=(v_1, v_2, \cdots, v_n)$$

其中，v_j为第j个评价等级（$j=1, 2, \cdots, n$），通常$4 \leqslant n \leqslant 9$。

3. 确定指标权重系数矩阵 $\boldsymbol{W}$

$$W=(w_1, w_2, \cdots, w_m)$$

其中，w_i为第i个评价指标权重系数，且$\sum_{i=1}^{m} w_i=1$。

4. 建立模糊关系矩阵 $\boldsymbol{R}$

$$R=\begin{bmatrix} r_{11} & r_{12} & \cdots & r_{1m} \\ r_{21} & r_{22} & \cdots & r_{2m} \\ \vdots & \vdots & \vdots & \vdots \\ r_{n1} & r_{n2} & \cdots & r_{nm} \end{bmatrix}$$

其中，r_{ij}表示被评对象的u_i指标对应v_j等级的隶属关系，且$\sum_{j=1}^{m} r_{ij}=1$（$i=1, 2, \cdots, n$）。

矩阵R构成了模糊综合评价的基础。在医学社会学研究中，建立矩阵R的方法有专家评分法、相关系数法、距离法等。

5. 模糊矩阵合成　进行矩阵W和R的复合运算，得到评价结果矩阵S：

$$S=W\circ R=(w_1,\ w_2,\ \cdots,\ w_m)\circ\begin{bmatrix} r_{11} & r_{12} & \cdots & r_{1m} \\ r_{21} & r_{22} & \cdots & r_{2m} \\ \vdots & \vdots & \vdots & \vdots \\ r_{n1} & r_{n2} & \cdots & r_{nm} \end{bmatrix}=(s_1,s_2,\cdots,s_n) \quad (7\text{-}5\text{-}1)$$

公式中“$\circ$”为模糊合成算子。常用的有4种算子，$M(\wedge,\vee)$算子、$M(\bullet,\vee)$算子、$M(\wedge,\oplus)$算子和$M(\bullet,\oplus)$算子，其中在$M(\wedge,\vee)$算子法则下，s_j为：

$$s_j=\overset{m}{\underset{i=1}{\vee}}(w_i\wedge r_{ij})=\max_{1\leqslant i\leqslant m}\{min(w_i,r_{ij})\} \quad (j=1,2,\cdots,n)$$

6. 判定结果　按最大隶属原则对S作出综合结论，即$M=max(s_1,\ s_2,\ \cdots,\ s_n)$所对应的元素为综合评价结果。

（二）多级模糊综合评价模型

当评价指标体系是由多级构成时，可采用多级模糊综合评价模型。现以二级模糊综合评价为例。

设$U=(u_1,\ u_2,\ \cdots,\ u_m)$为一级指标，相应指标权重$W=(w_1,\ w_2,\ \cdots,\ w_m)$，$\sum_{i=1}^{m}w_i=1$

设$u_i=(u_{i1},\ u_{i2},\ \cdots,\ u_{ik})$为二级指标，相应指标权重$W_i=(w_{i1},\ w_{i2},\ \cdots,\ w_{ik})$，$\sum_{i=1}^{m}w_i=1$

相应u_1的模糊关系矩阵R_1为：

$$R_i=\begin{bmatrix} r_{11} & r_{12} & \cdots & r_{1n} \\ r_{21} & r_{22} & \cdots & r_{2n} \\ \vdots & \vdots & \vdots & \vdots \\ r_{k1} & r_{k2} & \cdots & r_{kn} \end{bmatrix} \quad (i=1,2,\cdots k)$$

二级模糊综合评价数学模型为：

$$S=W\circ R=W\circ\begin{bmatrix} W_1\circ R_1 \\ W_2\circ R_2 \\ \vdots \\ W_m\circ R_m \end{bmatrix}=(w_1,w_2,\cdots,w_m)\circ\begin{bmatrix} r'_{11} & r'_{12} & \cdots & r'_{1n} \\ r'_{21} & r'_{22} & \cdots & r'_{2n} \\ \vdots & \vdots & \vdots & \vdots \\ r'_{m1} & r'_{m2} & \cdots & r'_{mn} \end{bmatrix} \quad (7\text{-}5\text{-}2)$$

其中$W_1\circ R_1$合成后（i=1，2，$\cdots m$），要对$W_1\circ R_1$行元素进行归一化，即$\sum_{j=1}^{n}r'_{ij}=1$。

二、应用举例

例7-6用模糊综合评价法，对2020年广州市某三级甲等医疗机构的放射性职业病危害进行风险分级和管理。建立的评估因素集$U=(U_1, U_2, U_3, U_4)$=（选址布局，职业病危害因素种类，放射防护措施，放射防护管理，健康监护）。各因子的子因素层及其各权重见表7-15。

表7-15　职业病风险模糊综合评价权重分配表

一级指标		二级指标		等级			
U	权重	u_{ij}	权重	v_1	v_2	v_3	v_4
布局（u_1）	0.3	选址（u_{11}）	0.30	0.5	0.1	0.3	0.1
		放射装置设备布局（u_{12}）	0.40	0.3	0.2	0.3	0.2
		工作场所平面布局（u_{13}）	0.30	0.4	0.2	0.2	0.2
职业病危害种类（u_2）	0.1	化学因素（u_{21}）	0.20	0.3	0.3	0.3	0.1
		物理因素（u_{22}）	0.80	0.2	0.3	0.4	0.1
放射防护措施（u_3）	0.3	屏蔽防护措施（u_{31}）	0.40	0.2	0.2	0.4	0.2
		分区（u_{32}）	0.10	0.3	0.2	0.3	0.2
		面积（u_{33}）	0.10	0.2	0.3	0.3	0.2
		警示标示（u_{34}）	0.10	0.2	0.2	0.3	0.3
		个人防辐射用品（u_{35}）	0.30	0.3	0.2	0.3	0.2
放射防护管理（u_4）	0.2	放射防护管理措施（u_{41}）	0.5	0.2	0.3	0.3	0.2
		档案管理（u_{42}）	0.15	0.3	0.3	0.2	0.2
		个人剂量（u_{43}）	0.15	0.4	0.2	0.2	0.2
		教育培训（u_{44}）	0.20	0.3	0.2	0.3	0.2
职业健康监护（u_5）	0.1	岗前体检（u_{51}）	0.40	0.2	0.2	0.5	0.1
		在岗期间体检（u_{52}）	0.35	0.3	0.3	0.2	0.2
		离岗后体检（u_{53}）	0.25	0.3	0.2	0.3	0.2

由表7-15知，一级指标权重为：

$$W=(0.3\quad 0.1\quad 0.3\quad 0.2\quad 0.1)$$

二级指标权重W_i分别为：

$$W_1=(0.30\quad 0.40\quad 0.30)$$

$$W_2=(0.20\quad 0.80)$$

$$W_3=(0.40\quad 0.10\quad 0.10\quad 0.10\quad 0.30)$$

$$W_4=(0.50\quad 0.15\quad 0.15\quad 0.20)$$

$$W_5=(0.40\quad 0.35\quad 0.25)$$

二级指标u_i对应的模糊关系矩阵R_i分别为：

$$R_1=\begin{bmatrix}0.5 & 0.1 & 0.3 & 0.1\\ 0.3 & 0.2 & 0.3 & 0.2\\ 0.4 & 0.2 & 0.2 & 0.2\end{bmatrix}$$

$$R_2=\begin{bmatrix}0.3 & 0.3 & 0.1 & 0.1\\ 0.2 & 0.3 & 0.4 & 0.1\end{bmatrix}$$

$$R_3=\begin{bmatrix}0.2 & 0.2 & 0.4 & 0.2\\ 0.3 & 0.2 & 0.3 & 0.2\\ 0.2 & 0.3 & 0.3 & 0.2\\ 0.2 & 0.2 & 0.3 & 0.3\\ 0.3 & 0.2 & 0.4 & 0.1\end{bmatrix}$$

$$R_4=\begin{bmatrix}0.2 & 0.3 & 0.3 & 0.2\\ 0.3 & 0.3 & 0.2 & 0.2\\ 0.4 & 0.2 & 0.2 & 0.2\\ 0.3 & 0.2 & 0.3 & 0.2\end{bmatrix}$$

$$R_5=\begin{bmatrix}0.2 & 0.2 & 0.5 & 0.1\\ 0.3 & 0.3 & 0.2 & 0.2\\ 0.3 & 0.2 & 0.3 & 0.2\end{bmatrix}$$

采用$M(\wedge,\vee)$算子，二级模糊综合评价数学模型为：

$$S=W\circ\begin{bmatrix}W_1\circ R_1\\ W_2\circ R_2\\ W_3\circ R_3\\ W_4\circ R_4\end{bmatrix}$$

其中：

$$W_1\circ R_1=(0.30\ \ 0.40\ \ 0.30)\circ\begin{bmatrix}0.5 & 0.1 & 0.3 & 0.1\\ 0.3 & 0.2 & 0.3 & 0.2\\ 0.4 & 0.2 & 0.2 & 0.2\end{bmatrix}=$$

$$(0.30\ \ 0.20\ \ 0.30\ \ 0.20)\xrightarrow{\text{归一化}}(0.338\ \ 0.312\ \ 0.230\ \ 0.120)$$

类似有：

$$W_2 \circ R_2 = (0.212\quad 0.321\quad 0.400\quad 0.030)$$
$$W_3 \circ R_3 = (0.182\quad 0.212\quad 0.230\quad 0.378)$$
$$W_4 \circ R_4 = (0.182\quad 0.212\quad 0.230\quad 0.378)$$
$$W_5 \circ R_5 = (0.375\quad 0.310\quad 0.291\quad 0.025)$$

构造一级模糊关系矩阵R：

$$R = \begin{bmatrix} 0.338 & 0.312 & 0.230 & 0.120 \\ 0.211 & 0.321 & 0.400 & 0.030 \\ 0.182 & 0.212 & 0.230 & 0.378 \\ 0.182 & 0.212 & 0.230 & 0.378 \\ 0.375 & 0.310 & 0.291 & 0.025 \end{bmatrix}$$

将R与一级指标权重W再合成，最终模型结果为：

$$S = W \circ R = (0.3\quad 0.1\quad 0.3\quad 0.2\quad 0.1) \circ \begin{bmatrix} 0.338 & 0.312 & 0.230 & 0.120 \\ 0.211 & 0.321 & 0.400 & 0.030 \\ 0.182 & 0.212 & 0.230 & 0.378 \\ 0.182 & 0.212 & 0.230 & 0.378 \\ 0.375 & 0.310 & 0.291 & 0.025 \end{bmatrix} =$$

$$(0.300\quad 0.300\quad 0.230\quad 0.230\quad 0.120) \xRightarrow{\text{归一化}} (0.2657\quad 0.3124\quad 0.3689\quad 0.2114)$$

本章小结

综合评价是对一个复杂系统的多个指标进行总评价的定性与定量结合的方法。通过对多种有关因素的信息分析比较、加工提炼，对评价对象作出较为客观的判断，并排出优劣顺序。综合评价的过程是一个科学研究与决策的过程，其一般步骤包括指标设计、权重测定、指标度量、评价等级和构建评价模型五个环节。综合指数法、层次分析法、TOPSIS法、秩和比法、模糊综合评价法是常用的基本综合评价方法。

（张治国　张文斌　韩　辉）

第八章　医院绩效评价专题研究方法及应用

学习目标

1. 掌握　医院绩效评价的相关概念和常用研究方法。

2. 熟悉　财务可持续性评价、医院运营效率评价、医疗服务满意度评价的基本原理与方法。

3. 了解　区域医疗绩效评价的基本原理与方法。

第一节　医院绩效评价研究方法概述

一、医院绩效评价概述

（一）相关概念

1. 绩效　所谓绩效（performance），不仅包括“成绩”和“效果”的字面意思，还包括组织和个人为达成目标的各种“表现”。根据布卢姆布里奇（Gary B. Brumback）对绩效的定义，绩效既反映行为的表现，也反映结果的表现。从管理学的角度看，绩效是一定时期内组织或个人为实现其目标而在过程、结果、结局等不同层面上的有效输出。

2. 医院绩效　关于公共部门绩效评价的内容，以最早由美国会计总署于20世纪60年代提出并应用于政府绩效评估的“3E”法最具有代表性。“3E”是指同时关注经济性（economy）、效率性（efficiency）和效果性（effectiveness)。经济性是指投入成本的降低程度；效率性反映所获得工作成果与工作过程资源消耗之间的对比关系；效益性用来描述所进行工作或提供服务在多大程度上达到了目标。公立医院属于公共服务部门，因此，也适用于上述评价法则。

在《2000年世界卫生报告》中，世界卫生组织（WHO）将卫生机构定义为“包括所有致力于产生卫生行动的组织、机构和资源”。WHO明确将健康（health）、反应性（responsiveness）和筹资公平性（fairness of financial contribution）作为卫生系统绩效评价框架。同时，WHO提出了卫生系统的5个绩效评价技术指标：健康期望寿命、反应性指数、卫生筹资公平性指数、卫生系统目标完成率和总绩效。虽然WHO没有直接提及医院的绩效评价，但其中涵盖的思想却是进行医院绩效评价的最主要宗旨。2014年WHO提出“按绩效付费”的医疗机构评价维度，包括临床结局、优先保健服务领域、效率、患者满意度或患者体验、公平性。

3. 医院绩效管理 绩效管理，是指各级管理者和员工为了达到组织目标共同参与的绩效计划制定、绩效辅导沟通、绩效考核评价、绩效结果应用、绩效目标提升的持续循环过程，绩效管理的目的是持续提升个人、部门和组织的绩效。绩效管理作为现代医院管理的重要内容，是实现医院战略目标的重要工具。绩效管理作为有力的激励机制，可以调动医护人员的工作积极性，促进学科间良性发展，提升医院的综合实力和核心竞争力，创造更高的社会效益和经济效益。

4. 医院绩效评价 医院绩效评价是指运用定量和定性方法，制定特定的指标体系，对照统一的标准，按照一定的程序，通过定量定性对比，对医院一定经营时期内的经营效益和经营者的业绩作出客观、公正和准确的综合评判。绩效评价是改善绩效的基础，也是进行医院绩效管理的核心环节。

医院绩效受医院利益相关者和评价主体多元的影响，因此绩效评价也具有多层次、多维度的特点。患者、医院员工、医院管理者、政府、医保支付者等不同的医院利益相关者，对医院绩效的关注点不同。患者期望医院提供价廉、质优、便捷的医疗服务，对医疗费用、医疗质量、就医流程更为关注；医院员工更关注自身价值的体现，如良好的发展机会、职称职务的晋升、薪酬收入水平；医院管理者多关注医院的社会效益与经济效益、可持续发展情况、医院各项资源的利用效率、医疗质量和患者安全保证；而政府对患者满意度、公立医院资产保值增值、医疗技术水平等都会有考核要求。

（二）我国公立医院绩效评价的发展与趋势

我国卫生健康事业是具有一定福利性质的社会公益事业。公立医院由政府出资兴办，政府历来重视对公立医院的考核与评价。对公立医院的考核方式和考核重点因不同发展阶段而有所区别。2009年中共中央、国务院发布《关于深化医药卫生体制改革的意见》，强调要构建以公益性为导向，以患者为中心，质量安全有保障，同时兼顾经营效率的公立医院绩效评价指标体系。2010年2月卫生部等五部委联合发布《关于公立医院改革试点的指导意见》，提出要健全公立医院监管机制，建立和完善以公益性为核心的公立医院绩效考核管理制度，加强医疗安全质量和经济运行监管。2011年新一轮医院评审工作启动，将医疗品质和医疗服务绩效作为评审重点，围绕“质量、安全、服务、管理、绩效”几方面展开，体现“以患者为中心”。2015年《国务院办公厅关于城市公立医院综合改革试点的指导意见》明确提出改革公立医院管理体制，建立以公益性为导向的考核评价机制：卫生计生行政部门或专门的公立医院管理机构制定绩效评价指标体系，突出功能定位、职责履行、费用控制、运行绩效、财务管理、成本控制和社会满意度等考核指标，定期组织公立医院绩效考核以及院长年度和任期目标责任考核，考核结果向社会公开，并与医院财政补助、医保支付、工资总额以及院长薪酬、任免、奖惩等挂钩，建立激励约束机制。此后国务院发布《关于进一步深化基本医疗保险支付方式改革的指导意见》《关于建立现代医院管理制度的指导意见》等文件，均提及公立医院绩效管理和考核工作。2019年1月国务院办公厅发布了《关于加强三级公立医院绩效考核工作的意见》，国家卫生健康委员会随后发布《关于启动2019年全国三级公立医院绩效考核有关工作的通知》，自此全国性的公立医院绩效考核工作开始启动。

2021年2月，中央全面深化改革委员会第十八次会议通过了包括《关于推动公立医院高质量发展的意见》等多个重要文件。会议指出，公立医院走向高质量发展的道路，核心是实现“3个转变”“3个提高”：①从发展方式上，走向内涵建设为主，提高质量；②从发展的内涵和管理上走向内涵式、集约性、高效的管理，主要是通过信息化的手段提高效率；③从资源配置方面，逐渐转向通过人力资源发展提高人员的积极性，提高广大医务人员的待遇。

在这一改革背景下，医院绩效管理正在实现从中观层面（机构绩效）到微观层面（个人绩效）和宏观层面（区域绩效）的转变。在构建绩效评价体系时，选用直观性强、溯源性好、操作性强的指标，更多地考虑病种难度、医疗质量、成本结构、资源利用效率等方面的评价维度，纳入基于病例组合支付方式（如DRG等）的专项绩效指标，形成基于“差异化、精细化”的绩效评价和管理体系。

同时，绩效考核可作为薪酬分配的依据。目前大部分医院所用的以工作量为基础的绩效考核方法确实调动了相当一部分医务人员工作的积极性，但其“趋利”的特点与公立医院的公益性要求有所背离，容易受到医院外部经营环境变化的冲击，不利于建设稳定的医务人员队伍。从保持公益性、社会效益、经济效益的角度来看，构建基于服务价值和劳动强度相结合的绩效考核新模式将成为医疗机构未来实施绩效激励的新趋势。

另外，由于个体最优不代表集体最优，医院绩效评价也不应局限于单个医院，而应面向整个区域，即开展区域医疗绩效评价。利用区域绩效评价这一治理工具，政府可以发挥宏观调控和微观管制职能，优化区域医疗资源配置，统筹和协调区域内医疗服务的开展，引导就医需求，并对其提供的医疗服务质量、数量和价格等内容进行监管，降低医疗成本，提高医疗服务的质量、效率、满意度和公平性。

二、医院绩效评价的研究方法

（一）设计医院绩效评价体系

绩效评价工作可以衡量医院运营创造的价值水平，既是奖惩考评的主要内容，也是实行激励与约束的必要前提。通过科学、系统的绩效评价工作开展医院管理，能够将医院绩效目标和员工绩效目标相结合，激发员工潜能，促进医疗卫生服务质量和管理水平的提升。绩效评价体系是绩效评价工作的载体，是医院战略目标落地不可或缺的工具，可以将政府与公众对医院的要求具体化，明确医院发展方向，引领医院经营行为价值导向，全面提升医院管理精细化、专业化和现代化水平。

采用怎样的绩效评价结构来组织各项评价指标，是绩效评价研究中首要面临的问题。良好的绩效评价结构可以通过富有逻辑性的联结，利用有限的评价指标，刻画评价主体对医院的要求，进而客观、准确地反映医院的绩效表现。

目前，我国医院绩效评价体系一般可划分为横向结构、纵向结构和复合结构。

（1）横向结构：横向结构一般基于考察的不同目的，结合重点关注的方面进行分类。整个横向分类和指标的组合环环相扣，相互补充，构成一个逻辑上的整体。常见的分类方法有：①效果、效率、效益；②投入、过程、产出；③社会效益、经济效益；④医疗服务的质量与安全、患者满意度、经营状况等。

（2）纵向结构：纵向结构是对绩效进行分级描述、逐层分析。常见的纵向结构有：①金字塔型；②逐级修正型。

（3）复合结构：复合结构是从多维度、多层次对绩效进行全面的描述。如将关键指标和平衡计分卡相结合设计出的评价体系是比较典型的复合结构。

医院绩效受医院利益相关者和评价主体的影响，在设计绩效评价体系结构时可充分运用利益相关者理论展开研究。利益相关者是指那些能够影响组织目标实现，或者能够对组织目标实现过程产生影响的任何人或团体。利益相关者理论形成于20世纪70年代，最初应用于企业管理，该理论认为企业不是一个单一的系统，而是存在于社会大系统并与之共生发展的系统，这个系统中包含了各利益相关主体，企业应该积极为所有利益相关者创造价值，满足他们的利益诉求。利益相关者理论被广泛运用于公共服务和管理等领域，特别是公共服务的绩效评价相关领域。

对于医院来说，患者及其家属、医院员工、政府部门、医疗保险机构、药品及设备供应商，以及其他医疗机构等均为重要的利益相关者。对于公立医院来说，患者和政府相关行政部门是最直接的利益相关者。比如，患者的目标是实现价值医疗，政府希望将区域医疗资源的技术效率和配置效率最大化，围绕利益相关者对医院运营状况进行评价，既能体现医院直接利益相关者的利益诉求，也可引导和促进医院与他们的重要利益相关者形成激励相容，从而实现医院的长远发展。

目前，我国大多数医院最常应用到的绩效评价方法是目标管理法、平衡计分卡法、关键绩效指标法以及360°绩效评估法等。

（1）目标管理法：目标管理法是一种综合以工作为中心和以人为中心的管理方法。目标管理法基于医院发展战略，将院级目标逐层分解到各科室、诊疗小组和单个员工，从而建立起绩效评价体系。每个员工都能明确自己的绩效目标，从而调动员工的工作积极性，提高工作效率，实现医院总体的发展目标。

（2）平衡计分卡法：平衡计分卡法主要是通过内部流程维度、患者维度、学习与成长维度以及财务维度这4个互相联系且互相作用的方面，来对医院员工绩效以及医院运营因素进行全面的考评。利用平衡计分卡法建立医院绩效考核体系，考核内容详尽，可以全面地评估医院各方面的效能，对于提高医院的社会效益、提升医疗服务质量、促进医院可持续发展起到积极作用。

（3）关键绩效指标法：通过关键绩效指标法可以将医院或组织部门的评价考核简化为几个关键指标，医院关键绩效指标是指医院将自身发展的战略目标细化为可操作的战术目标，并转化为若干个具有代表性的评价指标，对医院总体及员工个人的绩效进行测评和反馈，以提高医院的服务质量和工作效率。

（4）360°绩效评估法：360°绩效评估法是指从不同角度获取组织成员工作行为表现的观察资料，然后对获得的资料进行分析评估的方法。观察资料包括来自上级、同事、下属及患方的评价，同时也包括被评者自己的评价。360°绩效评估法常与其他绩效评价方法结合，用于建立更全面的绩效评价体系。

（二）设计医院绩效评价指标的一般原则

绩效评价指标是医院绩效评价内容的载体，能够直观地表现出医院的绩效评价内容，在医院绩效管理中发挥重要的作用，筛选出科学、合理的评价指标是开展绩效评价的重要环节。在设计医院绩效评价指标的过程中应当遵循以下几个方面的原则。

1. 战略一致性　战略一致性是指指标的设计应对医院管理工作起到导向作用，以获取最佳绩效为目标，实现医院可持续发展。例如，公立医院作为非营利性的社会公益性单位，应当推动落实公立医疗卫生机构的公益性质，建立以公益性为导向的绩效评价机制。在兼顾社会效益和经济效益的基础上，更加突出社会效益方面的指标，如医疗质量、患者满意度、服务可及性等。

2. **客观性** 在设计医院绩效评价指标的过程中应把握医院的实际情况，不能盲目设计，要充分考虑医院的业务特征、发展定位以及现阶段发展情况，同时要考虑到不同性质以及不同层次的评价对象。

3. **独立性与差异性** 独立性是指选入的指标各有所用，相互不能替代。差异性指评价指标之间的界限清楚明晰，避免发生含义上的重复。

4. **明确性** 指标内涵明确清晰，其高低标准在评价中有确切的含义。在确定绩效评价指标的名称时，要注意措辞，明确每一个指标的内容界限，必要时可以对指标进行具体明确的定义。

5. **可测量性** 评价指标本身的特征和该指标在评价过程中的现实可行性，决定了评价指标的可测量性。设置绩效评价指标的级别标志和级别标度，就是为了使绩效指标可以测量。同时，在选择绩效指标时，要考虑获取相关绩效信息的难易程度，很难搜集绩效信息的指标一般不应当作为绩效评价指标。

6. **定量与定性相结合** 定量指标具体、清晰、直观，评价时可以计算实际数值，并且可以制定明确的评价标准，能够实现医院或科室之间的横向比较和时间上的纵向比较。但并非所有反映医院绩效的因素都能够量化，因此，需要设计定性指标。定性指标可以弥补定量指标的不足，在纠正部分定量指标对医院长远利益所带来的负面影响方面也具有优势。定量与定性指标相结合可以使医院绩效评价指标更具综合性和导向性。

指标筛选方法包括客观法和主观法两类。文献优选法是常用的客观法，但文献质量可能影响选择指标的质量。专家咨询法和德尔菲法是常用的主观方法，主要取决于专家的主观判断，操作过程清晰，易于理解，但专家的知识专长程度和主观偏好也会对指标选择产生影响。在实际筛选指标时，上述两类方法往往结合使用，互相取长补短。

（三）确定指标权重系数

权重是各项绩效评价指标在医院绩效评价体系中的所占比重，医院绩效评价体系模型的可行性和有效性在很大程度上都受权重系数的直接影响。目前，客观赋权法、主观赋权法和综合集成赋权法是确定医院绩效评价体系权重系数常用的三种方式。

客观赋权法是指在充分分析原始数据的基础上，对数据分布和各指标实际水平进行调整，从而确定各指标权重。熵值法、变异系数法、主成分分析法和结构方程模型等是常用的客观赋权法。主观赋权法则是指根据评价者或者相关专家的主观判断以及经验来确定权重指标。主观赋权法主要包括德尔菲法、层次分析法等，测评人员利用在长期工作中积累的知识和经验，按被评价对象的重要程度确定其权重。综合集成赋权法是依据不同的偏好系数将主观赋权法和客观赋权法相结合来确定指标权重的综合方法，即基于主观赋权法中对专家经验知识与决策者主观意向的信息，以及客观赋权法中对指标与评价对象间内在联系的信息对指标赋权。

在利用评价指标体系进行评价时，可结合医院发展阶段性战略需要，增加或剔除某些指标，也可根据医院工作重点适当调整各指标在指标体系中的权重。例如，医院着重提高医疗技术水平，则可增加技术指标、科研创新指标的权重；若要增加经济效益，则可增加工作效率指标的权重，鼓励员工提高服务效率。因此，评价指标体系并不是一成不变的，指标的权重也应根据工作重心做适当调整。

（四）绩效评价指标标准化

在指标确定以后，还需要对评价对象的指标值做标准化处理，以消除不同指标间量纲的差异。将不同量纲的指标，通过适当的变换，化为无量纲的标准化指标，称为指标的标准化。常用的指标标准化方法包括百分位次法、概率单位法、线性插值法、指数法和秩次法。利用不同的指标标准化方法对相同待评价对象数据进行标准化处理后得到的标准化数据不同，据此计算的评价结论也不同。根据评价指标类型选择合适的标准化方法十分重要。

（五）综合评价方法

在评价指标、指标权重及相应标准确定后，可以此为工具对医院绩效水平展开评价，基于构建的绩效评价指标体系收集医院运营及管理相关的数据资料，并通过综合评价方法对整体绩效进行实证研究。

综合评价是指利用多项指标对某个评价对象的某种属性进行定性、定量评估，或者对多个评价对象的属性进行定性、定量评估，可按优劣顺序排序。目前常用的综合评价方法有综合指数法、加权TOPSIS法、主成分得分法和模糊综合评价法等。由于不同的评价方法对原始数据的处理、权数的确定有着较大的差异，评价方法本身确立的标准和计算方法也不相同，因此应根据不同的资料类型采取不同的方法，使得分析评价的结果最接近于真实结果。每种方法各有优缺点，可以结合实际情况选择相应的评价方法。

第二节　财务绩效评价

在新医改背景下，公立医院既要不断提高医疗服务水平，承担公共性医疗服务责任，应对突发性公共危机，又要维持自身运营的收支平衡，实现自身的良性循环与持续发展。完善而科学的财务绩效评价体系是医院长期稳定发展的基础，对于加强公立医院财务绩效管理，激发和调动医院各方利益相关者的积极性，增强医院的价值创造力至关重要。因此，医院财务绩效评价体系的构建，具有重要的现实意义。公立医院在履行公益性职能的同时，必须不断提高其财务绩效评价能力，以市场需求及社会功能定位为导向，实现医疗服务水准提高与运营成本降低之间的平衡。

一、医院财务绩效评价的概念

1. **医院财务绩效** 是指医院在实际的经营和管理过程中对资源的有效利用程度和最终产生的可以量化的效益和效果。

2. **医院财务绩效评价** 是指选择恰当的评价指标、运用科学的评价方法，对公立医院的财务活动、财务绩效行为进行客观衡量，从而评价医院经济效益的过程。

3. **医院财务绩效评价体系** 可以真实而客观地反映出医院的资产运用及财务绩效情况。财务绩效评价体系是医院业绩评价的重要依据，对医院的财务绩效指标标准进行公布后，可以有效推算出医院财务绩效的管理水平，找出薄弱环节，进一步提升医院整体的管理水平。

二、医院财务绩效评价的目的与意义

（一）评价目的

在掌握医院财务数据的基础上，进行科学的分析及评价，具体包括会计核算和财务管理方，如医院的收入以及成本支出等。绩效评价可以让医院的财务管理更加科学，更加符合实际；而且能让竞争机制激活，提高医院的工作效率，促进医院内部组织机构的优化，提高医院的综合竞争力，增强可持续发展能力。

公立医院作为我国医疗卫生机构的主体，其建立科学系统的财务评价体系具有重要意义。一方面能激发医务人员的工作热情，另一方面能对不同地域以及不同种类的公立医院绩效进行对比，从而找出这些医院在管理工作中的差距和存在的问题，促进医院自发地提高管理水平及经营绩效。建立科学和系统的财务评价体系还有利于为政府相关部门提供决策基础，约束公立医院公益属性，提升医疗资源分配的公平性，保证公立医院的健康可持续发展，最终目的是要客观、全面、准确地反映公立医院的财务状况和经营成果，从而形成有价值的综合评价结论。

（二）评价意义

财务指标可以反映一家医院的盈利情况、资产利用情况、可持续发展能力及抗风险能力。站在医院的角度上，我们应该转变规模扩张的观念，提高医院的资产利用率，将资产增长率和医疗收入增长率控制在合理水平。

医院财务绩效评价是判断和衡量医院投入产出间关系的重要依据，是公立医院绩效改革和现代管理制度建设的重要内容。财务绩效评价体系的建立可以直观地将医院的资产情况真实地反映出来，让医院各项财务工作的开展有据可依，为医院的发展提供数据支持，对经营现状进行分析，选择最优的决策管理。而且，新医改实施以来，国家对于医院的投入不断增加，国家财政的支持需要科学合理地进行，需要了解医院的实际运营情况，以及资金的运行和管理水平，医院的财务绩效评价体系可以反映出医院的真实运营情况，让财政支持更加合理、透明、科学。

三、医院财务绩效评价的方法

（一）财务评价指标权重的确立

针对财务绩效指标权重的确定主要用德尔菲法和层次分析法两种方法，前期可通过德尔菲法采用2~3轮专家问询的方式，对体系中各项评价指标的相对重要性进行评分，为利用层次分析法确定指标权重提供基础数据与参考。在专家咨询的基础上，利用层次分析法对各项指标的相对重要性得分进行处理。

具体而言，首先，建立公立医院财务绩效评价指标体系结构，在文献分析和专家咨询的基础上确立目标层，并将一级层级、二级层级及具体考核指标纳入层次结构模型。其次，由评判专家结合公立医院财务工作的实际情况，分析公立医院财务绩效评价系统中各因素之间的关系，按照指标组中各个指标的相对重要性进行判断评分，并据此构造出各评估指标的两两比较判断矩阵。再次，采用方根法计算各指标的权重系数，即以每一行的几何均数为权重系数，确定各指标的权重系数。最后，计算各个层次目标因素相对于总目标的权重向量，可得各指标的组合权重系数。

（二）财务绩效评价方法的概述

目前常见的医院财务绩效评价问题相关研究方法有模糊综合评价法、平衡计分卡法、杜邦分析法、修正版的沃尔比重评分法、灰色系统理论、消错理论等。学界也通过采用不同的数学模型从财务收益的角度对医院财务绩效展开研究，如常用的综合指数法以及因子分析法。其中，综合指数法是指通过对一组相同或不同指数值进行统计学处理，将不同计量单位、性质的指标值标准化，最后转化为一个综合指数来进行综合评价。在选取标准值进行比对时，需要将经济指标与评估目标之间的差异考虑进去，计算出实际值后，分析实际值和标准值的关系，然后根据公式将对应的指数计算出来。因子分析法主要是在设置财务绩效指标时，将影响财务绩效的因素之间的关系充分考虑，对影响因素的内在关系进行设计，分析出内在的结构，通过参数将它们的数量关系表现出来，从而让数据进行优化。

四、医院财务绩效评价模型及体系的构建

（一）基于平衡计分卡的财务绩效指标评价体系

1. 平衡计分卡财务维度 随着城市公立医院改革的推进，医院要在保证其公益性的前提下，在激烈的市场竞争中实现可持续发展，必须建立一项成熟的绩效管理方案作为支撑。目前，医院绩效评价体系分别从财务绩效和非财务绩效，外部衡量和内部衡量，领先指标与滞后指标，结果衡量与未来绩效衡量的角度，从医院资源配置、医疗工作质量、工作效率、患者负担、资产运营、科研成果六个方面，将医院整体战略目标按照不同维度转化为具体的、可量化的绩效管理目标，并以此目标为标准进行绩效管理，即平衡计分卡方法（balanced score card，BSC）。其主要是将绩效评价中的财务指标和非财务指标结合于一体，针对公立医院的特点，对医院内的绩效管理体系的指标选择和权重分配进行设置，可以有效解决公立医院中的绩效管理问题。

按照平衡计分卡对公立医院推广四维度绩效评价体系，应该从财务、内部业务流程、学习与成长、患者满意度四个维度全面对医院的绩效管理开展评价，通过对绩效评价的管理，使医院获得持续的改进和发展。本节论述第一个维度。

基于平衡计分卡的财务绩效评价能够全面体现出公立医院的实际经营状况，为公立医院的发展提供有效指引，实现可持续发展；平衡计分卡绩效评价体系在影响公立医院运营和发展的诸多因素之间实现了平衡，有效解决了公立医院绩效评价中经济效益与社会价值的矛盾。平衡计分卡财务绩效评价体系不仅客观反映出公立医院当前的实际状况，而且判定出未来的形势和可能会出现的风险，为管理层进行决策提供了思路和依据，从而促进公立医院不断壮大和发展。

2. 评价指标设立 针对公立医院的经营特点，平衡计分卡中的财务评价指标设置为盈利能力、偿债能力、营运能力、发展能力等几个方面，包含资产报酬率、收支结余占总收入比例、每百元固定资产医疗收入、资产负债率、流动比例、速动比例、固定资产周转率、总资产周转率、资产保值增长率、固定资产增长率、净资产收益率、固定资产收益率和流动资产收益率等重要指标，从而构建起相应的绩效评价体系。

指标体系建立完成后，接下来就是赋予各维度相应的权值，赋予各指标适当的权

值系数，并在以后的实际工作中根据制度的实施情况，以及相关科室的反馈情况，进行不断的修改和完善。进而采取综合指数法或因子分析等方法进行财务绩效影响因素的数据量化分析。

案例讨论

【案例】公立医院财务风险评价

研究目的：对样本医院财务指标进行探索性因子分析，评估医院财务风险。

数据来源：整群抽取某市公立医院为研究对象，选取13个具有代表性的财务指标作为财务风险评价指标库，分别是资产报酬率、收支结余占总收入比例、每百元固定资产医疗收入、资产负债率、流动比例、速动比例、固定资产周转率、总资产周转率、资产保值增长率、固定资产增长率、净资产收益率、固定资产收益率和流动资产收益率。

研究方法：应用因子分析方法建立因子分析模型，提取公共因子并命名，计算各因子和综合因子得分，作为评价各医院财务风险的定量分析数据。

研究结果：本研究通过因子分析方法初步构建了公立医院财务风险评估的回归方程模型，发现医院财务风险可以解释为盈利能力、运营能力、偿债能力和发展能力四个方面的因素，其决定系数分别为34.2%、24.6%、20.3%和9.9%，揭示了盈利能力是最主要的决定因素。

小结：依据财务风险理论，评价公立医院财务风险主要应考虑经济效益指标、负债比率指标、变现能力指标和发展潜力指标。通过计算上述四个方面的得分开展纵向或横向比较，进行负债预警分析。在进行综合评价时，指标权重的确定是评价的关键之一。因子分析方法具有省时、省力和高效的特点，决策者也可根据各因子得分及其主要影响因素作出决策，探寻潜在的财务风险及其原因，有针对性地采取措施，使医院财务管理更利于提高医院运营效益。

（资料来源：李新辉，董四平，肖婧婧，方鹏骞，吴均林. 基于因子分析的公立医院财务风险评估模型研究［J］. 中国卫生经济，2010，29（10）：88-90.）

（二）基于杜邦模型的财务绩效评价体系构建

1. 杜邦模型简介　杜邦模型（DuPont model）是由美国杜邦公司创造的，并最先使用的一种财务分析方法，又称杜邦分析。此模型是利用各项财务指标之间的内在关系，自上而下，层层分解，找出财务指标变动的原因及趋势，便于管理者采取相应措施，并为机构、企业或是公司的经营者控制该项指标良性变动提供可靠的依据，从而减少决策的不确定性。现已被医疗卫生领域借鉴。通过杜邦财务分析体系，不仅可以了解机构财务状况的全貌以及各项财务分析指标间的结构关系，而且还可以明确各项主要财务指标增减变动的影响因素与存在的问题，进一步采取对策，从而优化经营结构和理财结构，提高偿债能力和经营效益。

杜邦分析是在考虑各财务指标内在联系的条件下，利用几种主要的财务比率之间的关系综合地分析企业的财务状况，其基本思想是将企业净资产收益率逐级分解为多项财务比率乘积，有助于深入分析比较企业经营业绩。但根据现行报表进行的传统杜邦分析法不足以适应公立医院的财务分析体系，医院财务评价指标体系构建有3个关键要素：一是指标要素要齐全适当，构建完整财务评价体系，将指标要素系统结合，涵盖运营、偿债、盈力能力等多方考核要求；二是主辅指标功能匹配，强调确立财务指标与非财务指标主辅地位的同时，将不同范畴的评价指标从不同层次、不同侧面进行有机的统一，全面揭示医院经营理财的实绩；三是满足多方信息的需要，提供多角度、多层次的信息资料，符合内部管理需求，也满足政府决策及宏观调控要求。

结合我国公立医院的公益性质与实际需求，改进的杜邦分析法为了解医院整体的经营状况、营运能力与偿债能力，自上而下逐级剖析财务指标，通过完整的体系查找引发财务变化的前因后果提供参考与依据。

核心公式为：净资产收益率＝经营结余率×总资产周转率×财务杠杆

其将医院的活动区分为经营性活动和金融性活动，以经营结余率、总资产周转率和财务杠杆为核心比率，能够更准确具体地反映医院的经营效率和财务政策对医院净资产结余率的影响。同时为更好地改善公立医院的财务状况，可以将成本性态的相关概念引入分析体系，使改进的杜邦分析法具有事前预测与成本控制的功效。

2. 评价指标设立 见表8-1。

（1）经营状况：主要反映医院在特定时期内的经营效益和经营业绩。主要用以下两个指标进行衡量。

1）净资产收益率：是评价医院绩效成果最具代表性和综合性的指标，反映的是结余与净资产的关系，具有较强敏感性，表现的是医院投资者所投入资产获利的能力。就公立医院而言，国有资本保值、增值取决于国家投入的资产是否能够被医院充分有效地利用。提高净资产收益率，可以从提高劳动生产率着手，增加业务工作量，对药品耗材科学管理，合理安排物化成本，采取相应措施减少不必要的消耗开支。在评价分析中还可以细化净资产收益率，多角度地分析医院的经济走向，拓展财务管理思路，构建医院的经济业绩评价体系。

2）业务收支结余率：是揭示医院财务状况最具灵敏性的指标，直接反映医疗卫生机构的业务量与资源节约能力，间接反映医院业务开展的规模水平、医疗技术的价值，揭示医院自我发展能力与自我更新能力的优劣，以及经营管理的效果等。虽然业务收支结余率没有直接包含于杜邦分析体系中，但其大小对净资产收益率可以起到间接作用，该指标利用医院多种内部报表及资料进行详解分析，其高低受多方因素的影响，如收费标准、运营管理、成本控制等，所以开源节流仍是财务评价分析的重点。

（2）营运能力：是指医院的经营运行能力，该指标通常越高越好，但也要进行综合分析。

1）总资产结余率（原资产净利率）：是指业务收入结余/平均总资产总额，主要反映医院利用资产获取利润的能力，是衡量医院营运能力的重要指标，可侧面反映医院的可持续发展能力。

2）总资产周转率：是医疗业务收入与资产平均总额的比值，反映的是总资产价值利用、回收、转移的效果。支出既定时，指标越高，体现医院在资产结构控制、使用效率、质量管理等方面取得的成效越好。该指标还可以分解为固定资产周转率、存货周转率、应收款项周转率等，通过分析各资产组成部分的利用效率，评价总资产的运营能力，以此判断影响资产周转率的关键问题。

（3）偿债能力：是指医院用其资产偿还长期与短期债务的能力。目前，因为政府补偿机制尚不成熟，大多数公立医院处于负债经营的状态，所以公立医院偿债能力分析尤其必要。

1）权益乘数：是总资产与净资产的比值，表明的是医院的负债程度，反映的是医院的偿债能力。在激烈的市场竞争下，医院走外延式道路以扩大自身规模，势必要引进负债经营。因作用于财务杠杆效应，权益乘数越大，负债程度就越高，潜在的财务风险也就越高。

2）资产负债率：资产负债率是主要用于体现医院的负债水平，反映在医院总资产中通过借债筹集的资金所占的比重。医院应保持适宜的资产负债率。

表8-1 基于杜邦分析法的财务绩效评价指标

维度	指标	计算公式
经营状况	净资产收益率	总资产结余率×权益乘数
	业务收支结余率	业务收支结余/业务收入
营运能力	总资产结余率	业务收支结余率×总资产周转率
	总资产周转率	业务收入/资产总额
偿债能力	权益乘数	1/（1-资产负债率）
	资产负债率	负债总额/资产总额

3. 评价方法 改进的杜邦分析法能够从财务会计、成本会计、管理会计以及预算会计四方面，及时对医院财务管理中存在的优势、劣势、机会与威胁进行评价，运用了"资产负债表""收入费用总表""医院全成本报表""现金流量表"的数据指标，也将一些非财务指标加入到财务评价体系当中，系统地剖析了医院经营发展的全过程。

模型中最关键的指标为净资产收益率。该模型以这一指标为起点，逐层分解，直到最基本的收入、支出、资产等各项指标，不但通过各项指标间的内在联系动态分析整个医院的财务状况，而且还可以随时清晰地了解主要财务指标增减的变化与存在的问题，及时调整管理措施，制定相应的对策（图8-1）。

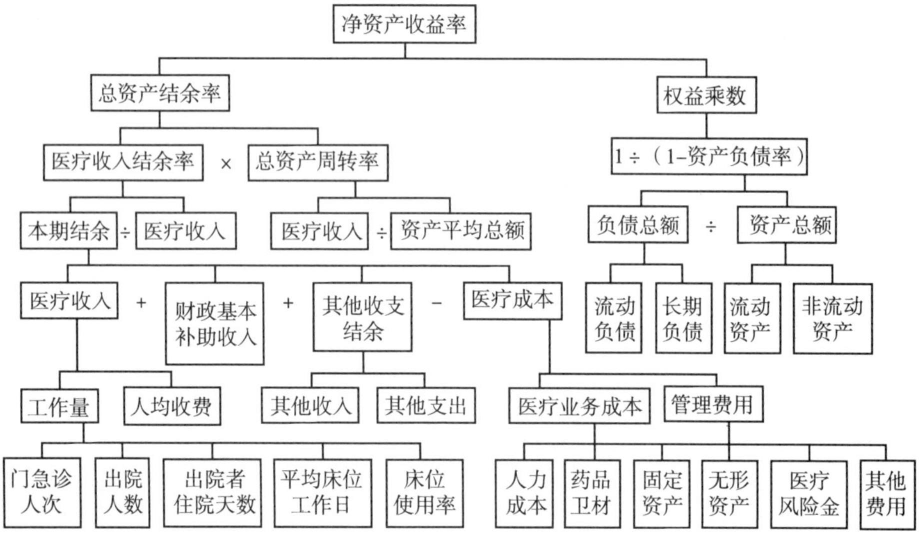

图8-1 基于杜邦分析法的医院财务绩效评价体系

案例讨论

【案例】 选取2002—2007年的《中国卫生统计年鉴》，中关于非营利性综合医院相关指标数据，运用杜邦模型对全国非营利性医院的投资回报水平、资产收益能力以及综合营利能力进行宏观分析，评估非营利性医院资金运转状况，为医院、政府和社会各方提供决策依据，为医院制定融资方案提供参考。

（1）方法：杜邦模型指标自上而下分为三层，逐层分解和分析。第一级指标包括净资产收益率、总资产收益率、收益乘数，第二级指标包括经营收益率、总资产周转率及资产负债率，第三级指标包括总资产、业务收支结构分析。

（2）以模型一级指标分析为例（表8-2）

表8-2 杜邦分析法一级财务指标及其构成

年度	净资产收益率（%）	总资产收益率（%）	收益乘数	经营收益率（%）	总资产周转率（%）	资产负债率（%）
2002	-0.58	-0.47	1.24	-0.98	47.82	19.67
2003	—	—	—	—	—	—
2004	0	0	1.37	-0.01	62.25	26.92
2005	0.33	0.24	1.39	0.40	59.15	27.97
2006	-1.69	-1.20	1.41	-2.08	57.47	29.23
2007	-3.75	-2.60	1.44	-4.48	58.03	30.74

注:（1）净资产收益率=总资产收益率×收益乘数;（2）总资产收益率=经营收益率×总资产周转率;（3）收益乘数=1/［1-资产负债率］。

【讨论】本案例中，非营利性医院2002—2007年净资产收益率大都为负值，说明非营利性医院基本处于亏损状态，且亏损程度逐年增加。该亏损逐年增加的原因是由于总资产收益率亏损的逐年增加、收益乘数的逐渐增加。继续分解发现，造成总资产收益率亏损逐年增大的原因在于经营收益率亏损程度的逐年增加，而总资产的周转率逐年下降。造成收益乘数逐年增加的主要原因在于资产负债率的逐年增加。

按相同的方式对模型中的二级指标和三级指标进行分解，可逐步明确各项主要财务指标增减变动的影响因素与存在的问题。进而进一步采取对策，优化经营结构和理财结构，提高偿债能力和经营效益。

（资料来源：董四平，张佳慧，方鹏骞.基于杜邦模型的非营利性医院财务状况宏观分析［J］.中国医院管理，2010，30（03）：17-19.）

（三）基于沃尔评分法的医院财务绩效评价

1. 修正版沃尔评分法简介 沃尔比重评分法是财务绩效评价所应用的一种综合分析法。传统的沃尔评分法，首先用线性关系将流动比率、资本负债比率、存货周转率、应收账款周转率等七项财务比率结合起来，分别给定各指标相应的权重；其次确定各项财务比率指标的标准值，即各指标在理想条件下的最优值，再次计算出评价对象在某一时期内各项指标的实际评分值，通过与标准值的比较，确定各项指标的得分及总体指标的累计分数。

公式为：实际分数＝实际值÷标准值×权重

在竞争日趋激烈的医疗体系中，一个科学合理的财务绩效评价指标体系，除包括上述七项指标反映的偿债能力和营运能力以外，盈利能力指标与发展能力指标也是评判一个经营组织运营状况的重要层面。因此，新修正的沃尔评分指标内容可扩展为盈利能力、偿债能力、营运能力和发展能力四个一级指标。

2. 评分指标与标准 在盈利能力评价维度，主要考查被评价对象的经营业绩与获得收益的能力，依据固定资产收益率、净资产收益率、流动资产收益率、毛利率、净利率、成本费用利润率与收入现金比等二级指标判断被评价对象在利润创造、资产管理、成本费用、资本保全等方面的能力水平，结合评价结果总结出被评价对象在经营环节暴露出的问题。在发展能力评价维度，通过针对原有财务分析体系进行完善，利用固定资产增长率、净资产增长率、业务收入增长率、结余增长率与现金自给率等二级指标，衡量被评价对象未来一阶段的发展趋势与整体潜力。

具体应用时需结合医院实际情况，确定各项二级指标构成内容及权重分值。为减少个别指标的异常变动对总分造成不合理的影响，将财务比率的标准值由最优值调整为行业平均值；设定评分值的上限为正常值的1.5倍，设定评分值的下限为正常评分值的0.5，具体评分公式如下：

综合得分＝评分值＋调整分

调整分＝（实际比率－标准比率）÷每分比率

每分比率＝（行业最高比率－标准比率）÷（最高评分－评分值）

一般而言，评分越低，说明医院财务综合绩效越差；评分越高，说明医院的财务综合绩效越好。综合得分在80分以上判定为良好，说明医院的财务状况较安全；60分以下为差，即医院存在较大的运营风险。

第三节　医院运营效率评价

运营管理是医院管理的重要内容，而运营效率体现医院管理精细化的水平，所以对医院运营效率进行客观准确的评价，是运营管理的一项重要内容。通过全面、系统、客观、科学的评价，不但能够为医院运营管理工作提供数据支撑，而且可以通过运营效率评价发现问题、分析问题，为改进医院管理提供决策依据。本节将对其中的有关问题进行讨论。

一、效率的概念、分类与测量方法

（一）概念

从经济学角度讲，效率就是从稀缺的资源中获取最大的收益，通常为投入与产出的比较，即相同的投入有更高的产出，或相同的产出使用更少的投入则意味着效率更高。医院运营效率可以指医院在一定经营时期内的经营状况、运营效益以及经营者的业绩。医院运营效率评价即是指对医院的经营状况、运营效益、经营者业绩等进行定量与定性的考核、分析，并通过分析作出客观、公正的综合评价。

（二）分类

1. 综合效率、技术效率与配置效率　1957年Farrell提出了现代效率测量简单有效的方法。他认为效率可以分为两个部分：一个是技术效率（technical efficiency，TE），即反映在给定投入情况下生产单元所能获得最大产出的能力；另一个是配置效率（allocative efficiency，AE），即在给定各要素投入价格情况下优化投入要素比例的能力。二者测量结合起来就构成了综合效率。Farrell通过一个简单的例子阐述了他的观点。这个例子假设一个生产单元的规模报酬不变，使用两个投入（x_1和x_2）生产单一产品（y）。其示意图如下（图8-2）：

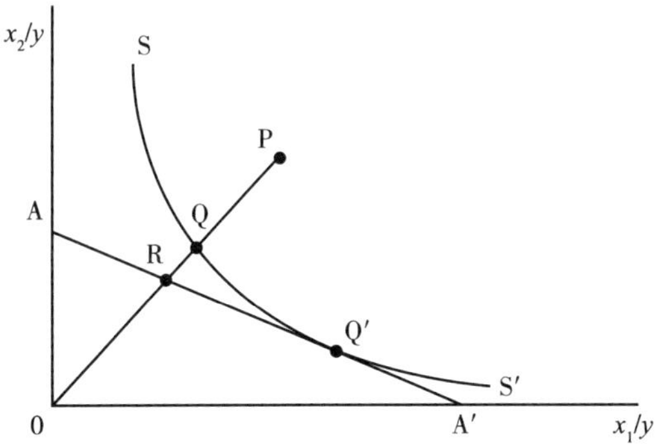

图8-2　技术效率和配置效率

已知单位等产量曲线由图中SS'代表，如果该生产单元用一定投入数量组合（由P点坐标定义）去生产单一产出，生产单元的技术无效可以由QP的距离所表示，即QP就是在不减少产出的情况下，所有的投入按比例减少的数量，其比例可由线段QP/OP表示，代表了所有投入减少的百分比，因此，技术效率可以表示为：

$$TE=OQ/OP=1-QP/OP$$

式中，TE取值范围为0~1，当$TE=1$时，表示该决策单元能够充分利用当前技术在等产量线上进行生产，该决策单元为技术有效，例如，图中Q点在效率曲线上，是技术有效的；当$TE<1$时，表示该决策单元在等产量线右边进行生产，图中的P点就是技术无效的。

如果投入价格的比率由上图的AA'表示，那么就可以计算配置效率。P点运作企业的配置效率可以定义为：

$$AE=OR/OQ$$

式中，AE取值范围为0~1，如果$AE=1$，则该决策单元为被认为配置有效；如果$AE<1$，则配置无效。例如，如果生产发生在配置有效的点Q'，而不是技术有效但是配置无效的Q点，那么就可以降低生产成本，RQ代表配置效率的无效程度。

同时，综合效率由技术效率和配置效率决定，可以表达为：

$$EE = TE*AE = (OQ/OP)*(OR/OQ) = (OR/OP)$$

由此可见，综合效率可以分解为两项：技术效率（TE）和配置效率（AE）。决策单元只有在预算线上进行生产才能达到配置有效，即只有当决策单元在曲线切点上进行生产时，TE和AE才等于1。

2. 技术效率、纯技术效率和规模效率 技术效率可以进一步分解为纯技术效率（pure technical efficiency，PTE）和规模效率（scale efficiency，SE）。纯技术效率又称为可变规模报酬技术效率，其测量的是在规模报酬可变状态下决策单元与生产前沿面之间的距离。规模效率测量的是在规模报酬不变与可变规模报酬状态下生产前沿之间的效率差异，即由于不能在规模报酬不变状态下生产而造成的无效程度。下面通过单投入与单产出的二维图来说明技术效率、纯技术效率和规模效率（图8-3）：

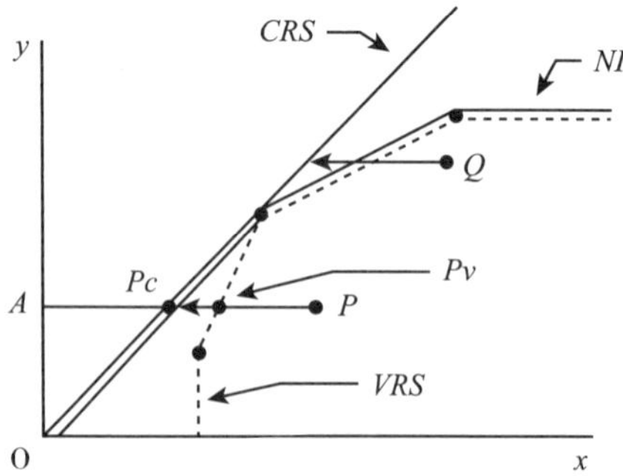

图8-3 规模效率的计算

上图画出了VRS和CRS的效率前沿。在CRS的投入主导型技术无效中，P点的技术无效距离是PPc，而在VRS模型中，技术无效距离是PPv，两者之间的差异$PcPv$就是规模无效率，同理可以用几何线段表示：

规模报酬不变的技术效率：$TE_{CRS}=APc/AP$

规模报酬可变的技术效率（纯技术效率）：$TE_{VRS}=APv/AP$

规模效率：$SE=AP_C/AP_V$

由于AP_C/AP可以分解为（AP_V/AP）×（AP_C/AP_V）

即$TE_{CRS}=TE_{VRS}\times SE$

以上指标取值范围都在0~1之间。这就是CRS的技术效率TE_{CRS}可以分解成纯技术效率TE_{VRS}和规模效率SE。

（三）医院运营效率的评价方法

由于医疗卫生服务提供具有较强的专业性、技术性、信息不对称性、多投入和多产出的特点，传统的指标分析方法在测量医院运营效率方面存在一定缺陷。近年来，国际上开始将更高级的计量经济方法和数学方法引入医疗服务提供机构的效率分析中，这些方法可以分为参数法和非参数法。

参数法继承了传统的生产函数估计思想，它是通过构造一种具体的生产函数形式，利用多元统计分析技术确定函数中的未知参数，进而计算最小成本比值的一种计量经济学方法。参数法主要包括生产函数法、成本函数法和随机前沿分析（stochastic frontier analysis，SFA）等。

非参数法不必通过设计函数的形式来构造生产前沿形状，而是通过大量的实际生产点数据，基于一定的生产有效性标准找出位于生产前沿包络面上的相对有效点。非参数法主要有数据包络分析（Data Envelopment Analysis，DEA）、无界分析（Free Disposal Hull，FDH）、指数法、混合最优策略法等，其中DEA法是在实践中较常用的效率测量方法。

二、基于数据包络分析法的效率评价

数据包络分析法是利用多项投入指标和多项产出指标，采取线性规划的方法，对具有可比性的同类型单位进行相对有效性评价的一种数量分析方法。DEA方法及其模型自1978年由美国著名运筹学家Charnes A.和Cooper W.W.提出以来，已广泛应用于不同行业及部门，并且在处理多指标投入和多指标产出的综合评价方面具有独特优势。DEA自20世纪80年代被引入卫生计量经济学以来，成为评价医疗卫生机构运营效率较为成熟和先进的方法之一，是卫生服务和医院管理研究的基准方法。

（一）数据包络分析简介

1. DEA模型的主要思想 DEA方法是利用数学线性规划，将多投入、多产出的决策单元（decision making unit，DMU）数据直接投射在坐标空间上，以最大产出或最小投入连线为效率边界，并以此边界来衡量DMU的生产效率。在假设没有随机误差条件下，如果决策单元观察值落在效率边界上，则DMU为完全效率，其效率值为1；如果其观察值没有落在效率边界上，则认为DMU为相对无效，其效率值在0~1之间，其差距代表无效率程度的大小。

2. DEA的主要模型

（1）规模报酬不变模型（constant returns to scale，CRS）：数据包络分析CCR模型由Charnes、Cooper和Rhodes于1978年率先提出。这个模型是投入主导型并假设规模报酬不变。从生产函数角度看，这一模型是用来研究具有多个输入，特别是具有多个输出的生产部门同时为“规模有效”与“技术有效”的理想方法。

（2）规模收益变化模型（variable returns to scale，VRS）：CRS假设仅仅是在所有的DMU都在最优的规模上运作的时候才合适，而不完全竞争、外部约束和财务状况等可能导致DMU不是在最合适的规模上运行。1984年Banker、Charnes和Cooper提出了BCC模型，将DEA规模报酬不变模型拓展为规模报酬变化的情形，使DEA方法推广到经济领域中的生产前沿面有效性评价。当DMU没有在最优的规模上运作的时候，CRS模型的使用可能会导致技术效率测量被规模效率因素所混淆，而VRS模型将会允许剔除规模效率影响的技术效率的计算。

3. DEA测量医院效率的优越性

（1）无须具体的生产函数：如前所述，如果了解某医院投入和产出之间的具体生产函数形式，就可很方便地得到规模弹性值。但是，目前生产函数方法测量规模经济大部分都应用于生产领域，由于医疗服务的特殊性，要建立医院生产函数形式是比较复杂和困难的，而利用DEA方法研究医院规模经济，则无须建立投入产出生产函数。

（2）可进行多投入–多产出规模效率分析：DEA方法对投入和产出指标的数量和种类没有严格限制，能较大程度地综合如实反映所研究的具体问题。通过适当选用DEA模型并合理确定投入产出指标，即可方便测量医院运营的相对效率，并对其规模效率和规模报酬状况进行进一步考察。

（3）可以测量规模无效单位的改进方向和程度：DEA方法可以对非有效决策单元的投入产出指标进行投影分析，定量测量各决策单位投入产出指标改进的方向和程度，可以为决策者提供直接的决策信息。DEA方法的优点吸引了众多的研究者，其应用范围已扩展到航空、军队、城市、银行等领域的效率综合评价方面，目前这一方法应用领域正在不断扩大。

知识拓展

数据包络分析（DEA）作为一种常用的非参数效率综合评价方法，它采用线性规划的技巧根据样本的观察值构建出有效的生产前沿面，并以各决策单元与前沿面之间距离的比值确定各决策单元的相对效率，现已成为评价卫生领域医院效率的有力工具。但是DEA也存在一定的局限性，它是设定一个确定性的前沿面，因此没有考虑到随机误差等因素的影响，而是将所有偏离均归因于低效率。为了剔除DEA传统模型自身的局限性，许多学者应用不同的方式对传统DEA模型进行纠偏。Bootstrap是Efron于1979年首次提出的根据原始数据对总体进行统计推断的模拟方法，Simar、Wilson、Daraio等学者从20世纪90年代开始进一步将Bootstrap引入DEA，并衍生出越来越多的Bootstrap-DEA模型。该方法通过对已有的样本进行有放回的抽样，得到大量的新样本，用大量的新样本来对总体进行统计推断，而不需对未知总体作任何假定。目前，越来越多的研究应用bootstrap-DEA方法代替传统DEA方法。

（二）应用举例

提高服务效率是医疗行业必须遵循的基本原则之一。医院服务效率是医院评价实践工作中的难题之一。传统的效率评价方法一般应用单一指标客观评价和专家主观评价方法，本研究将数据包络分析DEA方法引入医院效率评价，并尝试对北京、上海两地的三甲综合医院运营情况进行比较分析，为提高医院运营效率提供决策参考，为创新医院运营效率评价方法进行有益探讨。

1. 指标选取和数据来源　对医院运营效率进行测量的一个关键环节是选取合适的投入、产出变量。本研究采取文献优选法，即全面查阅同类研究文献资料的投入产出指标选取情况，应用文献计量学方法选取4项投入指标（实际开放床位、在职职工、固定资产、总支出）和5项产出指标（门急诊人次、出院人数、总收入、病床使用率、平均住院日）。本研究以北京、上海两地22所三级综合医院作为研究对象，其中北京地区12所，上海地区10所。分析指标包括上述4个投入指标和5个产出指标（对低优指标进行了正向化处理），总计形成22个决策单元（DMU）。数据分析工具为DEAP（V2.1）和SPSS（V15.0）。

2. 结果分析

（1）投入–产出指标描述性分析：22家医院投入–产出指标描述性统计结果，见表8-3。

表8-3 DEA投入-产出指标描述性统计

评价指标	北京地区			上海地区			$\bar{X}$差值	百分比
	最小值	最大值	$\bar{X}\pm s$	最小值	最大值	$\bar{X}\pm s$		
实际开放床位（张）	892	1761	1187±278	693	1650	1295.5±353	-108	-8.4%
职工人数（人）	2181	3981	2778±552	1485	3523	2444.4±590	333	13.6%
固定资产（万元）	55 331	209 633	101 182±43 474	22 710	110 562	68 430.2±27 038	32 752	47.9%
总支出（万元）	73 809	167 919	116 011±25 895	41 947	134 495	92 668.8±33 590	23 342	25.2%
门急诊人次	82	211	146±40	124	207	165.2±33	-20	-11.8%
出院人数（人次）	21 564	49 669	32 648±8297	15 210	50 768	35 679.5±12 393	-3031	-8.5%
总收入（万元）	76 325	170 442	117 387±25 865	42 068	140 100	96 086.3±35 089	21 300	22.2%
病床使用率	0.802	1.062	0.968±0.070	0.925	1.117	1.018±0.053	-0.05	—
平均住院日（天）	9.7	16.3	12.9±1.6	10.7	18.0	13.3±2.4	-0.4	—

从投入指标来看，北京地区医院平均职工人数、固定资产、总支出分别比上海地区多13.6%、47.9%和25.2%，仅实际开放床位比上海地区少8.4%。从产出指标来看，北京地区比上海地区医院平均总收入多22.2%，平均住院日领先0.4天，但门急诊服务人次少11.8%，出院人次数少8.5%，病床使用率低5个百分点。从单一指标逐步分析，尚难以判断两地医院运营效率孰优孰劣。

（2）医院规模报酬状态分析：22所医院DEA效率得分及规模报酬情况，见表8-4。

表8-4 北京、上海两地22所医院DEA效率得分及规模报酬状态

地区分类	DMU	综合效率CRS	技术效率VRS	规模效率SCALE	规模报酬状态
北京地区	1	0.958	1.000	0.958	drs递减
	2	0.979	1.000	0.979	drs递减
	3	1.000	1.000	1.000	-不变
	4	1.000	1.000	1.000	-不变
	5	0.913	0.937	0.974	drs递减
	6	0.928	0.928	0.999	irs递增
	7	0.989	0.998	0.991	drs递减
	8	1.000	1.000	1.000	-不变
	9	1.000	1.000	1.000	-不变
	10	1.000	1.000	1.000	-不变

续　表

地区分类	DMU	综合效率CRS	技术效率VRS	规模效率SCALE	规模报酬状态
北京地区	11	1.000	1.000	1.000	-不变
	12	1.000	1.000	1.000	-不变
	均值	0.9806	0.9886	0.9918	—
上海地区	13	0.949	0.965	0.983	drs递减
	14	1.000	1.000	1.000	-不变
	15	1.000	1.000	1.000	-不变
	16	1.000	1.000	1.000	-不变
	17	1.000	1.000	1.000	-不变
	18	1.000	1.000	1.000	-不变
	19	1.000	1.000	1.000	-不变
	20	1.000	1.000	1.000	-不变
	21	1.000	1.000	1.000	-不变
	22	1.000	1.000	1.000	-不变
	均值	0.9949	0.9965	0.9983	—

表中CRS是综合效率，即规模报酬不变模型假设下的技术效率；VRS是技术效率，即规模报酬可变假设下的纯技术效率；SCALE是考虑规模收益时的规模效率。从上表可以看出：北京地区12所医院中规模报酬恒定数量为7所，比例为58.3%，4所医院规模报酬递减，1所医院规模报酬递增；上海地区10所医院中规模报酬不变数量为9所，规模经济不变比例为90%，1所医院规模报酬递减。因此，从规模经济的角度来考察，与上海地区相比，北京地区医院运营显示出规模不经济现象。

（3）DEA有效医院地区分布随机性检验：考虑到研究所选取的样本医院并非是随机抽取的，应用游程检验（非参数方法）分别检验综合效率、技术效率和规模效率的有效决策单元（医院）分布是否是随机的（是否与地区分布有关）。结果如表8-5所示。

表8-5　DEA有效医院与地区分布相关性游程检验

项目	综合效率	技术效率	规模效率
检验值	1.000	1.000	1.000
样本数	22	22	22
游程数	6	5	6
*Z*值	-1.801	-1.556	-1.801
Monte Carlo显著性水平（双尾）	0.039	0.079	0.039

由于样本数量较小，取Mont Carlo精确P值，结果显示：综合效率和规模效率P值均小于0.05，表明这两类效率有效性分布与地区有关；技术效率P值大于0.05，表明技术效率有效性与地区分布无关。

3. 结论与建议 研究结果表明，北京、上海两地三级综合医院在综合效率、规模效率上具有显著性差异，但在技术效率上没有显著性差异；上海地区医院总体运营效率已初步显露出领先优势。由于综合效率是技术效率与规模效率的乘积，在技术效率相当的情况下，上海地区规模效率领先成为综合效率的决定因素。建议北京地区医院从规模效率的影响因素入手，从医院平均职工人数、固定资产、总支出三方面进行适当控制，提高管理水平，降低营运成本。

（资料来源：王吉善，张振伟，董四平.基于DEA的京、沪两地三级医院运营效率比较研究［J］.中国卫生质量管理，2011，18（04）：48-50.）

第四节　满意度与患者体验评价

医院的满意度与患者体验是医院绩效的重要表征之一，也是广义医疗质量的重要组成部分。自2019年起，满意度评价先后被纳入我国政府对于公立医院和基层医疗卫生机构绩效考核指标体系，患者体验评价在欧美国家的应用相对更为广泛。

一、满意度与患者体验的概念

（一）满意度的概念

在我国质量管理领域相关国家标准（GB/T 19000—2016）中，满意度的标准术语为“顾客满意（customer satisfaction）”，标准定义为“顾客对其期望已被满足程度的感受”。在医疗管理领域，与前述标准对应表述为“患者满意”或“患者满意度”，即指患者在接受医疗服务的过程中，对于自身期望已被满足程度的感受。同时，根据我国卫生健康行政部门对于医院和基层医疗卫生机构的监管要求，“医务人员满意度”也是医院满意度评价的重要内容，即医务人员在提供医疗服务的过程中，对于医疗机构满足其工作期望程度的感受。

（二）患者体验的概念

欧美发达国家针对患者视角的医疗服务评价研究自21世纪初已由传统的满意度研究逐渐转向了患者体验（patient experience）研究。美国Beryl研究所将患者体验定义为由组织文化塑造，贯穿诊疗始终，影响患者感知的全部互动过程。英国剑桥大学卫生服务研究中心的学者认为，患者体验一方面是指患者在接受医疗服务过程中的实际经历，另一方面是指患者对这些切身体验的反馈。国内学者综合国内外研究进展，将其定义为患者在接受医疗服务过程中，对医疗机构全要素服务提供的全流程实际经历和感受反馈。

（三）患者满意与患者体验的区别

针对患者满意度术语使用的系统综述研究发现，患者满意度是一个多维而缺乏清晰定义的概念，主要关注患者主观感受，受患者期望和诊疗偏好影响较大。患者满意度的典型调查问题，例如："你对就诊时预约诊疗系统的满意度如何？""你对医生的诊疗态度满意度如何？"患者体验是一个包含了一系列医疗服务要素的多维概念，其内涵主要为医疗服务过程中发生的客观事实，以及患者对这些事实的评价和反馈，可视为患者报告和患者评价两类活动的结合。患者体验的典型调查问题，例如："你通常需要在预约之后等待多久才能就诊？""你的病房在夜间安静程度如何？"

较患者满意度而言，患者体验更加关注患者在实际就诊过程中的事实经历，以避免受患者个体价值判断和心理预期的影响。当研究关注点主要集中在患者对医疗机构具体领域服务质量的感知时，可关注某一特定领域患者体验的现况；当研究者重点关注对医疗机构或整个卫生服务系统的总体评价时，则使用满意度可能更合适。

二、医务人员满意度评价

开展医务人员满意度评价，是目前我国公立医院和基层医疗卫生机构绩效评价的重要环节，也是卫生健康行政部门对医疗机构建立和完善医疗质量管理体系和工作机制的监管要求。根据评价对象的不同，可分为针对医、药、护、技等不同类别医务人员的满意度评价。根据评价方法不同，可分为定性和定量评价，前者包括焦点小组访谈、深度访谈、利益相关者访谈等，后者以抽样或总体人群的问卷调查为主。根据评价工具不同，可分为通用型评价工具和专题型评价工具。本部分主要从不同评价工具的角度，介绍常用的医务人员满意度评价工具。

（一）通用型评价工具

评价医务人员的满意度实质为评价员工满意度。在国内外学术界，针对员工满意度的通用型评价工具研究已较为成熟，其中较为代表性的是由美国明尼苏达大学心理学系开发的《明尼苏达满意度量表》（*Minnesota Satisfaction Questionnaire*，*MSQ*）。MSQ旨在衡量员工对各个具体工作相关价值维度的满意度评价结果，包含三个版本，分别为1977年和1967年版的两种长问卷和一种短问卷。

MSQ长问卷的填答完成时间在15~20分钟，短问卷约需要5分钟，在工作条件允许的情况下，通常推荐使用长问卷开展调查评价。MSQ长问卷测量的20个指标项包含100个调查项，具体涉及个人能力的发挥、成就感、能动性、培训和发展、权力、公司政策、报酬、同事与团队、创造力、独立性、道德标准、员工奖惩、个人责任、工作安全、社会地位、社会服务、组织的员工关系管理、组织的技术发展、多样性、工作条件。MSQ短问卷包含20个调查项，均来自MSQ长问卷中对前述20项指标中每项指标最有代表性的一个调查项，由这20个调查项，可通过因子分析得到内部满意度、外部满意度以及总体满意度的评分结果。

MSQ已被各国研究者翻译成多国语言，其中包括中文版。国内亦有不少医院已将其用于开展员工满意度评价，利用经过国内外研究验证的成熟评价工具开展员工满意度评价，有利于提高评价结果的信效度和外部可比性。

（二）专题型评价工具

专题型评价工具多由评价主体根据自身工作需求自主开发得到，相比通用型评价工具，其特异性往往更强，更能反映评价主体对组织和个体员工的关注重点。目前针对医疗机构的专题型员工满意度评价工具研究在国内仍处于起步阶段，尚缺乏经过系统性和规范化研究得到的标准化各类别医务人员满意度评价工具。

2018年度在首次全国三级公立医院绩效考核工作中，面向全国2000多家三级公立医院的医务人员满意度调查，实际采集二级及以上公立医院员工满意度调查问卷364万份，有效问卷277万份，有效率76.10%。该调查从薪酬福利、发展晋升、工作内容与工作环境、上下级关系、同级同事关系五个维度评价医院医务人员的员工满意度，调查对象覆盖医生、药师、护士、技师、管理人员、后勤人员、其他人员七个类别。调查发现，2018年全国样本公立医院员工总体满意度为76.83分，医院员工间关系良好，上下级间相处融洽，员工对“薪酬福利”和“工作内容和环境”满意度偏低。该调查使用的问卷，是国内专题型评价工具研制开发的重要进展。

案例讨论

【案例】某三级公立医院职工满意度评价

评价对象：某三级公立医院医务人员满意度

评价方法：采用国家公立医院移动互联网满意度调查问卷，问卷内容包括薪酬福利、发展晋升、工作内容与环境、上下级关系、同级同事关系与总体满意度六个维度22个问题，通过移动互联网收集问卷。

评价结果如表8-6所示：

表8-6　某三级公立医院医务人员满意度得分情况

维度	含义	满意度（分）
薪酬福利	对当前薪酬水平、结构的公平性感受	70.13
发展晋升	对自身职业发展道路的感受	70.18
工作内容与环境	对工作内容、强度、环境等的感受	61.22
上下级关系	对上下级关系、领导控制的链条、规章制度的感受	64.31
同级同事关系	对同级同事关系的感受	78.22
总体满意度	对从事该工作的整体感受	80.46

【讨论】根据国家三级公立医院绩效考核标准，医务人员满意度得分在85分以上则该指标方可得满分。由案例中的评价结果可知，该医院医务人员的总体满意度得分偏低，其中工作内容与环境维度得分最低，该调查结果与全国改善医疗服务行动的第四次评估结果方向一致，说明该维度中所涉及的内容是全国公立医院的共性问题，也是国内公立医院今后应重点改进的方向。

三、患者满意度评价

患者满意度评价，在我国既是等级医院评审标准和医疗质量管理的重要内容，也是医院和基层医疗卫生机构绩效管理的重要环节。根据评价医疗机构的不同，可分为各类别医院和基层医疗卫生机构的患者满意度评价；根据开展评价时调查对象的不同，可分为门诊患者满意度评价和住院患者满意度评价；根据特定调查对象的诊疗场景差异，可进一步细分为急诊、透析、肿瘤放化疗等特定群体的患者满意度评价。本部分主要从质量管理和绩效管理两方面介绍满意度评价的方法。

（一）质量管理标准下的满意度评价

我国质量管理领域相关推荐性国家标准（GB/T 19014—2019）中，已有针对顾客满意的标准化监视和测量指南，适用于各种类型、不同规模以及提供不同产品和服务的组织。该标准可用以指导在医疗机构开展患者满意度评价工作。质量管理标准下的顾客满意评价，分别对监视和测量框架、策划设计和开发、运行、保持和改进，给出了明确的推荐意见。

1. 评价筹备阶段 应当考虑开展评价的组织环境，明确识别和关注影响评价工作开展的内外部因素、相关方需求和期望、评价范围的界限和适用性。在医疗机构内部应当建立系统的方法监测和测量患者满意度，同时需要确保这一方法得到管理者和整个机构承诺的支持，进而在此基础上对评价过程进行策划设计和开发、运行、保持和改进。在基于上述要素设计评价框架时，应当同时考虑评价工作开展可能带来的不确定性风险和潜在机遇。

2. 策划设计和开发阶段 首先应明确界定监视和测量的目的和目标，这将直接影响到数据收集的时机、种类、方式、地点，也关系到数据的分析和结果的应用，监测目标本身也可以作为组织所规划的绩效指标使用。其次应确定监测范围和频次，要根据监测目的和目标确定计划监测的范围，明确获取数据的类型和途径，根据实际的管理需求，确定收集数据的频次。最后应确定实施方法和职责，通常需要将直接采集的监测数据与通过机构内部的投诉管理或外部的监管反馈获取的信息相结合，形成患者评价结果的全貌。组织应当确定监测评价工作的具体负责人，以及评价结果的应用部门，同时为评价工作配置相关人力和物力资源。

3. 监测评价运行阶段 需要识别患者期望、收集和分析评价数据、定期在组织内部沟通评价结果的应用、持续开展监视工作。医疗机构应当识别当前患者和潜在患者，以及不同能力和需求患者的期望差异，在这一过程中不仅应当关注患者的明示性要求，也应当关注患者的隐含性要求。收集患者满意数据有直接和间接两种途径，在识别和选择与患者满意度相关的医疗服务要点的基础上，既需要关注医疗机构现有的信息来源，如患者的表扬或投诉意见反馈渠道、外部监管机构或第三方机构的满意度评价结果等，作为数据收集的间接途径，更需要通过主动开展患者满意度评价，作为数据收集的直接途径。

定性和定量调查是主动收集数据的两种方法，前者包括个人访谈或小组讨论，形式相对灵活，主观性强；后者通常采用相对固定的标准化问卷，适宜用以追踪满意度现况及时间变化趋势。调查的样本量和抽样方法的选择，需要根据医疗机构的管理需求和现实条件来确定，结合统计学方法确定的样本量和抽样方法，应当确保样本的代表性，以及调查结果的精度和置信度。调查问卷的设计，建议在结合医疗机构内部管理需求的基础上，尽量采用既往研究中经过验证的成熟问题和量表，重点关注问卷的信度和效度。调查数据的采集，应当明确采集方法和工具，以及时机、周期、频次，除医疗机构自行采集数据外，也可考虑由独立第三方进行数据采集，以避免潜在的数据偏倚。

调查数据在分析时，首先应检视数据的完整性和准确性，重视数据清理，做好分析数据的准备，而后根据现实管理需求拟定分析方案，开展定性或定量分析，最终形成分析结果的报告。在报告中，通常应当提供明确的患者满意度评价指标结果，提出针对性的改进建议。为推动评价结果的应用，应当在医疗机构内部建立患者满意度评价报告的沟通和评议机制，确定参与沟通的部门和人员，以及明确制定改进措施计划的责任部门，包括明确如何对改进措施的实施和效果予以评价。

4. 保持与改进阶段 应当重点关注患者满意度监视与测量工作流程的有效性和高效性，确保评价工作能够按计划和进度执行，审视测量方法和过程是否能够及时反映患者感受和管理目标的变化，校验分析方法的有效性和充分性，对照医疗机构的其他运营指标定期评审患者满意度评价结果的有效性，定期评估与患者满意度监测相关的风险和机遇及其应对措施的有效性。

（二）绩效管理视角下的满意度评价

绩效管理视角下的医疗机构患者满意度评价工作，将患者满意度视为医疗卫生机构社会效益的重要体现。我国自2018年起，先后由中华人民共和国国务院办公厅、中华人民共和国国家卫生健康委员会和国家中医药管理局发文，陆续在全国范围内建立起了面向三级公立医院、二级公立医院、基层医疗卫生机构的绩效考核工作体系，并制定了《三级公立医院绩效考核指标》《二级公立医院绩效考核指标》《基层医疗卫生机构绩效考核指标体系》，国家卫生健康行政部门和各级各类医疗机构以此为依据，通过开展患者满意度评价，衡量患者获得感，并将结果作为医疗机构之间和医疗机构内部绩效考核的重要内容。以2019年1月由国务院办公厅组织开展的全国首次三级公立医院绩效考核工作为例，满意度评价被定为一级指标，患者满意度被定为二级指标，门诊患者满意度和住院患者满意度被定为三级指标。评价目标是获得定量指标结果，服务于各级政府对公立医院的年度绩效考核。评价范围覆盖全国三级公立医院，频次为连续性监测。实施方法是由医院负责邀请门诊和住院患者匿名参与统一设计的在线问卷调查，调查的组织协调、信息系统开发、数据分析和质量督导工作由国家卫生健康委员会医疗管理服务指导中心负责，全国各省卫生健康行政部门和各参评医院均指定了联络员，负责该工作的协同推进。满意度评价结果纳入医院的绩效考核结果，作为公立医院发展规划、重大项目立项、财政投入、经费核拨、绩效工资总量核定、医保政策调整的重要依据，同时作为选拔任用公立医院党组织书记、院长和领导班子成员的重要参考。由政府部门开展的全国性公立医院绩效考核工作，将患者满意度评价置于具有突出性的重要位置，对推动我国医疗机构进一步开展科学化和规范化的满意度评价，严格落实医疗质量管理办法具有里程碑意义。

2018年度首次开展的全国三级公立医院绩效考核工作中，包含了面向全国2000多家三级公立医院的患者满意度调查，实际采集二级及以上公立医院门诊患者满意度调查问卷1871万份，有效问卷918万份，有效率49.06%；住院患者满意度调查问卷877万份，有效问卷536万份，有效率61.12%。门诊患者满意度调查问卷设计了挂号体验、医生沟通、护士沟通、医院环境与标识、患者隐私保护、医务人员回应六个维度15个问题；住院患者满意度调查问卷设计了护士沟通、医生沟通、疼痛管理、用药沟通、出入院信息及手续、医务人员回应、饭菜质量、对患者亲友态度、医院环境与标识九个维度20个问题。调查结果发现，2018年全国样本公立医院门诊患者总体满意度为90.45分，门诊患者对“护士沟通”的满意度相对较高，对“隐私保护”的满意度相对较低；住院患者总体满意度为93.01分，住院患者对“对患者亲友态度”的满意度相对较高，对“医生沟通”的满意度相对较低。全国公立医院绩效考核工作中采用的患者满意度评价方案，是医疗机构患者满意度外部评价的典型案例。

案例讨论

【案例】2018—2019年全国三级公立医院患者满意度评价结果比较

评价对象：全国2413家三级公立医院

评价方法：基于移动互联网和大数据技术的公立医院满意度在线调查

评价结果：见表8-7

表8-7　全国三级公立医院门诊和住院患者满意度得分情况

患者类别	评价维度	满意度（分）	
		2018年	2019年
门诊	护士沟通	85.24	86.98
	医生沟通	84.27	85.79
	挂号体验	82.03	82.58
	医务人员回应	82.34	82.77
	环境与标识	81.09	81.27
	隐私保护	80.10	83.69
	总体满意度	84.00	85.41
住院	护士沟通	91.48	92.45
	医务人员回应	92.11	93.13

续 表

患者类别	评价维度	满意度（分）	
		2018年	2019年
住院	医生沟通	80.88	92.86
	环境与标识	88.34	86.95
	出入院信息及手续	85.49	82.33
	疼痛管理	91.79	88.50
	药物沟通	86.84	89.68
	饭菜质量	80.36	81.02
	对患者亲友态度	92.53	93.21
	总体满意度	90.00	91.01

【讨论】2019年，全国三级公立医院门诊和住院患者满意度分别为85.41分、91.01分，同比提升1.41分和1.01分。其中，门诊患者对护士沟通、医生沟通满意度普遍较高，对挂号体验、环境与标识、医务人员回应的满意度偏低。住院患者对医务人员对患者亲友态度、医务人员回应性和医生沟通的满意度较高，对出入院信息及手续、饭菜质量的满意度偏低。相比之下，门诊患者对于隐私保护、住院患者对于医生沟通的满意度提升最快。

四、患者体验评价

（一）国外典型国家患者体验评价概况

基于患者视角的医疗服务评价与患者安全和临床效果评价一样，对促进高质量的医疗服务提供至关重要。21世纪初以来，欧美发达国家对于患者视角的医疗服务评价已逐渐由传统的患者满意度评价，更多地转向了患者体验评价。患者体验数据的采集有多种途径，最为常见的是问卷调查，通过面访、邮寄、手机短信、在线调查、自助机等形式实施。此外，个案或焦点小组访谈，以及患者在接受医疗服务过程中对医护人员褒贬意见的实时调查反馈，也是数据采集的可选渠道。针对患者自报体验测量工具（patient reported experience measures，PREMs）的研究和开发是国内外研究的前沿，其中英国和美国是采用全国统一的标准化测量工具持续开展患者体验评价的典型国家。

1. 英国国家卫生服务患者调查中的患者体验评价 英国国家卫生服务体系（National Health Service，NHS）自1998年起在全国开展全科医生患者体验调查，2001年又开展了针对住院患者体验的年度调查，后续还将调查对象扩展至儿童、孕产妇、精神病患者。2002年英国卫生部正式建立英国国家卫生服务患者调查项目（NHS Patient Survey Programme，NPSP），2008年英国医疗质量委员会（Care Quality Commission，CQC）作为受政府资助的非政府公共组织成立后，NPSP由其具体负责，调查和评价工作的组织协调由CQC委托Picker Institute实施。2011年，NHS全国质量委员会给出了NHS患者体验框架的工作性定义，包括八大要素：尊重以患者为中心的价值观以及偏好与诉求的表达、服务的协同与整合、加强信息沟通与患者教育、生理舒适、情感支持、支持患者家庭与朋友的参与、服务连续型、服务可及性。

NPSP主要目标包括了解全国层面患者体验概况、比较不同机构差异、监测评价结果时间变化趋势、识别不同患者群体差异。调查类别覆盖门诊、住院、精神病、急诊以及部分专病患者，各类调查现场工作时间大致为4个月。住院和社区精神卫生患者调查频率为每年1次，门急诊、孕产妇调查为每3年1次，儿童或青少年以及特殊患者调查则不定时，根据实际情况征求多方意见后实施开展。现场调查的具体实施由被评估医疗机构与获得CQC认证的第三方机构签约执行。

CQC作为NHS以及私立医疗机构监管方，已将NPSP的评价结果用于绩效监测和服务监管，评价和比较结果每年在官方网站公开发布以促进医疗机构的内部管理和服务改善，NPSP所有评价结果最终综合构成英国总体患者体验评分（Overall Patient Experience Scores，OPES）供政府决策参考。此外，自2004年英国政府将按绩效支付引入NHS后，已要求将患者体验评价结果纳入对医疗服务提供方的按绩效支付考核评价指标，与NHS家庭医生服务收入挂钩。

2. 美国卫生系统消费者评价体系中的患者体验评价 美国卫生系统消费者评价（Consumer Assessments of Healthcare Providers and Systems，CAHPS）由美国卫生质量研究局（Agency for Healthcare Research and Quality，AHRQ）于1995年发起。CAHPS致力于从患者视角评价各类医疗机构及其服务提供质量，项目主要目标为：开发能够用于采集可比性患者体验信息的标准化调查工具，集成传播和利用可比性评价结果的工具及资源以提升医疗质量。该评价以系统化和标准化著称，被视为收集和报告患者体验的美国国家标准，其数据评价结果具体而客观，对于医疗服务患者体验差异的评价区分度显著，受患者预期和应答偏好的影响较小。CAHPS包含针对不同类型评价对象的系列专题调查工具，最常用的3种分别为健康计划调查（CAHPS Health Plan Survey）、医护服务调查（CAHPS Clinician & Group Survey）、医院服务调查（CAHPS Hospital Survey），CAHPS所有调查工具均有英语和西班牙语版本，部分调查还有其他语种版本。

针对住院患者体验评价的HCAHPS由AHRQ与美国联邦医保服务中心（Centers for Medicare and Medicaid Services，CMS）共同研发，2005年正式被批准实施。HCAHPS总共包含32个调查条目，其中21个患者体验调查项涉及9大医疗服务维度，包括医患沟通、护患沟通、医务人员响应性、疼痛管理、用药沟通、出院指导、环境清洁、环境安宁、诊疗衔接。此外，还包括4个条件调查项，7个信息识别调查项。HCAHPS调查时机为患者出院后的48小时至6周，调查方式包括电话、邮件、交互式语音识别，完成一份问卷平均耗时约7分钟。接受评价的医院可聘请经认证的第三方收集数据，也可经CMS批准后自行采集数据，调查频率为每月1次，CMS每季度对外公布一次评估结果。

CAHPS调查结果主要用于监测和促进各种医疗服务患者体验的改善，同时也为消费者提供有关医疗服务提供方更为全面和公开的信息，国家质量保证委员会、退伍军人健康管理局和国防部均是调查结果的重要用户。2010年出台的《平价医疗法案》明确要求CMS设计新的医保支付方案时，将HCAHPS调查结果纳入考虑。HCAHPS亦在加拿大被用于部分省级区域的患者体验评价，并被证实在荷兰语、芬兰语、法语、德语、希腊语、意大利语、波兰语地区具有较好的跨文化能力，评价结果适合用于国际比较。

（二）我国患者体验评价概况

我国的医疗服务患者体验评价研究起步于2010年前后，2007年澳大利亚Monash大学、首都医科大学和北京大学医学部的合作研究较早将国外成熟的PREMs引入国内，经跨文化修订后用于社区卫生服务机构的患者体验评价研究。2011年北京大学研究团队研制出《中国医院住院患者体验和满意监测量表》，适用对象为正在办理出院手续或即将出院的16岁以上成年患者，评价内容涉及六个维度：入院可及性、一般住院服务、治疗性服务、投诉与意见管理、环境与后勤、出院指导。量表共包含33个条目，其中31个封闭式条目，2个开放式条目，封闭式条目采用李克特5级评分，实证研究表明该工具的信度和效度良好。

2015年起，北京协和医学院研究团队连续六年受国家卫生健康委员会委托，承担了《进一步改善医疗服务行动计划》工作成效的全国性第三方评估工作，并依托该项目研制出《中国患者体验问卷》（*Chinese Patient Experience Questionnaire*，*CPEQ*）。CPEQ适用于通过定量调查测量医院的患者体验，根据调查对象的差异又分为《门诊患者体验问卷》（*CPEQ for Ambulatory care*，*CPEQ-A*）和《住院患者体验问卷》（*CPEQ for Inpatient care*，*CPEQ-I*）两类。CPEQ-A的调查对象纳入标准为完成全部诊疗过程并已缴费的门诊患者；CPEQ-I的调查对象纳入标准为已收到出院通知的住院患者。CPEQ不适用于急诊科或精神科患者，对儿科患者则建议由监护人代答。

CPEQ包含环境设施、信息引导、流程效率、诊疗行为、人文关怀、总体评价，共计6个患者体验评价维度，其中环境设施、流程效率、人文关怀、总体评价四个维度在两类问卷中兼有，信息引导为CPEQ-A独有，诊疗行为在CPEQ-I中被细化为医疗行为和护理行为两个维度。CPEQ评价框架中这种兼顾医院的门诊与住院医疗服务共性与特性的评价维度设计，与国际上其他成熟的标准化患者体验评价工具相比，更加符合我国医疗卫生服务体系的实际情形和医院管理的应用需求。

CPEQ-A的患者体验调查项包含23个核心评价条目，CPEQ-I的患者体验调查项包含19个核心评价条目，两类问卷各包含9个有关患者背景信息和就医特征信息的可选调查项，用户可根据自身实际需要增删使用。CPEQ既可用于开展患者体验的持续性监测，也可用于阶段性调查评价。为了能够获得在医院水平具有代表性的可靠评价结果，单个评价单位在单次分析评价和报告周期内，采集的门诊和住院患者有效样本量分别不宜低于200人和150人。

案例讨论

【案例】不同医疗服务领域患者体验评分与患者体验总体评分的关联性分析

评价对象：全国117家三级公立医院

评价方法：基于CPEQ医院现场调查数据的回归分析

评价结果：见表8-8

表8-8　不同医疗服务领域患者体验评分与患者体验总体评分的回归分析

项目		综合医院		中医医院		妇幼保健院	
		β（95% *CI*）	*P*值	β（95% *CI*）	*P*值	β（95% *CI*）	*P*值
门诊患者	服务效率	0.15（0.14~0.16）	<0.0001	0.14（0.13~0.16）	<0.0001	0.16（0.15~0.18）	<0.0001
	信息引导	0.07（0.06~0.08）	<0.0001	0.05（0.04~0.07）	<0.0001	0.07（0.06~0.09）	<0.0001
	医患沟通	0.18（0.17~0.19）	<0.0001	0.17（0.16~0.19）	<0.0001	0.16（0.14~0.17）	<0.0001
	人文关怀	0.37（0.36~0.39）	<0.0001	0.38（0.36~0.40）	<0.0001	0.40（0.38~0.42）	<0.0001
	环境设施	0.11（0.10~0.12）	<0.0001	0.12（0.11~0.14）	<0.0001	0.11（0.09~0.12）	<0.0001
住院患者	服务效率	0.20（0.19~0.22）	<0.0001	0.14（0.13~0.16）	<0.0001	0.22（0.20~0.23）	<0.0001
	医患沟通	0.22（0.20~0.23）	<0.0001	0.20（0.18~0.22）	<0.0001	0.20（0.18~0.22）	<0.0001
	护患沟通	0.12（0.10~0.13）	<0.0001	0.12（0.10~0.14）	<0.0001	0.15（0.13~0.17）	<0.0001
	人文关怀	0.33（0.32~0.35）	<0.0001	0.36（0.33~0.38）	<0.0001	0.31（0.29~0.34）	<0.0001
	环境设施	0.11（0.10~0.12）	<0.0001	0.14（0.12~0.15）	<0.0001	0.09（0.08~0.11）	<0.0001

注：β代表各医疗服务领域患者体验评分每增加1分患者体验总体评分的改变量。

【讨论】为评估不同类型医院门诊和住院服务各维度患者体验评分对患者体验总体评分的独立效应，案例利用2016—2018年中国患者体验问卷调查数据，使用多因素线性回归模型调整了患者地理位置、性别、年龄、受教育程度、职业状况和医疗保障覆盖情况等因素的影响后发现，综合医院的门诊患者体验在人文关怀、医患沟通、服务效率、就医环境和信息引导维度每提升1分，患者体验总体评分将分别提高0.37、0.18、0.15、0.11分和0.07分；住院患者体验在人文关怀、医患沟通，服务效率、护患沟通以及环境设施维度每提升1分，患者体验总体评分将分别提高0.33、0.22、0.20、0.12分和0.11分。上述结果表明，在门诊和住院医疗服务中，患者对于诊疗过程中人文关怀的体验，是与患者体验总体评分关联最为密切的因素，且这一现象在综合医院、中医医院和妇幼保健院等不同类型的医疗机构中广泛存在。

第五节　区域医疗绩效评价

我国的医院绩效考核与管理工作始于1987年的医院分级评审。当时各医院为了适应市场的需求，纷纷采取以工作量为导向的绩效管理方案，以患者为中心的价值导向体现不足，公立医院的公益性弱化，2009年，中共中央、国务院发布了《关于深化医药卫生体制改革的意见》，强调要“构建以公益性为导向，以患者为中心，质量安全有保障，同时兼顾经营效率的公立医院绩效评价指标体系”。2019年1月，国务院发布了《关于加强三级公立医院绩效考核工作的意见》，随后国家卫生健康委发布了《关于启动2019年全国三级公立医院绩效考核有关工作的通知》，全面启动了对三级公立医院绩效的考核工作。全国三级公立医院绩效考核的深入开展，使得我国的医院绩效考核与管理工作越来越规范。

一、区域医疗绩效评价的基本概念

传统的单体医院绩效评价忽略了区域整体。我们可以在传统的医院绩效评价的基础上，考虑地区和医疗机构间的差异，按照国家的卫生政策和方针，科学合理地设计绩效评价指标体系，以区域为单位，对区域内所有医疗机构开展医疗绩效评价，进行各区域整体医疗绩效和各机构医疗绩效的比较，以此实现提高各医疗机构的管理水平、提升各区域整体医疗绩效、实现区域间以及区域内的卫生资源合理配置，更好地提升医疗服务效率、降低医疗成本、推动医疗卫生体制改革。值得注意的是，开展区域医疗绩效评价不是否定传统的单一医院绩效评价，传统的医院绩效评价与区域医疗绩效评价都应作为提高我国医疗绩效的治理工具，传统的医院绩效评价是区域医疗绩效评价的基础。

（一）区域医疗绩效

区域医疗绩效（regional medical performance）是指特定区域的卫生机构为实现该地区卫生系统的战略目标而在不同层面展现出来的行为与结果，区域医疗绩效包括区域整体医疗绩效和区域内各卫生机构的医疗绩效。

（二）区域医疗绩效评价

区域医疗绩效评价（regional medical performance evaluation，RMPE）是指专业的绩效评价机构遵循国家医疗绩效评价的指导思想，结合区域的实际情况，科学合理地制定特定的指标体系，对照统一的标准，按照一定的程序，运用定量和定性方法，通过定量定性对比，对特定区域一定时期内基于其医疗系统目标的实现程度所进行监督、评估、反馈和预测的过程，从而达到提高区域内各卫生机构的医疗绩效和区域整体医疗绩效、实现区域内与区域间卫生资源的优化配置的目标。

二、区域医疗绩效评价的作用

（一）优化区域资源配置

优化区域资源配置是区域医疗绩效评价的首要意义。卫生健康行政部门和医保机构根据专业的区域医疗绩效评价结果，在区域间，卫生健康行政部门决定各区域间的卫生资源分配并实现优化配置；在区域内，卫生健康行政部门决定卫生机构负责人的考核收入以及卫生机构的财政补贴力度；医保部门与卫生机构就购买服务以及保险合同的签订进行谈判，从而提高医保基金的使用效率，最后实现卫生资源在区域间以及各区域卫生机构间的优化配置。

（二）提高卫生机构管理水平

根据区域医疗绩效评价结果，将评价结果按照基准值转换成标准化绩效标杆，进而在同类医疗机构间开展标杆管理，这将有助于克服单纯自我参照对比的缺陷。传统的自我比较虽然有助于找出自身存在的一些问题，但是视野范围小，不容易找到最佳实践，也很难实现创新性突破。在医疗机构间进行标杆管理将有助于克服这些缺陷，同时还有助于最佳管理经验的共享以及找出医院普遍存在或单个医院可能存在的问题，从而实现卫生机构整体管理水平的提高。

（三）促进卫生机构精细化管理

随着绩效评估体系的实施，医疗机构管理者将有明确的绩效目标来实现，他们可以将这些目标进一步分解成更小的部分，让所有员工参与其中并对该部分绩效负责。这样就可以在各卫生机构里建立内部绩效工资制度，激励员工实现其个人的目标绩效，从而进一步提升卫生机构的精细化管理水平。

三、开展区域医疗绩效评价的基本思路

开展区域医疗绩效评价时，选择正确的专业绩效评价机构尤为重要，因为不恰当的评价机构会影响区域医疗绩效评价的公平性和有效性，最终会影响区域医疗的效率和质量。为保证绩效评价的公平性和有效性，应选择第三方专业评价机构进行区域医疗绩效评价。第三方专业评价机构应具有多学科背景与可持续发展的前景，具有研究、设计、实施及维护医疗绩效评价系统与开展管理专业知识培训的能力，如选择在卫生管理方面拥有多学科背景的公立大学，但这所大学应避免和卫生机构有直接联系。当这种情况不可避免时，可以选择独立于政府的第三方机构，比如非营利的研究机构。

绩效评价维度和指标体系的构建是进行区域医疗绩效评价的核心，应结合国家绩效考核指导思想和区域卫生发展战略，按照地区实际情况选取目标管理法、关键绩效指标法、平衡计分卡法、360°绩效评价法等常见的绩效评价方法进行科学合理的制定。同时，绩效评价机构在设计绩效评价维度及评价指标时需与利益相关者共同进行且发挥主导作用。此外，为了方便同种类型卫生机构绩效比较和进行标杆管理，除了有一套适用于所有医疗机构绩效评价的指标外，还应根据不同类型的卫生机构，如三级公立医院、二级公立医院、基层卫生机构、私立医院等设计不同的评价指标。值得注意的是，绩效评价维度与指标体系不是一成不变的，而是处于动态变化中。

数据收集方面，绩效评价机构可以通过区域绩效评价系统在区域医疗信息平台中提取各卫生机构的指标数据，对于不能通过系统快速收集的指标数据，绩效评价机构可以通过访谈、调查表等方法定期收集。但由于医疗卫生机构往往会产生绩效投机、重考核指标而轻考察指标、忽略没有提到的方面甚至数据做假等现象。对此，绩效评价机构可以采取定期或不定期现场检查等方法来约束这种行为，甚至可以定期召开区域卫生机构管理者工作会，采用适当的惩罚措施，发挥声誉机制的调节作用，以减少这类投机行为的产生。另外，绩效评价机构可以每季度对临床质量指标进行一次监测以便内部使用和反馈，其他的指标则可以每年监测一次形成绩效

评价报告。

绩效评价机构在每一年收集完数据后应立即进行绩效评价，评价的标准可参考国际标准、国家标准、区域标准。在没有现有标准可参考时，可依据该地区的平均标准。绩效评价机构负责把各卫生机构的指标数据汇总，形成区域整体和各区域内医疗机构的绩效报告。对于应用于所有卫生机构的指标，将其体现在区域整体医疗绩效评价报告中；未在卫生机构全部实施的指标，则数据只体现在卫生机构医疗绩效评价报告中。同时，绩效评价机构应将报告及时反馈给区域政府及卫生健康行政部门，并向公众公示。

最后，根据绩效评价结果，区域卫生健康行政部门可以此考核卫生机构负责人，用财务激励的方法来促进卫生机构管理者提高机构绩效；区域卫生健康行政部门和医疗保险部门，通过比较各区域间和各卫生机构间的绩效，重新分配卫生资源，发挥优化区域卫生资源配置的作用。同时，绩效评价机构可以每季度对绩效指标进行跟踪并召开工作会，各方利益相关者都要参加会议，集体讨论一系列绩效指标，关注取得进步的指标，同样也指出差的指标，各卫生机构须根据分指标的绩效影响因素进行改进，改进效果将会直接体现在下期指标绩效中。对绩效好的卫生机构，可请其管理者介绍经验并进行标杆管理；绩效差的卫生机构，可要求其管理者向同类型绩效优秀的卫生机构的管理者学习成功经验。此外，绩效评价机构还要负责对各卫生机构提供绩效管理培训，主要有两种形式：一种是定期举办培训班；另一种是不定期召开国际国内研讨会，促进绩效评价系统的使用和发展。

一阶段的绩效评价工作结束后，绩效评价机构应对区域医疗绩效的影响因素进行分析，向区域政府、医疗保险方、医疗机构提出改进绩效的建议；区域政府应根据区域医疗绩效的变化和绩效评价机构提出的建议，有针对性地进行区域卫生战略调整以达到区域卫生的可持续发展。当区域卫生战略发生变化后，区域医疗绩效评价维度和指标体系也应发生变化，从而形成区域医疗绩效评价的闭合过程。

最后，应及时完善相关的法律法规和规章，以保证区域医疗绩效评价合法合理以及有序地进行。

四、区域医疗绩效评价的实践

以下以意大利托斯卡纳大区为例，介绍其区域医疗绩效评价实践工作。

意大利医疗系统的运行绩效一直处于世界前列，在WHO 2000年开展的191个成员国卫生系统绩效排名中位列第二，仅次于法国。2018年度世界银行数据表明，意大利人口出生时预期寿命为83.34岁。托斯卡纳大区的医疗系统是意大利20个大区（自治大区）中绩效最好的系统之一，其医疗服务城乡差异小，医疗系统内的医疗机构合作大于竞争。意大利医疗绩效取得如此大的成就，与源自托斯卡纳大区并在全国推广的区域医疗绩效评价密不可分。

从2001年开始，意大利卫生部大力鼓励各大区自行开发卫生信息系统，用来监管医疗机构提供服务的有效性和公平性。托斯卡纳大区的信息系统，可以自动收集医疗机构上报的标准数据和信息。但当时这类数据和信息大部分都未能得到充分利用，不足以支持决策过程，不利于医疗机构的管理。因此，大区政府决定委托单位设计、开发和实施强调医疗机构产出结果的绩效评价系统。为了保证评价系统的可用性、准确性和透明性，2004年大区政府选择了办校地点在比萨的意大利精英大学比萨圣安娜大学（Sant'Anna School of Advanced Studies-Pisa），并在其管理学院下联合组建管理与健康实验室（MeS Lab），作为第三方专业医疗绩效评价机构，选取4家医疗机构进行绩效评价系统的设计与试点。由于试点效果良好，2006年绩效评价系统在大区各地方卫生局及教学医院得到全面运行，并逐年在意大利多个大区推广。

在评价机构管理人员的组成方面，由于托斯卡纳卫生系统的筹资主要来源于政府，作为核心利益相关者的区域政府官员代表应作为第三方评价机构的管理人员。此外，MeS Lab的相关学者也作为第三方评价机构的管理人员，以维持绩效评价系统的技术进步。

区域医疗绩效评价维度和指标方面，托斯卡纳大区在平衡计分卡法的基础上进行了创新，构建了8个评价维度、50个主指标、161个评价指标、总共305个指标的评价体系（具体维度与部分指标见表8-9），而评价的标准基于国际、国家及地区标准，在缺少可参考的标准时以大区平均水平作为参照。在试点初期，先由绩效评价机构、大区政府及医疗机构提出一系列指标建议，然后经过大区政府代表与医疗机构CEO、专家、患者代表反复讨论并达成一致，最后由大区政府批准。每年新加入的指标都要通过这样的程序来确定。与此同时，绩效评价机构还设计了两种类型的指标：一种适用于所有医疗机构绩效评价，另一种适用于同种类型医疗机构绩效评价，以便在医疗机构间开展标杆管理。

表8-9　托斯卡纳医疗绩效评估系统评价维度与部分指标

维度	指标
人口健康状况	A1婴儿死亡率 A2癌症死亡率 A4自杀死亡率 A10生活方式

续 表

维度	指标
区域卫生战略	B5癌症筛查 B6器官捐献 B7疫苗覆盖率 B24电子健康卡
效率和可持续性	B3门诊服务的等待时间 F17人均医疗费用 F3资产负债管理
集体预防	F14兽医公共卫生的效率和有效性 F15工作场所健康与安全预防服务（PISLL）的效率和有效性 F16食品安全和营养的效率和有效性（SPV-IAN）
紧急情况	C16急救/紧急通道－紧急情况 D9急诊室退出率
患者、员工的沟通	D18自愿出院的患者百分比 E2缺勤率 B15科研活动能力
药物协助	B4疼痛控制策略 C9药物处方的合理性 C21用药依从性
管理与供应质量	B28家庭和住宅协助 C1需求管理 C14医药适用性评估 C4手术合理性 C5临床质量/过程质量 C6临床风险

资料来源：MeS Lab 2019年绩效评估报告。

在托斯卡纳绩效评估体系实施之初，医疗机构管理者往往会出现数据造假、数据操纵、重视提到的内容而忽视未列出的指标等功能失调的现象，对此，绩效评价机构会特别关注取得卓越绩效的相关指标，并要求卫生机构管理者解释他们是如何取得这些好成绩的，同时还会采取现场检查以及突击检查等监督手段来约束这样的行为。

绩效评价机构在评价系统里提取数据后进行汇总，采用蛛网的形式，分5种不同颜色的评价带进行区域整体医疗绩效和医疗机构医疗绩效多种维度结果报告（2019年托斯卡纳大区区域医疗绩效评价蛛网图如图8-4显示），评价带的划分参考国际标准与大区标准设定，所有指标按各自不同算法从评价测定值转化为1~5的绩效标准值，集中体现在蛛网图中。对于应用于所有医疗机构的指标，将其进一步体现在大区医疗绩效蛛网图中；而对于未在医疗机构全部实施的指标，则数据只体现在医疗机构蛛网图中。

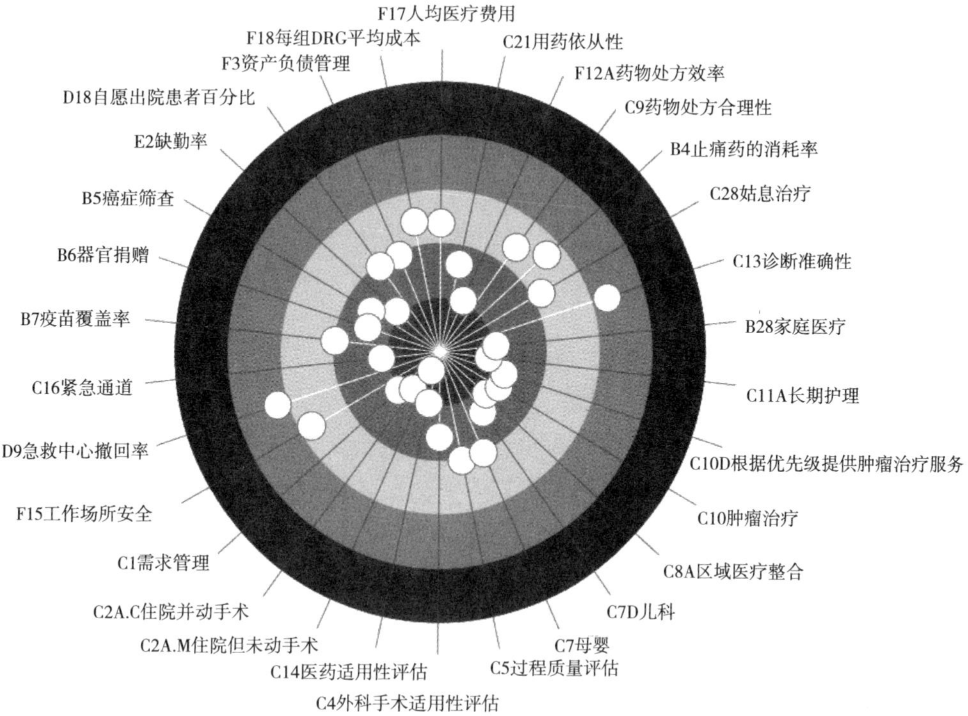

图8-4　2019年托斯卡纳大区区域医疗绩效评价蛛网图

MeS Lab将区域医疗绩效评价结果以及各卫生机构绩效评价结果以多维报告的形式反馈给区域政府并向公众公示。托斯卡纳大区政府根据绩效评价结果考核各医疗机构CEO，考核收入占其年考核收入的20%。这样的财务激励对医疗机构管理者提高机构绩效起到了一定的积极作用。MeS Lab每季度对绩效指标进行跟踪并召开工作会，大区行政长官和所有医疗机构高管（CEO、健康主任、财务主任）都要出席例行的工作会。工作会上将会讨论一系列绩效指标，会特别关注重要改进，同时一些很差的绩效的指标也会被指出，各医疗机构需要根据分指标的绩效影响因素进行改进，改进效果将直接体现在下期指标绩效中。与此同时，声誉机制也发挥了重要作用。取得显著成绩的医疗机构CEO会被要求具体介绍最佳的实践经验，而表现不好的医疗机构也会做报告和分析原因；通过跨组织绩效标杆，使得绩效差的医疗机构管理者可以向优秀绩效医疗机构管理者学习成功经验。

意大利医疗系统的运行绩效一直处于世界前列，这样的成就很大程度上归功于其

2004年来开展的区域医疗绩效评价，这样的经验值得我们学习。首先，托斯卡纳大区政府将区域医疗绩效评价的任务委托给具有多学科研究背景、专业的健康管理知识以及与医疗机构之间无业务关联的MeS Lab，同时基于利益相关者理论，评价机构的专业人员由区域政府官员代表和MeS Lab的相关学者组成。其次，在评价指标体系设计和权重确定时，MeS Lab遵循了平衡计分卡法和标杆管理的原则，保证了指标体系的合理性和科学性，而评价的标准基于国际、国家及地区标准，在缺少可参考的标准时以大区平均水平作为参照。然后，面对评价过程中医疗机构管理者可能出现的问题，MeS Lab采取了多种方法加以监督，尽量减少绩效投机现象的出现。再次，MeS Lab以蛛网图的形式进行绩效评价的多维报告。最后，MeS Lab将绩效评价结果反馈给政府并向公众公示，其随后的激励和绩效改进的工作也相继跟上。

本章小结

绩效评价是改进医院绩效表现的基础工作，是医院绩效管理的核心环节。绩效评价是相关评价主体按照一定程序和方法，通过设计评价体系、选择评价指标、确定指标权重，对医院一定时期内的运营业绩和效果作出客观、公正和准确的综合评价的过程。广义的医院绩效评价主要维度包括财务绩效、运营效率、满意度与患者体验、医疗质量、公平性等方面。本章系统介绍了前三个维度的专题评价内容和方法：一是分别基于平衡计分卡、杜邦模型、沃尔评分法的财务绩效评价；二是基于数据包络分析的医院运营情况相对效率评价；三是患者满意度和患者体验评价的国内外相关评价理念和方法。本章还介绍了区域医疗绩效评价的概念、作用和基本思路。我国未来的医疗绩效评价应在传统的单体医院绩效评价基础上进一步开展区域医疗绩效评价。

（黎　浩　胡广宇　庄建民）

第九章　卫生政策专题研究方法及应用

学习目标

1. 掌握　掌握卫生政策效果评价的双重差分法（DID）、间断时间序列分析（ITS）。

2. 熟悉　卫生政策研究的理论框架构建；卫生体系研究方法；卫生政策效果评价指导性方法。

3. 了解　倾向性评分匹配法（PSM）。

第一节　卫生政策研究指导性方法

本节从理论框架构建、卫生体系研究方法和卫生政策效果评价三个维度，介绍有关卫生政策研究的指导性方法。

一、卫生政策研究理论框架

（一）卫生系统宏观模型

模型是现实世界部分化、序列化、简单化或抽象化的代表，它突出了原型的本质特点，忽略了次要因素，便于人们把握错综复杂的问题。模型作为研究原型的中介，是一种重要的方法。

卫生系统的构成和运作非常复杂，为了理解这种复杂和解释各种疑惑，就有必要对其进行简化和抽象，由此卫生系统宏观模型（macro model of health system）应运而生。卫生系统宏观模型是运用系统分析思想阐述卫生系统运作规律的具体体现，可用图9-1来表示。

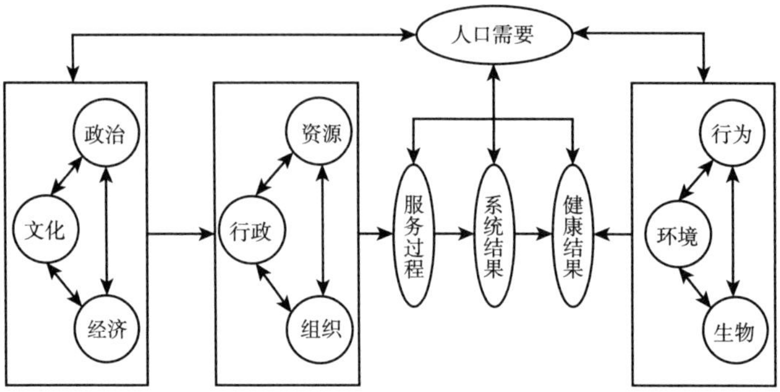

图9-1 卫生系统宏观模型示意

复杂的卫生系统可以用一系列子模表达并按相应的逻辑关系排列。子模可以分为内部子模和外部子模两类。其中，内部子模反映的是卫生系统行为的内部动力，其排列关系遵循“结构-过程-结果”，子模间相互影响制约形成动态平衡过程，遵循一定的程式，投入的卫生资源通过特定的服务过程产生相应的结果。外部子模是系统行为的外在动力，包括经济发展水平、政治结构、社会文化、人口需要、生物、环境和行为习惯等，其对内部子模起着决定性作用。图9-1模型中的箭头表示子模间的逻辑关系和顺序。一个子模并非受所有其他子模的直接影响，而仅受那些箭头直接指向自己的子模影响。例如，“系统结果”子模只受“服务过程”和“人口需要”两个子模的直接影响和制约。

（二）结构-过程-结果模型

结构-过程-结果模型的基本观点是将医疗卫生服务看成是一个由结构、过程和结果三部分组成的系统。结构反映了卫生系统提供服务的能力，主要包括组织结构、资源结构和技术结构等。不同的结构不仅对服务的数量和质量产生影响，而且也会对服务的结果产生影响。因此，寻求适宜的结构成为提高卫生服务效果的重要路径之一。过程是指卫生服务活动的顺序和协调水平，主要包括供需双方交互作用的过程。过程是联系结构和结果的中间环节，探索合理的服务过程，是提高现有资源利用率，改善服务结果的有效途径。结果是指人群健康状况因卫生服务而出现的净变化。包括客观状态指标和主观状态指标两类，前者体现为发病率、病死率、期望寿命等指标，后者诸如测量供需双方满意度的指标。

二、卫生体系研究方法

在理论上，卫生体系研究不等于卫生政策研究，但两者的研究内容亦有重合。

2000年成立的卫生政策和系统研究联盟（Alliance for Health Policy and System Research，AHPSR）（简称“联盟”）率先提出了卫生政策与体系研究这一广义的概念，明确地把影响政策作为其目标纳入卫生体系研究范畴。然而，作为一个特定的研究领域，卫生政策与体系研究方法一直被忽视，通过文献梳理，以下方法提及较多。

（一）系统研究方法

①卫生政策的研究是一项系统工程，研究设计这项工程需要系统论方法；②系统论认为管理的相关理论、概念和方法的表述都可作为系统研究；③现代科学研究领域中常运用系统论来揭示复杂系统中潜在的一般规律；④系统论具有极广泛的研究领域，其方法有数学系统论、系统技术和系统哲学三方面。系统研究方法主要有以下几个特性：

1. 整体性　任何系统都是由子系统或要素组成的，但系统的功能不等于要素功能的简单相加。因而在解决复杂的问题时，要注重从整体着眼，部分着手，统筹考虑，协调推进，要注意研究系统结构与功能的关系，以达到系统整体功能最优。

2. 相关性　是指系统与其子系统或要素之间、系统内部各子系统之间，以及系统与环境之间是相互联系又相互作用的。表现在：一是系统整体的性质、规律对子系统或要素有着规定和制约作用；二是系统要素的变化也会引起系统整体的变化；三是系统与环境之间存在着相互制约、相互依赖的关系。

3. 层次性　是指任何一个复杂系统都是由子系统构成的，而系统本身又可以看作是更大系统的一个子系统，由此呈现出系统的结构层次关系，即低一级的结构是高一级结构的有机组成部分。

4. 统一性　是指不同层次上系统运动规律是统一的，即系统的各要素在纵向的各层次之间朝一定的方向交互作用。

从系统论的角度，在卫生政策制定和实施中，若遵从整体、层次、关联、统一方面的要求，将会改善所制定的政策质量；反之，将会使复杂系统中的情况恶化。

（二）非干预性研究

非干预性研究主要包括探索性研究、描述性研究和解释性研究3种基本类型：①探索性研究是在研究问题和研究假设不甚明确的情况下开展的研究，主要为进一步研究做准备，或者是某个拟研究问题的前期研究。文献复习、访谈、小规模抽样调查等，是探索性研究资料收集的常用方法；②描述性研究主要是对研究对象的基本特征、事件或者个案进行全面准确的描述和分析，常用的资料收集方法包括访谈、问卷、档案调查和观察法等；③解释性研究主要揭示事物之间的相关关系或因果关系，主要是回答“为什么”等问题，其一般研究思路是，依据理论形成研究假设或命题，然后收集经验事实材料，通过统计分析方法，验证假设，并通过对假设的证实解释事物间的各种关系。

（三）干预性研究

干预性研究用于测量和评价干预的效果。其基本思路是设计干预，然后设置干预组和对照组，在对干预组实施一定时间干预后，比较其与对照组因变量指标的差异，分析干预有无效果及其效果的强度。干预性研究分为实验研究和准实验研究两种。实验研究是通过控制一个或多个自变量，并观察因变量相应变化以检验假设的研究方法。准实验研究是指在无须随机地安排干预组和对照组，运用原始群体，在较为自然的情况下进行实验处理的研究方法。

三、卫生政策效果评价方法概述

政策效果是指在政策执行后对政策目标群体和环境产生的综合性影响，这种影响包含预期和非预期两种。卫生政策的评价，是对卫生政策制定全过程的判断，是卫生政策制定过程的最后环节。而在卫生政策评价中，卫生政策效果评价属于重点内容。卫生政策效果评价方法多种多样，这里主要介绍双重差分、间断时间序列分析、倾向评分匹配、合成控制、工具变量五种方法。

（一）双重差分方法

双重差分方法（differences-in-difference，DID）是卫生政策效果评价的主要方法之一，是利用一个外生政策所带来的横向单位和时间序列的双重差异来识别政策的处理效应。双重差分模型需要满足以下基本条件：①随机分组，保证每个样本具有同等机会接受同一实验处理；②随机事件，保证实验发生时间的随机性；③控制组不受处理的影响；④同质性，实验组与控制组样本是统计意义上的同质个体。

（二）间断时间序列分析

间断时间序列分析（interrupted time-series，ITS）是自身前后对照研究的一种，多数情况下用于回顾性分析某种干预措施的效果。ITS通过分析干预措施实施前后某些结局指标的瞬时水平和趋势变化，判定干预措施的实际效果，特别适用于评价在特定时间内某种干预措施引起的群体水平结局的变化，如医疗改革政策的实施、某种疾病诊疗指南的变化等。ITS在社会政策、药物政策、卫生技术评估方面被广泛的应用。

（三）倾向性评分匹配法

在政策评价过程中，如果能够符合随机实验的要求，利用双重差分或断点估计的方法可以较好地对政策效果进行评估。但某些时候，存在着“人不能两次踏入同一条河流”的情况，个体的结果或在控制组中出现，或在处理组中出现，呈现必有其一数据缺失的状态。因此，在未设置对照实验的情况下通过技术手段去“模拟”缺失的数据便成为政策评价的方向之一，目前较为流行的方法就是倾向性评分匹配法（propensity score matching，PSM）。倾向性评分匹配的步骤如下：第一步，选择协变量；第二步，估计倾向评分；第三步，进行倾向评分匹配；第四步，根据匹配后的样本计算处理效应。

（四）合成控制法

合成控制的方法主要是以多个控制单元的凸组合，作为所建立的合成控制单元。定义所选的合成控制单元选择的权重，在预处理期间，合成控制组越接近于处理单元越好。对于合成控制组而言，其处理后的结果用来估计处理组在不处理的情况下将会被观察到的结果。合成控制法作为一种非参数的方法，是对传统的双重差分法（DID）的拓展。

（五）工具变量法

作为工具变量，必须满足下述四个条件：①与所替的随机解释变量高度相关；②与随机误差项不相关；③与模型中其他解释变量不相关；④同一模型中需要引入多个工具变量时，这些工具变量之间不相关。工具变量最早源于经济学领域，常用于解决内生性问题。该方法能够有效解决遗漏变量、测量误差、互为因果以及动态面板模型所导致的内生性问题。工具变量将存在内生性问题的预测变量X分为外生部分和内生部分，利用X预测变量的外生部分的变异去估算其对结果变量Y的影响。如果X受到其他变量的影响，那么把被影响部分去掉，只用它被“提纯”的部分去检测对结果变量的影响。

工具变量法的关键是选择一个有效的工具变量，由于工具变量选择中的困难，工具变量法本身存在两方面不足：一是由于工具变量不是唯一的，因而工具变量估计量有一定的任意性；二是由于误差项实际上是不可观测的，因而要寻找严格意义上与误差项无关而与所替代的随机解释变量高度相关的变量事实上是困难的。

第二节　卫生政策效果评价的常用方法和技术

上节已介绍了有关卫生政策效果评价的相关方法，本节对其中较为常用的双重差分法、间断时间序列分析、倾向性评分匹配法进行重点介绍。

一、双重差分法

双重差分法是一种专门用于政策效果评估的计量方法，该方法将制度变迁以及新政策视作为外生于经济系统的一次“自然实验”，思路简洁且发展日趋成熟，该方法在经济学、社会学等多个领域都得到广泛应用，同时该方法也十分适用于医疗卫生领域的研究，尤其是对卫生政策实施效果的评估。

（一）基本原理与步骤

双重差分法的原理是基于一个反事实的框架来评估政策发生和不发生这两种情况下，被观测因素y的变化。如果一个外生的政策冲击将样本分为两组——受政策干预的干预组和未受政策干预的对照组，且在政策冲击前，干预组和对照组的y没有显著差异，就可以将对照组在政策发生前后y的变化，看作干预组未受政策冲击时的状况（反事实的结果）。通过比较干预组y的变化（D1）以及对照组y的变化（D2），就可以得到政策冲击的实际效果（DD=D1–D2）。

1. 双重差分法的基本假设 在使用双重差分法之前，要确保数据满足两大假设：①同质性假设。同质性假设表示，在除“实验冲击”（政策冲击）外，无关因素对个体影响是相同的，在统计意义上干预组和对照组样本是同方差的。例如，对一项营养干预项目进行效果评价，干预组内的所有5岁以下儿童均可得到免费的营养支持，而对照组无。若有部分对照组研究对象通过各种办法也获得了该项免费营养支持，则违反了本模型的第一项假设，造成干预效果的低估。同质性意味着，干预组和对照组样本在“实验”前具有相同的趋势（平行趋势），一般采用大样本随机抽样、异方差检验予以实现，表现为$E(\varepsilon_{it}|f_i)=0$。②随机性假设。随机性假设表示，在自然实验或准自然实验条件下，双重差分方法通过随机化的方式消除那些不可观察的无关因素的影响，即$E(\varepsilon_{it}|\sigma_i)=0$，对照组不受实验变相的任何影响，即$E(y_{it}^0|x_{it}=1)-E(y_{it}^0|x_{it}=0)=0$。也有学者将这两大假设统称为平行趋势假定。

2. 双重差分法的基本原理 双重差分法的核心是模型构造双重差分估计量（DID estimator），即受到影响的群体（干预组）和未受到影响的群体（对照组）的差异，参见图9-2。

设定y表示关注的结果变量，分组虚拟变量$TREAT_i=1$或0分别表示对该组样本进行了“干预”或没有；干预时间虚拟变量$YEAR_i=1$或0分别表示“干预后”和“干预前”。假设随机变量之间存在线性关系，双重差分的基本模型一般设定为：

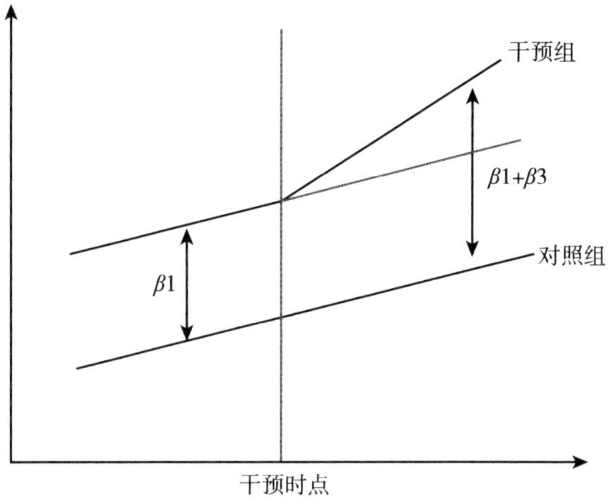

图9-2　双重差分估计量示意

$$Y_{it}=\beta_0+\beta_1 \cdot TREAT_i+\beta_2 \cdot YEAR_i+\beta_3 (TREAT_i \cdot YEAR_i)+\varepsilon_i \quad (9\text{-}2\text{-}1)$$

其中，分组和干预时间均为虚拟变量，$TREAT_i \cdot YEAR_i$是二者的交互项，为残差。

值得注意的是，分组变量并不等同干预，因为在基线水平（即$TREAT_i$=0时），两组均未接受干预。当$TREAT_i$=1且$YEAR_i$=1，即虚拟变量$TREAT_i \cdot YEAR_i$=1时才指代干预。不难得出，干预组和对照组在干预实施前后因变量的数学期望（均数）分别如下：

$E[Y|TREAT_i=1，YEAR_i=0]=\beta_0+\beta_1$

$E[Y|TREAT_i=1，YEAR_i=0]=\beta_0+\beta_1+\beta_2+\beta_3$

$E[Y|TREAT_i=0，YEAR_i=0]=\beta_0$

$E[Y|TREAT_i=1，YEAR_i=0]=\beta_0+\beta_2$

一般线性模型须满足Gauss-Markov假设，即残差的均数为0且独立于解释变量，因而无残差项。

双重差分估计量是横向和纵向比较的结合，即干预组前后差异与对照组前后差异之差，实际上是时间和分组交互项的偏回归系数β_3。在资料满足线性回归条件的基础上，采用最小二乘法（OLS）即可得到β_3的无偏估计，也就是我们所关心的政策效应。

$\hat{\sigma}_{DID}=(E[Y|TREAT_i=1,YEAR_i=0)-E[Y|TREAT_i=1,YEAR_i=1])-(E[Y|TREAT_i=0,YEAR_i=0)-E[Y|TREAT_i=0，YEAR_i=1)=\beta_3$

（二）应用举例

例9-1　2012年5月，北京市出台《北京市公立医院改革试点方案》，北京市有5家三级综合公立医院作为第一批试点医院取消了药品加成，其中两家医院先后在2012年7月1日和9月1日试点运行，其他3家医院于2012年12月1日开始试点运行。为了解取消药品加成政策对北京市5家试点三级综合公立医院减少高价药使用的有效性，鉴于全身用抗菌药物的采购金额以及采购量在所有药品类别中占比较大，以全身用抗菌药物为例，定量评估取消药品加成政策对北京市三级综合公立医院高价药使用变化的效果。

1. 研究对象与数据来源 研究对象为北京市取消药品加成试点的5家三级综合公立医院（以下简称试点医院，分别记为A、B、C、D、E）。综合考虑试点医院的特点，经过专家咨询论证，最终确定在地理位置、规模及服务量方面较为相近且同为北京市属的3家非试点三级综合公立医院（以下简称非试点医院，分别记F、G、H）作为对照医院进行建模分析。数据来源于中国药学会科技开发中心全国医药经济信息网数据库，选择样本医院中采购金额以及采购量较大、具有较好代表性的药品类别“全身用抗菌药物”的月度采购数据代替药品使用数据，探讨取消药品加成政策对试点医院用药结构的影响。样本统计时间跨度为2011年1月至2015年12月，共60个月。

2. DID模型构建 为了消除取消药品加成干预政策以外的干扰因素带来的影响，利用试点医院与非试点医院的全身用抗菌药物的连续月度用药结构指数序列建立双重差分模型，定量评估取消药品加成政策对5家试点医院高价药使用变化的净影响。模型的表达式为：

$$\ln Y_{it}=\beta_0+\beta_1 \cdot T_t+\beta_2 \cdot G_i+\beta_3 (T_i \cdot G_i)+\mu_{itT}$$

式中，i表示试点类别，t表示时间。因变量$\ln Y_{it}$为用于评价医院高价药使用变化的样本医院月度用药结构指数的对数，使用对数变量主要是为了减弱数据异方差的影响；β_0为常数项；自变量T_t是时间哑元变量，在取消药品加成政策实施前为0、政策实施后为1，其系数β_1是指非试点医院在政策实施点前后用药结构指数的变化，衡量了非干预政策因素随时间的推移对用药结构指数的影响；自变量G_i同样是一个哑元变量，用以区分试点医院与非试点医院，属于试点医院类别的为1，非试点医院类别为0，其系数β_2为试点医院与非试点医院的基线差异；交叉项$T_i \cdot G_i$被称为双重差分估计，其系数β_3为干预政策的效应系数，反映了取消药品加成政策对用药结构指数影响的大小，如果β_3显著为负，说明取消药品加成政策能有效减少试点医院高价药的使用，若β_3显著为正，则表明取消药品加成政策会增加试点医院高价药的使用；μ_{it}代表残差。

3. 结果分析 对5家试点医院分别构建双重差分模型，评估取消药品加成对全身用抗菌药物中高价药使用变化的政策效应，计量结果见表9-1。

表9-1　样本医院取消药品加成的政策效应

医院编号	β_0	$T(\beta_1)$	$G(\beta_2)$	$T \cdot G(\beta_3)$
A	0.23*（2.78）	0.0626*（3.51）	−0.10（−0.62）	−0.230（−0.68）
B	0.24*（2.90）	0.0563*（3.15）	−0.22（−1.31）	0.079**（2.20）
C	0.24*（2.90）	0.0563*（3.16）	−0.11（−0.65）	0.084**（2.36）
D	0.23*（2.75）	0.0705*（4.09）	−0.23（−1.36）	−0.270*（−7.94）
E	0.24*（2.90）	0.0563*（3.31）	−0.27（−1.66）	0.081**（2.37）

注：被解释变量是月度用药结构指数的对数，括号内的内容是各个变量所对应的z；*$P<0.01$，**$P<0.05$。

计量结果表明：①5家试点医院T变量系数β_1在统计上均有统计学意义（$P<0.01$），说明5家试点医院的用药结构指数均受到了随时间自身变化的非干预政策因素的显著影响。②5家试点医院G变量系数β_2在统计上均无统计学意义，说明5家试点医院分别与3家非试点医院的基线差异无统计学意义。③A医院的$T \cdot G$变量即干预政策的效应系数β_3表明，在取消药品加成政策实施后，A医院的用药结构指数下降了23%，但是在统计上却是不显著的，即政策效果没有大到相当的程度使得有足够的证据证明该结果并不是统计误差等原因造成的。说明取消药品加成政策后，A医院全身用抗菌药物中高价药的使用变化不明显。④B、C、E医院干预政策的效应系数β_3表明，在取消药品加成政策实施后，B、C、E医院的用药结构指数分别增加了7.9%、8.4%、8.1%，且有统计学意义（$P<0.05$），说明取消药品加成政策会增加B、C、E医院全身用抗菌药物中高价药的使用。⑤D医院干预政策的效应系数β_3表明，在取消药品加成政策实施后，D医院的用药结构指数降低了27%，且有统计学意义（$P<0.01$），说明取消药品加成政策使D医院全身用抗菌药物中高价药的使用有所减少。

4. 结论　取消药品加成政策对北京市5家三级综合公立医院在全身用抗菌药物中高价药使用变化的影响效果在不同医院之间存在差异，取消药品加成政策对公立医院减少高价药使用的有效性有待进一步研究。

二、间断时间序列分析

（一）基本原理与步骤

间断时间序列分析（interrupted time-series，ITS）分为单组ITS设计和带有比较组的ITS设计（多组ITS设计），因ITS设计主要用于常规收集时间间隔相等点的干预前后指标的比较，所以单组ITS设计更为常用，其设计原理见图9-3。

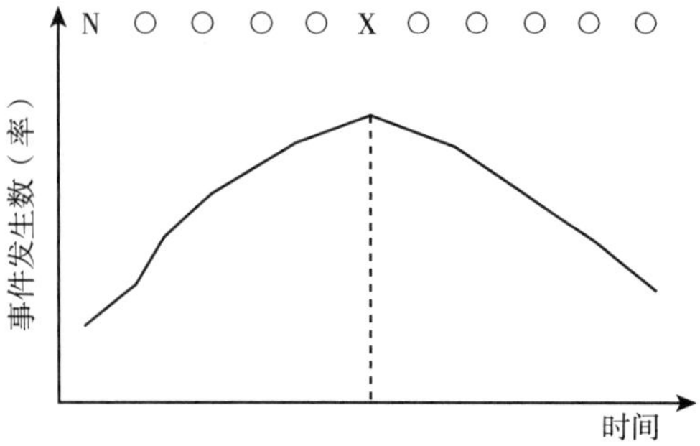

图9-3 单组ITS设计示意

横坐标为时间点，测量间隔相等，以○代表，如日、月、年等，X表示干预的时间点；纵坐标为测量某项指标的数或率，如脑卒中死亡数（率）、疫苗接种数（率）、住院或门诊就诊数（率）和分娩数（率）等。

在统计分析时，ITS分析对干预实施前和实施后两个时间段进行线性回归分析，分析干预因素作用的水平改变和斜率改变，可以应用分段线性回归模型（segmented linear regression model）。此分析可检验试验前后在干预点水平下降或升高的幅度是否有统计学意义，及在干预实施后某事件率或数随时间下降或上升的斜率是否与试验前不同，其主要优势是控制了试验前某事件率或数已随时间下降或上升的趋势。当时间序列数据在干预前和干预后呈现线性趋势时，可应用线性回归模型来拟合数据，探讨干预措施对结果变量的影响。

ITS的回归分析模型如下：

$$Y_t=\beta_0+\beta_1 TIME_t+\beta_2 Intervention_t+\beta_3 TIMEafterIntervention_t+\sum\beta_j x_j+\varepsilon_t \qquad (9\text{-}2\text{-}2)$$

其中，Y_t为t时间点观测到的指标测量值，$TIME_t$是计数的时间变量，$TIME_t=0$，1，2，3，…，n；$Intervention_t$指示t时间点是否接受了干预，干预开始前的时刻$Intervention_t=0$，干预实施后的时刻$Intervention_t=1$；$TIMEafterIntervention_t$表示干预后的时刻点，干预前的所有时刻点$TIMEafterIntervention_t=0$，干预后的时刻点依次赋值$TIMEafterIntervention_t=1$，2，…，$t$。$\sum\beta_j x_j$表示一组协变量，后续举例中暂不考虑协变量。将变量$TIME_t$、$Intervention_t$和$TIMEafterIntervention_t$代入上式，可得：

干预前$TIME_t=0$，1，2，…，n；$Intervention_t=TIMEafterIntervention_t=0$，则模型为：

$$Y_t=\beta_0+\beta_1 TIME_t+\varepsilon_t$$

其中，β_0为初始截距，β_1为斜率（即时间每增加一个单位，结局变量Y_t变化β_1个单位）。

干预后 $Intervention_t=1$，$TIMEafterIntervention_t=1, 2, \cdots, t$，则模型为：

$$Y_t=\beta_0+\beta_1 TIME_t+\beta_2+\beta_3 TIMEafterIntervention_t+\varepsilon_t \tag{9-2-3}$$

其中，β_1为干预前的斜率，β_2是实施了干预后结局变量的瞬间水平改变量（称为level change），β_3是干预实施后斜率改变量（称为trend change），（$\beta_1+\beta_3$）是干预后的斜率；回归系数的假设检验就是水平改变量和斜率改变量的显著性检验。

（二）应用举例

例9-2　疾病预防控制机构人力资源（以下简称疾控人力资源）是建设疾病预防控制体系的关键所在，其配置的公平性对于提高公共卫生服务的公平性和可及性具有重要意义。为了解医药卫生体制改革对疾控人力资源配置公平性的影响，本案例计算出2002—2017年我国疾控机构历年人员配置的集中指数，再对其进行间断时间序列分析，分析疾控人力资源配置公平性在医药体制改革前后的变化，为进一步改善疾控人力资源配置公平性提供依据。

1. 数据来源　2002—2017年的数据分别来源于2003—2012年《中国卫生统计年鉴》、2013—2017年《中国卫生和计划生育统计年鉴》、2018年《中国卫生健康统计年鉴》。数据包括中国31个省、自治区、直辖市（未包括香港特别行政区、澳门特别行政区和台湾地区）的疾控机构人员数、各地区总人口、各地区人均GDP。

2. ITS模型构建　间断时间序列（ITS）分析以2009年为中断点，将整个观察时间分为干预前（2002—2009年）和干预后（2010—2017年），拟合多重线性回归分析。其中，因变量为疾控机构人员的集中指数值，自变量（3个）分别为计数的时间变量（X_1，$=1, 2, 3, \cdots, n$）、干预变量（干预前$X_2=0$，干预后$X_2=1$）和干预后时刻（干预前$X_3=0$，干预后$X_3=X_1-6$）。拟合不含协变量的模型：$Y_t=\beta_0+\beta_1X_1+\beta_2X_2+\beta_3X_3+\varepsilon_t$（方程1）。$\beta_1$为干预前的斜率，$\beta_2$是水平改变量，$\beta_3$是斜率改变量，（$\beta_1+\beta_3$）是干预后的斜率。从模型角度将方程1分为干预前模型$\widehat{Y_0}=\beta_0+\beta_1X_1$（方程2），和干预后模型$\widehat{Y_1}=\beta_0+\beta_1X_1+\beta_2X_2+\beta_3X_3$（方程3），则干预效应可以用$\widehat{Y_1}-\widehat{Y_0}=\beta_2X_2+\beta_3X_3$（方程4）描述。

3. 结果分析　图9-4为2002—2017年疾控机构人员集中指数的变化趋势。表9-2为含间断时间序列参数的疾控机构人员集中指数回归分析用数据格式；表9-3为含间断时间序列参数的多重线性回归分析结果。

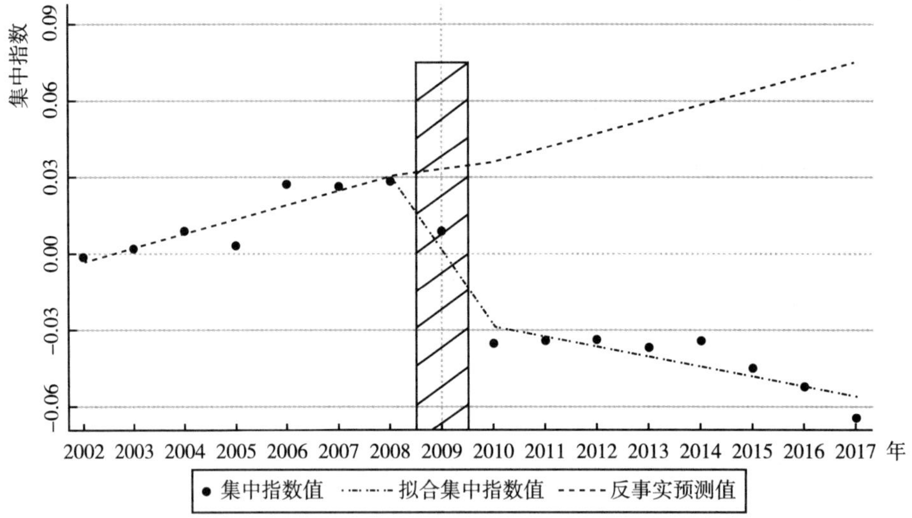

图 9-4　2002—2017 年疾控机构人员集中指数趋势

表 9-2　2002—2017 年疾控机构人员集中指数（%）回归分析用数据格式

时间	干预前				时间	干预后			
	集中指数	X_1	X_2	X_3		集中指数	X_1	X_2	X_3
2002 年	−0.0013	0	0	0	2009 年	0.0089	7	1	1
2003 年	0.0019	1	0	0	2010 年	−0.0353	8	1	2
2004 年	0.0090	2	0	0	2011 年	−0.0340	9	1	3
2005 年	0.0032	3	0	0	…	…	…	…	…
2006 年	0.0276	4	0	0	2015 年	−0.0449	13	1	7
2007 年	0.0264	5	0	0	2016 年	−0.0521	14	1	8
2008 年	0.0286	6	0	0	2017 年	−0.0645	15	1	9

表 9-3　含间断时间序列参数的多重线性回归分析

变量	β	t	P	95%CI
β_0	−0.0032	−1.84	0.092	（−0.0071，0.0006）
β_1	0.0056	11.07	<0.001	（0.0045，0.0068）
β_2	−0.0644	−12.84	<0.001	（−0.0755，−0.0534）
β_3	−0.0095	−7.06	<0.001	（−0.0125，−0.0065）
$\beta_1+\beta_3$	−0.0039	−3.29	0.0073	（−0.0065，−0.0013）

根据回归分析结果，拟合间断时间序列的水平和斜率改变模型：

$$Y=\beta_0+\beta_1X_1+\beta_2X_2+\beta_3X_3=-0.0032+0.0056X_1-0.0644X_2-0.0095X_3$$

其中，β_0为–0.0032（P>0.05），说明2002年疾控机构人员集中指数近似为0，可认为绝对公平。β_1为0.0056（P<0.001），即在2009年医药卫生体制改革之前，疾控机构人员集中指数呈逐年增长趋势，疾控机构人员倾向于配置在经济水平高的省、自治区、直辖市，且越来越不公平。β_2为–0.0644（P<0.001），说明改革对疾控机构人员集中指数具有明显的瞬时效应，使得集中指数显著下降。β_3为–0.0095（P<0.001），说明改革对疾控机构人员集中指数具有长期影响，同时，$\beta_1+\beta_3$为–0.0039（P<0.05），说明医药卫生体制改革之后我国疾控机构人员集中指数有缓慢下降的趋势，即长期来看，疾控人力资源配置逐步向经济水平低的省、自治区、直辖市倾斜。从反事实的预测值来看，假设这一轮的医药卫生体制改革并未实施，疾控人力资源配置公平性按照2009年之前的变化趋势发展，那么到2017年，疾控机构人员集中指数将变为0.0752，不公平程度较为严重。

4．结论　医药卫生体制改革改善了疾控机构人员配置的公平性。改革前，疾控机构人员配置不公平程度加剧，相关人力资源倾向于配置在经济更发达地区。改革后，该趋势得到扭转，相关人力资源倾向于配置在经济欠发达地区以适应实际需求。

（资料来源：李程洪，张前，张祖涵，等.基于分段回归的医药卫生体制改革前后疾病预防控制机构人力资源配置公平性变化分析［J］.医学与社会，2021，34（3）：7-11.）

三、倾向性评分匹配法

（一）倾向性评分（propensity score，PS）

倾向性评分概念最早由美国宾夕法尼亚大学（University of Pennsylvania）Rubin教授和Rosenbaum教授在1983年发表的《倾向性评分对于观察研究中因果效应的中心作用》论文中首次提出。倾向性评分是指在给定协变量的前提下，个案接受某一干预的概率，分值为0~1。倾向性评分是将多个协变量降维成一个变量，评分表示多个协变量共同作用的结果。

（二）倾向性评分匹配法（propensity score matching，PSM）

1．倾向性评分匹配的定义　倾向性评分匹配的核心思想是在获得倾向值之后创建一个新的样本，其中的每个样本具有大致相同的可能性被分配至干预情形。在无法进行随机对照试验，或者随机对照试验因资金、伦理或者实际操作问题导致组间混杂因素明显存在时，可以借助倾向性匹配来解决问题。

最理想的情况是，干预组中的每个样本都能匹配到对照组中的某个样本，且两个对应的样本在所有协变量上的情况完全一致。这种情况被称为精准匹配（exact matching）。在这种情况下，干预组与对照组在健康产出上的差异完全由干预带来。但在实际情况中往往无法做到精准匹配，只能为干预组中的部分样本匹配到“相似”的样本作为对照。此时，健康产出的差异不完全是由干预带来的，因此，在匹配后还需要进一步借助统计模型进行推断。想要得出可信的因果推断结论，需要降低样本个体依赖性和干预组、对照组之间的不平衡性。有效的匹配可以实现这样的目的。

倾向性匹配多用于观察性研究。倾向性匹配是通过模型计算每个研究个体倾向性评分后，从对照组中选出与病例组（干预组）倾向性评分相等或相近的研究对象进行匹配，直到所有符合匹配规则的病例组（干预组）和对照组匹配完毕，并且匹配后，进行协变量均衡性检验，没有统计学差异视为匹配成功。

2. 倾向性评分匹配的基本原理 倾向性评分匹配的因果推论需要引入反事实框架（counterfactual framework）统计学理论。因果推断是寻找观测到的现象的成因的过程，通过模型与统计方法，对二者之间的因果关系进行判断。反事实框架也称潜在结果框架（potential outcomes framework）。反事实框架基于这样一种逻辑：一个个体接受或未接受某种干预时，结果指标的差异即为干预产生的结果，因此便可以将干预与结果之间建立因果关系；但是一个个体不可能同时处于干预和不干预两种不同的状态，因此要通过多种方式（如选择相似的个体、同一个体先后观察两种干预状态和结果指标等）来模拟不能与被观测到的状态同时存在的另一种状态，建立“虚拟的事实”，进行因果推断。

在实际应用中，因果推断的重要作用是观察不同的健康干预措施后的健康产出，以测量健康干预措施的效果。一般会通过内部效度（internal validity）和外部效度（external validity）来评估因果推断的有效性。内部效度用来衡量干预与结果之间关系的确实性程度，因果推断越准确，则内部效度越高，结论越可信；外部效度用来衡量研究结果的代表性与普遍性，样本人群对总体人群越有代表性、结论越能在更多人群中推广，则外部效度越高，研究与结论越具有现实意义。

随机对照试验（randomized-control trial，RCT）具有很好的内部效度，被视为因果推断的金标准；但由于其纳入排除标准严格，样本人群对总体人群的代表性较弱；为了更好地进行因果推断，RCT往往对干预措施有一定的限制，这种与实际情况的差异也会导致外部效度的下降。另外，RCT也面临难以操作、成本高昂等问题，有时也会因为伦理问题而难以实施。

反事实（counter facts）是指相反情景下的某种状态。反事实就是处在控制状态下的潜在结果，在真实数据中并未被观测到。比如该研究使用倾向性评分匹配研究后，因果关系解释应为，医院感染事件的发生，是可以观察到的"事实"，那么"反事实"就是经过倾向性评分配对后，具有同样概率发生（或不发生）医院感染的患者重新组合成一对，形成新的样本。再比较在该新样本中，实际发生医院感染患者和未发生医院感染患者的费用及住院天数差异。即经过匹配，同概率发生某事件的人组合为一组，然后比较在事实中发生了和未发生的组别中结局变量的差异，能更大程度地控制偏倚，更好地归因于该因素（在协变量选择齐全的前提下），更好地说明是否真实存在差异以及差异的大小。

3. 倾向性评分匹配分类　贪婪匹配、最佳匹配和精细平衡是主要的倾向性评分匹配种类，其中贪婪匹配更多地应用于医疗卫生领域中，本节主要介绍贪婪匹配的具体分类及其相关数学统计原理。

贪婪匹配作为最常见的匹配算法，包括马氏距离匹配、使用倾向值的马氏距离匹配、最近邻匹配（nearest neighbour matching）、卡尺匹配（calliper matching）、卡尺内最近邻匹配以及以倾向值界定的卡尺内最临近的可得马氏距离匹配（nearest available neighbour matching within a calliper defined by the propensity score）。主要特征如下：

（1）马氏距离匹配：马氏距离匹配方法被先于倾向值匹配提出来。为了应用这一方法，首先随机排列研究成员，然后计算第一个干预组成员与所有控制组成员之间的距离，这里，干预组成员i和非干预组成员j之间的距离$d(i,j)$由马氏距离定义如下：

$$d(i,\ j)=(u-v)^{T}C^{-1}(u-v) \qquad (9\text{-}2\text{-}4)$$

其中，u和v是干预组成员i和非干预组成员j的匹配变量取值，而C则是来自整个非干预组成员集合的匹配变量的样本协方差矩阵。具有最小距离$d(i,j)$的非干预组成员j被选取作为干预组成员i的匹配，这两名成员都从数据池中移出。重复这一过程直到为所有干预组成员都找到匹配。

（2）使用倾向值的马氏距离匹配：除了增加一个协变量及估计的倾向值$q(x)$外，这个过程执行起来和上面马氏距离匹配过程完全一样。其他的协变量都包括在马氏距离的计算中。

（3）最近邻匹配：P_i和P_j分别是干预组和控制组成员的倾向值，I_1和I_0分别是干预组成员和控制组成员的集合。当倾向值之差的绝对值在i和j之间倾向值的所有可能配对最小时，那么，邻居关系$C(P_i)$包含一个控制组参与者j（j属于I_0），其作为干预组成员i（i属于I_1）的匹配，即：

$$C(P_i)=min\|P_i-P_j\| \qquad (9\text{-}2\text{-}5)$$

一旦找到一个与i匹配的j，j就从I_0中移出且不再放回。对于每个i，如果只找到单个的j落入C（P_i），那么此匹配为最近邻匹配（nearest neighbour matching）或者1对1匹配（1-to-1 matching）。对于每个i，如果找到n个成员j落入C（P_i），那么此匹配为1对n匹配（1-to-n matching）。

（4）卡尺匹配：在上面的匹配中，只要j在估计的倾向值上是i的最近邻居即可，并没有对P_i和P_j之间的距离加上任何约束条件。根据定义，即使$\|P_i-P_j\|$很大（即j在倾向值上和i非常不同），j仍然被看作是i的一个匹配。为了克服错误地选取j的缺点，我们尽在两名成员之间倾向值地绝对距离满足如下条件时，我们才选取j作为i的一个匹配：

$$\|P_i-P_j\|<\alpha \tag{9-2-6}$$

其中，α是事先设定的匹配容忍度（tolerance for matching）或者说是卡尺（calliper）。Rosenbaum和Rubin建议采用样本估计的倾向值标准差的1/4作为卡尺大小（calliper size）。

（5）卡尺内最近邻匹配：这一方法结合了上述两种方法。首先，随机排列干预组和非干预组成员。接着，选择第一个干预组成员i，如果i和非干预组成员j之间倾向值差的绝对值落入预定的卡尺范围，并且此差值的绝对值是该卡尺范围内i和其他j形成所有配对间倾向值差的绝对值中最小的，那么，我们就以j作为i的一个匹配。然后，i和j都从匹配范围中移除并且选择下一个干预组参与。卡尺的大小由研究者决定，但通常设定为样本估计的倾向值标准差的1/4。卡尺内最近邻的匹配已变得越来越流行，因为当样本足够大时，可以使用匹配的样本进行多元分析。

（6）倾向值界定的卡尺内最临近的可得马氏距离匹配：这一方法将马氏距离以及卡尺内最近邻匹配结合成一个单独的方法。干预组成员被随机排列，然后选择第一个干预组成员。选择预定的倾向值卡尺内的所有非干预组成员，并基于一个更少数目的协变量来计算这些成员和干预组成员之间的马氏距离。如果选取的j距离i的马氏距离最短，则j在所有候选者中被取为i的一个匹配。然后，这一最靠近的非干预组成员和干预组成员被移出数据池，并重复此过程。根据Rosenbaum和Rubin的观点，这一方法在干预组和被干预组中得到协变量之间的最佳平衡，同时也在两个组之间得到协变量的平方和乘积项的最佳平衡。

以上介绍的所有贪婪匹配算法具有一个共同的特征：每一种方法都将一项大的决策问题（即匹配）区分成一系列可被最优地加以处理的更小、更简单的决策。每一次都只进行一项决策，且进行后面的决策时并不考虑前面已经作出的决策。

正因为这样，贪婪匹配的使用者经常在不完全匹配和不准确匹配之间遇到一个困境。以卡尺内最近邻匹配为例来说，我们经常不得不在诸如以下选择中作出决策：当试图极大化精确匹配时，案例可能由于不完全匹配而被排除；或当试图最大化案例数时，通常会导致更不精确的匹配。上述两种决策都不是最优的。在贪婪匹配的框架内，我们最终经常被建议运行不同大小的卡尺、检查结果对不同卡尺的敏感性并选择一种事后看似最佳的方法。此外，贪婪匹配的局限性也表现在因其需要相当大的共同支持域（common support region）才会产生效果而受到批评。

（三）应用举例

本案例所采用的数据来源于研究团队曾经的课题，主要研究医院感染导致的直接经济负担。研究对象包括某省5个三级公立综合医院。以参与医院感染现患率调查（point prevalence survey，PPS）为基础，医院2013—2015年的现患率调查当日的所有住院患者（当日0时0分至当日23时59分之间住院的全部患者，含当日出院患者，不含当日住院患者）为研究对象进行回顾性病例对照研究。

表9-4呈现的是医院感染住院患者（HAIs）和非医院感染住院患者（Non-HAIs）之间有关混杂变量（年龄、性别和诊断编码，即疾病种类）的比较情况。经卡方检验或独立样本t/z检验，可发现两组之间除诊断编码（$P>0.05$）之外，性别和年龄存在统计学上差异（$P<0.05$）。这说明如果直接比较两组之间的医疗费用差异会存在混杂偏倚，导致费用差异结果不可靠。因此需要对医院感染住院患者和非医院感染住院患者控制混杂变量，从而降低混杂偏倚。

表9-4　两类患者协变量在未进行倾向性评分匹配前的比较情况

时间	变量		Non-HAIs	HAIs	双变量卡方检验	独立样本 t/z 检验
			N（%），$x\pm s$		P值	
2013年	性别	男	3957（53.41）	99（67.81）	<0.001	—
		女	3452（46.59）	47（32.19）		
	年龄（岁）		49±22	59±18	—	<0.001
	诊断编码		1204±615	1174±619	—	0.556
2014年	性别	男	4467（52.14）	105（58.33）	<0.001	—
		女	4100（47.86）	75（42.67）		
	年龄（岁）		49±22	64±36	—	<0.050
	诊断编码		1125±643	1219±729	—	0.084

续 表

时间	变量		Non-HAIs	HAIs	双变量卡方检验	独立样本 *t*/*z* 检验
			N（%），$x \pm s$		*P*值	
2015年	性别	男	4012（51.06）	111（61.67）	<0.001	—
		女	3846（48.94）	69（38.33）		
	年龄（岁）		50±21	59±20	—	<0.001
	诊断编码		1221±634	1166±616	—	0.238

表9-5展示的是经卡尺=0.25σ的最近邻1∶1倾向性评分匹配后，医院感染住院患者和非医院感染住院患者之间有关混杂变量（年龄、性别和诊断编码，即疾病种类）的比较情况。可以看出，年龄、性别和诊断编码在医院感染住院患者和非医院感染住院患者之间在统计学上都无显著性差异（$P>0.05$），这说明倾向性评分匹配后，两组之间在相关混杂因素上达到了平衡，从而进行后续两组医疗费用比较所得差异可以归因于医院感染，即医院感染可增加住院患者的医疗费用。

表9-5 两类患者协变量在进行倾向性评分匹配后的比较情况

时间	变量		Non-HAIs	HAIs	双变量卡方检验	独立样本 *t*/*z* 检验
			N（%），$x \pm s$		*P*值	
2013年	性别	男	101（72.14）	94（67.14）	0.448	—
		女	39（27.86）	46（32.86）		
	年龄（岁）		62±19	58±18	—	0.133
	诊断编码		1152±595	1187±627	—	0.631
2014年	性别	男	119（70.00）	100（58.82）	0.084	—
		女	51（30.00）	70（41.18）		
	年龄（岁）		52±26	53±24	—	0.700
	诊断编码		1217±718	1236±727	—	0.809
2015年	性别	男	105（61.05）	107（62.21）	0.862	—
		女	67（38.95）	65（37.79）		
	年龄（岁）		60±20	59±21	—	0.401
	诊断编码		1164±612	1179±625	—	0.817

以上案例说明了倾向性评分匹配在观察性研究中，可有效选取受一组协变量影响

的干预组和对照组。进行匹配和均衡性检验后，比较在事实中发生了和未发生的组别中结局变量的差异，能更大程度地控制偏倚，更好地归因于该因素（在协变量选择齐全的前提下），更好地说明是否真实存在差异以及差异的大小。因此，倾向性评分匹配被广泛应用于医疗卫生领域的干预性观察性研究。当然也得关注倾向性评分匹配的局限性，其不能控制未被观察到的变量，且倾向性评分匹配在样本量大时能发挥更好的效用。

本章小结

卫生政策研究可从理论框架构建、卫生体系研究方法和卫生政策效果评价三个维度展开。由于卫生系统的构成和运作具有复杂性，可以借助一些理论模型来进行研究，如卫生系统宏观模型、结构-过程-结果模型等；卫生体系研究方法包括系统研究方法、干预性和非干预性研究方法；常用的卫生政策效果评价的方法和技术包括双重差分法（DID）、间断时间序列分析（ITS）和倾向性评分匹配法（PSM）。

（王碧艳　张治国　黎　浩）

第十章 研究报告、政策简报与论文撰写

学习目标

1. 掌握 研究报告结构和撰写体例；学术论文的结构和撰写要求。
2. 熟悉 研究报告、政策简报的撰写步骤。
3. 了解 研究报告、政策简报和学术论文的概念和特点。

第一节 研究报告撰写

研究报告是作者以文字语言的形式向读者呈现自己的研究过程、研究方法、研究成果等，是医院管理与卫生政策研究过程中非常重要的环节。撰写研究报告本身就是对研究问题的进一步挖掘，能够加深研究者对现象的理解和认识。同时，作为研究产出的具体体现，高质量的研究报告有助于充分传播和发挥研究的现实价值，用于指导实践、影响决策。因此，对于医院管理与卫生政策这类实践性较强的学科研究来讲，撰写一份好的研究报告至关重要。

研究报告通常是一项研究课题产出的学术成果，它并不等同于结题报告。对于研究类课题，研究报告是研究成果的一部分，是研究产出核心内容的具体体现，是结题报告中与研究直接相关的部分。研究类课题结题报告的主体可以是研究报告，但结题报告还需要汇报其他与研究内容本身不直接相关的课题工作情况，如研究人员分工介绍、学术合作交流情况、资金使用情况等。对于非研究类课题，结题报告一般不包含研究内容，如医院接受委托开办培训班类项目等。同时，结题报告在项目结束时撰写递交，而研究报告较为灵活，可以在研究的不同阶段、大型课题的不同子课题下撰写，对于未立项研究同样可以撰写研究报告。下表展示了结题报告与研究报告的差异（表10-1），本节以某研究医院效率评价模型及应用的课题研究为背景，介绍研究报告的撰写。

表10-1 结题报告和研究报告的差异

项目	结题报告	研究报告
目的	汇报课题完成情况	展示研究成果
依托	立项课题结束需撰写结题报告	立项或未立项研究，一项研究可有多份研究报告（如阶段性报告）
内容	包括研究报告在内的研究与非研究内容，如经费使用情况、举办活动情况、成果清单等	具体阐述最核心的、与研究直接相关的内容，包括研究方法、实施过程及成果

一、研究报告概述

研究报告（research report）是反映医院管理研究成果的一种书面报告。它以文字、图表等形式将研究的过程、方法和结果呈现出来，其目的是告诉有关读者，对于所研究的问题是如何进行研究的，取得了哪些结果，这些结果对于认识和解决这一问题有哪些理论意义和实际意义等。

（一）描述性报告与解释性报告

根据研究报告在性质和主要功能上的不同，可分为描述性报告和解释性报告两大类。需要说明的是，描述性与解释性研究报告的区分并无十分严格的界限，或者说，研究者在实际撰写研究报告时，往往难以把描述和解释截然分开且仅取其一。在许多情况下，一份研究报告常常同时兼有描述和解释这两方面的功能，只是不同的报告对其中某一方面侧重的程度有所不同而已。

描述性报告（descriptive report）着重于对医院管理及卫生政策中所研究的现象进行系统、全面的描述，这种描述既可以是定量的，也可以是定性的。其主要目标是通过对研究资料和结果的详细描述，向读者展示在医院运行、人员管理、政策执行等活动中某一现象的基本状况、发展过程和主要特点，适用于以弄清现状、找出特点为目的的描述性研究。如在描述我国三级公立医院绩效管理的报告中，可以包括对我国新医改以来公立医院绩效考核政策和相关工作的梳理、对国家三级公立医院绩效考核工作主要特点和几项特殊指标的解读，以及对绩效考核指标体系的系统评价。描述性研究需要向读者说明研究对象的分布特征或特点，其强调描述内容的广泛、详细和清晰，力图给人以整体的认识和了解。

解释性报告（explanatory report）的着眼点是运用研究所得资料来解释和说明某类现象产生的原因，或说明不同现象相互之间的关系，如政策或管理措施的变化对医院绩效的影响。这类报告中虽然也包含对现象的描述，但并不作为主要内容进行翔实的报告，仅用于解释和说明现象的原因、现象间相互关系。例如，研究医院管理制度改革对医院效率影响时，报告重点虽然在于解释管理水平与医院绩效的关系，但仍需首先描述管理制度及其实施的基本情况。一般而言，量化研究报告能够通过对研究假设的验证来阐述变量之间的因果关系，讨论因果关系的内在本质。因此，相比于描述性报告而言，解释性报告则强调内容的集中与深入，看重解释的理论性和针对性，力图给人以合理的和深刻的说明。如建立各种数学模型阐述医院管理中运营、绩效、人力、领导等各项指标维度与效率间的因果关系。

而在行政管理单位的委托课题中，一般需要针对某个医院管理问题进行研究，以求对问题的解决或改善提出建议，即对策性研究。这类研究报告除了必须以描述和解释为背景之外，还要详细地解释实证研究数据或事实与对策、建议之间的逻辑关系，也就是要说明对策、建议的依据是什么。专门性的对策研究还需要提供各种实施方案，并对各种实施方案可能产生的结果和问题进行预测，由医院及政府的决策部门选择。

（二）学术性报告与应用性报告

一般来说，医院管理与卫生政策研究报告的读者对象可以分为两大类，即专业读者和一般读者。专业读者主要是具有医院管理和卫生政策研究专业知识的研究者，如大学教师、科研人员、在学的研究生等；一般读者即非专业读者，其范围较广，既可以是社会上的一般大众，也可以是非专业学者、卫生健康行政部门的主管和一般医院管理人员等。根据读者对象的不同，又可将研究报告分为学术性研究报告与应用性研究报告两类。这两类报告在撰写要求及风格上也有所不同。大体上，用作专业杂志上发表或学术会议上发表的研究报告往往比较紧凑、严谨。其在研究设计、研究方法方面需要比较详细的描述，特别是样本抽取、变量测量、资料收集等细节；资料分析部分相对广泛，但结果讨论部分则相对谨慎。而提供给政府决策部门或实际工作部门的研究报告则对研究过程的介绍十分简短，比较注重对研究结论的介绍，有时根据项目委托人的特殊要求，需要提出可行性较强的对策和建议，并且形式比较活泼，常常采用比较直观的统计图、报表等形式呈现研究结果，更注重对研究结果、研究贡献及政策建议的论证和说明。

（三）定量研究报告与定性研究报告

根据研究的方法，研究报告还可以分为定量研究报告与定性研究报告两类。定量研究报告主要以对数据资料的统计分析结果及其讨论为主要内容，数量化、表格化、逻辑性强是其表达结果的主要特征，报告的格式十分规范且相对固定，报告的各个部分相互之间界限十分分明。与此相反，定性研究报告则主要以对文字材料的描述和定性分析为主要特征，在报告的结构上，既无严格的规范，也没有十分固定的格式；在内容上，描述和分析、资料与解释之间的界限也不十分明显；而且一般来说，定性研究报告的篇幅也比定量研究报告的篇幅要长，报告中所体现的主观色彩也较重。

二、研究报告的一般结构

规范的医院管理与卫生政策研究报告往往有比较固定的格式，尽管用于不同目的、不同场合的研究报告在形式上会有若干细小的差异。大体上，研究报告都是从所探讨的问题开始，到研究所得到的结论和意义结束。各种研究报告在结构上通常可以分成导言、文献回顾或评述、方法、结果、讨论、小结或摘要、参考文献及附录几个部分。

（一）导言

导言主要说明所研究的问题及研究的意义，往往分为三段论，分别从下述几个方面进行阐述：①点出研究问题的重要性，包括问题提出的政策背景及严重性等，如分级诊疗体系失灵下公立医院面临巨大服务供给压力、医疗费用快速上升的问题；②描述现有研究的问题，如国内外研究进展，体现研究的差距；③提出研究目标，如构建可综合评价公立医院运营效率和成本的评价模型并探索其应用，并最终提高医疗服务可及性和减低医疗费用等。

（二）文献回顾或述评

文献评述是在研究初期开展的对现有研究成果、理论及方法的系统回顾及评论，从而说明研究问题的出发点，奠定研究基础。基于研究对象和目标的不同，通过分类的方式对现有文献进行梳理比较，如一项构建和应用医院效率评价模型的研究，为了更好地借鉴国外相关研究的先进理论和方法，将文献分类为国外医院、国际文献关于中国医院、国内文献关于中国医院等进行分类比较。但是，不能局限于在分类的基础上简单地把文献资料堆砌在一起，即在文献梳理的基础上更重要的是进行评论。只有通过对相关研究文献的评论才能找到现有研究的不足，如近年研究创新性相对不足，效率概念混淆和边界不清、研究方法相对单一、研究内容局限、研究对象样本量有限、研究成果指导意义不足等。最后提出了加强我国医院效率研究的具体建议，进而成为新的研究问题的出发点，指导后续研究。到了撰写研究报告的时候，文献述评的写作一般就只是作文字上的加工或者观点上的提炼。从某种意义上说，文献质量直接决定了研究的质量或学术水平的高低，也是判断真问题或假问题的主要标准。文献述评的写作其实是比较难的，一篇优秀的文献述评本身就是一篇论文。

（三）研究方法

第一，研究的基本概念、变量、假设和理论架构，如医院效率的定义、效率指标的选取和界定、某项政策改革对医院效率的具体影响等。第二，研究的总体、样本及抽样方法、抽样过程，如以全国为总体，采取系统分层典型抽样方法确定研究对象和样本，从而确定数个省市的医院为样本。第三，研究的主要方法（包括资料收集方法和资料分析方法），资料收集方法包括文献分析、问卷、访谈等，资料分析方法包括数据包络分析法、双重差分法、层次分析法等。

量化研究是一种很规范的研究方式，因此在研究框架设计中要说明研究对象的定义，对自己的理论分析框架进行详细的阐述，比如如何将抽象概念"降维"到比较具体的变量和指标，以及概念或变量的测量方法及其指标等。例如，将医院效率分解为技术效率、纯技术效率和规模效率，将效率的测算操作化为具体的指标，如将在职职工数、医院实有床位数作为投入指标，医院门急诊人次、出院人次作为产出指标。

解释性研究则需要包括假设说明及其理论基础、假设中主要概念的讨论和界定、理论假设和研究假设之间的关系，如基于激励理论、效率工资理论等建立适用于具体研究的医院医生薪酬激励影响因素模型和路径图等。

在采用概率抽样方法的研究中，必须详细说明研究总体、抽样的具体方法、抽样过程、抽样误差的大小，资料收集、整理和分析方法及其过程，以及对非抽样误差的控制方法等，这些是衡量一项研究是否科学的前提。

（四）研究结果

研究结果是说明通过研究发现了什么，即结果的论证。这一部分是报告的主体部分，一般运用实证资料详细证明研究的主要结论或观点。量化研究报告主要通过数据资料描述样本的基本情况，利用统计分析对假设进行检验，如多元回归分析、结构方程模型、数据包络分析等，也可以采用频数分析和简单相关分析方法，用通俗的语言表述高级统计分析方法所获得的结果。在分析大量数据的情况下，一般采用统计表的形式描述数据，文字的描述仅概括统计数据反映的研究对象的特征或有关变量之间的关系。如表中已经列出样本医院的效率具体数值，文字只需要说明哪些样本医院效率最高、哪些最低、效率变化趋势等，如"2012—2018年间，样本医院全要素生产率均为降低，下降最多的是H省……"。切忌用文字简单重复统计表中的数据。定性研究报告主要运用访谈等文字资料说明研究结果，特别强调以"原始资料"的形式说明研究结果，即尽可能以访谈对象的"原话"或现场观察资料进行阐述，也可以通过作者对访谈资料的概述进行解释和分析，但是要注明资料的来源。

（五）讨论

这一部分要简单概括研究的主要结论，即说明所发现的结果具有哪些意义，从这一结果出发，还能得到什么或还能继续做些什么。如通过效率测算结果指出医疗机构效率水平较低，讨论导致这一现象发生的原因，并从医院、政府等多个角度提出改进医院效率的建议。讨论部分通常反映了研究者对问题的进一步思考，其中包括对自己研究的基本评价、研究的贡献，如改进了医院效率评价模型、促进公立医院通过指标比较实现标杆管理等；指出研究存在的问题，需要进一步讨论的在操作及理论层面所面对的问题，如数据质量问题、样本量较小导致的误差等。

（六）小结或摘要

小结或摘要即对上述四方面的简要总结。这一部分主要简单概括研究的问题、主要结论以及关键词。通常放在研究报告的最前面，有时也可以放在报告的结尾。公开发表的研究报告摘要字数一般在300字之内。

（七）注释

运用注释的方法（脚注、尾注、夹注加参考文献）对研究报告中直接引用和间接引用的他人研究成果、观点、资料进行说明。在撰写研究报告时，凡是引用他人资料或观点都必须注明，这是最基本的学术规范。具体注释格式在后文进行详细阐述。

（八）附录

附录包括研究过程中所用的问卷、量表及某些计算公式的推导、数据计算方法、抽样设计报告、统计数据等。量化研究报告中问卷和量表是不可缺少的。质性研究报告可以根据需要收录经过整理的访谈资料和现场观察资料等，如在医院调研使用的访谈提纲、调查问卷等。

三、研究报告的撰写步骤

（一）确立主题

主题就是研究报告所要表达的中心问题。确立明确而适当的主题，是整个报告撰写过程顺利开展的前提。在一般情况下，研究报告的主题就是该项研究的主题，即报告所要反映的中心问题也就是整个研究的中心问题，二者往往是一致的，但也存在不一致的情况。例如，当一项卫生政策研究包含的内容很多，涉及的范围和领域很广，在一份报告中难以容纳全部内容时，就需要缩小范围，从研究中选择部分内容形成报告，并确立相应的报告主题。或者研究所得的资料与研究最初的目标之间存在一定的差距，无法说明事先预定的研究主题，此时也要根据实际的资料和结果重新确立研究报告的主题。

（二）拟定提纲

主题明确后，应先构思好报告的整体框架，并将这种框架转变为具体的撰写提纲。

通常，研究报告结构中的导言、方法等部分内容比较固定，变化不大。因而，拟定提纲这一步骤可以说主要是针对研究报告的结果部分和讨论部分而言的。

撰写提纲的主要作用是理清思路，明确报告内容，安排好报告的总体结构，为实际撰写打下基础。拟定撰写提纲的方法是对研究的结果进行分解，并将分解后的每一部分进一步具体化。研究报告在内容上应从宏观层面的引言开始，向读者提供问题形成的背景及其意义，再逐渐集中到比较专门化的领域。如首先介绍医疗卫生问题所处的社会背景，再聚焦提出具体的医院管理及卫生政策研究问题，然后介绍研究方法和研究所得出的主要结果，帮助读者集中注意力于研究成果和质量；在讨论研究结果部分则需要由具体的结论向更一般的领域拓展，向读者展示研究结果所具有的丰富内涵，尽量发掘特定结果对改进或推广医院管理及卫生政策实践所具有的一般意义，提高研究的意义和价值。

（三）选择材料

报告所用的材料通常包括两种形式：一种是从研究中得到的各种数据、表格、事例等客观材料；另一种是在这些客观材料的基础上通过分析、综合、概括所形成的观点、认识、建议等主观材料。一项医院管理与卫生政策研究所得资料与研究报告所用的材料并不等同，并非所有的研究资料都能成为撰写研究报告时所用的材料。因此，在撰写研究报告前，必须对所用的材料进行选择。以撰写提纲的范围和要求为依据，保证所选取的材料与报告的主题密切相关，确保材料的精练、典型、全面。

（四）撰写报告

在形成了结构分明、材料齐备的报告雏形后，就可以开始填充和组织研究报告了。第一，填充和撰写研究报告，用适当的文字将各部分流畅地组织在一起，确保报告在整体思想、体系结构、内容形式、行文风格等方面前后一致。第二，反复阅读与修正，当研究报告全文写完后，再反复地从头阅读、审查和推敲每一个部分，认真地修改好每一个细小的环节，使得报告不断丰富和完善。修改的任务主要有两个方面，首先是在通读全文的基础上，检查观点是否准确，论证是否严谨，资料解读是否产生偏差，文章逻辑是否自洽，章节安排、资料运用是否合理，没有使用的资料是否还可以挖掘等；其次是文句修改，其中包括破句、病句、标点符号等方面的修改，以及检查用词是否恰当，语句是否简练，断句是否合理，段落是否清楚，表述是否流畅等。第三，多方咨询与讨论完善，对于已完成的初稿，可以在更大范围内征求专家意见，如果是横向课题还要征求委托单位的意见。这些分析和探讨的结果可能会导致一些新的发现和新的结论，进而影响和改变研究报告的撰写过程。经过多次讨论和反复修改后，最后的定稿主要是检查文章的基本逻辑，是否存在常识性错误，文章的格式是否符合要求，文字是否流畅，语感如何，以及注释是否规范等。

四、研究报告的撰写体例

医院管理与卫生政策研究报告的撰写体例是指一篇报告在写作时应该遵循的通用准则或惯例，主要包括行文要则、撰稿格式、子目、分段、引用与注释等。本节主要介绍行文要则、撰稿格式、引用与注释。

（一）行文要则

这里所讲的行文要则是根据研究报告的文体特征而提出的对语言、文句、人称等方面的要求。研究报告的撰写一般要注意以下几点：

语言要准确，语句要简短。作为科学论文，研究报告强调论证的严谨和严密的逻辑，因此，它的语言和语句是以准确性和简明性为主要特征的。尽量避免模棱两可的不确定语言，语言和语句要简明扼要。对于普通研究报告，语言和语句的表达力求通俗，不要过多地使用专业术语，如果需要使用专业术语，要用通俗的语言进行解释。

对事实的陈述要做到客观，不要对事实作价值判断，避免在叙述过程中使用主观的、带有情感成分的语言。例如，某项研究发现被调查患者群体对某项医疗服务的评价是不同的，研究者只需告诉读者患者对这样一项医疗服务的评价，不同患者的特征是什么，事件真相是怎样的，为什么这些患者会对这项医疗服务有不同评价，背后是否存在着不同的利益冲突等。涉及对策性研究，必然会存在研究者自己的价值判断，但是这已经不再是对事实的陈述了。

行文过程中尽量避免使用第一人称。为了体现研究报告的客观性和正式性（非私人的），在陈述时一般采用第三人称或非人称代词，例如，“本研究认为……”“笔者认为……”“根据资料，可以发现……”“以上数据表明……”等，不宜采用“我认为……”“我们的研究表明……”等陈述方式。

（二）撰写格式

规范性的研究报告的格式或文稿排序主要是：首页、摘要、正文、附录、参考文献。

首页内容主要是报告题目（包括英文标题）、作者姓名、任职单位、通信地址、电话、电子邮件地址、致谢、文稿总字数等。

摘要与关键词。摘要前要有报告题目，中文摘要控制在400字以内，英文摘要控制在300字以内，关键词3~5个。供发表的论文中英文摘要字数一般在300字以内。

正文。为了便于匿名审查，正文不应含有关于作者信息的文字。外来术语尽量采用已通用的中文译名，除常用的以外，首次出现时要在中文译名后用括号注明外文术语，非通用的外国人名可直接用原文，第一次出现时写全名，以后则写姓氏即可，年代、统计数据都用阿拉伯数字表示（年代也可以用中文数字，但全文要统一）。各级标题中，一级标题前加“一、”“二、”“三、”等中文数字，顿号断开后接标题名；二级标题前加“（一）”“（二）”“（三）”等带括弧的数字接标题名（注意，括号后不应加标点符号）；三级标题前加“1.”“2.”“3.”等阿拉伯数字，点号断开后接标题名；四级标题前加“（1）”“（2）”“（3）”等带括弧的阿拉伯数字，后接标题名（注意，括号后不应加标点符号）；独占一行的标题后不加标点符号；一级标题顶格，其他标题前空两格。具体的标题格式，还可以参照不同刊物的要求。

统计表、统计图或其他示意图、公式等，分别用阿拉伯数字连续编号后加冒号并注明图、表名称，末尾不加标点符号。各种表格插在文字分析与表格相连或最近的地方，并在分析文字后的括号内注明表号。

参考文献、附录。这里的参考文献是指在正文里被引用过的、列于报告或论文结尾处的具体文献信息，凡是不被引用的文献不必列出，即参考文献目录中的具体文献必须和文中的引用相对应。有些研究报告还有附录部分，附录主要是与研究有关的问卷、量表、没有列入正文的统计资料、相关统计公式、观察记录、访谈记录和撰写者认为必要的其他材料等。

（三）引用和注释

研究报告中一般都会大量引用他人观点、数据和资料，引用方法主要有直接引用和间接引用。直接引用就是原文引用，并用引号表示。间接引用就是撰写者运用自己的语言对原文进行概括后陈述。无论是直接引用还是间接引用，都必须采用注释的方法说明原文或数据的出处，注明原文或数据出处是学术规范最基本的要求。注释方法主要有夹注、脚注和尾注。研究报告（论文）宜采用尾注的方法，注释号码连续编号，在报告结尾的“参考文献”下列出相应的作者名、出版年份、文献名以及出版单位等，引文后以尾注注明注释号码，按照正文引用顺序编号。文后参考文献著录按照注释号码顺序排列，对于不同类型的引文，西文报告不做标注要求，但中文报告要求标明不同类型文献的引文编号，主要包括：M——专著；C——论文集；N——报纸文章；J——期刊文章；D——学位论文；R——报告；S——标准；P——专利；A——文章。

国家标准《信息与文献参考文献著录规则》（GB/T 7714—2015）中规定了采用参考文献的著录项目及格式，并提出了著录规则。作者应熟悉该“规则”，还应了解期刊或出版社的要求，正确著录参考文献。

（1）专著：主要责任人.题名：其他提名信息［文献类型标识/文献载体标识］.其

他责任者.版本项.出版地：出版者，出版年：引文页码［引用日期］.获取和访问路径.数字对象唯一标识符。

（2）专著中的析出文献：析出文献主要责任者.析出文献题名［文献类型标识/文献载体标识］.析出文献其他责任者//专著主要责任者.专著题名：其他题名信息.版本项.出版地：出版者，出版年：析出文献的页码［引用日期］.获取和访问路径.数字对象唯一标识符。

（3）连续出版物：主要责任者.题名：其他题名信息［文献类型标识/文献载体标识］.年，卷（期）–年，卷（期）.出版地：出版者，出版年［引用日期］.获取和访问路径.数字对象唯一标识符。

（4）连续出版物中的析出文献：析出文献主要责任者.析出文献题名［文献类型标识/文献载体标识］.连续出版物题名：其他题名信息，年，卷（期）：页码［引用日期］.获取和访问路径.数字对象唯一标识符。

（5）专利：专利申请者或所有者.专利题名：专利号［文献类型标识/文献载体标识］.公告日期或公开日期［引用日期］.获取和访问路径.数字对象唯一标识符。

（6）电子文献：凡属电子专著、电子专著中的析出文献、电子连续出版物、电子连续出版物中的析出文献以及电子专利的著录项目与著录格式，分别按照（1）~（5）中的有关规则处理。除此以外的电子资源根据本规则著录。主要责任者.题名：其他题名信息［文献类型标识/文献载体标识］.出版地：出版者，出版年：引文页码（更新或修改日期）［引用日期］.获取和访问路径.数字对象唯一标识符.

需要注意的是，在中文文献中，如果作者超过3位，那么作者只写到第3位，第4位和其后的作者用“，等”代替。在外文文献中，外国人的姓在名的后面，编写时候需颠倒为姓在前名在后，姓氏字母全部大写，名字只写首字母的缩写，姓和名之间空一格，如Malcolm Richard Cowley应为Cowley MR。同样，第4位和其后的作者用“，et al.”代替，如“Nuti S，Daraio C，Speroni C，et al.”，标点符号统一用半角。当然，这只是英文文献的作者名称规范之一，其他引文规范会将Malcolm Richard Cowley写成“Cowley MR.”“Cowley M R”“Cowley，M.R.”，或者在最后一位作者姓名前使用“&”连接，如“Nuti，S.，Daraio，C.，& Speroni，C.”等。这些规范都可以使用，但要保证一篇报告的引文格式前后一致。具体引文规则详见《信息与文献参考文献著录规则》（GB/T 7714—2015）。

另外，要学会运用Word文档软件中的注释技巧，在Word文档中运用脚注或尾注只要在菜单栏下拉“插入”，点击“脚注和尾注”，打开后根据需要就可选择。无论是脚注、尾注，还有文末参考文献所用文字字号都要比正文字号小一号。

第二节　卫生政策简报的撰写

政策简报作为沟通卫生健康相关政府部门的重要工具，能为其提供实践案例、智力支持和政策建议；同时能为卫生健康行政部门起草医疗相关的法律法规草案、制定部门规章和技术规范提供技术咨询和政策建议。

一、政策简报的概念与功能

（一）概念

政策简报（policy brief）是为实现传递信息、交流经验、辅助决策、促进实施等目的而开发的专用格式化文体，是一种相对较新的为政策制定者、项目实施和决策者、利益相关者提供打包研究证据和参考的工具。政策简报的目的是为了引起政府等相关政策制定者、利益相关者等主体的注意，对特定问题的解决提供证据支持，从而为国家、政府部门、组织的政策制定者制定和执行某项政策或计划提供建议。

（二）分类

政策简报的目标、侧重会因撰写者角色的不同而有所差异。学者撰写的简报偏重于分析现阶段客观形势，指明领域内存在的问题，并提出相关建议；项目组织者和实施单位撰写的简报偏重于总结项目组织与实践经验，为政府部门开展相关项目提供启示和借鉴。

政策简报按照形式可大致划分为综合类简报和专门类简报。综合类简报主要指连续、动态反映日常进展和典型信息的简报，通常采取定期发布形式；专门性简报主要指专门反映某个特定领域或专业的动态、情况、经验的简报。

政策简报按照内容不同可大致分为动态性简报和经验性简报。动态性简报主要反应机关内、领域内、专业内的现象、动向、变化等，让有关部门及时了解相关情况并作出反应；经验性简报主要报告有关项目、工作的做法、进度和经验，目的是为了让有关部门了解工作情况，了解典型调查的材料和结论，借以推动全局或从全局指导工作、推广经验。

（三）特点

不同于公文、调查报告，政策简报的内容和作用决定了政策简报的特点。掌握政策简报特点对编写、审查、修改政策简报有很大的必要性。总的来说，政策简报具有真实性、简明性、新颖性、时效性、目的性与使命感的特点。

1. 真实性　政策简报具有真实性，其内容是真实可靠、符合事实和逻辑的，因此在撰写政策简报时既不能堆砌空洞的概念，也不能罗列不反映本质的现象。撰写者要清楚地把握事实，时间地点、人员情况、事情的来龙去脉、前因后果，特别是数据、引语，必须确凿无误。第二手材料要进行核实，要有根有据，引用人物语言必须确有其人其语。对客观形势、基本情况等作出估计、判断时，要具有客观性，不能歪曲事实迎合主张。

2. 简明性　政策简报具有简明性，能在具有丰富内容的基础上简明扼要地向读者传递信息。政策简报要做到简明扼要，不要冗杂繁琐或者晦涩难懂。在选材上，要主题集中，精选材料和概述事件过程，要抓住重点和要点，防止政策简报内容重复、松散。在行文上，要文字精练，注意专业术语和缩略词的正确使用，避免使用费解和生造的词语。

3. 新颖性　政策简报具有新颖性，其内容多反映新情况、新问题，提供解决问题的新思路、新方式。因此，在撰写政策简报前要积极发现出现的新情况和新问题，而不是报道司空见惯、老生常谈的问题。面对新情况和新问题，要探索出新思路、总结出新经验。当然，新颖性并不代表忽视存在的旧问题，而是通过探讨新的方式、借鉴新经验、实践新思路以解决存在已久的问题。

4. 时效性　政策简报具有时效性，一方面其内容为最新的情况和动态，另一方面要及时迅速地将政策简报上交有关部门。因此，在撰写政策简报时，要反映新情况、新问题、新经验，如机关里、社会上新的动态、新事物的苗头、错误倾向的端倪、有启发的新鲜经验。当然，也不能摸风向，赶浪头，一哄而上。此外，要有强烈的时间观念，要能快速发现问题，快速完成政策简报的撰写，快速向有关部门报送政策简报。

5. 目的性与使命感　政策简报具有目的性和使命感，其反映的情况和问题多为现阶段迫切需要解决的，其提出的建议和启示多为积极促进政策完善和领域进步的，体现出撰写者对向有关部门传递信息、在相关领域发挥效能、为政策完善提供思路的目的性和使命感。在撰写政策简报时，要明确撰写目的，有效、正确地传递相关信息；同时以完善相关实践和政策、促进领域进步为使命，向有关部门贡献新思路和方法。

二、卫生政策简报的概念与功能

（一）概念

卫生政策简报（health policy brief）除了传递信息、交流经验等用途之外，另一个重要作用是引起政府部门、项目实施机构或其他利益相关者的注意或重视，对特定问题提供行政或资源支持，为在卫生这一专业化、复杂化领域的政策制定过程中作出决策提供依据，从而更好地制定和执行某些政策、任务或计划。借助政策简报这一有效载体，可以实现快速传递信息、推进项目实施和政策任务落实，以及辅助决策等重要目标。卫生项目政策简报还是一种非常有效的宣传策略和工具，能够通过通俗易懂的语言，利用翔实的证据，清晰、简洁地表达某些观点和立场。

（二）功能

卫生项目政策简报的功能可简单概括为三方面：一是传播功能，能够及时、有效地传递项目动态、政策信息和经验方法，使有关方面在较短时间内获得第一手信息和资料；二是导向功能，通过对项目、政策和活动任务的解读与宣传，促使政府部门和社会公众加深对项目的理解，认可接受有关理念和方法，从而形成有利于项目实施的良好外部环境；三是智库功能，政策简报可以通过梳理国内外最佳实践经验，引进外脑，表达观点，为项目或本地区卫生发展提供系统、可靠的证据支持，从而促进卫生项目的科学决策。

三、卫生政策简报的撰写步骤

（一）界定范围，凝练主题

定位明确是写好政策简报的第一步，将简报主题和所要传递的信息定位于某一特定利益群体。在案例、数据筛选和信息组织时，应紧密围绕该利益群体关心的问题和问题的主要方面展开。既要有比较清晰的阅读对象，也要根据阅读对象关心的内容提炼出有针对性的简报主题。政府部门、服务对象、社会组织、国际组织等特定的利益群体会影响政策简报的具体内容定位。比如面向政府部门的政策简报内容会更侧重于介绍现状、总结经验和教训，并提出具有建设性、可持续性或可推广性的政策建议；面向服务对象的政策简报内容会更侧重于介绍具体内容和成果，需要增强政策简报内容的可读性。基于以上问题，确定“窄而精”的政策简报选题，找准政策简报内容的切入点，同时回避有争议、尚未经过充分实践检验的内容。

（二）拟定提纲，整理数据

根据简报目的确定简报类型（表10-2、表10-3），制定相对统一、规范的写作格式，包括各部分内容、篇幅和写作要求等，使简报所传递的信息更加完整，方法、数据资料更加完善。统一体例格式有助于建立层次清晰的简报结构，使各部分内容简明扼要、围绕中心思想。规范的体例还有助于简报各部分间形成合理的逻辑关系，使其内容信息更易于传播和推广。此外，提纲思路和内容要与政策、环境、时代背景相一致。在提纲中，需点明政策简报要探讨的问题，清楚说明有关做法或过程。在支持论点时，要充分使用具有吸引力、说服力的论据。应整理好撰写政策简报需要的文献和数据，并引用可靠来源的文献和数据。参考的文献需来自专业论文数据库、同领域权威或高水平专家、政府有关文件等；引用的数据需出自政府官方公布数据、领域内国际组织公开数据、权威学术机构公开数据等。

表10-2　卫生项目类政策简报框架及各部分内容篇幅比例

框架	主要作用	占比
摘要	简要说明简报主题、成效和建议	5%~10%
背景	核心问题阐述和政策、环境等形式分析	10%~15%
经验做法	最佳实践案例经验做法的提炼、总结	40%
政策建议	有操作性的工作方针、意见或计划	10%~15%
启示	有利于经验分享、复制的总结或设想	10%
研究方法和参考文献	列出最关键的研究方法和参考文献	10%

表10-3　卫生现状类政策简报框架及各部分内容篇幅比例

框架	主要作用	占比
摘要	简要阐述现状、问题和政策建议	10%
现状	目前状况、政策、环境等形式分析	25%~30%
问题	结合现状分析存在的问题	30%
政策建议	有操作性的工作方针、意见或计划	30%~35%

（三）撰写文本，由繁到简

拟定提纲后，充实政策简报的内容文本，简报篇幅控制在2000字左右。在撰写简报时，要概括和提炼有关现状、情况、问题、经验和教训，重在方法、措施和理念的传播。卫生项目政策简报要概述项目内容和主要事件过程，文字要简明扼要。此外，文本写作不能直接从现场资料、研究报告等参考资料中整段、整篇摘取，需要逐一进行改写和加工处理，其核心是重在梳理、总结、提炼，取其精华，突出重点。在撰写时还需要注意使用第三方角度，以使阅读者感到政策简报的立场是客观、真实和公正的。在文字方面，政策简报更偏重于行政机关的公文语言，与研究报告或学术文章相比更加简练、严谨。

（四）同行评议，归口审核

大部分卫生项目专业性、技术性较强，涉及多个部门和学科领域，需要选择责任心强、相对稳定的团队成员负责简报撰写全过程。在撰写时，可以通过签字确认等方式增强团队成员的责任意识，明确团队成员的职责，提高其工作效率。撰写完成后，应邀请同行专家，包括跨学科专业技术人员进行专业方面评议，广泛接受来自各利益相关者的意见，包括拟定主题的重要程度，案例素材的呈现效果，政策建议与启示的专业水准、政策可行性、实践操作性，以及各部分内容之间的逻辑性等，使简报传播的信息在本领域具有更高的标准、更好的实践效果和更强的推广属性，还可以请政府部门、第三方、非专业人士等进行试读，积极采纳有益的建议并完善政策简报。如果使用英语撰写政策简报，需要聘请母语为英语的专业人士为英文稿润色。

四、卫生政策简报写作中的常见问题

在撰写政策简报时，经常会在主题素材、语言风格、结构设计与逻辑性方面出现一些问题，需要结合政策简报的特点、写作要求和步骤、政策简报撰写实操等规避和解决这些问题。

（一）主题素材

在主题和素材的选择上，经常会出现主题过于宽泛、没有切入点的问题（表10-4），过于宽泛的主题会让政策简报内容显得空泛。此外，若未从目标阅读对象的关切出发，政策简报的内容会难以让利益相关者产生兴趣。内容的不完整性也是经常会出现的问题，如在撰写经验类政策简报时只有项目的做法和相关建议。在素材的使用和选取方面，常会出现素材简单堆积罗列、同一素材重复使用、素材选择有主观倾向等问题。

要解决以上问题，需要在确定主题时选择“窄而精”的主题切入点，确保简报能在第一时间抓住读者的注意力。此外，各部分素材需要有明确的支撑作用，能够围绕中心多角度地展示能够支持观点的论据。在撰写简报时，还需要考虑各种意见之间的平衡，优化素材组织，增强层次感和条理感。撰写者还可以通过数据、文字、图表等不同描述方式相结合的方法更好地论证主题。

表10-4　卫生政策简报标题列举

宽泛	精练
构建综合医院绩效评价关键指标体系	疾病诊断相关组在医院管理中的经验与启示：以北京地区为例
中国医患关系现状和改善建议	医院文化与人本管理的理论及实践：以湖北省××三甲医院为例
科学控制院内感染风险的政策建议	新冠疫情期间减少新冠病例院内感染的政策建议
建立现代医院管理制度的政策建议	促进医院信息化以建设现代医院的政策建议

（二）语言风格

在语言风格上，经常会出现以下问题：①行话、术语和缩略词多；②有长篇不分段的文字性描述；③使用渲染、夸大、带感情色彩的语言；④文字阐述粗细程度不匀；⑤使用过多专业语言而非目标利益群体语言等。

要解决以上问题，需要减少使用行话、术语和缩略词。此外，在撰写时要避免使用渲染、夸大、带感情色彩的语言，要使用统一的语气和角度，多使用目标利益群体的语言。同时，要避免拗口的词句和大段的文字性描述，多使用短句和短的段落，还可以运用数字和图表更好地进行展示。

（三）结构设计和逻辑性

在结构设计与逻辑性上，经常会出现以下问题：各部分比例安排不当造成结构失衡；"成效、经验、政策建议、启示"各部分边界模糊；段落之间没有层次，段落内部的文字层次混乱；段落文字描述与标题不符；主题内容与结论不一致等。

为了解决以上问题，可以使用清晰的结构引导读者。同时要清楚地区分背景、成效、经验做法、政策建议、启示等各部分的关系和位置。在撰写时，要保证段落之间的层次，段落内部内容要围绕标题，政策简报内容要做到首尾呼应。还可以合理插入案例以更好地支撑观点。

五、应用举例

政策简报

2021年8月

湖北省公立医院减少医院感染细菌耐药经济负担的政策建议

摘要：湖北省5家公立医院中，医院感染患者对比与非医院感染患者，各项费用和实际住院天数超出较多；耐药菌医院感染患者比非医院感染患者在各项费用和实际住院天数方面均较高。对此，应加强医院感染和微生物耐药的监测，开展相关培训，并把院感和细菌耐药融入教学中；国家层面在医疗机构全面开展质量管理工具的应用，开展多部门合作，持续改进，建立长效机制。

湖北省耐药菌医院感染疾病经济负担现状

以湖北省5家三甲医院2013—2015年的现患率调查当日所有住院患者为研究对象，进行回顾性病例对照研究，并对结果进行倾向性匹配。

1. 医院感染患者直接经济负担

医院3年平均医院感染患者的各项费用（2013年和2014年为折算值）和住院时长分别为总费用56 485.72元、药费20 524.29元、自费费用23 123.52元以及实际住院天数

47天，超过非医院感染患者各项指标（总费用18 213.00元、药费6524.82元、自费费用10 982.37元以及实际住院天数22天）。医院感染患者与非医院感染患者之间的疾病负担指标的差值均值为总费用38 272.72元、药费13 999.48元、自费费用12 141.09元以及实际住院天数25天。每年医院感染患者与非医院感染患者直接的各项疾病负担指标的差值显著。

2. 耐药菌医院感染患者直接经济负担

5家三甲医院3年耐药菌医院感染患者的平均各项住院费用（2013年和2014年为折算值）和住院时长分别为总费用125 929.44元、药费42 129.50元、自费费用62 884.31元以及实际住院天数68天，超过非医院感染患者各项指标（总费用23 205.61元、药费8462.19元、自费费用13 247.97元以及实际住院天数28天），3年差值的均值分别为总费用102 723.83元、药费33 667.31元、自费费用49 636.34元以及实际住院天数40天。每年耐药菌医院感染患者与非医院感染患者之间的疾病负担差值除自费费用外，总费用和药费的差值显著。

问　题

1. 医院感染患者的疾病直接经济负担高于非医院感染患者

医院感染患者对比与非医院感染患者，各项费用和实际住院天数超出较多。可能是医院感染患者相对于非医院感染患者来说，医院感染导致了患者更长的住院天数，使得患者在医院里做了更多的医疗检查，使用了更多的抗菌药物等造成了患者各项费用的增加。此外，因中国的基本医疗制度没有涵盖医院感染患者为支付昂贵的抗菌药物和一些复杂病症的药物费用，导致患者的自费负担也加重。

2. 耐药感染患者的疾病直接经济负担高于非医院感染患者

耐药菌医院感染患者比非医院感染患者在各项费用和实际住院天数方面均较高。主要存在的原因可能是耐药菌医院感染患者相比于一般医院感染患者（如非耐药菌医院感染患者），患者的疾病并发症更为严重。耐药菌感染患者一般是多重耐药患者，致使患者需使用更为昂贵的药物，延长了住院时间。

政策建议

1. 政府方面

首先，有关卫生部门应更新医院感染诊断、治疗标准、规范，制定更符合当下医院基本情况的医院感染诊断标准及操作规范。其次，感染及耐药性的持续性发展需要多部门之间的合作，包括分管人类卫生医疗、动物卫生、农业卫生、食品安全、食品生产以及环境保护等部门。最后，政府需要在医疗机构全面开展质量管理工具的应用，持续改进，建立长效机制，推动总额预付、按病种付费等支付方式改革，减少而不合理地用药现象。

2. 医院方面

第一，三级综合医院应加强微生物室的能力建设，增加人员数，提高工作效率。第二，医院应该加强相关信息系统建设，更新医院感染和微生物耐药的监测系统，以便可以迅速预警高使用抗菌药物等情况发生，从而避免不需要的抗菌药物费用。第三，医院应该定期开展全员培训，提高全员的防控意识，尤其针对院感科、微生物室、信息科等开展相应工作，建立机制促进跨部门协作并考核，提高检验的效率和检验结果的有效性。第四，医院需要建立激励政策，调动不同部门的积极性，使医院之间愿意共享数据，使医生更积极主动地合理使用抗菌药物。第五，医院应组织患者及其家属学习抗菌药物与医院感染的知识，引导患者正确洗手、严格遵循医嘱使用抗菌药物。第六，医院可以引入质量改进工具来开展持续性的医院感染和微生物耐药控制活动。

3. 医务人员方面

医务人员需要定期接受医院院感控制、细菌耐药性、医疗行为、检验程序等方面的规范化培训，并纳入能力提升考核。

4. 高校方面

现有预防和临床医学教材没有针对院感的课程，需要补充到医学教育课程体系中，为医院输送专业化人才。

5. 患者与患者家属方面

第一，患者及其家属要加强对抗菌药物合理使用的认识。患者应严格遵循医嘱，仅使用由有资质的卫生专业人员开具的抗生素，勿自行服用或加剂量服用抗菌药物。第二，患者及其家属在住院或住院陪护期间要在严格遵循医嘱的前提下保持卫生，做好自我防护。

作者贡献

本简报由××研究中心×××、×××共同撰写。

通讯作者

×××，职务，单位

地址：×××，邮编：×××

邮箱：×××

致谢

本研究受×××基金资助，由×××监督实施和管理。

第三节　学术论文撰写

一、学术论文的概念与特点

（一）学术论文的概念

学术论文是某一学术主题在实验性、理论性或观测性上具有新的科学研究成果或创新见解和知识的科学记录或文章，或是某种已知原理应用于实际中取得新进展的科学总结，用以提供学术会议上宣讲、交流或讨论，或在学术刊物上发表，或作其他用途的书面文件。

从广义上讲，学术论文包括原创性研究论文（original article或research paper，又称为原创论著）、综述（如review，literature review）等多种文体。狭义上提及学术论文时，一般是指阐述具有原创性科研成果的书面报告，也就是原创性研究论文。本节提到论文一词时，通常是指狭义上的论文。

（二）学术论文的特点

1. 科学性　科学性是学术论文的根本属性。论文的科学性，具体表现在内容和形式两个方面。在内容上，论文报告的是科学研究成果，内容必须真实可信，反映事物的本质，内容应经得起科研实践的检查和验证；在写作形式和表达方式上，论文应当逻辑清晰、观点客观、论据充分、论证严谨、结论可靠。因此，在论文撰写时，必须遵循真实性、准确性、可重复性、公正性、逻辑性等要求。

2. 创新性　创新性是论文的灵魂，它是决定论文质量高低的主要依据。学术论文的创新性具体体现在几个方面：①开创新的科学学科或某一学科的新领域；②提出某一学科中具有一定理论意义的新问题、新观点，或对已有学术观点进行完善和补充，或对前人观点进行实事求是的批评，提出否定或修正的意见；③针对某一科学问题有具体的新发现，对前人成果有所补充、完善和发展；④为解决某科学问题采用了创新的方法，或对国内外经典方法做了重大改进。

由于创新性的特点要求，在撰写论文时，应该突出新发现、新发明、新观点、新推导、新技术、新经验等创新点，不应大段复述已有的知识、发现和方法。

3. 规范性　相对于综述较为自由的行文，论文的规范性已经达到了标准化、格式化的程度。后文将介绍国际国内几种广受认可的学术论文的格式。

4. 可读性　尽管论文反映的是创新性的科研成果，学术性、专业性较强，有时候内容比较艰深，但是，论文仍应该保证可读性。这种可读性主要表现在清晰、简洁、易懂。作者需要用一个清晰的思路，展示缜密的研究过程，获得清晰的结论，让任何读者没有异议地知晓一个结论。

二、学术论文的格式

（一）IMRaD格式

早期在期刊上发表的论文形式多样，作者可以按照自己喜好的方式描述科研成果、撰写论文，期刊也没有统一的结构或格式要求。然而，随着科技文献数量的急剧增加，越来越多的期刊要求论文按照规范格式撰写，因为规范格式有助于科研成果和论文的搜索、贮存、处理和交流传播。

从20世纪后期缓慢发展起来的IMRaD格式，目前几乎已经应用于所有研究性期刊。IMRaD格式，即引言、材料与方法、结果和结论（Introduction，Materials and Methods，Results，and Discussion）的英文首字母缩写。IMRaD格式几乎已经应用于所有研究性期刊。

（二）不同学科的论文格式

尽管IMRaD格式广受认可，但不同学术领域对学术论文的格式仍有不同的规定。目前常见的格式有：生物医学领域的温哥华格式和ICMJE推荐规范、社会与行为科学领域的APA格式、人文科学的MLA格式、法学领域的蓝皮书格式（Bluebook）、机电领域的IEEE格式等。

以下简要介绍温哥华格式（Vancouver style）和“ICMJE推荐规范”。

1978年，美国、英国、加拿大等国家的一些主要生物学、医学期刊的编辑们起草并发表了《生物医学期刊投稿统一要求》（简称《要求》），即“温哥华宣言”（*Vancouver Declaration*），该《要求》简称“温哥华格式”（Vancouver style）。之后成立的国际医学期刊编辑委员会对《要求》进行了多次修订。

2013年8月，国际医学期刊编辑委员会修订《要求》时将其更名为《医学期刊学术研究实施、报告和编辑与发表的推荐规范》（*Recommendations for the Conduct Reporting Editing，and Publication of Scholarly Work in Medical Journals*），简称《ICMJE推荐规范》。柳叶刀、JAMA、BMJ、NEJM四大医学期刊在其投稿须知里面都认可ICMJE。该规范规定稿件各部分有：

1．文题页（title page）

论文的一般信息及论文作者放在稿件的文题页，通常包括论文标题、作者信息、各种声明、资助来源、字数统计，有时还包括图表数目、利益冲突声明等。

2．摘要（abstract）

3．引言（introduction）

4．方法（methods）

4.1　受试者的选择和特征描述（selection and description of participants）

4.2　技术信息（technical information）

4.3　统计方法（statistics）

5．结果（results）

6．讨论（discussion）

7.参考文献（references）

当然，《ICMJE推荐规范》综合性和原则性较强，不同类型论文的具体撰写要求仍有所不同。2008年，“提高卫生研究的质量和透明度协作网，即EQUATOR协作网”（Enhancing the QUAlity and Transparency Of health Research，EQUATOR）启动，它是一个由研究方法、报告、编辑工作领域的专家主导的国际合作项目。EQUATOR协作网（http：//www.equator-network.org/）提供了四百多种报告写作指南，以帮助作者、审稿人和编辑，以及所有生物医药期刊进行有效的质量控制。比如，经济学评价（economic evaluations）写作指南CHEERS、系统综述（systematic review）写作指南PRISMA、定性研究（qualitative research）写作指南SRQR、观察性研究（observational studies）写作指南STROBE等。有兴趣的读者，可以继续查阅该协作网的相关资料。

（三）我国论文的标准格式

我国国家标准《科技报告编写规则》（GB/T 7713.3—2014）对科技报告的格式进行了规定（图10-1）。

- 前置部分
  - 封面
  - 封二
  - 题名页
  - 辑要页
  - 序或前言
  - 致谢
  - 摘要页
  - 目次
  - 插图与附表清单
  - 符合与缩略语说明
- 正文部分
  - 引言部分
  - 主体部分
  - 结论部分
  - 建议部分
  - 参考文献
- 结尾部分
  - 附录
  - 索引
  - 发行列表
  - 封底

图10-1　科技报告结构

我国国家标准《学位论文编写规则》（GB/T 7713.1—2006）对学位论文的格式规定见图10-2。在这个标准基础上，学位授予单位通常制定的自己的学位论文格式，读者可以根据自身需要，查找相关格式要求。

- 前置部分
  - 封面
  - 封二（如有）
  - 题名页
  - 英文题名页（如有）
  - 勘误页（如有）
  - 致谢
  - 摘要页
  - 序言或前言（如有）
  - 目次页
  - 插图和附表清单（如有）
  - 缩写和符号清单（如有）
  - 术语表（如有）
- 主体部分
  - 引言（绪论）
  - 章、节
  - 图
  - 表
  - 公式
  - 引文标注
  - 注释
  - 结论
- 参考文献表
- 附录
- 结尾部分
  - 索引（如有）
  - 作者简介
  - 其他
  - 学位论文数据集
  - 封底（如有）

图10-2　学位论文结构

（四）原创论著的标准格式

作者应根据所在领域和学科、投稿期刊、论文类型等情况，遵照一定的规范和要求撰写论文。论文的类型众多，其中原创论著（original article/research）是科研成果最主要也是最重要的展现形式，这类论文通常占据期刊论文的绝大部分。下面重点介绍原创论著的格式和撰写要求。原创论著的格式通常包含以下几个部分（图10-3）。

- 前置部分
  1. 文题（title）
  2. 署名（authorship，作者及工作单位）
  3. 摘要（abstract）
  4. 关键词（key words）
- 主体部分
  5. 引言（introduction）
  6. 方法（methods）
  7. 结果（results）
  8. 讨论（discussion）
  9. 结论（conclusion）（如有）
  10. 致谢（acknowledge）（如有）
  11. 参考文献（references）

图10-3　原创论著的标准格式

三、原创论著的撰写要求

（一）标题

好的标题能为文章起到画龙点睛的作用。好的标题，不仅有助于论文投稿与发表，也有助于论文发表后被阅读、被引用。标题（title），也称为题名、篇名、题目、文题，它是以最简明的词语恰当、准确地反映论文最重要的特定内容的逻辑组合。从这个定义，可以看出标题的特点。

1. 简明扼要 标题应当语言精练，避免冗长。从字数上看，中文标题一般不超过25字。很多英文期刊对标题有字数限制，一般限定在120个字符或不超过20个实词。

2. 文题一致 论文标题应准确反映论文的特定内容，实事求是地反映研究的范围和深度，不歪曲、遗漏、随意增减内容，以防止文不对题、小题大做或大题小做。比如，如果只是某个省份的调查，就不应当冠以“我国”，因为研究涉及的范围小于标题涵盖的范围。

3. 重点突出 标题应该在字数有限的情况下，涵盖论文的重点内容，使读者第一眼就能够了解论文的主要内容，而不需要去摘要甚至正文中寻找感兴趣的内容。

具体拟定标题的时候，有以下几个注意事项：

（1）用词具体准确，尽量选用关键词、主题词：尽量使用题录、索引等二次文献可以检索、有特定意义的词语。尽量避免使用“漫谈”“浅析”“体会”“探讨”之类空泛词语，以及“关于”“的研究”“的探讨”等空泛抽象的非特定词。英文标题里面尽量不要出现无实际意义的词，比如“A Study of”“A Research on”等。同时，标题应避免使用不常用的外来语、缩略语、代号等，尽量不用标点符号，不能使用公式或化学分子式。标题中数字使用阿拉伯数字，但是，作为名词或形容词的数字除外，比如“十二指肠”不能写成“12指肠”。

（2）标题以名词性短语为主：标题通常为名词性短语，一般不使用陈述句（避免判断性语气）。为了保证标题精炼醒目，尽量不设副标题。当然，为了吸引作者，有时英文论文的标题会使用疑问句，但是中文论文这种情况仍然不多见。

（3）充分考虑研究对象、研究内容和研究方法等各要素：比如，从“某三甲医院住院患者满意度调查”的论文标题可以看出，调查对象是住院患者，研究内容或者研究主题是满意度，“调查”一词则指明了研究方法。

有些期刊明确要求标题需要包含研究设计信息，比如随机对照临床试验（randomized controlled trial，RCT）、系统综述（systematic review）、Meta分析（Meta-analysis）等。如果是多中心研究（multi-centered），标题中也可以体现出来。

此外，需要注意中、英文的差异。除了英文期刊上的论文，绝大部分中文期刊上发表的论文也有相应的英文标题、摘要和关键词，因此，撰写英文标题时，需要注意应该把表达核心内容的重要词放在题名的开头，然后再进行前后修饰。因为中英文的差异之一是汉语句子的信息重点在后、英语句子的信息重点在前，比如，Effect of A on B in样本。

（二）作者署名

署名及排序问题是作者必须高度重视问题，常见问题有三方面：①署名表明了科研成果的所有权，意味着作者需要承担发表该作品的责任。不恰当的署名，可能涉嫌违反《中华人民共和国著作权法》等；②署名是社会对作者研究成果的承认和尊重；③署名便于作者与读者、编者的联系，便于检索。因此，署名涉及权利、责任、荣誉、联系问题，作者应认真对待。

我国《科技报告编写规则》（GB/T 7713.3—2014）等，对署名条件进行了规范。署名的作者应该是直接参加了论文全部或主要的研究工作和写作过程，并能对论文负责的个人与单位。具体而言，全部满足下述三个条件的个人或单位才能进行署名：①在选定课题和制定研究设计中作出主要贡献；②直接参加全部或主要部分的具体研究工作，对论文中直接观察、实验、调查等数据的获得、理论推导等工作作出主要贡献；③参加论文撰写的构思、讨论或执笔，并对论文内容具有解答和答辩能力。

除了署名资格之外，署名排序的问题也应引起高度重视。署名应该按照作者对科研或论文的贡献大小排序。无论学术威望、职称、职位、资历、学衔、年龄如何，都应该根据研究者在研究中所起的作用和在论文中所负的责任来决定署名顺序。

知识拓展

第一作者（first author）：应该是论文工作的主要作者或该论文报道的科研工作的首要发起人。第一作者通常被认为是论文最重要的作者。第一作者应该具备的条件：①对论文内容负责，能解答论文，直接并作出主要贡献；②科研工作的主要全程参加者；③执笔起草者。

通讯作者（corresponding author）：通常为实际统筹处理投稿和承担答复审稿意见等工作的主导者，也常常是论文所涉及研究工作的负责人，论文知识产权所有者的代表。

作者署名还需要注意如下问题：①署名有单位署名和个人署名两种。由单位共同设计、写作完成的，署集体名称；由个人设计完成的署个人姓名；②署名应署真名、全名，不应署笔名；③指导者、协作者、审阅者可列入致谢中，但应征得被致谢者同意。

（三）摘要

摘要（abstract）也称文摘，是以提供文摘内容梗概为目的，不加评论和补充解释，简要、确切地记叙文献重要内容的短文。摘要放在论文中，是论文格式的一个组成部分；如果单独成文，则是一种独立的文体，称为“提要”。摘要主要起着让读者尽快了解论文主要内容、便于文献检索等作用。

根据我国《文摘编写规则》（GB 6447—86）规定，摘要主要有目的、方法、结果和结论四大要素，各要素具体内容见表10-5。摘要的详简程度需要根据一次文献的内容、类型、学科领域、信息量、篇幅、语种获得的难易程度和实际需要来确定，其中文献内容是决定性因素。

大多数学术期刊要求论文撰写结构式摘要（structured abstract），即按照一定的格式列出项目名称逐项叙述。即使有的期刊要求非结构式摘要（unstructured abstract），其摘要内容一般也包含目的、方法、结果和结论等。

表10-5　摘要的要素

要素	具体内容
目的	研究、研制、调查等的前提、目的和任务，所涉及的主题范围
方法	所用原理、理论、条件、对象、材料、工艺、结构、手段、装备、程序等
结果	实验和研究的结果，数据，被确定的关系，观察结果，得到的效果，性能等
结论	结果的分析、研究、比较、评价、应用，提出的问题，今后的课题，假设，启发，建议，预测等
其他	不属于研究、研制、调查的主要目的，但就其见识和情报价值而言也是重要的信息

根据我国《文摘编写规则》（GB 6447—86）规定，摘要有三种类型：报道性摘要（informative abstract）、指示性摘要（indicative abstract）和报道－指示性摘要（informative-indicative abstract）。一般情况下，能撰写报道性摘要时，尽可能撰写报道性摘要，无法或不便采用报道性摘要时，才采用指示性摘要。论文摘要的主要形式是报道性摘要。

不同类型的摘要，摘要各要素（如目的、方法、结果、结论等）的详略程度是不同的。对于论文而言，需要详细撰写方法、结果和结论三部分，而目的或者其他部分则简写或略写即可，具体见表10-6。

表10-6　三种类型摘要对比

项目	报道性摘要	指示性摘要	报道-指示性摘要
其他称法	资料性摘要、情报性摘要	说明性摘要、概述性摘要、叙述性摘要	—
含义	一次文献的主题范围及内容梗概的简明摘要，也称为简介	指明一次文献的论题及取得成果的性质和水平的摘要	以报道性摘要的形式表述一次文献中信息价值最高的部分内容，而以指示性摘要表述其余部分的文摘
内容	主要阐明医学论文的目的、方法、主要结果和结论等主要内容	使读者对该研究的主要内容有一个轮廓性的了解，类似介绍指南	
使用场合	医学论文摘要的主要形式	无法或不便采用报道性摘要时，才采用指示性摘要	在摘要类型和长度受到限制时使用
适合文献类型	叙述实验研究、临床观察、调查分析型论文	纯理论型、概述、综述或其他长篇议论性文章	
各要素详略程度	详写方法、结果和结论，简写或略写目的和其他部分	详写目的，方法、结果、结论和其他部分简写或略写	
篇幅	300字左右	100字左右	100~200字

摘要撰写有以下要求：

1．高度概括论文内容。摘要是论文的浓缩和精华，应包含与论文同等含量的主要信息。摘要尤其着重反映论文新内容，应排除本学科领域的常识内容，切忌把应该在引言、讨论出现的内容等写入摘要。摘要不应加入作者的主观见解、解释或评论，不可自我标榜，如“填补了××空白”“对卫生事业的发展具有重要意义”等。同时，摘要不应举例论证，不引用参考文献。

2．独立性和自含性。即读者通过摘要就可获得论文必要的核心信息。它是一篇完整的短文，可以作为“提要”独立使用。摘要的位置在正文之前，但撰写却是在正文完稿之后，是作者对文稿的凝练，而不是简单摘录。

3．摘要应结构严谨，表达简明，语义确切。

4．摘要不含图、表、公式，不使用不常用的缩略语、符号、代号，不用疑问句和感叹句。

（四）关键词

关键词是为了文献标引工作从论文中选取出来，用以表示文献主题（主要）内容信息款目的词或词组。关键词的作用在于：①表达文献的主题，读者通过查看关键词可以迅速了解论文的主题和中心内容；②便于编制二次文献，有利于文献检索。

关键词具有专指性、规范性和可检索性等特点，标引时应注意：

（1）关键词能涵盖全文：读者能通过关键词迅速知道论文主旨。不能从论文中随意选取关键词，或者遗漏关键词，而应当根据文献主题（主要）内容进行恰当选取。由于关键词是具有灵活性和广泛性的自由语言，而主题词是规范化的关键词，因此，可以将主题词表中的主题词作为关键词使用，但是，关键词不一定是主题词。

（2）从题名、摘要到正文，依次选取有代表性词：关键词一般从标题中选取，若标题中的词语不能充分表达文献中心内容，则依次在摘要及正文中选择。

（3）尽量使用《医学主题词表》《中医药主题词表》《汉语主题词表》等词表提供的规范词，使用专业术语或惯用（约定俗成）语。不使用无检索价值的词，如“方法”“研究”“讨论”等。

（4）可以标引特征词，表征研究对象的特征、属性。

（5）每篇论文选取3~8个词或词组作为关键词，关键词标引需要考虑标引的逻辑顺序，比如，概念外延由大到小，以便清晰地反映文献的主题层次。

（五）引言部分

引言，又称前言、序言，在长篇论文中还可称为导言、导论、绪言、绪论等。引言是写在正文之前，目的在于引出正文的短文，其作用主要是回答“为什么研究”这一问题。引言内容的安排有大的灵活性，篇幅也没有硬性的统一规定，比较短的引言可能只有一两百字，长的引言可达上万字，甚至更多。一般而言，引言包含以下三部分内容。

1. 研究背景（提出问题） 说明这个选题为什么意义重大、值得去研究，具体内容包括解释概念、介绍选题的缘由与目的、阐明选题的意义与价值等。

2. 文献回顾 介绍国内外研究概况、本领域或问题的最新进展和动向、有待解决的问题、研究的不足和空白点等。注意该部分文献回顾与综述的区别，应该重点引用和参考与本研究具体问题有关的研究工作，论证既往研究和当前研究工作的逻辑联系。

3. 本研究概述 经过研究背景、文献回顾，引言最后落脚到本研究上，阐述本研究如何解决上述问题。这部分可以简介本研究工作的目的或目标、方法、过程、待验证的研究假说、预期结果等。

引言部分常常采用漏斗型的结构（图10-4）。在内容上，由宽入窄，从广义和概括性的知识出发，再介绍狭义和特定的知识，从已知到未知再到解决方法。从文字篇幅上看，通常文献回顾的部分篇幅最长。

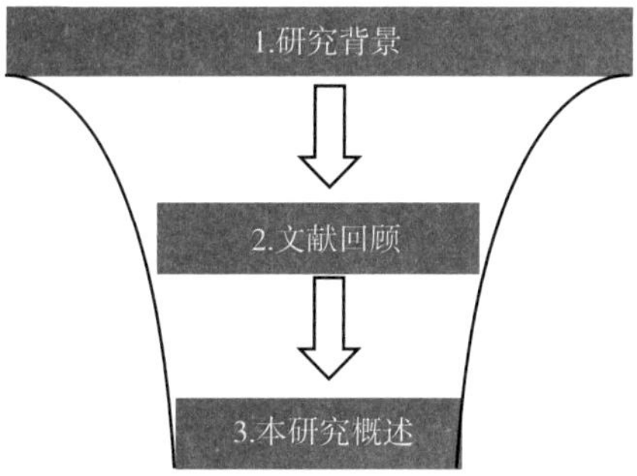

图 10-4　引言的漏斗型结构

引言撰写应注意的事项：

1. 开门见山，直奔主题　引言应该避免大篇幅地讲述历史渊源和立题研究过程。重点围绕前人有哪些工作基础、本研究将会有哪些创新等方面撰写。

2. 言简意赅，突出重点　不应过多赘述同行熟知的及教科书中的常识性内容，因为读者一般是有专业知识背景的研究人员。如果正文中使用较专业的术语与缩略语，最好先在引言中定义说明。

在提及他人的研究成果时，不要直接大段地引用文献原话，应该概括叙述，以引文的形式标出文献出处即可。要引用最相关的文献，优先引用经典、重要和最有说服力的文献，不能刻意回避对本研究具有重要启示意义的重要文献，也不要不恰当地大量引用作者本人的文献。

3. 尊重科学，实事求是　慎重客观地评价前人工作的不足及本研究的创新。除非有确凿证据和事实显示，一般情况下，切忌使用“首次发现/提出/报道”等提法。可以使用“目前研究甚少”等用词，但也不必过谦，不宜使用“才疏学浅”“水平有限”等客套话。

4. 注意引言与论文其他部分之间的关系　引言的作用是引出后文，摘要则是高度概括本研究工作的成果。因此，引言内容不应与摘要雷同，也不应是摘要的注释。

引言一般不涉及本研究中的数据，不要插图、列表，不进行公式的推导与证明，不进行逻辑论证，切忌将正文中要写的具体内容写入引言。

引言一般应与结论相呼应，在引言中提出的问题在结论中应有解答，但也应该避免引言与结论雷同。

（六）方法

论文的“方法”“结果”和“讨论”三部分是重点和核心，论文的学术性、创新性等特点，论文的理论依据和实用价值等都在该部分得到充分反映。这三部分撰写的总体要求是主题明确、内容充实、论据充分可靠、论证有力。

方法部分是论文的重要组成部分，它主要表述研究的对象、研究设计方案、所使用的材料、研究过程、研究步骤、研究方法、资料分析方法等。目的是提供论文的科学依据，是论文科学性、先进性，特别是可信性或可重复性的重要体现。

根据论文的不同类型，方法部分有时拟为“资料来源与方法”“对象与方法”（调查型论文），或者“资料与方法”（实验型论文），或者“临床来源与方法”（观察型论文）等。对于调查型论文，“资料来源”交代调查对象，比如调查的地区、机构或人群的基本资料；“方法”交代调查的具体方法、调查的环境条件和其他必须交代的事项。如果是抽样调查，应交代抽样的方法和调查内容；如果是问卷调查，应交代问卷的设计思想和主要内容，写明问卷发放和回收情况。

方法部分一般应分条撰写，具体撰写要求有以下几点。

1. 具体准确，详略得当 为了保证研究的可重复性、可验证性，论文必须对研究过程的细节作必要的、具体的叙述。比如，描述所使用的材料和资料，给出所用药物的精确剂量，告知确切的治疗方案或调查方法；如何选择研究对象，如果排除了对象，那么排除标准是什么；描述使用的具体方法，而不是笼统介绍使用了统计软件；如果做Meta分析，详细交代文献查阅的数据库、检索时间段、关键词等。

在具体准确的同时，文字叙述应该详略得当，不应罗列研究的所有细节，应当阐述主要的、关键的和非一般常用的内容。除文字外，还可以根据需要适当考虑将实验程序或流程用方框图或箭头图来表述。

2. 与引言、结果有效呼应 方法部分起着承前启后的作用。承前，方法需要与引言呼应，比如，在引言中，提及本研究的调查目的，那么，方法部分应该有相应“调查”内容；启后，方法需要与结果呼应，方法部分介绍的内容，应该能在结果部分展示。

3. 注意研究中涉及的伦理学问题 以人为研究对象的论文，应该说明其是否符合人体试验委员会（单位性的、地区性的或国家性的）所制定的伦理学标准并得到该委员会的批准。如果没有正式的伦理委员会，研究是否符合《赫尔辛基宣言》《涉及人的健康相关研究国际伦理准则》等，是否取得受试对象的知情同意等，在论文中不使用患者的姓名、缩写名或医院中的各种编号，通过刊用人像应获得许可或采取遮蔽法。

科研伦理的具体要求详见第一章第四节。

（七）结果

结果是论文最核心、最关键的部分，它是整篇论文的立足点，因为论文的讨论、推理都由结果引发和导出，论文结论也从结果得出；它也是论文的价值所在，因为结果是论文总体学术水平和创新性的重要标志和体现。从篇幅上看，结果在全文中所占篇幅比较大。

结果是本项研究所获得的主要发现（包括实验、观察、调查等获得的统计数据）、导出的公式、效果的差异、被确定的关系、取得的图像等。结果必须是调查、实验、观察等研究获得的第一手材料，不能引用别人的资料。如果想对比本研究与其他研究的异同，应当在讨论中阐述。

结果部分有以下撰写要求。

1. 内容安排逻辑清晰　结果应该围绕研究主题，有逻辑、有层次地展开。内容较多时，可设立小标题有条理地陈述。结果内容的组织应该有一定逻辑性，比如根据复杂性来组织（一般从简单到复杂），或者根据重要性来组织（一般按照重要程度降序排列），或者按照因果关系来组织等。

2. 内容阐述精炼准确　论文应该概括和提炼地展示最重要、最有意义的结果内容，尤其是新发现，价值不大的研究结果可以略写或不写。不应罗列未经整理、未做加工的原始数据和记录。

结果应当全面完整地呈现结果，不能只选取符合预期的结果，而规避或隐瞒与预期不符甚至相反的结果。对不符合设想的情况，也应客观地表述与分析，不允许含混其词甚至主动隐匿。

3. 文图表并重　描述结果时一般文字和图、表并重，但是要避免三者重复。一般而言，能用文字表达清楚的，就不用图表；图表能一目了然，不必用文字重新描述，只需对重要内容作必要的强调或概括。图表制作应符合相关规范，具体见下文图表制作部分。

4. 注意结果与其他部分的逻辑关系　结果有明显的承上启下作用。“结果”上承“引言”和“方法”。“引言”介绍了为什么要开展该项研究（比如既往研究存在空白点等），“方法”交代如何开展研究，“结果”部分应该展示该研究有哪些具体的研究结果（比如针对既往研究空白点，该研究有何发现等）。

“结果”下启“讨论”“结论”，由结果引发讨论、推理，所有讨论必须围绕结果展开，不能无中生有；结果也是导出结论的基础，不能错把结果当作结论。

同时，要注意“结果”与“讨论”的区别。“结果”主要是摆事实，陈述研究发现，通常不含分析与论证，而“讨论”的重点才是分析、比较、论证。虽然某些出版物允许将“结果”与“讨论”合并，但是建议撰写初稿时将两者分开撰写。

（八）图表制作

论文结果部分，常常配有表格（简称表）和插图（简称图）。图表由于其直观形象、简洁清晰、美化版面等特点，是论文中不可缺少的表现手段。有时它还能起到文字不可替代的作用，比如一些照片、电子显微照片等。图表制作的要求与注意事项如下：

1. 根据内容需要，精选图表 图表制作之前，首先要考虑是否需要制作图表。文字、图、表都是论文结果的表达方式，如果能用简短、概括的文字准确描述的内容，就没有必要使用图表。对论文中的同一结果，文字描述、图、表三者不要重复，根据需要取其一即可。

应选择合适的图表类型，并且图表应该少而精。凡是不用图表就能表达清楚的就不用图表；凡是能用文字概括表达的，就不用图表；凡简单图表能表达清楚的，就不用复杂图表；表格能表达清楚的，就不用图（除非数据显示明显的趋势）；能用黑白图的，就不用彩色图。

2. 科学设计图表，准确表达内容 制作的图表应准确表达论文的核心内容。表中数据不宜是原始的、未经整理和处理的，应该提炼有关数据制作出有效表格。同样，用以说明原理、结构、流程等的原理图或抽象图，不宜是未经简化、提炼的原始图或实际图，而应使用经过简化、提炼和抽象的图。

3. 图表应该具有自明性 图表自身应该具备必要的准确信息，使读者无须再读相应文字便能理解。比如，图表中不应出现“第一组”“第二组”等意义不明的分组，而应该给出具体组别，比如“高剂量组”“低剂量组”等。

在行文时，通常先出现文字叙述，后出现图表，在正文适当位置用“如图/表×所示”“参见图/表×”等字样加以引导，图表紧接该段文字之后。

4. 表格优先采用三线表 论文表格应优先使用国际通行的三线表。三线表中的三线即顶线、底线和栏目线，三线表没有竖线。当然，三线表并不一定只有三根线，必要时可加辅助线，但无论加多少条辅助线，仍称作三线表。三线表的组成要素有表序、表题、项目栏、表体和表注（图10-5）。

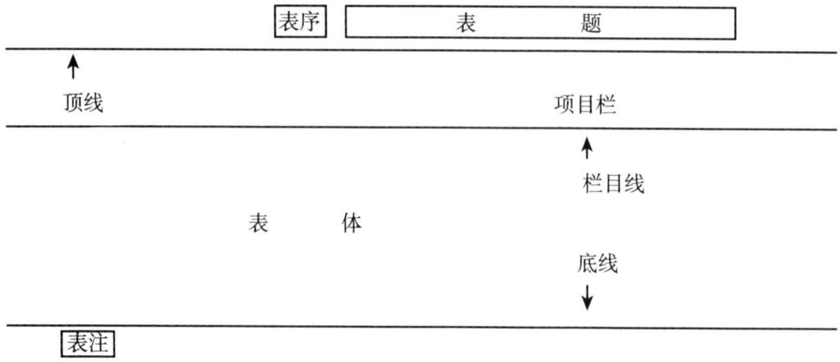

图10-5　三线表的组成要素

表的序号，用从“1”开始的阿拉伯数字排序。

表题与论文标题类似，表题应当准确得体、简短精练。表序和表题应该位于表的上方，而图序和图题应该位于图的下方。

项目栏：表格顶线与栏目线之间的部分，表格最左侧的栏目通常列出主要的自变量。

表体：即表格的主体，指底线以上、栏目线以下的部分，它容纳了表格内的大部分或绝大部分信息。注意事项：①数字不带单位和百分号（%），应把单位符号和百分号等归并在栏目中。②同一栏各行的数据处在共同的栏目下，应以个数位（或小数点）或者以“~”等符号为准上下对齐，而且有效位数应相同。③上下左右相邻栏内的文字或数字相同时，应重复写出。

（九）讨论

讨论是全文的精华所在，是体现论文学术水平高低、作用大小的关键。讨论主要阐释该项研究的发现、成果有何意义和价值，目的是将客观结果上升为理性认识，从而得出科学的结论。

讨论部分可以涵盖和涉及的内容比较多。虽然讨论的撰写相对自由，但是通常包括以下三部分内容。

1. 本研究结果　概述本研究最重要的结果；对结果进行理论解释和分析；研究目标是否达到，研究结果是否符合预期，如果没有，说明原因等。

2. 国内外文献对比　引用有关文献来说明和支持本文的观点；比较本研究与既往研究成果或观点的异同点，如果不一致，探讨其原因，提出自己的见解；对结果做进一步发挥和论述，表述作者对研究问题的见解；尚未定论之处等。

3. 研究意义与价值（包括不足与展望）　表明本研究所具有的水平，探讨研究结果反映的原理、关系和规律，揭示结果的意义、价值和应用前景；指出存在的问题，对待解决的问题进行展望等。

论文的引言部分通常采用漏斗型结构，而论文的讨论部分常常采用倒漏斗型结构。讨论的内容应由窄入宽，先概述本研究重要发现，之后对比分析本研究与既有文献之间的联系，进而阐述研究的意义和价值。

撰写讨论时，作者应该注意以下要求。

1. 从结果出发展开讨论，呼应引言　讨论的内容应当从结果出发，针对自己研究获得的第一手材料进行分析与讨论。不能“无中生有”，脱离自己研究的结果而展开一般性论述，不能将讨论写成某个专题的文献综述。同时，讨论应该呼应引言提出的问题。

2. 重点突出，层次清晰　讨论不应重复结果的内容，应简明扼要地阐述本研究的结果。讨论不必面面俱到，应重点突出，围绕最重要的几个结果讲深写透。讨论部分引用文献时，不能大段引用原文，应尽量抽象概括，摘其观点或结论，并标出参考文献。根据情况，讨论的每一个要点可单独列一个小标题，小标题内容的逻辑顺序应与结果大体保持一致。

3. 实事求是，适当留有余地 不要对结果以外的内容进行解释或论证，不能对结果解释不全；引用文献资料应该客观，不能仅引用支持自己研究结果的文献，而规避与自己结果不同的文献；不夸大实验或调查的意义和价值。

讨论既要强调研究的创新或可取之处，又要指出研究的不足与局限，比如可能存在的偏倚以及偏倚的来源、特殊人群的研究结果是否具有普适性等，从而使读者客观地看待结果和结论，注意研究尚未解决或有待解决的问题。如果讨论尚不足以得出结论，要写明本文结论尚需进行哪些研究等。

讨论时应适当留有余地。例如，在解释研究结果时，如果作者无法列举所有的原因，一般是阐述自己认为最合理、最重要的原因，可适当使用“可能是……原因”“可能与……有关”等表达方式，往往能显示作者实事求是的治学态度。

（十）结论

结论，也称为小结、结语、结束语，它是对整篇论文的总评价或总结，它主要回答“研究出了什么”的问题。结论通常是将实验、观察、调查等得到的结果，经判断、推理、归纳等逻辑分析与论证以后，获得的新的学术总见解、总观点，获得的对事物本质和规律的认识。

如果有可能，论文应该尽可能提出明确的结论，回答论文引言中提出的问题。不过，结论并不是论文的必要组成部分。在有论文摘要的情况下，结论可以省略；如果与讨论无异，可以不写结论；如果结果和讨论尚无法导出结论，则不可轻易下结论；某些论文用“建议”代替结论。

结论篇幅较短，通常只有一个自然段，或用序号分条列出。写作时应注意：①概括性：高度概括总结全文，语言精练。②客观性：实事求是，恰如其分。基于研究结果和讨论导出结论，不做无根据的结论。能下论断的内容才能写入结论，如果研究的结果和讨论不足以得到结论，则不写结论。③严谨性：逻辑严密，措辞严谨。

（十一）致谢

致谢是作者向对该项研究给予支持的个人和组织表示谢意，它体现了作者对支持者、合作者的尊重。致谢不是论文的必要组成部分。根据《学位论文编写规则》（GB/T 7713.1—2006）、《科技报告编写规则》（GB/T 7713.3—2009），致谢对象有：①国家科学基金、资助研究工作的奖学金基金、合同单位、资助或支持的企业、组织或个人；②协助完成研究工作和提供便利条件的组织和个人；③在研究工作中提出建议和提供帮助的人；④给予转载和引用权的资料、图片、文献、研究思想和设想的所有者；⑤其他应感谢的组织和个人。

（十二）参考文献

参考文献是为撰写论文而引用的有关文献信息资源，是论文不可缺少的重要组成部分。引文的质量和数量是评价论文质量、水平及其起点、深度、科学依据的重要指标，也是进行引文统计分析的重要信息源之一。凡是引自参考文献中的成果（包括观点、方法、数据和其他资料），均需要在文中引用的位置标注对应的参考文献，并在文后参考文献表中列出并著录该参考文献。

参考文献著录时，有以下几点要求：

（1）参考文献必须是作者亲自阅读过的，对本科研工作有较大意义的，与论文关系密切的文献。

（2）参考文献应该是公开发表过的原始文献，一般不宜引用二次、三次文献；不可转引二手文献；内部资料一般不引用为参考文献；报纸和非学术类期刊资料，一般也不做引用。

（3）参考文献要精选，尽可能引用最重要和最新的文献，少引用旧的文献及教科书。

（4）作者定稿时应认真核对参考文献，避免差错，不仅要核对参考文献的著录格式和文字，也要核对其原文内容，正确理解原作者的本意。

参考文献的著录格式要求参考国家标准《信息与文献参考文献著录规则》（GB/T 7714—2015）。

本章小结

研究成果一般以研究报告、政策简报和学术论文的形式来呈现，是科学研究过程产出的最后一环。研究报告以文字、图表等形式，将研究目的、方法与过程、结果、结论与建议呈现出来。政策简报是一种相对较新的专用格式化文体，可为政策制定者、项目实施和决策者、利益相关者提供研究证据和参考的工具。学术论文是具有创新性的研究成果、见解和知识的科学文档，可作为学术会议宣讲和交流、学术刊物发表等的书面文件。研究者应根据研究报告、政策简报和学术论文各自的文体特点，按照相应规范和要求撰写、发布和传播。

（黎 浩 陈 晶 董四平）

References

参考文献

[1] 艾尔·巴比.社会研究方法[M].13版.北京：清华大学出版社，2020.

[2] 郁龙飞，余兰，孙玉凤.取消药品加成政策对医患双方的影响——基于倍差法的实证分析[J].卫生软科学，2021，35（4）：7-10.

[3] 博客园.广义线性模型[EB/OL].https：//www.cnblogs.com/NoCloud/p/13378610.html.

[4] 曹冬梅.应用TOPSIS法综合评价医疗工作质量[J].中国病案，2007，10（8）：43-44.

[5] 陈崇双，唐家银，何平.方差分析法的线性回归建模重构[J].统计与决策，2018，34（07）：71-75.

[6] 陈可.ICU医患人群对以家庭为中心探视制度认知的质性研究[D].兰州：兰州大学，2021.

[7] 陈林，伍海军.国内双重差分法的研究现状与潜在问题[J].数量经济技术经济研究，2015，32（07）：133-148.

[8] 陈晓萍，沈伟.组织与管理研究的实证方法[M].北京：北京大学出版社，2018.

[9] 陈晔，董四平.我国三级公立医院绩效考核指标体系解读与评析[J].中国卫生政策研究，2020，13（2）：19-25.

[10] 陈忆，潘悦华，崔梦迪，等.公立医院临床医生的绩效考核与薪酬分配研究：以上海瑞金医院北院为例[J].中国医院，2017，21（3）：49-51.

[11] 陈振明.政策分析的基本步骤[J].管理与效益，1998（1）：14-15.

[12] 丁国武，韩雪梅，王槐，等.应用加权秩和比法评价定西市7个县区卫生资源配置[J].中国卫生统计，2011，28（04）：433-434.

[13] 董四平，县级综合医院规模经济效率及其影响因素研究[D].武汉：华中科技大学，2010.

[14] 方积乾，孙振球.卫生统计学[M].6版.北京：人民卫生出版社，2009.

[15] 方鹏骞.医学社会科学研究方法[M].北京：人民卫生出版社，2010.

[16] 傅华.预防医学[M].北京：人民卫生出版社，2008.

[17] 傅强.医学与社会科学领域中基于研究设计的常用统计方法选择指南[J].医学与社会，2020，33(01)：1-7.

[18] 管红叶，吴绪波.焦点组访谈法对上海市中医师从事康复医疗服务的调查与对策研究[J].中医药管理杂志，2021，29(15)：56-57.

[19] 郭淑岩，李萌，杨威，等.基于DEA超效率模型的我国公立医院排行榜研究[J].中华医院管理杂志，2020，36(11)：896-901.

[20] 国家自然基金申请书写法[DB/OL].[2021-09-05].https：//wenku.baidu.com/view/4f6e8f82fc4733687e21af45b307e87100f6f86e.html.

[21] 国家自然科学基金委员会.2021年项目指南[DB/OL].[2021-09-05].http：//www.nsfc.gov.cn/publish/portal0/tab882/.

[22] 哈罗德·孔茨，西里尔奥·唐奈.管理学[M].上海：上海人民出版社，1990.

[23] 郝大海.社会调查研究方法(第3版)[EB/OL].[2021-09-05].http：//www.crup.com.cn/Book/TextDetail?doi=a24cfb0a-8b6f-4ac1-acb5-29fed428a78a.

[24] 郝模.卫生政策学[M].北京：人民卫生出版社，2005.

[25] 贺佳，刘美娜，钟晓妮，等.卫生管理统计及软件应用[M].北京：人民卫生出版社，2015.

[26] 胡浩.焦点小组访谈理论及其应用[J].现代商业，2010(26)：282-282.

[27] 胡良平.一般线性模型的几种常见形式及其合理选用[J].中国卫生统计，1999，16(05)：14-17.

[28] 胡琳琳，马晶，孙静，等."进一步改善医疗服务行动计划"(2015—2020年)：第三方评估结果[J].中华医院管理杂志，2021，37，(6)：444-449.

[29] 贾莉英.卫生政策系统综述方法研制与实例研究[D].济南：山东大学，2009.

[30] 晋聪聪，商临萍，刘昱秀，等.基于循证和德尔菲法构建老年稳定性冠心病患者衰弱管理方案[J].护理研究，2021，35(18)：3224-3230.

[31] 黎浩，罗斌，董四平.意大利区域医疗绩效评价经验对我国县级医院绩效评价工作的启示[J].中国卫生质量管理，2017，24(1)：101-105.

[32] 李刚，林运卫.突发公共卫生事件方舱医院建设选址决策研究[J].科技促进发展，2020，16(12)：1585-1593.

[33] 李鲁.社会医学[M].北京：人民卫生出版社，2017.

[34] 李蓉梅，孙麟，罗鸿宇，等.六西格玛在第一台手术开始时间管控中的应用[J].华西医学，2008，23(6)：1287-1288.

[35] 李为民.现代医院管理－理论、方法与实践[M].北京：人民卫生出版社，2018.

[36] 梁万年.卫生事业管理学[M].北京：人民卫生出版社，2017.

[37] 刘宏韬.数据包络分析在医院效率评价中的应用[D].北京：北京中医药大学，2003.

[38] 刘民.医学科研方法学[M].北京：人民卫生出版社，2014.

[39] 刘顺忠.管理科学研究方法[M].武汉：武汉大学出版社，2012.

[40] 刘松，周伟，易应萍，等.熵权改进TOPSIS法联合RSR法综合评价医院医疗质量[J].中国卫生统计，2020，37（02）：210-211.

[41] 罗胜.断点回归设计：基本逻辑、方法、应用述评[J].统计与决策，2016，32（10）：78-80.

[42] 吕晖，夏冕.公立医院财务治理绩效评价体系的指标权重研究[J].中国卫生政策研究，2016，9（01）：40-44.

[43] 孟庆跃.卫生体系研究及其方法学问题[J].中国卫生政策研究，2011，4（08）：8-10.

[44] 秦永方.现代医院精细化运营绩效管理实务[M].北京：中国经济出版社，2014.

[45] 邱忠霞，胡伟.我国社会科学定量研究方法问题的反思[J].学术论坛，2016，39（11）：142-148.

[46] 全国哲学社会科学工作办公室.2020年度国家社会科学基金项目申报公告[DB/OL].[2021-09-05].http：//www.nopss.gov.cn/n1/2019/1220/c219469-31516101.html.

[47] 戎伟仁，杨玉洁.县域医共体改革对住院费用的影响研究——以安徽省阜南县为例[J].卫生软科学，2021，35（6）：40-44.

[48] 邵华，王琦琦，胡跃华，等.间断时间序列分析及其在公共卫生领域中的应用[J].中华流行病学杂志，2015，36（09）：1015-1017.

[49] 石珊.基于TOPSIS法的三级甲等医院手术室护理质量综合评价研究[J].护理研究，2019，33（11）：1938-1941.

[50] 孙国强.管理研究方法[M].3版.上海：格致出版社，上海人民出版社，2019.

[51] 孙静，蒋锋，胡琳琳.全国进一步改善医疗服务行动第四次评估[J].中华医院管理杂志，2019，35（9）：705-711.

[52] 孙振球.医学综合评价方法及其应用[M].北京：化学工业出版社，2006.

[53] 唐密，韩晟，王冉，等.取消药品加成对北京市公立医院用药结构的影响[J].中国医院管理，2017，37（10）：4-6.

[54] 托马斯·R.戴伊.理解公共政策[M].北京：中国人民大学出版社，2011.

[55] 王冠男，马晶晶，董静，等.基于扎根理论女性血液透析患者适应轨迹的质性研究[J].现代实用医学，2021，33（02）：222-224.

[56] 王吉善，张振伟，董四平.基于DEA的京、沪两地三级医院运营效率比较研究[J].中国卫生质量管理，2011，18（04）：48-50.

[57] 王建华.医学科研方法 [M].北京：高等教育出版社，2010.

[58] 王玖，徐天和.秩和比法在医学科技期刊学术质量综合评价中的应用 [J].数理医药学杂志，2003，16 (3)：266-267.

[59] 王琦，王晓萌，陈文明，等.以广义估计方程研究浙江省肺结核耐药预测方程 [J].中华流行病学杂志，2018，39 (3)：368-373.

[60] 王紫娟，胡琳琳，刘远立.公立医院医护人员工作满意度与住院患者满意度相关性研究 [J].卫生经济研究，2019，36 (8)：24-27.

[61] 魏高然，魏歆然.医学科研方法与循证医学 [M].北京：中国中医药出版社，2019.

[62] 吴滨.政策评价方法综述 [J].统计与管理，2021，36 (06)：15-22.

[63] 吴红斌，王维民.医学教育研究中的定量和定性研究方法 [J].中华医学教育杂志，2019，39 (02)：81-92.

[64] 吴明娥，胡德英，丁小萍，等.心理解剖研究进展及其对住院患者自杀研究的启示 [J].护理研究，2021，35 (18)：3270-3274.

[65] 吴生，赵雪曼.科研选题探讨 [J].技术与创新管理，2007 (03)：50-51.

[66] 谢明.公共政策分析概论 [M].北京：中国人民大学出版社，2011.

[67] 许珂.护理人员对住院患者自杀预防的知识—态度—行为研究 [D].武汉：华中科技大学，2019.

[68] 薛迪.卫生管理运筹学 [M].2版.上海：复旦大学出版社，2008.

[69] 薛允莲，刘贵浩，耿庆山.剖宫产药占比的影响因素及间断时间序列分析 [J].中国病案，2018，19 (09)：55-57.

[70] 杨晓光，孔灵芝，翟凤英，等.中国居民营养与健康状况调查的总体方案 [J].中华流行病学杂志，2005，26 (07)：471-474.

[71] 杨旭东，孙玉凤，杨哲，等.基于综合指数法的某三级医院医疗质量综合评价研究 [J].卫生软科学，2017，31 (01)：3-6.

[72] 叶芳，王燕.双重差分模型介绍及其应用 [J].中国卫生统计，2013，30 (1)：131-134.

[73] 医院管理统计分析方法 [DB/OL].[2021-09-05].https：//wenku.baidu.com/view/03ac3f79b8d528ea81c758f5f61fb7360a4c2bb4.html.

[74] 詹思延.流行病学 [M].8版.北京：人民卫生出版社，2017.

[75] 张文彤，钟云飞.IBMSPSS数据分析与挖掘实战案例精粹 [M].北京：清华大学出版社，2013.

[76] 张小平.推行综合目标管理促进医院和谐发展 [J].中国医院管理，2009，29 (2)：

52-53.

［77］张燕，王建宇，苏艺伟，等.基于模糊综合评价法的某医疗机构放射性职业病危害风险评估［J］.职业卫生与应急救援，2021，39（04）：394-397，479.

［78］赵耐青，陈峰.卫生统计学［M］.北京：高等教育出版社，2018.

［79］郑晶晶.问卷调查法研究综述［J］.理论观察，2014（10）：102-103.

［80］郑英，代涛，马琳.卫生政策与系统研究的内涵、框架与方法［C］.中国医学科学院/北京协和医学院医学信息研究所/图书馆2012年学术年会论文集.2013：457-462.

［81］中国政府法制信息网.全国人口普查条例［DB/OL］.［2021-09-05］.http：//www.gov.cn/ zhengce/2020-12/27/content_5574683.htm.

［82］周峰，陈荔萍，高嘉宝.基于专家咨询法的社区精准测压评价指标体系构建研究［J］.上海医药，2021，42（14）：12-16.

［83］周文胜.成本效益分析在大型医疗设备管理中的应用效果评价［M］.中国医疗器械信息，2021，27（7）：164-166.

［84］庄建民.医院管理新思维——体验管理［M］.北京：人民卫生出版社，2020.

［85］朱俊奇，茆京来，李晨晨，等.我国医疗卫生政策回顾与展望-基于CSSCI来源期刊（2003—2018）的可视化分析［J］.中国公共卫生，2019，35（12）：1728-1730.

［86］吴建，王垠莹.卫生项目政策简报撰写的方法与技巧：以中英全球卫生支持项目（GHSP）为例［J］.中国卫生政策研究，2017，10（08）：76-81.

［87］Ashenfelter O，Card D. Using the Longitudinal Structure of Earnings to Estimate the Effect of Training Programs［J］. Review of Economics and Statistics, 1985, 67（4）: 648-660.

［88］Chinese Software Developer Network. 广义估计方程［EB/OL］. https：//blog. csdn. net/fjsd155/article/details/88318536.

［89］Demarco R，Tufts K A. The mechanics of writing a policy brief［J］. Nursing Outlook，2014，62（3）：219-224.

［90］Frost J. Introduction to Statistics-An Intutive Guide for Analyzing Data and Unlocking Discoveries［M］. Statistics By Jim Publishing，2019.

［91］Fang Z，Wagner AK，Soumerai SB，et al. Methods for estimating confidence intervals in interrupted time series analyses of health interventions［J］. Journal of clinical epidemiology，2008，62（2）：143-148.

［92］Glaser B，Strauss A. The Discovery of Grounded Theory：Strategies for Qualitative

Research［M］. Chicago：Aldine，1967.

［93］Hartmann DP，Gottman JM，Jones RR，et. al. Interrupted time-series analysis and its application to behavioraldata［J］. Journal of Applied Behavior Analysis，1980，13（4）：543-559.

［94］Hughes D，田楠，吴奇飞. 质性方法在卫生政策和管理研究中的应用［J］. 医学与社会，2021（1）：1-9.

［95］Li H，Barsanti S，Bonini A. Building China's municipal healthcare performance evaluation system：A Tuscan perspective［J］. International Journal for Quality in Health Care，2012，24（04）：403-410.

［96］Mills A，张宁，李春婷. 卫生政策与体系研究：界定范围，辨别方法［J］. 中国卫生政策研究，2011，4（08）：1-7.

［97］Wood SN. Generalized Additive Models：An Introduction with R，Second Edition［M］. Chapman and Hall/CRC，2017.